大征服

阿拉伯帝国的崛起

[英] 休·肯尼迪 著

孙宇 译

The GREAT ARAB CONQUESTS

How the Spread of Islam Changed the World We Live In

by HUGH KENNEDY

民主与建设出版社
·北京·

目　录

序　言　1

前　言　史事拾遗 1

第一章　大征服的基础 29

第二章　对叙利亚和巴勒斯坦的征服 71

第三章　对伊拉克的征服 113

第四章　对埃及的征服 167

第五章　对伊朗的征服 207

第六章　进入马格里布 247

第七章　跨过乌浒河 281

第八章　通往撒马尔罕之路 321

第九章　极东与极西 375

第十章　海上战争 413

第十一章　被征服者的声音 441

结　语　469

注　释　484

参考文献　512

出版后记　526

N
W E
S

盎格鲁—撒
克逊人

法兰克人

多瑙河

阿瓦尔人

伦巴第人

马西利亚
(今马赛)

拉文纳

罗马

君士坦丁堡

西哥特人

安纳托利亚
以弗所

托雷多

丹吉尔

迦太基

西西里

拜 占 庭 帝 国

毛里塔尼亚

阿非利加的拜
扎凯纳行省

大马士
提加

的黎波里

巴卡

亚历山大城

昔兰尼加

巴比伦
埃及

撒 哈 拉

*本书地图均为原书地图。

目　录

序　言　1

前　言　史事拾遗　　　　　　　　　　　　　　　1

第一章　大征服的基础　　　　　　　　　　　　29

第二章　对叙利亚和巴勒斯坦的征服　　　　　　71

第三章　对伊拉克的征服　　　　　　　　　　　113

第四章　对埃及的征服　　　　　　　　　　　　167

第五章　对伊朗的征服　　　　　　　　　　　　207

第六章　进入马格里布　　　　　　　　　　　　247

第七章　跨过乌浒河　　　　　　　　　　　　　281

第八章　通往撒马尔罕之路　　　　　　　　　　321

第九章　极东与极西　　　　　　　　　　　　　375

第十章　海上战争　　　　　　　　　　　　　　413

第十一章　被征服者的声音　　　　　　　　　　441

结　语　469

注　释　484

参考文献　512

出版后记　526

盎格鲁—撒克逊人

法兰克人

伦巴第人

多瑙河

阿瓦尔人

马西利亚
（今马赛）

拉文纳

罗马

君士坦丁堡

西哥特人

托雷多

安纳托利亚

以弗所

丹吉尔

迦太基

西西里

拜占庭帝国

毛里塔尼亚

阿非利加的拜
扎凯纳行省

的黎波里

巴卡

大马士提加

亚历山大城

昔兰尼加

巴比伦

埃及

撒哈拉

*本书地图均为原书地图。

大征服前夕的地中海世界

0   500   1000
英里

花拉子模
乌浒河
粟特人
撒马尔罕
西 突 厥 人
喀什噶尔
嚈哒人
巴尔赫
呼罗珊
谋夫
尼沙普尔
伽色尼

发西斯
特拉布宗
亚美尼亚
凯撒利亚（恺开塞利）
埃德萨
安条克
叙利亚
加萨尼王朝
雷伊
米底
切尔奇辛
泰西封
拉赫姆王朝
阿波罗各斯
法尔斯
伊什塔克尔
克尔曼
塞迦斯坦
（锡斯坦）
木尔坦

萨珊帝国

提卿

艾拉（今亚喀巴）
塔布克
希贾兹
麦地那
亚玛玛
麦加
塔伊夫
萨拉特
波斯湾
阿曼
哈德角
鲁卜哈利沙漠
希木叶尔
马里卜
也门

红海

阿拉伯海

盎格鲁-撒克逊人
布立吞人
加洛林帝国
普瓦捷
732
阿基坦
纳博讷
719—720
伦巴第人
阿瓦尔汗国
君士坦丁堡
拜占庭帝
安达卢斯
711—714
托雷多
科尔多瓦
萨丁尼亚
西西里
迦太基
698
潘泰莱里亚
凯鲁万 670
克里特
桅林之战
655
丹吉尔
708
哈里发政权
斯贝特拉 647
巴卡 644
的黎波里
647
亚历山大城 641
古达米斯
巴比伦
福斯塔特
641
埃及
费赞
提贝斯提
马库里亚
栋古拉
阿伊尔
博诺·加奈姆
阿洛迪亚
达尔富尔

750 年的阿拉伯帝国
战役及其大概年份

哈扎尔汗国

西突厥人

费尔干纳

巴布·艾布瓦布（今杰尔宾特）642

花拉子模

乌浒河

河中地区

布哈拉

撒马尔罕

迦沙（喀什噶尔）

亚美尼亚

阿尔达比勒 642

尼沙普尔

谋夫 650

山口之 712 战 713

巴尔赫 652

撒利亚（今塞利）641

阿米达 640

埃德萨

摩苏尔

阿塞拜疆

呼罗珊

喀布尔

塔克西拉

安条克 636

霍姆斯 636

贾兹拉

伊拉克

纳哈万德 641—642

雷伊 643

赫拉特 650

浦斯

大马士革 636

雅穆克 636

菲赫勒 634—635

库法

贾鲁拉 638

哈马丹

泰西封

伊斯法罕

木尔坦

耶路撒冷 638

艾季纳达因 634

阿瓦士

锡斯坦

亚喀巴

巴士拉

伊什塔克尔

克尔曼

阿洛尔

杜马占达 634

锡尔詹

克尔曼

莫克兰

信德

阿斯旺 641

希贾兹

麦地那

亚玛玛 633

阿拉

提胆

麦加 630

金布尔

奈季兰

索巴

阿杜里斯

萨那

森纳尔

阿克苏姆

也门

阿克苏姆

亚丁

N
W E
S

0   500   1000
英里

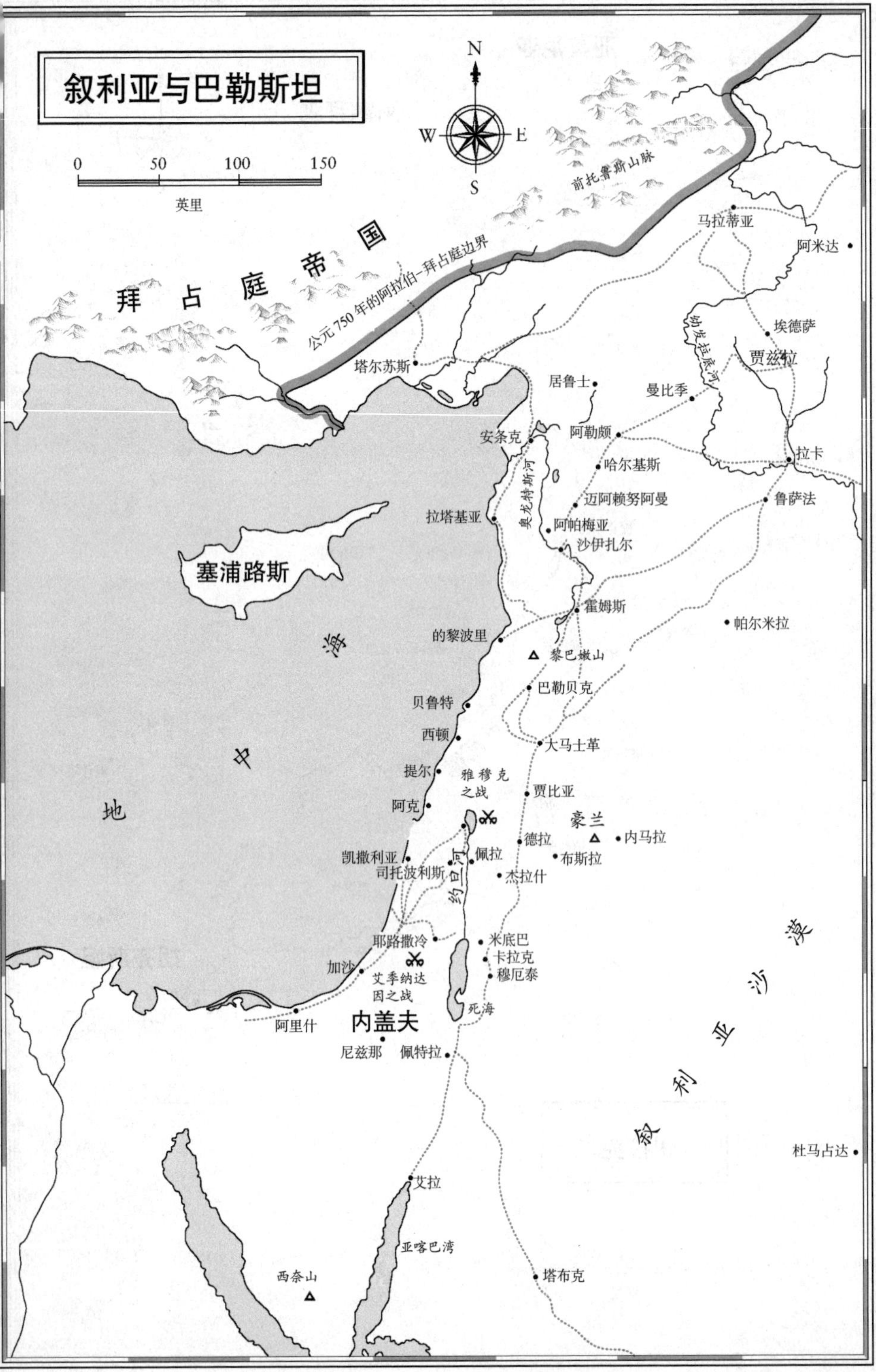

叙利亚与巴勒斯坦

0   50   100   150

英里

拜 占 庭 帝 国

公元750年的阿拉伯—拜占庭边界

前托鲁斯山脉

马拉蒂亚

阿米达

埃德萨

贾兹拉

塔尔苏斯

居鲁士

曼比季

拉卡

安条克

阿勒颇

哈尔基斯

鲁萨法

迈阿赖努阿曼

阿帕梅亚

沙伊扎尔

拉塔基亚

塞浦路斯

霍姆斯

帕尔米拉

的黎波里

黎巴嫩山

巴勒贝克

贝鲁特

西顿

大马士革

提尔

雅穆克

之战

贾比亚

阿克

豪兰

德拉

内马拉

凯撒利亚

佩拉

布斯拉

司托波利斯

杰拉什

耶路撒冷

米底巴

卡拉克

加沙

艾季纳达

因之战

穆尼泰

内盖夫

死海

阿里什

尼兹那

佩特拉

叙

利

亚

沙

漠

杜马占达

艾拉

亚喀巴湾

西奈山

塔布克

中

地

海

约

旦

河

奥龙特斯河

幼发拉底河

亚美尼亚

阿塞拜疆

里海

N
W E
S

扎格罗斯山脉

摩苏尔

卡尔齐西亚

提克里特

哈奈根 胡尔宛

贾鲁拉

达斯卡拉

希特 安巴尔 纳赫拉万运河

泰西封

萨瓦德

贡迪沙普尔

艾因·塔姆尔 苏萨 舒什塔尔

希拉
库法

卡迪西亚 美索不达米亚湿地

阿瓦士

胡齐斯坦

幼发拉底河

底格里斯河

乌布拉

巴士拉

波斯湾

伊拉克

0   50   100   150

英里

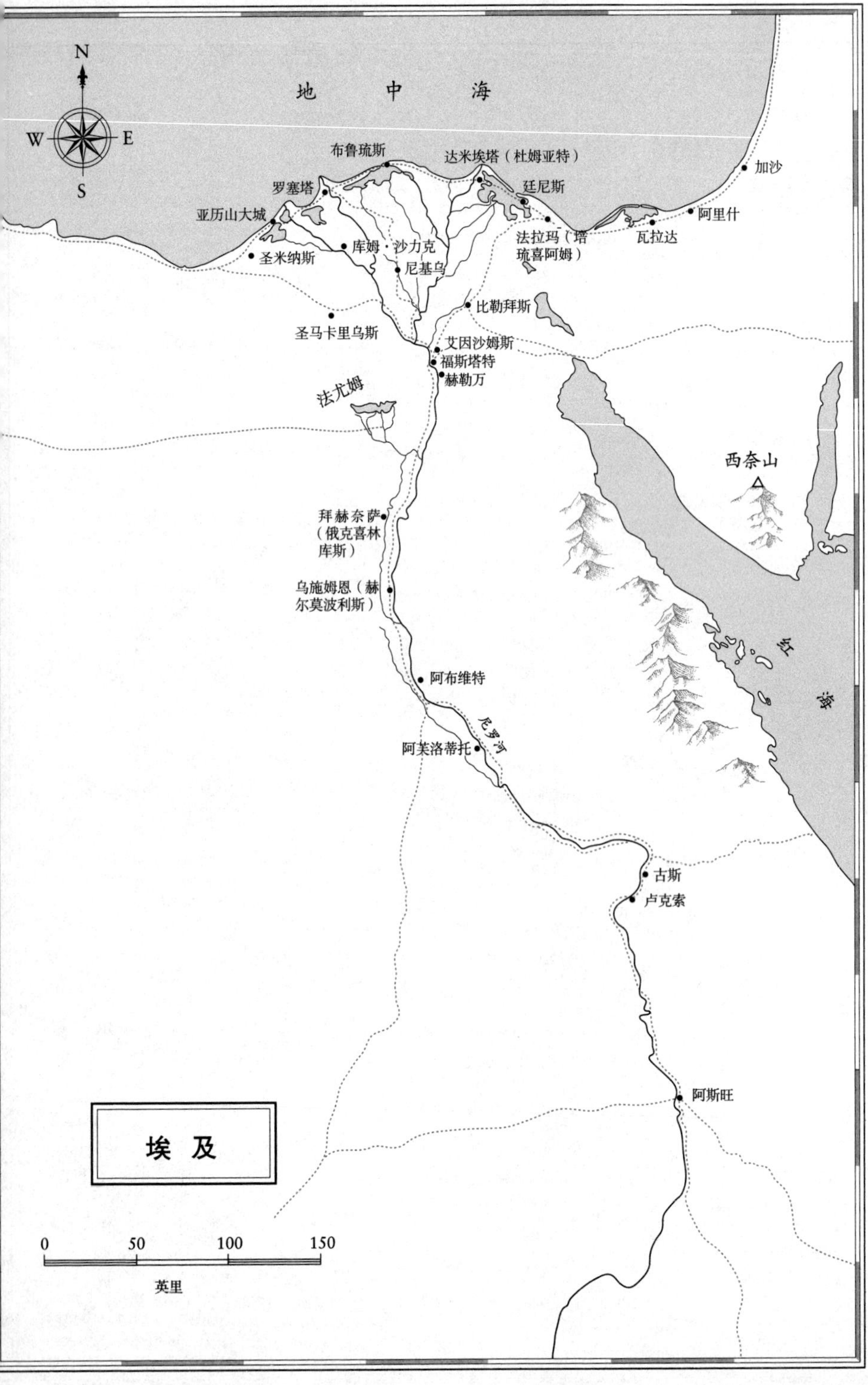

地 中 海

N
W E
S

布鲁琉斯
达米埃塔（杜姆亚特）
加沙
罗塞塔
廷尼斯
亚历山大城
法拉玛（培琉喜阿姆）
圣米纳斯
库姆·沙力克
瓦拉达
阿里什
尼基乌
比勒拜斯
圣马卡里乌斯
艾因沙姆斯
福斯塔特
赫勒万
法尤姆
西奈山
拜赫奈萨
（俄克喜林库斯）
乌施姆恩（赫尔莫波利斯）
阿布维特
尼罗河
阿芙洛蒂托
红海
古斯
卢克索
阿斯旺

埃 及

0   50   100   150

英里

N
W E
S

穆甘草原

里 海

大
戈
尔
甘

呼

吉兰

德莱木
加兹温

塔
巴
里
斯
坦

厄
尔
布
尔
士
山
脉

戈尔甘

巴斯塔姆

阿塞拜疆

雷伊

古米斯

阿萨达巴德
哈马丹

库姆

伊
朗
中
部
大
盐
漠

贝希斯敦
纳哈万德

扎
格
罗
斯
山
脉

伊斯法罕

贡迪沙普尔
苏萨
舒什塔尔

胡
齐
斯
坦

拉姆霍尔木兹

巴士拉
拉沙赫尔

阿拉詹

加纳韦

比沙普尔
卡泽伦
塔瓦季

伊什塔克尔

法 尔 斯

锡尔詹

巴姆

古尔
达拉布季尔德

克 尔 曼

西拉夫

波
斯
湾

霍尔木兹

伊 朗

阿巴尔卡万岛

朱尔法（今
海玛角）

0   50   100   150   200

英里

布哈拉　　　撒马尔罕

贝伊罕　　　　　　竭石　　　偷漫

阿姆

乌浒河

萨曼坎

梅尔夫　　　　　　　提尔米兹

巴　达　赫　尚

吐火罗斯坦

少普尔

穆尔加布河

法利亚布　　　巴尔赫　　霍勒姆　　塔卢坎

朱兹詹

梅尔夫鲁德

巴米扬　　　喀布尔

巴德吉斯

赫拉特

兴都库什山脉

扎　布　列　斯　坦

坎大哈

卡尔库亚　　　博斯特

扎兰季

赫尔曼德河

木尔坦

信

德

莫　克　兰

鲁尔

法纳兹布尔

曼苏拉

尼仑

提�423

罗

珊

锡

斯

坦

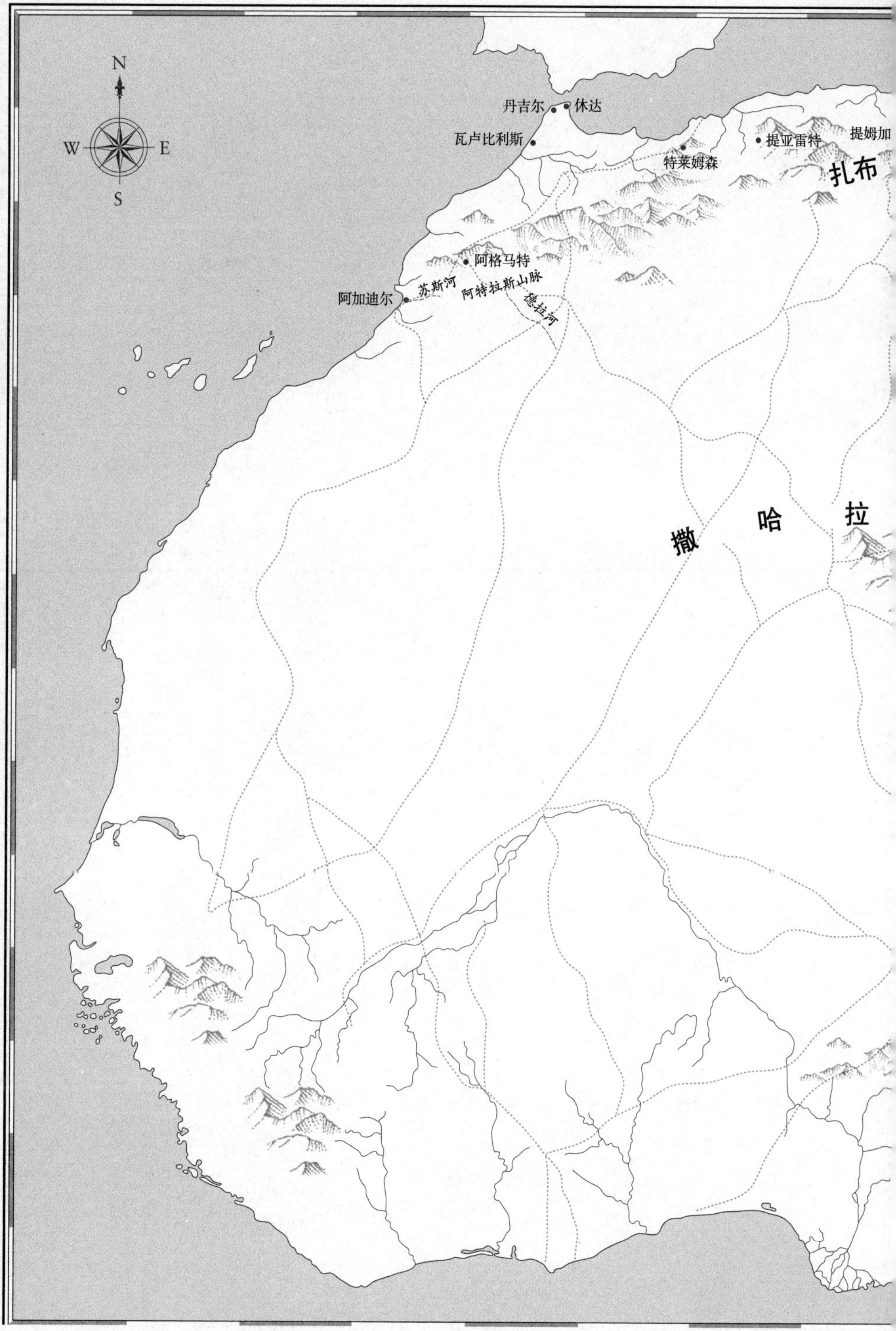

N
W E
S

丹吉尔 • • 休达
瓦卢比利斯 •
特莱姆森 • • 提亚雷特 提姆加
扎布

阿格马特 •
阿加迪尔 • 苏斯河
阿特拉斯山脉 穆拉河

撒 哈 拉

阿格马特 •

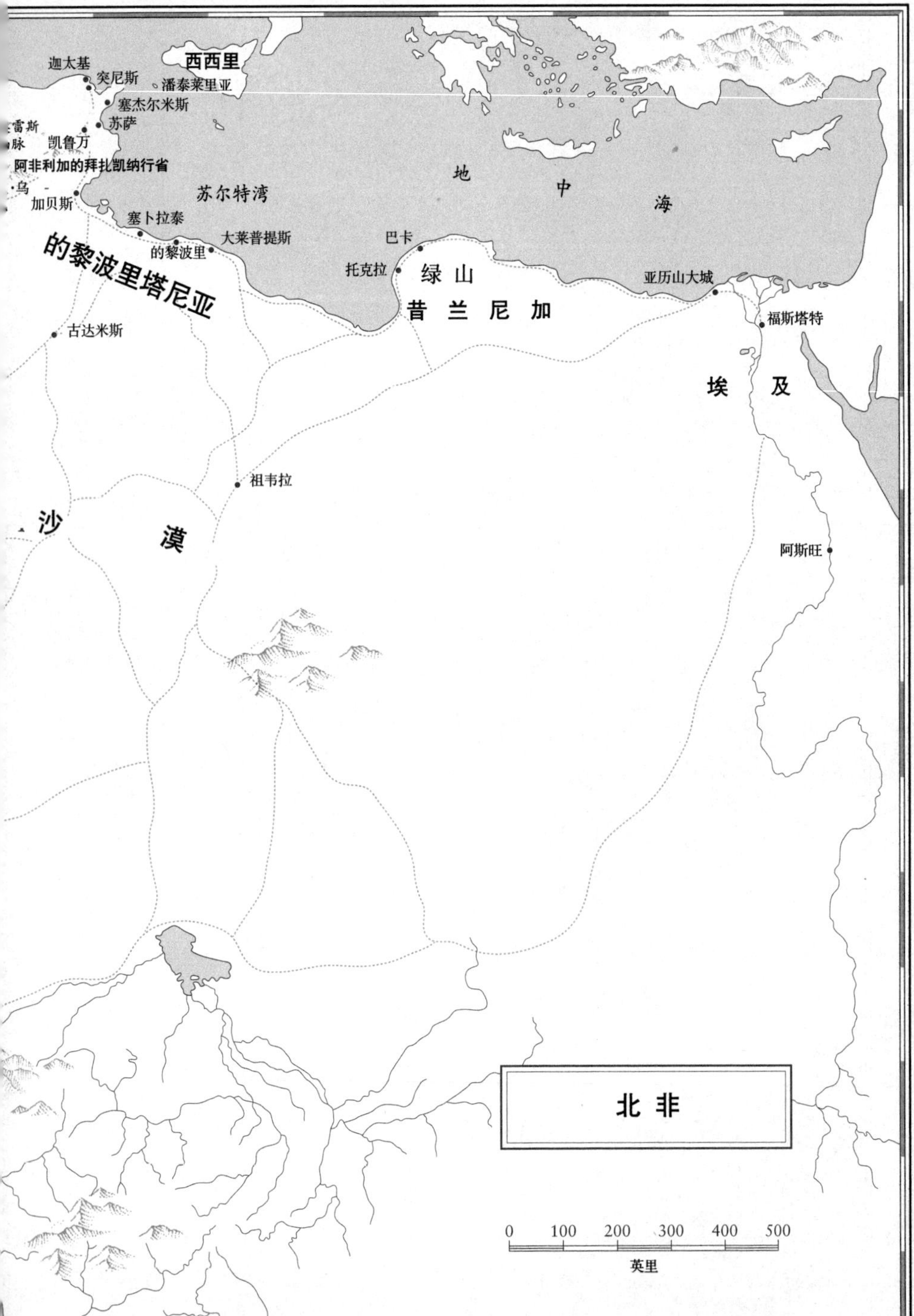

迦太基
突尼斯
西西里
潘泰莱里亚
塞杰尔米斯
雷斯
脉
凯鲁万
苏萨
阿非利加的拜扎凯纳行省
乌
加贝斯
塞卜拉泰
苏尔特湾
地 中 海
的黎波里塔尼亚
的黎波里
大莱普提斯
巴卡
绿 山
亚历山大城
古达米斯
托克拉
昔 兰 尼 加
福斯塔特
埃 及
祖韦拉
沙 漠
阿斯旺

北 非

0   100   200   300   400   500
英里

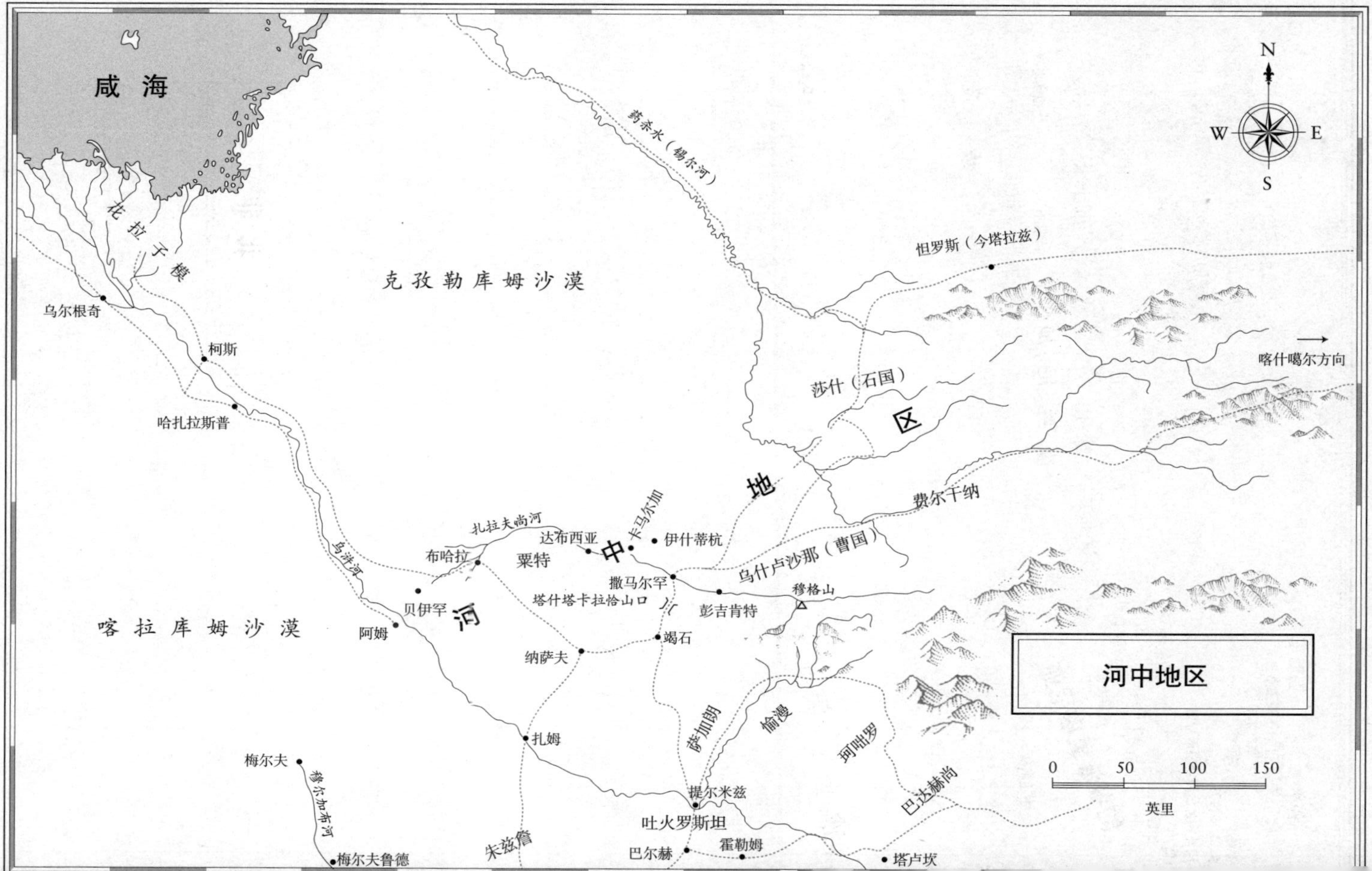

河中地区

咸海

乌尔根奇

花剌子模

哈扎拉斯普

克孜勒库姆沙漠

梅尔夫绿洲

梅尔夫鲁德

卡拉库姆沙漠

阿姆河

阿姆

贝伊罕

扎姆

克迪扁

纳萨夫

布哈拉

栗特

扎法夫斯干河

塔什塔卡拉哈山口

撒马尔罕

羯石

中

卡马尔加

伊什蒂汗

彭吉肯特

穆格山

乌什鲁沙那

药杀水（锡尔河）

达布西亚

地

区

赭什（石国）

怛逻斯（今塔拉兹）

费尔干纳

喀什噶尔方向

俱密兹

胡提罗

巴尔赫

呼勒姆

忽鲁姆

巴达赫尚

亚火罗斯坦

0 50 100 150
英里

N
W E
S

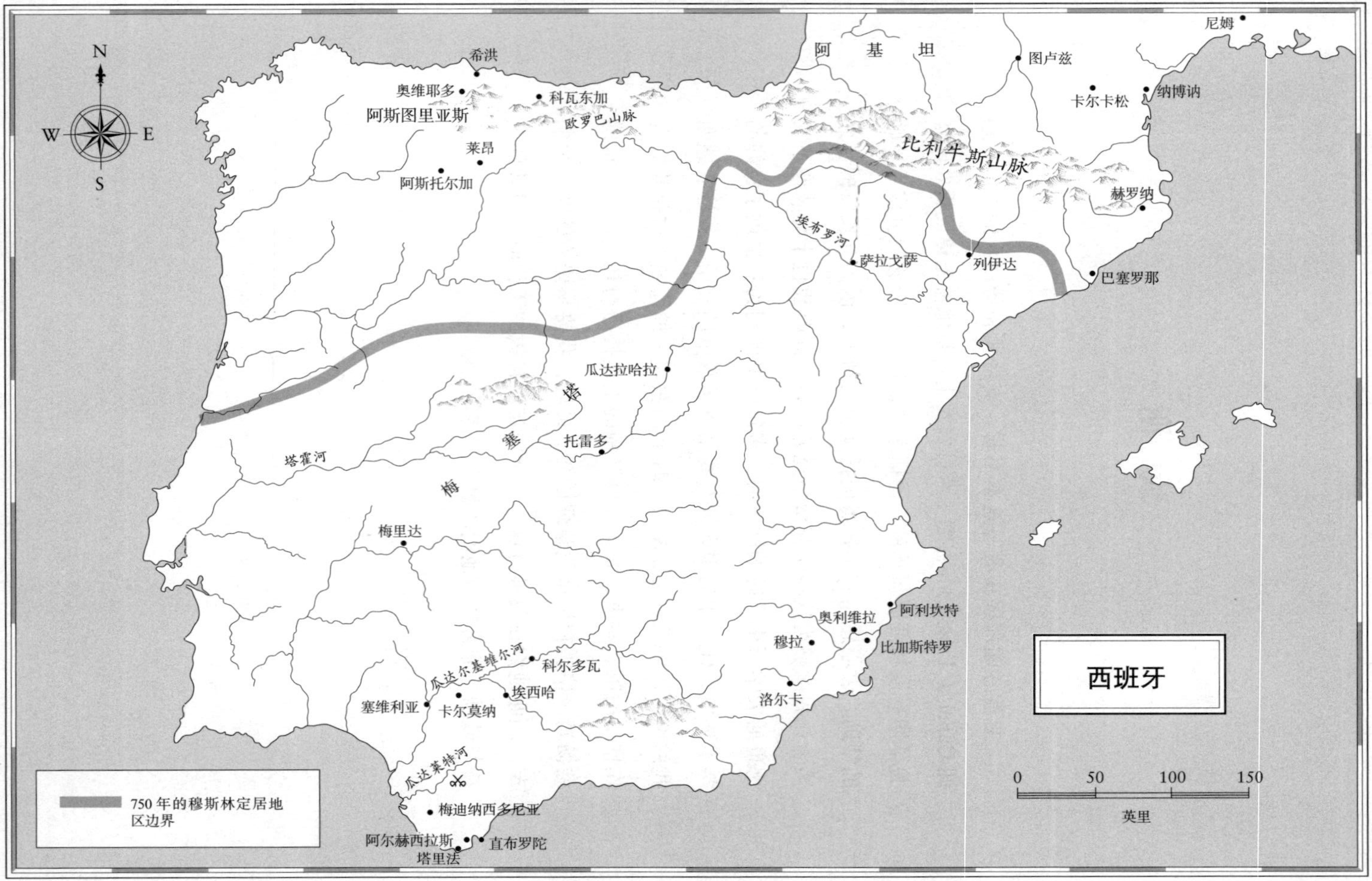

西班牙

图例
— 750年的穆斯林定居区边界

比例尺: 0 — 50 — 100 — 150 英里

地名与地理要素:

城镇：希洪、奥维耶多、阿斯图里亚斯、莱昂、阿斯托尔加、科瓦东加、梅里达、塞维利亚、永达尔基维尔河、卡尔莫纳、埃西哈、科尔多瓦、托雷多、瓜达拉哈拉、洛尔卡、穆拉、奥利维拉、比加斯特罗、阿利坎特、列伊达、萨拉戈萨、图卢兹、卡尔卡松、苏罗纳、纳博纳、巴塞罗那、尼姆、梅迪纳西多尼亚、直布罗陀、塔里法、阿尔赫西拉斯

河流与山脉：塔霍河、埃布罗河、瓜达尔基维尔河、托罗巴山脉、比利牛斯山脉

致 谢

非常感谢那些在我写这本书时，支持我和帮助我的人们。感谢 Capel & Land 的乔吉娜·卡贝尔女士，是她首先建议我处理有关早期穆斯林征服运动的广泛话题的，这本书能够问世多亏了她的帮助。衷心感谢利华托姆信托基金的帮助，因为其发放的研究奖金让我能够为这些研究做出充分准备。同时我也十分感谢圣安德鲁斯大学历史学院的同僚们，多年以来他们为我提供了良好的学术环境，他们中的很多人与我结下了真挚的友谊。我还要感谢我的编辑，Weidenfeld & Nicolson 的佩妮·加德纳。这是我们合作推出的第三本书，我十分感激她的工作技巧与热情。另外也感谢汤姆·格雷福斯帮我整理插图。最后，我要感谢我的家人和朋友，感谢他们在我进行这一繁杂而难以自拔的工作时，对我的支持与鼓励。非常感谢他们的耐心支持与理解。

序　言

七世纪八十年代，在如今位于土耳其东南部的群山中，湍急的底格里斯河畔一座偏远的修道院里，一位名为约翰·巴尔·彭卡耶的修士正在奋笔疾书，书写着一部世界历史概览。当他动笔写到自己所处时代的历史时，不禁为阿拉伯人对中东的征服陷入了沉思。在梳理这些记忆犹新的重大事件时，他为之感到迷惘："为什么？"他自问道，"为什么这群衣衫褴褛的人，这群不披盔甲、没有盾牌的骑手，能够赢得胜利……击败高傲的波斯人？"然后他又进一步表达了困惑："仅仅在很短的一段时间内，整个世界都落入了阿拉伯人的手中。他们攻下了所有坚城壁垒，控制了一片又一片海域，从埃及东部到西部，从克里特到卡帕多西亚，从也门到阿兰之门（今达里埃尔峡谷，位于高加索地区），亚美尼亚人、叙利亚人、波斯人、拜占庭人、埃及人，及其中间的所有领域都被他们掌握。就如先知所说，'所有人都在主的掌控之中'。"[1]

对于约翰·巴尔·彭卡耶这位虔信的修士而言，问题的答案显而易见：这是神的旨意。因为在当时，这一项空前绝后的人间变革是无法解释的。然而在十三个世纪之后的今天，对许多人来说，"神的干预"已经无法再对历史上的重大变革做出完全合理的解释。本书试图从另一个角度对约翰的问题做出不同的解答。

本书关注三个主题。首先是穆斯林征服时代发生的事件。本书将在能够重建的范围内，坦然采取叙述的形式讲述这个故事。这个故事讲述了一小群（当时每支阿拉伯穆斯林军队不可能多于两万人，许多军队的人数甚至还要少很多）意志坚定、积极好战的战士们如何长途奔袭，穿越崎岖凶险的土地，最终征服强大的帝国与王国，并统治他们。这是一段充满勇气与冒险精神的传奇，同时也是一个关于残暴与毁灭的故事。我希望本书能够在忠实于历史依据的基础上，为读者描绘出这些激动人心的历史事件。

第二个主题则是阿拉伯人在征服运动之后的定居安置。这部分内容主要叙述他们在何处定居以及如何利用落入他们手中的大量资源。而这进一步引出了一个问题：阿拉伯人如何在这许许多多陌生甚至充满敌意的民族中间，既保持自己的民族认同与文化，又为许多被征服民族创造了一个大环境，鼓励他们改信伊斯兰教，并且促使新月沃地、埃及与北非的居民将阿拉伯语作为母语。在那个时期被征服的许多地区，阿拉伯穆斯林身份认同至今仍占主导地位。要理解这种身份是如何被创造出来并保存下来的，上述进程至关重要。

最后，本书还是一部关于记忆以及创造记忆的书。我们几乎没有任何关于那个时代的详细记录与描述穆斯林征服的作品。流传到我们手中的记述已经经历了反复编辑与修改，其中掺杂了许多新的甚至错误的信息。其他历史学家往往会忽视大部分这类材料，因为它们关于"实际发生了什么"的记载不够确切。事实上，这些材料非常值得关注，它们作为一种社会记忆，表达了早期的穆斯林如何重建自己的过去，如何对伊斯兰教传入他们现在所居住的这些地区进行解释。研究早期伊斯兰教社区的创立神话，对

了解伊斯兰教创立后最初一个世纪穆斯林的世界观大有裨益。

本书记述了从 632 年先知穆罕默德归真后，到 750 年伍麦叶王朝灭亡时，阿拉伯穆斯林对中东及世界其他地区的征服。这场征服的开始日期十分明确。尽管这场征服运动的根源能够追溯到穆罕默德生前的一些政策和行动，但直到他归真后，穆斯林军队才开始向阿拉伯半岛之外攻略扩张。截止日期则十分模糊，一些重要的征服战时间多有遗漏——比如对西西里和克里特的征服。但宽泛来讲，穆斯林世界的边界是在 750 年固定下来的，直到 1000 年左右在印度的扩张之前罕有大的领土变化。

阿拉伯征服对人类历史产生了重大影响，这段动荡岁月最终塑造了今日我们生活于其中的世界。然而中东地区并不是不可避免地要获得这种伊斯兰 / 阿拉伯身份认同。在 632 年时，伊斯兰教的传播还仅限于阿拉伯半岛说阿拉伯语的部落以及叙利亚和伊拉克的沙漠边缘地区。当时叙利亚的大多数人口说希腊语和阿拉米语；伊拉克的大多数人口说波斯语和阿拉米语；埃及人大多说希腊语和科普特语；伊朗人大多说巴列维语；北非人大多说拉丁语、希腊语和柏柏尔语，他们都不是穆斯林。在埃及和北非这些如今众所周知的伊斯兰地区，当时还没有穆斯林，实际上也没有人说阿拉伯语，在伊朗和阿富汗情况亦然。但转化的规模和速度是惊人的，仅仅在先知归真后的一个世纪之内，以上所有地区，以及西班牙、葡萄牙、乌兹别克斯坦、土库曼斯坦和南巴基斯坦（信德地区）都被说阿拉伯语的穆斯林精英统治，在所有这些地区，本地人口都逐渐开始接受新的宗教信仰。

穆斯林征服的步伐快得惊人，但在人类历史中也曾有过另一些快速的大规模征服行动在某种程度上能够与其相比，对此人们

或许会立刻联想到亚历山大大帝东征和成吉思汗西征。然而令阿拉伯穆斯林征服格外声名卓著的原因，则是其对被征服地区的语言和宗教造成了永久性的影响。在这一时期被征服的国家中，只有西班牙和葡萄牙最终逆转了伊斯兰的传播势头。相形之下，埃及如今成了主要的阿拉伯文化中心，而伊朗则成了伊斯兰武装分子的大本营。

很显然我们需要对如此迅速且庞大的社会变革进行历史研究，然而有关这一主题，目前能够得到的历史文献却十分有限。一部分原因是历史研究的领域局限。举例来说，基础参考书《剑桥古代史》结束于第十四卷，602 年拜占庭皇帝莫里斯一世遇刺。而《剑桥伊斯兰史》则开始于先知穆罕默德的生涯与传教历程。而在现代大学的教育与研究中，时代断层体现得更加明显——古典史 / 古代史和中世纪史 / 伊斯兰史相互割裂分离。这部分是由于语言差异所导致的结果：历史学家们往往要么只能运用拉丁文与希腊文资料，要么只能运用阿拉伯文与波斯文材料。但很少有人（我显然不是其中一个）能够同时熟练掌握这四种语言。

这些历史材料本身往往也让历史学家们难以对这些震撼世界的历史事件做出大胆而清晰的叙述。历史学家大多热衷于争论对材料的解读与应用，但对于重要历史事件的发生日期和顺序，大家都难以确定。在阿拉伯大征服这段历史中，存在着很多基本的史实问题，比如叙利亚征服过程中历史事件的具体顺序，或伊拉克的卡迪西亚之战的具体日期，我们都无法加以确定。在本书中，我尽力合理地叙述了这些主要历史事件，但这并不意味着我的观点就是对历史唯一可能的重构；也不应该掩盖这样一个事实，那就是我对其中一些史料做出了基于可能性而不是确凿史实的选择

与判断。

按照当前流行的说法，我们中还存在着一种被称为"屋中大象"的现象：学者们往往不愿对太大太明显的话题加以深究，而更愿意着手研究边边角角的细节，因为这些与他们的知识领域更加适应。或许难以成功，或许鲁莽愚蠢，但本书是一次研究与描绘这头历史学范畴的"大象"的尝试。

为了进行这项工作，我站在了巨人的肩膀上。本书大量借鉴和利用了过去几十年间许多优秀学者的作品。冒着过度借用的风险，我挑选了弗雷德·多纳的《早期伊斯兰征服史》、麦克·莫洛尼的《穆斯林征服后的伊拉克》、沃尔特·凯基关于军事史、迪克·布列特关于改宗伊斯兰、罗伯特·霍兰德关于非穆斯林视角中的早期穆斯林，以及拉里·康拉德与切斯·罗宾森关于历史学的作品。另外，我还参考了许多老历史学家的作品，他们的作品中仍有很多东西引人思考——比如汉密尔顿·吉布关于阿拉伯征服中亚、瓦西里·弗拉基米洛维奇·巴托尔德关于中亚地区、阿尔弗雷德·巴特勒关于阿拉伯征服埃及的研究。对于那些熟悉本领域的读者来说显而易见的是，多亏有他们和其他在世和已故的历史学家，我才能够完成此书。

本书是一部叙事史，高度依赖于叙事性历史材料。关于这些故事本身和它们是如何形成的，我们会在本书前言中加以详尽讨论，但在这里我要对本书如何处理这些材料先谈几句。有关早期穆斯林征服的历史叙述总是充满了困惑与不确定，并且难以从字面上全盘接受。现代作者往往会以两种方式处理这些材料：要么对它们置之不理，认为其完全不符合史实，不值得严肃的历史学家为之深究；要么只是从中挑拣出细节、名称、地点等。我所做

6 大征服

的尝试则稍微有所不同：我通过阅读和使用这些历史故事，来解读出它们所要表达的东西。我更愿意顺水行舟，去顺从这些叙述，而不是抗拒它们。这并不是说我要把这些阿拉伯的早期文献当作对"实际发生了什么"的准确记载而全盘接受，而是把它们作为对七至八世纪穆斯林社会情况的反映与记忆，来接受与利用它们。

其中尤其显著的例子就是直接引用话语。阿拉伯早期历史文献中满是对话和演讲篇章，在本书中我直接引用了其中许多语句。这并不意味着我相信引语就是在我所描述的某个场合中说出的。然而使用这些引语有一个好处，因为在文献中各家观点往往凭借话语提出。比如其对军事会议的描述，就让本书得以讨论当时穆斯林军队所面临的问题与抉择，进一步解释他们当时为什么要那样做，并为研究开拓新的思路。另一个好处是，这样能够反映并忠实于阿拉伯古代文献的原貌，还能为一些可能枯燥无味的叙述丰富一些细节，对于那些不熟悉这一领域的读者来说尤其如此。

本书试图叙述世界历史上最为重大的变革之一，这场变革造成的结果深刻地改变了我们当今的世界，我尝试着把它写得对学生和普通读者来说更有可读性，甚至更有趣味性一些。毫无疑问，以后的学者会写出更加完善深刻、严肃高雅的著作。但假如本书能够引起人们对所述重大事件的广泛思考，那么本书的目的也就达到了。

术语解释

本书主要关注 632 年先知穆罕默德归真后的一个世纪内，穆斯林军队对伊斯兰核心地区的征服。为了理清这些历史事件，很有必要对一些术语做出解释。"征服"第一眼看起来似乎是一个无

须费笔墨解释的词，它指的是某个群体通过军事手段使另一个群体归顺。但实际上，这个词的含义或许要复杂得多。阿拉伯文献通常用"征服"（fath）一词来描述攻占拜占庭帝国与波斯帝国土地的行为。在阿拉伯语中，fth 这一词根的意思是"开启"，但在大征服时期的文献中，这个词明显指动用武力夺取。征服可以有多种形式，在历史上也的确如此。征服的一个极端含义就是野蛮残酷地劫掠城市、洗劫财富并屠杀许多甚至全部守卫者。法尔斯的伊什塔克尔（Ishtakhr）和河中地区的贝伊罕（Paykand）被洗劫便是鲜明的例子。但也有许多征服采取了更加和平的方式。被占领城镇或国家的人民只需要接受条件即可，条款往往包括交纳贡赋以及承诺不帮助穆斯林的敌人。这些条款一般在动用武力之后，或者在武力的威胁下才被接受。而另一个极端含义中，征服则不过是一封效忠书。许多伊朗、北非和西班牙的多山地区很有可能在被"征服"时，阿拉伯人甚至没有造访过这些地区，更不用说建立统治和收税了。"征服"一词在不同时代、不同地区的不同人群中，含义也有所不同。

征服、定居与改宗

早期的穆斯林征服运动意味着一批全新的政治与宗教精英来统治被征服的土地。在征服一个地区之后，阿拉伯人往往会逐渐定居下来，而在这一过程中，很多阿拉伯人会永久定居在被征服地区，这些人一般会在专门新建的城镇中居住，他们中有许多人来自游牧部族。征服与定居化进展迅速，于 650 年在中东的大部分中心地区完成。但当地人民改宗伊斯兰教则是一个缓慢的长期过程，直到十世纪末十一世纪初，该地区的大多数人口才改宗伊

斯兰教。征服与定居仅仅一百年就完成了，而大部分人口的改宗则花了三百年才完成。

阿拉伯人与穆斯林

简单来说，"阿拉伯人"一词只用来指母语是阿拉伯语的人。632年，阿拉伯人主要居住在阿拉伯半岛和叙利亚沙漠及其边缘地区。然而在阿拉伯大征服时期，越来越多的人改说阿拉伯语，还有许许多多并没有"阿拉伯血统"的人也将阿拉伯语作为了自己的母语。在许多地区，征服者与被征服者之间的融合势头迅猛，到伊斯兰教创立后的第一个世纪结束时，这些地区阿拉伯人与非阿拉伯人的区别已经十分模糊了。

在632年，几乎所有穆斯林都是阿拉伯人，在大征服运动的最初几年，我们可以交替使用"阿拉伯人"和"穆斯林"两个词来描述征服者的军队。但到了七世纪末和八世纪初，再这样混用就会误导读者了。在征服北非、西班牙和中亚的穆斯林军队中，阿拉伯人只是其中的一部分。定义这些军队的并非他们的阿拉伯民族特性，尽管他们的指挥官是阿拉伯人，军事指挥术语和行政语言是阿拉伯语，但他们的共同认同则是伊斯兰的军队——也就是说，宗教认同取代了民族认同。

可以说，并非所有穆斯林都是阿拉伯人，同样地，并非所有阿拉伯人都是穆斯林。伊斯兰教传入前，许多阿拉伯人皈依了基督教，尤其是在叙利亚沙漠边缘邻近拜占庭帝国的地区。他们中的一些人在大征服运动之后仍然保留了基督教信仰，这些人的身份为八世纪的穆斯林法学家提出了一个问题：应该把他们当作臣民，向他们征收令人憎恨的人头税；还是把他们当作阿拉伯穆斯

林一般对待？在某些情况下，该难题通过这种方式解决：阿拉伯基督徒只需要缴纳施舍税 *，但税率是穆斯林同胞的两倍。

罗马人与拜占庭人

历史学家一般习惯称东罗马帝国为拜占庭帝国。这是一个很便利的术语，用来定义一个七世纪到八世纪间，使用希腊语和希腊文字的基督教帝国。但这个词在当时完全不被这些说希腊语的人接受，在历史上无论何时都不会有人在日常生活中自称"拜占庭人"。他们自认为是罗马人，并且也如此自称，只不过用词是希腊语词 Romanioi。他们的穆斯林对手也认为他们是"罗姆人"（Rums），即罗马人，这一词的涵盖范围也常常扩展到北非和西班牙信仰基督教的拉丁人。尽管这一用词有歪曲历史的嫌疑，我还是不得不遵从学界的一般用法，在本书中全篇使用"拜占庭"与"拜占庭帝国"。

土地税与齐兹亚税

阿拉伯征服者总是会以现金的形式从被征服地区征收税款。在之后的几个世纪中，这项公共税收被伊斯兰教法学家分成了两大类：土地税（Khāraj）和齐兹亚税（Jizya），即人头税。这两项税收只向非穆斯林收取。然而在大征服时代，税收的分类并不明晰，"齐兹亚税"往往用来代指任意种类的税收或贡赋。

---

* 即穆斯林的天课，税率一般为收入的四十分之一。——译者注

基督教会

穆斯林大征服期间，中东地区同时存在着五个基督教会或教派，每一个都自称"正统"。北非和西班牙的教会说拉丁语，相比追随君士坦丁堡教会，更加倾向于追随罗马教会的领导和宗教权威。这个教会此时尚未和希腊东正教决裂，但其教会文化与后者完全不同。然后是（通常）由拜占庭帝国政府支持的默尔启派（Melkite，即"皇家的"）希腊东正教。这个教会也被称为"迦克顿教会"，因为它遵从451年迦克顿会议所定下的关于基督性质的教条；另外它也被称作"两性论教会"，因为它相信基督同时具有人性和神性。在帝国东部，这一国教的主要反对派来自叙利亚的雅各派一性论社区和埃及的科普特派一性论教徒，他们都相信基督的性质是唯一且不可分割的。叙利亚的雅各派得名于传教士雅各·巴拉戴乌斯（？—521），他是这个独立的一性论教会机构的实际创立者。聂斯托利教会，得名于其创立人聂斯托利（？—约451），他在被斥为异端并革除职务前曾是君士坦丁堡牧首，他既反对一性论，也反对两性论。拜占庭帝国曾经迫害消灭了大量本国领土内的聂斯托利派教徒，但这一教会却在波斯帝国境内繁荣发展起来，尤其在伊拉克境内，聂斯托利派信徒占到了人口的大多数。最后一个则是拜占庭皇帝希拉克略及其政府支持的一志论派。有一个古老的苏格兰故事讲的是，一个外地人来到苏格兰的小镇上，问当地人这里有多少教会，要知道，苏格兰的教派几乎和古典时代后期中东的教派一样多。当地人答道："嗯，原先这里有两个教会，然后它们联合了，所以现在有三个了。"这个故事实际上就是希拉克略统治时期宗教情况的写照。为了弥合一性论教

会和两性论教会之间关于基督本性的解读不同而导致的破坏性分歧，希拉克略和他的神学顾问想出了一个微妙的折中方案，那就是一志论。不可避免地，这一举措没能取悦任何一方，他试图在中东和北非推行新信条的努力又引起了更大的不满。

关于注释与参考书目

为了避免在正文中出现过多学术性注解，我谨慎地在本书结尾做了尾注。我列出了本书所使用的主要文献、直接引语的来源和最为相关的二次文献。本书中我所最为依赖的两个主要文献是塔巴里的《众先知与列王史》和拜拉祖里的《征服史》，我参考了莱登编译的版本。如果有读者愿意去查询英文版本，可以在所引译文的尾注中找到该书的版本信息。

参考书目同样是经过谨慎挑选的。如果把包括晚期古典史和早期伊斯兰史文献的书目全部列出来，恐怕会列出上千条书名。我打算将书目限制于那些我利用最多，以及我认为对那些乐意对这一话题作更深探究的读者来说最为相关并且最容易触及的著作。

关于音译和名称

关于用拉丁文本来转译阿拉伯文字母，现在已经有了一些被普遍接受的标准方法，但我并没有完全依赖于它们。对于非阿拉伯语读者来说，h、s 和 t 分别具有的两种形式十分难以分辨，但对于懂得阿拉伯语的读者来说，他无论如何都会对这些区别加以注意。我曾经多次解释过，阿拉伯语既有长元音也有短元音。比如说，叙利亚的大征服者的名字哈立德·本·瓦立德（Khālid b. al-Whalīd）应当读作 Khaalid b. Waleed，而不是 Khaalid b.

Waalid，了解这点对我十分有帮助。简单来说，ā 发长音 aa，ī 发长音 ee，ū 发长音 oo，发音时重音应当落在这些长音节上。

另外，在其出现于单词中间时，我把阿拉伯字母 cayn 标为 c。cayn 是阿拉伯语中特有的一个辅音字母，它的发音我们只能靠相近字母来代替。我们大致可以认为它是对前一个元音用喉音加以延长。音符 '则是一个声门塞音。

阿拉伯人名依据不同的传统也各有不同，其中一些起源于圣经：比如易卜拉欣即亚伯拉罕、易斯哈格即以撒、优素福即约瑟、穆萨即摩西，以及叶海亚即约翰。另一些名字比如欧麦尔、阿穆尔、奥斯曼和阿里，则是完全来自阿拉伯传统，并无宗教含义。另外还有一些名字则是用来描述此人是真主任意一个尊名之下的奴仆（阿卜杜），这种名字的形式大多数为阿卜杜拉（真主的奴仆），但也有另一些名字，比如阿卜杜·马利克（王的奴仆），阿卜杜·拉赫曼（至慈者的奴仆）。

男性的名字后面要跟父辈的名字，比如伊本（通常缩写为"本"）·费拉努（Fulān，意思是"某人"），我们可以找到这样的男性名字，如"伊本·艾比·费拉努"，即"某人的父亲的儿子"，或者这样的女性名字，如"宾特·费拉努"，即"某人的女儿"，或者更常见的，如"乌姆·费拉努"（某人的母亲）。在早期伊斯兰时代，大多数阿拉伯人都会有氏族名（nisba），比如塔米姆氏族的塔敏米，或者艾兹德氏族的阿兹迪。

地名的拼写又是一个问题。一般来说我都会使用现今惯用的英文地名。至于"阿塞拜疆"这类在当时与现代含义不同的地名，我倾向于使用《泰晤士世界历史地图册》中的版本。还有那些古老而模糊的阿拉伯文地名，比如雅穆特（Yāmūt）或卡迪西

亚（Qādisiya），我参考了雅库特的十三世纪地理名词辞典《地理词典》。

关于钱币

大征服相关的文献着重强调了不同货币的划分和税收的支付方式。穆斯林从一开始就在他们征服的地区流通了钱币，比如萨珊帝国的德拉克马（drachm）银币，在阿拉伯语中被称为"迪拉姆"（dirham）。迪拉姆是一种轻薄的银币，直径两厘米多，重量约三克。穆斯林从七世纪六十年代开始仿造萨珊帝国的模具，铸造这种货币。更具价值的是第纳尔金币，这是一种在拜占庭金币（nomisma）基础上仿造的小尺寸钱币，直径约一厘米。这种金币最早发行于阿卜杜·马利克哈里发执政时期（685 年至 705 年）。从这时开始，所有的伊斯兰钱币都是只有铭文的，币面只有阿拉伯文字而没有任何图案。在北非和西班牙，一些早期穆斯林钱币上也会有翻译成拉丁语的穆斯林文本。

中華民國

吳 晗

我们对七世纪到八世纪穆斯林大征服的理解，是建立在历史文献及一定程度的考古发现的基础上的。第一眼看上去，历史资料似乎十分丰富，阿拉伯人的编年史花了大量篇幅，运用了许多引人入胜的细节来描绘这一系列胜利。被征服者，尤其是各基督教派的神职人员，则表达了截然不同的观点。与此同时，大量的考古证据，尤其是黎凡特地区的考古发现，又为我们展示了另一种不同的情况。然而在深入研究中，这些资料却并不像表面看起来那样清晰可信。所有这些文献都需要经过谨慎甄选才能够利用，尽管历史叙述通篇累牍，但对于这场大征服的许多方面，实际上我们一无所知。

任何历史研究都不可避免地被历史材料本身的性质所左右。某种意义上，这是一个关于可靠性的问题，也就是"我能够相信我读到的东西吗"。简单来说，这个问题在于是谁写了这些文献，他们想要表达什么，以及他们倾向这一方还是另一方。然而利用历史材料来解答历史疑问的方法需要跨越对材料可靠性的疑虑和群体偏见。文献的作者与汇编者的关注点决定了我们能够提出什么问题。比如说，在研究阿拉伯大征服时，我们可以提出有哪些战役，或者有哪些人参加了战役这类的问题，但如果想要了解更多关于战役本身的细节——比如某方胜利而另一方失败的具体原

因时，我们就会碰一鼻子灰，因为我们所依靠的文献作者对研究此类问题并不关心。我们所讨论的领域和水准由古代文献的作者决定，而且其中有许多途径是走不通的。我们不可能写出一部这样的穆斯林征服史：书中满是大多数军事历史学家偏爱的，清楚明了的作战地图，成师编制的步兵被标成一个个整齐的方块，醒目的箭头则标示着骑兵包抄的路线。如果本书没有对关于军事史的许多常见问题加以讨论——比如军需和战前补给问题，这并不是因为对这些问题不够重视，而是因为我们缺乏相关信息来对它们做出解答。理解文献材料的范围和局限对于了解本书对阿拉伯大征服叙述的长处和缺陷十分必要。

阿拉伯人对中东的大征服直接影响了数百万人的生活，他们中有许多人已经在这个地区发展延续了数千年的文明。但他们之中很少人会想到要记录下他们所看到的和经历的事件。七世纪三四十年代几个关键年份的同时代记载可谓屈指可数。甚至就是我们所能查到的记载也十分散碎，模糊不清。

缺乏同时代一手资料，不代表我们完全没有关于那几十年间重大事件的历史证据。恰恰相反，我们拥有的大量历史记载能够告诉我们发生了什么。但对于历史学家来说麻烦的是，它们往往内容松散、断断续续，并且经常互相矛盾——有时甚至是自相矛盾。我们很难分辨哪些史料才值得相信并足以作为实际事件的准确记述来接受。然而更值得注意的是，这些文献为我们提供了不同群体所保存和珍视的，对于那段历史的态度与记忆。

在被穆斯林征服的最初几十年间，中东地区拥有一个文化多元的社会，其中不同的语言与宗教在同一地理区域内彼此共存，相互融合。征服运动完成后，阿拉伯语是新兴精英阶层的语言。

但即使在政府中，以往的行政语言也仍然还在用于处理行政事务，比如叙利亚和埃及的希腊语、伊拉克和伊朗的中古波斯语（巴列维语）、西班牙的拉丁语。不过几代人之后，这种情况就开始发生了改变。大约在700年，第一次大征服开始的六十多年后，伍麦叶王朝哈里发阿卜杜·马利克（685年至705年在位）立法将阿拉伯语定为唯一的行政语言。这条法令出奇地有效。从此以后，任何人如果想要在伊斯兰政权的庞大官僚系统中谋得一官半职，无论他在血统和后天教养上是不是阿拉伯人，都要会读写阿拉伯语才行。不管是去除了图案的新版本钱币还是路边的里程碑，上面的铭文都是阿拉伯文。对于大多数人来说，学习希腊语或巴列维语已经失去了意义，因为这两种语言已经无法为仕途提供便利。大约在这段时期，也就是七世纪初，大征服时期的阿拉伯文化传统逐渐被收集和记录了下来。

七世纪和八世纪发生的重大事件为大批阿拉伯语文献提供了素材，这些文献都自称是对当时事件的描述。但对穆斯林大征服的记忆和叙述并不仅限于"早已被遗忘的久远事物和古代战争"。它们是在这一地区发展的穆斯林社区的奠基神话。它们写成的目的是为了帮助解释伊斯兰教如何传入这一地区，以及证明之前统治者的失败和倒台的合理性。这些文献不会像中世纪早期西欧的拉丁历史学家那样涉及各种族的形成发展，而是记录了伊斯兰社会的兴起。它们记载了那些率领军队征伐的英雄豪杰，同时也是各自地区伊斯兰社区的奠基者的名字、先知穆罕默德的同伴们，以及那些见过和听说过穆罕默德并被他的惊人魅力吸引至其麾下的人的名字，还有那些引领伊斯兰军队东征西讨的哈里发的名字。

这些记述提供了许多关于历史事件经过的信息，有趣的是，

它们也展示了大征服后几代人对这些事件的记忆，以及他们对自己所处社会的起源的看法。这些被扭曲的记载和传奇初看之下妨碍我们的理解，但是作为社会记忆的一种形式，它们反映了早期穆斯林社会的态度及价值观。

这些记载在九至十世纪之间被编纂，即在这些事件发生的150至250年之后。阿拉伯文的记叙材料很少由同一个作者写成，仅仅是对事件本身加以记叙的简单记载。它们往往被多层编纂过，在不同的时代，出于不同的目的，这些文献都经过了多个阶段的精心编辑修改。尽管这样解释可能会把复杂的过程过度简化，但这些记叙似乎一般会经历三个阶段。第一个阶段是对战争中英雄事迹的口头传颂。这些传说故事一般会存留在部落和家族，以及在特定地区定居的穆斯林群体中间。某种程度上，就像他们的祖先曾珍视前伊斯兰时代阿拉伯部族相互征战的往事那样，他们也郑重保存着这些记忆。阿拉伯人在前伊斯兰时代记录战争中的胜利与悲剧的古老传统，无疑也影响了对伊斯兰大征服期间战争的记述。就像他们蒙昧时代的祖先一般，他们也写作并保留着那些歌颂英雄事迹的诗歌。除了这些古老传统的主题之外，穆斯林也会把胜利作为真主与其同在的鲜明证据记录下来，表明敌人的死亡与丰厚的战利品都是真主的恩惠，他们的事业在本质上的正确性无可置疑。他们也会为了其他一些目的，比如为了合法化自己对薪俸或税务权利的要求，而保存、加工甚至编造记载。因为能够证明自己的祖先参加过早期大征服运动的人都可以从公共资金中领取薪俸，城市居民也希望能证明自己的祖先曾和平投降穆斯林军队来减轻税务压力。简单来说，人们保存大征服时期的故事，不是为了明晰地讲述历史，而是出于实用方面的考虑。相比之下，

那些并不实用的历史记录，比如确切的大事编年史，往往会流于失传。

第二个阶段则是对这些口头材料的收集和书面整理。很难说这项工作实际属于哪一阶段，因为和英语类似，阿拉伯语也喜欢用"他说"（他在书中写道）这样的表达，因此表达说话的动词也可能实际上指写作，这一过程无疑是从八世纪开始进行的。这些收集工作似乎是出于考古研究的目的，为了保护关于穆斯林早年间在伊拉克或埃及统治地区的记载，以防这些记忆渐渐被人淡忘。一开始保存这些传说故事的实际考虑到此时已经变得并不重要了，但显然，编纂者们整合出来的这些材料，也必然体现出了早期叙述者们的目的。

九世纪到十世纪初，书籍的写作出版达到了一个高潮。此时纸被引进并取代皮纸（烘干的动物皮）成了主要书写材料[1]，写作变得更加快捷便宜。其中历史书籍的写作也在哈里发的宫廷和巴格达及伊拉克其他地区的文化圈子中大大增加，这反映了当时人们对历史信息的需求在逐渐增长。巴格达拥有真正的书籍交易市场，在那里，写作作为一种职业可以面向更广的大众，而不仅仅面向某个富有的赞助人。知识逐渐走向职业化，因此人们可以依靠研究学问谋生。

研究历史并成为学术权威，也可以助人在宫廷中官运亨通。历史学家拜拉祖里，本书所参考的主要文献《征服史》就是他的著作之一，他似乎是阿拔斯王朝宫廷中的一位纳迪姆（nadīm），即"益友"。所有宫廷益友都要为宫廷提供各方面的知识、技能或才艺，他们中有的是诗人，有的是研究生僻古老的阿拉伯词汇或不同地区文字的专家。显然，拜拉祖里能够在宫廷中获得席位，

多亏了他对大征服运动和早期伊斯兰历史的其他领域的深入了解，以及在研究古阿拉伯各部落族系宗谱方面的学术权威；尽管他并非出身世家大族，祖先也没有参与过征服运动。这些历史编纂者中最伟大的一位是塔巴里（？—923）。他是波斯人，出生在里海南岸的一个地主家庭。成年后他一生大部分时间都在巴格达度过，他在那里成了穆斯林学界经注学和伊斯兰史学两个领域的权威人物。他似乎过着清静的学者生活，靠自家领地的收入勉强过活，这些收入是由他的家乡前往麦加和麦地那的朝圣者途经巴格达时上交给他的。他立志要尽可能多地收集前人的著作，将它们编纂成一部内容丰富的史集。他还试图为这些历史排序，并获得了巨大的成功。他写出了一部编年史，每年的历史事件都用数字标出了年份。他不是第一个运用这种体裁的阿拉伯作者，这有可能是继承自希腊人的编年史传统，但在他之前还没有人利用这种体裁记载下如此大量的信息。他的著作让前人的记载相形见绌，实际上后来所有关于早期伊斯兰世界的历史，尤其是关于伊斯兰征服史的记述，都建立在他这部巨著的基础上。

在关于早期阿拉伯征服的叙述中，许多历史材料都以生动精彩的故事形式来记叙事件。它们并不是现代历史学家写出的那种连续流畅的散文，而是短小的掌故逸事，在阿拉伯语中被称为akhbār（单数为khabr）。塔巴里和九至十世纪的其他编纂者都没有对这种格式加以梳理，写成单线性的历史记录。史书中每一个小故事都各自独立，有的只有几行，有的长达三四页，但很少有篇幅更长的。几个小故事经常被整理在一起，用以讨论同一个事件或几个十分相似的事件，但彼此间细节有所不同：比如事件的顺序不同、同一个英雄壮举由不同的人完成、大征服期间著名战

役中军队指挥官的名字不同等。九世纪和十世纪的编纂者们往往会避免评价这些记载是否正确。他们只是恼人地不去加以定论，并且往往将所有史料一齐摆出，让读者自己作出判断。

很多时候，编纂者会以 isnād（即"传述"）的形式，为他们的史料添加一些细节，比如"我是听甲说的，甲是听乙说的，乙是听丙说的，丙是亲历者"。引用这些传述的目的是为了证明材料的真实性，为了保证真实性，传述者名单上的人必须是拥有良好信誉，按理说是不会假造事实的男性（有时是女性）。同时也要证明历史信息链上的人生活时代无误，这样才有可能把当时的信息传达给下一代。到十世纪，由于历史学科整体蓬勃发展，涌现出了许多人物传略辞典，通过查看这些辞典，人们可以查到历史信息链上所有人的生平信息，并判断其可信程度。

现代的读者或许立刻就会注意到，这一过程中存在着一个明显的问题，那就是保证材料可靠性的方法太少。当时人们也十分关注这种问题。关于这些历史事件，当时流传着许多伪造的历史材料，而九世纪和十世纪的编纂者们也在努力分辨真实材料和假造材料时，与我们面临着同样的问题。

这些大征服时期逸事的作者和编纂者们对一些特定的信息异常关注，但又对其他信息极其忽视。这些故事通常会逐字记录大量演讲，这些演讲一般是由伟人发表的，并且往往是战前演讲。这让人不禁联想起在同一种情况下，那些古典历史学家记载下来的关于希腊或拜占庭将领们的演讲。不过，阿拉伯的记叙者们通常会记载一场军事会议中不同成员发表的演讲：在阿拉伯文献对军事决策过程的描写中，这些会议有时意见一致，有时争论颇多。很显然，因为当时并没有记录员和录音机，这种演说的真正内容

不太可能被记录下来。但另一方面，这些逸事确信是来自七世纪或八到九世纪初的文献。它们必然反映了当时的穆斯林对这些历史事件的看法，这是不容历史学家错过的。

这些逸事的另一个特点就是所谓的"称名强迫症"，即无论如何也要记录下参与历史事件的人物的名称。当然，这只适用于那些阿拉伯穆斯林参与者——另一方面，几个不同版本的阿拉伯文献只为我们提供了最重要的敌方将领的名字，除此之外，敌军就只剩下了一群无名之众。这些逸事的作者与编纂者们精心而严谨地搜集列举阿拉伯人名，他们乐于认真严谨地确认人物的身份、他们来自哪个部落，以及他们曾在其中战斗过的部队。对历史学家来说，问题是这些名录总是彼此互相矛盾。而且，有一些例子表明，故事的后期版本似乎比早期版本要包含更多的名字。以现代历史意识看来，这是十分可疑的。当这些故事从一代人传到下一代人时，它们的细节也会随之增加。很显然，其中有一些细节是为了解答诸如"纳哈万德战役的主要将领有谁"这样的问题而编造出来的。毕竟没有叙述者愿意承认自己的无知，比起暴露自己知识面的局限，不如编造出来一些似乎合理的答案。另一些时候，这些名字被参与者的后裔或者其部落的其他成员清晰地保存着。在七世纪，这样做有十分重要的实际价值。因为如果一个人的父亲或祖父参加过那些早期的辉煌战役，比如伊拉克的卡迪西亚战役或叙利亚的雅穆克战役，那么他在金钱和地位方面都会获得优惠待遇。到八世纪中叶，这种血缘关系就失去了实用价值。除了统治者的家族，以及先知和阿里的后裔以外，不再有人受益于这个制度。在这个时期，人们依据他们在军队或官僚事务中的表现领取报酬，而与他们祖先的功业无关。然而，与古代英雄的

血缘关系还是会给人带来一定的社会威信。就像有些人所说的，如今的英格兰贵族中仍然有人因深信"我的祖先曾经是征服者"而感到优越，这里的"征服"指的是 1066 年诺曼人征服英格兰。可以想见，在那些身份意识颇重的穆斯林中间或许也会有类似的自夸吧。

另一个早期历史学家十分关注的话题是，城镇或省份是被和平接管（sulban）的还是被武力攻占（anwatan）的。在大征服运动之后的最初几年中，这个问题具有重大的实际意义：如果城市是签订和平条约后被占领的，那么城市居民生命和财产可以依据条约得到保证，并且只需要缴纳条约中所规定的税款总额即可；如果城市是通过武力占领的，居民则要被罚没财产，税收水准也要提升。或许最为重要且繁重的是，非穆斯林居民还要缴纳人头税。我们对于穆斯林统治下的第一个世纪中城镇与城镇居民税务状况如何所知甚少（因为我们几乎所有的材料都是关于农村和农业地区的），但这场征服的性质一定使得早年间城镇居民的税收待遇和财产安全情况发生了巨大变化。确定一个城市是如何被征服的，及其缴纳了何种贡赋是一件拥有重大现实意义的事，对于早期历史学家来说也是一个值得求索的话题。就这些事情本身来说，事实真相通常已经模糊不清了。大征服本来也是一个复杂的历史事件，有的人抗拒它，也有人顺从它。在记录这一时期的时候，几乎所有人都会对这些历史事件的某个版本有所偏好。为了解释迷惑，人们编造出了大量便于理解的虚构材料。其中之一就是有些城市在同一时间内，不同区域以不同的方式被占领，这方面最显著的例子便是大马士革。636 年的大马士革，在阿拉伯将领哈立德·本·瓦立德强攻东城门的同时，另一位将领艾布·乌

拜达在西城区与居民签订了和平协议。两支部队最后在城中心会合。在这种情况下，大马士革算是被武力攻占还是和平接管，就有了很大争议。另一个较为合理的解释是，这座城市被攻陷了两次。第一次时城中居民签订了条约，获得了和平投降的特权，然而后来他们又发动了叛乱，使得这一地区又被武力夺取。叙利亚的安条克和埃及的亚历山大两城就有这样的记载。这可能更接近历史事实，尽管"叛乱"或许只是因为居民抗拒或无力承担条约规定的税额，但我们也不能忽视这样一种可能性，那就是这些说法试图调和不同故事版本之间的分歧，而这些故事本身就体现了对于被征服地区财政和税收情况的争议。

就像关于哪些人参加了大征服的问题一样，关于是否和平或暴力地征服城市的问题在九世纪和十世纪整合史料的过程中变得不再具有同样的重要性了。没有证据能够表明此时不同地区的税收取决于两百多年前的征服的性质。到这一时期，对于这些问题的争论大多成了历史学家关注的话题，或者说成了当时官僚和宫廷益友们所熟悉的政治环境的一部分。但我们不应忽视这样一个事实：在这些文献资料失去实用价值的很长一段时间以后，它们还能够保存下来，这有力地证明了它们的确来源于大征服时期——因为在此之后，人们失去了编造故事的动机。这些故事的细节在伊斯兰政权初步建立的几年中一度被保存下来，因为那时候它们还拥有真实且实用的用途。

这些早期传统史料的作者与编纂者们似乎还对征服城市或地区后战利品的分配问题十分着迷。不可否认的是，在战争中掠夺往往是理所当然的，而战利品完全归胜利者处分。问题的重点在于，征服者的军队中战利品是怎样分配的。比如，是否每个人都

应该得到相同的份额？骑兵的所得是否应该高于步兵？参与了战役，却并没有实际加入战斗的人是否也应该获得战利品？如果应该，应该获得多少？应当把这其中的多少份额运往麦地那献给哈里发？这些问题显然体现了这些粗犷的贝都因战士们在夺取和利用文明社会的成果时表现出的欣喜，但故事的结局总是公平公正的（当然，仅在征服者之间）。叙述者们喜欢详细描述战后战利品是如何在一片开阔地带，在众目睽睽下公开透明地分配的。这种叙述显然是一种对"美好往昔"的怀恋——那个时候，在欧麦尔哈里发（634 年至 644 年在位）严厉的注视下，穆斯林个个勇往直前，内心纯洁，充满正义。后来，伊斯兰世界似乎失去了往日的纯真，当早期征服者的后代逐渐被边缘化并失去他们自认为应得的奖赏时，这种"美好往昔"便被后世的穆斯林保存和重申。这些对美好时代的古老回忆，既是对以往时代的肯定，也是对更好未来的向往。

如果历史学家对大征服的某些方面特别感兴趣，他们就会很少关注另一些在我们看来十分重要的东西。比如伊拉克的卡迪西亚战役，这场战役标志着波斯帝国的统治在伊拉克的结束。在塔巴里《历史》的英译本中，对这场战役的叙述长达两百多页，但对战役过程的描写却异常模糊。诚然，即使是比较晚期的战争，人们也很难确定其中军事行动的具体经过，但这种模糊的叙述让人几乎不可能对这样一个关键问题做出合理可信的解答，那就是为什么拜占庭和波斯的军队在阻止阿拉伯人入侵他们的国土时会表现得如此无能。文献有时会直截了当地告诉我们，战斗十分激烈，但最终穆斯林获得了胜利。有些文献会记载他们的敌人被赶下了河流或者深谷，就这样被大批杀死。还有一些报告会描述拜

占庭或萨珊士兵被用铁链拴在一起，以防他们逃离战场。这并不是真实的历史信息，而是一个惯用的修辞手法，用以体现当时的穆斯林是如何被信念所鼓舞，敌人又是如何被暴君所束缚的。[2] 这些故事或许是事实，但它们并没有告诉我们战斗失败的军事原因究竟是什么。

对现代历史学家来说最为令人烦恼的可能是编年史的模糊不清。这是有关阿拉伯大征服过程阶段的一个尤其显著的问题。有记载可查的雅穆克战役和卡迪西亚战役获得胜利的日期各有不同，彼此之间可以相差三四年，九世纪和十世纪的编纂者们很乐意将这些各不相同的日期一同记载下来，仅仅承认这些都是不同的观点。由于除阿拉伯传说外可靠材料的缺乏，即使对于早期穆斯林历史中最为重大的事件，我们也通常难以确定它们真正的发生日期。

那么，要想重建这些事件发生过程，分析穆斯林军队成功的原因，现代历史学家该怎么做才能理清这些文献呢？在十九世纪，历史学领域研究的科学方法刚刚起步时，历史学家们就对材料的杂乱无章、许多文献中明显的传说性质和数不胜数的内容重复及矛盾感到一筹莫展。1902 年，阿尔弗雷德·巴特勒写下了关于阿拉伯人征服埃及的著作，他就曾哀叹，在他剔除掉那些无异于"童话故事"的资料时，关于大征服的文献材料简直是"一团乱麻"。

历史学家长期以来一直在关注大多数材料中混乱又矛盾的内容，但到了二十世纪七八十年代，这些传说的可靠性又受到了更加重大的挑战。德国的阿尔布雷希特·诺特对关于大征服的记述中有多少是格式化的惯用内容进行了研究，他发现这些形式固定

的内容出现在了大量不同的记载中，可以说随记述的战场不同而转移。在许多不同的事例中，都能够找到这样的相同记载：因为部分居民的背叛，城市如何被阿拉伯人攻下。因为这些内容在太多不同的事例中出现，而且讲述时所用的语言过于相似，所以它们不太可能全都真实可信。几乎就在这段时期，迈克尔·库克和帕特丽夏·科洛恩在伦敦发起了一场争论，在这场争论中，因为关于先知穆罕默德生平的资料和更加广泛的早期伊斯兰文献中满是矛盾，研究者没办法对任何事件加以确定，所以就连是否真的存在穆罕默德也遭到了质疑。[3]

这些严重批评造成的结果是，许多历史学家，甚至那些完全不信服这些修正论观点的历史学家，都不再乐意严肃看待这些历史叙述或采用其中包含的细节。而我的观点则与之不同。我认为我们之所以应该回归阿拉伯文史料并尝试运用它们而不是抛弃它们，有以下几个原因。首先是阿拉伯文记载有时可以和非阿拉伯文学传统的文献资料进行比对，比如叙利亚文的胡齐斯坦编年史，或谢别奥斯（Sebeos）的亚美尼亚历史，这两部文献都是由基督徒写成的，距它们所讲述的事件在同一代人时间内。它们比阿拉伯文史料篇幅短小，细节也更少，但偏重于描述阿拉伯历史的大概面貌。有时，它们甚至能为阿拉伯文本中的细节提供依据。比如，据阿拉伯文献记载，防御完善的舒什塔尔城被穆斯林军攻下是因为城中一些居民的背叛，他们告诉了穆斯林军如何从水道进入城中。这种信息往往会被我们当作无用的形式化内容剔除掉，因为我们在其他城镇和堡垒被攻陷的记载中也会发现许多类似内容。但关于这一事例，在胡齐斯坦当地的编年史中却记载了大致相同的经过，明显表明了这座城市被攻陷的情况的确与阿拉伯文

16 大征服

献记载相同，这份编年史是由叙利亚文书写的基督教文献，与穆斯林传统并无关系。这说明阿拉伯文献中对穆斯林征服舒什塔尔，或许还有其他地区的记载，比我们之前所认为的要可靠得多。

我们还可以更进一步对阿拉伯文史料进行重建。这些史料中有许多都能追溯到八世纪的编纂者，比如赛义夫·本·欧麦尔。赛义夫生活在伊拉克的库法，在786年之后去世。除此之外，我们对他的一生一无所知，但他是早期征服运动最重要的叙述者之一。很多中世纪和现代的历史学家都怀疑他的一些记载是伪造的，但近来的学术研究发现，他的材料可能要比前人所认为的更加可靠。毫无疑问，他整理和编辑了关于早期征服运动的最为生动丰富的记载。[4]赛义夫写作的时间距离早期征服运动仅一个世纪多一点，有可能在他未成年的时候还有一些亲历者尚在人世。并且，他生活的时代正处于后来穆斯林征服西班牙和中亚地区的时期。赛义夫距离穆斯林大征服的时间接近，比图尔的圣格里高利距离墨洛温王朝，或历史学家比德距离盎格鲁－撒克逊人皈依基督教的时间更近，而这两个人的材料普遍被历史学家用来重述相关的历史事件。

这些文献资料还包含着一个更深层次的内容，即关于社会记忆的问题。詹姆斯·芬特列斯与克里斯·威克姆就曾指出，尽管对事实的记载不尽准确，传统文献却是承载那些有关前人对历史的态度与观察的社会记忆的，这些社会记忆中记录了大量当时社会对过去的回忆，以及更进一步地记录了在时人编辑相关史料的时代，他们对于这些事件所持的态度。[5]对关于大征服的叙述，我们应该当作这样的社会记忆来看待：在这些社会记忆中，早期的阿拉伯文献十分明显地揭示了大征服之后两个世纪中穆斯林的看

法。如果我们想要研究早期伊斯兰社会的精神面貌，这些文献有着无可取代的价值。尽管有些历史学家更倾向于贬抑这些材料的价值，但如果我们能够顺应这些材料的叙述，尝试解读它们想要表达的信息，就一定会获得很大的启发。

这些文献表达的其中一个关键问题就是，阿拉伯穆斯林与他们的对手们在生活习惯、生活态度以及价值观等方面的分歧。阿拉伯作者并不专门去分析这些分歧，而是在叙述中将它们描述出来。让我们在八世纪和九世纪中的数千份叙述中挑出一份作为例子。这份文献来自《征服史》，这本书现存的版本是由九世纪中叶的伊本·阿卜杜·哈卡姆[6]编辑整理的。

这个故事首先记载了当时的埃及总督阿卜杜·阿齐兹·本·马尔万（686年至704年在任）前往亚历山大城访问的情况。当他到达亚历山大城时，他四处打听，问当地是否有记得半个多世纪前，641年穆斯林征服此城的情况的人还活在世上。人们告诉他，城里有一个年老的拜占庭人在那时还是个男孩。当总督问他对当时的旧事还记得多少时，他并没有总体叙述当时的战事与城市沦陷的经过，而是讲述了一个他自己亲历的具体事件：他曾与一个拜占庭贵人（阿拉伯文献中对拜占庭上层人士的泛称）的儿子是朋友。某天，朋友提出要带他一起出城去"看看和我们作战的阿拉伯人是什么样子"。于是，贵人的儿子穿上织锦长袍，戴上金制头饰，佩上了一把装饰华丽的佩剑。他跨上了一匹膘肥体壮、毛色光亮的高头大马，而他的朋友，也就是讲述人，则骑了一匹精瘦结实的小马。他们离开城堡，登上了一片高地，他们俯视远望，看到了一顶贝都因人的帐篷，帐篷边上拴着一匹马，地上插着一支长矛。两人观察着他们的敌人，对他们的"弱小"

（这里指他们的贫穷和缺乏武装）感到十分惊讶，不禁互问为什么这些"弱小"的人能够获得如此大的成就。就在他们站在那里议论时，一个人从帐篷里出来，发现了他们。他解开战马，抚摸轻拍几下，然后便直接跃上未加鞍的马背，抓起长矛向他们奔来。讲述人急忙告诉他的朋友这人是冲着他们来的，于是他们转头向城里的安全地带逃去。但那阿拉伯人很快便追上了他那骑着壮马的朋友，挺矛将其刺死。接着便向讲述人追来，但他成功地逃进了城门里。惊魂初定，他登上了城墙，看到那个阿拉伯人正在返回他的帐篷。对那些值钱的衣物饰品和那匹名贵的骏马，他看都没看一眼。他只是一边走一边诵念着阿拉伯语，讲述人回忆说那一定是古兰经的经文。然后，讲述人告诉了我们这个故事的寓意：阿拉伯人之所以获得了如此巨大的成就，是因为他们对俗世的财物漠不关心。当阿拉伯人回到他的帐篷时，他翻身下马，将马拴起来，把长矛插在地上，没有告诉任何人他刚刚做了什么。这个故事讲完后，总督要他描述一下那个阿拉伯人的样子。他回答说那人身材矮瘦，相貌丑陋，长得就像个人形剑鱼，于是总督意识到这人是个也门人（南阿拉伯人）。

　　表面上看，这个故事并不值得严肃解读，更别说用来复述历史。穆斯林征服亚历山大城是一件有着奠基意义的重大事件，它标志着拜占庭帝国在埃及统治的结束以及在这一城市中主导了九百年的希腊语传统的消亡。《征服史》的编纂者叙述这一事件却只花了两三页的篇幅。他并没有告诉我们围城战（假如存在的话）的情况，军队在哪里部署，或者任何我们需要了解的军事细节。在他叙述这一历史事件的时候，这个平凡的逸事占了大部分篇幅。而且就描述一件真实发生的历史事件的意义上来讲，还没有任何

证据能证明这个故事的真实性。况且就算这个故事是真实的，也并没有什么意义：因为我们并不知道故事主角的名字，而且一个人的死亡对整个历史事件并无重要影响。然而再思考一下就会发现，这则故事实际上能揭示很多信息。首先，这个故事被记载进了这部史书中。这说明尽管这个故事可能不是641年发生的事情的真实记录，但它的确是七世纪后期的真实产物。当时伍麦叶王朝的总督想要了解他如今管辖的省份是如何成为穆斯林世界的一部分的。就像与他同一时代的那些历史学家和史料编纂者一样，他也热衷于赶在那些关于这些记忆的记录消失前，对它们进行复原。这个故事本身展现了一些常见的文学主题。比如拜占庭人富有而高傲，对战争的残酷毫无经验。另外，这个故事还表现了贵人的儿子和讲述人之间显著的阶级和财富差异。而相比之下，故事中阿拉伯人则在他的帐篷里过着清贫朴素的生活。与那个拜占庭上流人士不同，他是个一流的骑手，与他的坐骑保持着十分亲密的关系，并且能够直接跃上马背，骑乘不配鞍的马匹。当然他同样也是一个武艺精湛的矛手。在杀死贵人的儿子后，他背诵古兰经文，这体现了他对宗教的热忱，而对被杀者尸体上的财物置之不理，反身离去，则表现了他对世俗财物的漠不关心。总督最后提出的关于那人相貌的问题，则使讲述者得以描述出一个瘦小、精壮、貌不惊人的个体形象。这个肖像描写可以说平淡无奇，但它的重要意义也不容小觑。这个人被描述成了一个典型的也门人，而大多数征服埃及的阿拉伯人都来自也门或南阿拉伯各部族。而埃及总督则来自于更加显赫高贵的古莱氏部族，也就是先知穆罕默德本人的部族。据说保存这个故事的作者其人是个也门人，来自古老的豪兰（Khawlān）部族。豪兰部族并不是传统意义上的

贝都因人，他们居住在也门中央山区的村庄中。至今他们的后代仍然生活在这一地区，并被称为豪兰人。豪兰人在对埃及的征服中扮演了重要角色，并在两个世纪后福斯塔特（今开罗老城区）的阿拉伯大家族中间声名赫赫。很明显，作者讲述这个故事的目的是强调自己亲族及所有也门人在征服埃及时发挥了重要的作用。

这个故事也表现了穆斯林是如何自认为与他们周围的基督徒存在差异，并且自觉道德更加高尚的，在这一时代，基督徒的数量明显要比穆斯林多得多。同时，它还表达了一个政治观点，那就是强调也门人在征服运动中起到的作用，并且提醒总督应该为他们在这一时期所做出的成就而对他们加以尊重。至于最终编纂者伊本·阿卜杜·哈卡姆，就是在他的著作中我们发现了这则故事，他在九世纪中叶写下了这些内容，此时这些也门老家族已经逐渐失去了他们的影响力和特殊地位，而远在巴格达的阿拔斯王朝哈里发部署的突厥军队掌控了埃及的军事武装。通过描写这些老一辈人的英雄事迹，他也表明了在他所处时代自身阶层的权利和地位情况。在流传过程中这个故事明显被后期加工润色过，但它保存了一种社会记忆，这个社会记忆记录了征服者的坚忍与虔诚以及明显的也门特色。这个社会记忆之所以被留存下来，是因为它对于那些保存它的人来说颇具价值，另外，它即使没有展现历史细节，至少也反映了征服运动本身的现实背景。

阿拉伯的史学资料彼此之间在质量和编写方式上也有着很大不同。总体来说，对七世纪三十年代到五十年代大征服运动早期阶段的记载大多经过了改编，加上了许多神话和激情元素，充满了虚构的演讲和对话以及编造的参与者名单。这些记载相对缺少关于地形地貌、战术或装备的细节。穆斯林征服埃及和北非的记

载则大多来自当地的传统史料，但关于这两者的传统史料却极其稀少。八世纪征服运动的历史记载彼此之间存在很大差异。关于穆斯林远征河中地区的记载，由作者马达因尼整理和编纂，并收录在了塔巴里的《历史》里，这些记载是我们所拥有的关于这一时期所有重大战役的最为丰富详尽的资料。其中满满当当地记载了各类偶发事件与军事行动，描述了气候的酷热与多尘，并详尽记述了穆斯林军队遭遇的失败，而不仅仅是他们的成功。这个文献使我们得以对当时前线战场的真实情况做出无比深入的了解。而在同一时期征服西班牙的历史记载则恰恰相反。这些叙述的篇幅十分短小，充斥着民间传说和神话元素，而且这些文献现存版本的编写始于历史事件发生的至少两个世纪后——几代西班牙历史学家尽了最大的努力也没能完全解释清楚其中的谜团。

除了刚刚登上主导地位的阿拉伯文学以外，大征服时期还有其他几个更加古老的传统文化产生了属于它们自己的文学。显然当时还有一些人在书写曾代表高雅文化的希腊文。这些人中最著名的便是大马士革的约翰，他是八世纪最重要的希腊东正教神学家。他出生在一个阿拉伯人官僚家庭，就像他的祖先曾在拜占庭帝国政府中工作那样，他的家人在伍麦叶王朝设在大马士革的政府中工作。但圣约翰（后世人们如此称呼他）属于将希腊语作为主要行政语言的最后一代人，而且他并不是历史学家。关于阿拉伯大征服，我们手中并没有留存至今的当地希腊文史料。当然，在拜占庭帝国边界之内的希腊领土上，人们还在记录着历史，在这些地区希腊语仍旧是政府的行政语言。但有趣的是，由君士坦丁堡的教士狄奥法尼斯编写的这一时期主要希腊文史料中，似乎有大量信息来源于那些被翻译成希腊文的阿拉伯文和叙利亚文材

料。拜占庭帝国本身却并没有独立的史料与阿拉伯文文献加以对照。

对这一时期的历史学家而言，叙利亚文传统史料要比希腊文史料更有价值。叙利亚语是一种闪米特语言，它是阿拉米语的一种方言。它与希伯来语和阿拉伯语差异较小，但拥有一套独立的字母表。几个世纪间，它都是新月沃地的通行语言，无论是拜占庭皇帝在叙利亚的臣民，还是波斯万王之王在伊拉克的臣民都懂得这种语言。基督和他的门徒们在日常生活中也说着这种语言。直到近年间还有一些地区的居民仍然在说这种语言，比如在大马士革北部岩石密布的峡谷中有一个名叫马卢拉的叙利亚小镇，这个小镇里大部分是与世隔绝的基督徒。基督教传入叙利亚时，《圣经》也被翻译成了叙利亚文。在一些与以希腊语为主要语言的沿海城市相距遥远的农村地区，教会礼拜用语和宗教文本都是被当地人所熟知的叙利亚语。

描述早期穆斯林世界的叙利亚文文献大多来自基督教会。与中世纪早期的欧洲相同，大多数编年史作者都是僧侣或神父，他们首先最关注的就是他们所在的修道院及其周边的世界。他们既关注反常的恶劣天气变化和农村的艰苦条件（这两者都直接对修道院的生活造成了影响），也关注他们身处其中的战乱和王权的交替。而在各类事务中他们最关心的，还是教会的政策、著名圣徒的圣行、教会官方的敌人、教会机构内的斗争、腐化者的恶行，以及最糟糕的，持异端邪说的教徒。在这个由山地、草原与村庄组成的世界中，阿拉伯人的到来被惊恐地看作无异于蝗灾或五月霜降一般的灾难：阿拉伯人是神强加给虔信者身上的重负，或许他们是为了惩罚信徒的罪恶而出现的，因此无论如何信徒都要尽

可能地禁欲苦修。从现代人的眼光看来或许很奇怪的是，教会并没有号召当地民众武装起来抵抗压迫者，却要求人们诚心信仰，神自会保护他们。

提出反抗的文献的确存在，但那却是一种启示录式的作品。这些文献预言未来终有一天会有一个伟大的帝王摧毁阿拉伯人的统治，并迎接世界末日的到来。今日的困苦和暴政终会结束，但不是被那些受压迫者的凡人领袖终结，而是在神和超凡力量的干涉下结束。这些文本在许多方面都显得奇怪和反常，身处二十一世纪的读者或许会疑问为何会有人相信这种预言，甚至把它们当真。但这些文本的确使我们能够深入洞察当时被新一批入侵者所征服和统治的新月沃地广大民众的内心世界。几代人的时间里，遥远冷漠的统治者使当地民众习惯了绝望和宿命论的氛围，也使这些人不愿意拿起武器保卫自己——还不如多多祈祷，既是为了当下的生活，也是为了日后万众期待的公正帝王到来。

还有另外一种非穆斯林传统历史文献。在高加索山脉的偏远堡寨中，亚美尼亚人还在坚持着记录历史的传统，这一传统的延续自四世纪基督教传入开始，贯穿了整个中世纪。到穆斯林大征服时代，谢别奥斯编写的编年史提供了几页引人关注的信息，这些信息大多都能与阿拉伯文传统史料的大致内容相印证。[7]关于对埃及的征服有尼基乌的约翰编写的科普特文编年史。约翰是尼罗河三角洲一个小城镇的主教，同时也是征服运动的亲历者。[8]但这份编年史只有一份埃塞俄比亚文译本留存于世，其中一些历史记叙已经亡佚，留存至今的剩余内容也混乱不清。关于西班牙则有穆斯林控制下的南部地区编写的拉丁文编年史，这份编年史因其最终记录的年份而得名为《754年编年史》。最后，八世纪，在

基督教史料和阿拉伯文史料的基础上出现了许多阿拉伯文基督教文献。这些编年史中有的编写时间与它们所记载的事件时期相近，包含了许多极其宝贵的信息，但因篇幅短小、内容破碎，留下了许多难以解答的谜团。

尽管基督教编年史通常篇幅短小、内容模糊、记载混乱，但它们还是对那些大部头的，文辞更加矫饰的阿拉伯文传统文献提供了对照与矫正。阿拉伯文史料几乎唯独关注穆斯林的言行。在这些史书中，异教徒中唯一有发言权的就只有那些深思熟虑却无法逃脱必然失败结局的拜占庭皇帝和波斯将军。举例来说，如果让一个对这方面历史毫无了解的人来阅读塔巴里的巨著《众先知与列王史》，他很难了解到在八世纪和九世纪哈里发统治下的地区大多数人口并不是穆斯林，他更不会知道，对这些人来说阿拉伯人的到来带给了他们怎样的问题和影响。因为只要这些非穆斯林缴纳了规定的贡税并且不积极反抗现行政权，他们的行为就会在统治阶层的历史叙述中被完全忽视掉。

既然文字史料众多庞杂却问题百出，那么我们是否能依靠考古证据来对它们加以对照补充？比起这些烦扰的历史故事，对物质遗迹不加感情的分析判断一定能够给我们一个更合理的结果吗？某种意义上说，这样做是可以的，但考古证据就如文字记录一样，也有着它们本身的局限性和某种目的性。

首先，显然我们并没有关于大征服本身的直接考古证据。没有古战场供我们收集遗骨和古代兵器，也没有哪座城镇或村庄能够让我们在土层中找到明显被摧毁或烧毁的痕迹，并据此认为破坏一定就是在阿拉伯大征服时期发生的。目前所有的历史证据都只能给出对于长期发展趋势的大致指导，构成穆斯林大征服运动

的背景。

另一个问题是，这些考古证据相互之间并不一致。学者们在叙利亚、约旦和巴勒斯坦／以色列已经进行了大量的考古发掘，与此同时也伴随着大量关于这些证据本身和如何对其解读的重大争论。而在伊拉克沙漠的另一边，情况就完全不同了。过去三十年间的政治纷争使得在黎凡特地区成果丰富的大规模考古调查和研究无法在这片地区展开。伊朗的情况也有所类似，1979年的伊斯兰革命使考古发掘工作陷入了实质上的停滞状态，尽管新一代的伊朗考古学家开始重新拾起这项事业，但有关在伊朗各城市中萨珊王朝的统治如何被伊斯兰统治者取代这一问题的讨论仍旧很难展开。

目前的考古学已经阐明了穆斯林入侵时中东地区的社会状态与人口情况。叙利亚和巴勒斯坦地区再一次为我们提供了最好的例证。近些年来，关于叙利亚地区在古典时代晚期的命运引发了激烈的争论。毫无疑问，整个黎凡特地区在六世纪的头四十年里获得了几乎史无前例的经济和人口增长。但问题是这一繁荣是否一直延续到了一百多年后阿拉伯人入侵的时代。并没有记录或数据表明这种情况属实，叙述性材料也只能供人一瞥。然而来自城镇和村庄的考古证据则表明，六世纪下半叶到七世纪初这段时间即便没有明显衰退，也是一个停滞期。这一时期城市似乎不再向外扩张，还有一些城市，比如东部地区的大都市安条克便呈收缩势头，保护城市的城墙也有所截短。考古证据往往十分模糊——很少有考古记录能够证明某个地区或城市被明显废弃了。我们可以发现那些古典时代宏伟的廊柱街道、浴场和剧院被居民占据，或者被挪作手工业用途，比如陶器作坊。但我们仍旧很不清楚这

对于城镇的繁荣程度意味着什么——这既有可能表明城镇变成了半废弃的废墟，也有可能仅仅是生活富足、精力旺盛的居民想要以新的生活方式和目的来利用城市设施。大多数考古证据从这两方面都能做出解读。

另外，考古研究也与当下的政治问题纠缠不清。目前一个固有的普遍观点认为，巴勒斯坦地区在阿拉伯人入侵前曾是一片繁荣富有的地区，然而阿拉伯人的到来摧毁了这片田园乐土，并将大部分地区化为荒漠。这一观点被锡安主义者，以及其他用巴勒斯坦地区的命运来说明甚至声称阿拉伯人是破坏这片土地的元凶并且含蓄地暗示他们今天也不配统治这片地区的人所赞同。这种观点如今已经遭到了质疑，不仅仅另一些以色列的考古学家们的论证表明了，至少在某些事例中，人们广泛认为与阿拉伯人入侵相关的变化和衰退早已有之，一些历史证据也表明，阿拉伯人的到来促进了市场发展（比如在拜特·谢安和帕尔米拉）并在叙利亚沙漠的边缘地区开拓了新的耕地。考古研究是不确定且模棱两可的，对争议领域的研究和解读往往会更多地受到研究者的固有偏见而非严谨科学观点的左右。

对于穆斯林早期统治下的建设，[9] 我们则更容易推断当时的情况。一般来说，一个建筑何时落成比它们何时被废弃更容易被人们确定。在许多阿拉伯人征服的城市中，我们可以通过城区里落成的清真寺来发现伊斯兰教传播的足迹。清真寺，就像基督教堂一样，可以从它们的规划上轻易分辨出来，它们通常有矩形的轮廓、祈祷用的柱厅，以及最重要的部分——壁龛（mihrab），用来给礼拜者指示圣城麦加的方向。文献表明，许多城市被征服后不久，在当地建造起了清真寺。但并没有现存证据证明这点。直

到大征服运动六十多年后的 685 年，耶路撒冷圆顶清真寺才落成，它是穆斯林宗教建筑出现的最早证据。大征服运动的一百年内，在大马士革、耶路撒冷、杰拉什、安曼、叙利亚的巴勒贝克、埃及的福斯塔特、伊朗的伊什塔克尔，或许还有苏萨都落成了清真寺。这一时期在伊拉克和伊朗的其他地区一定也建起了清真寺，历史学家和阿拉伯旅行家都曾提到它们的存在，但似乎并没有遗迹留存下来供我们进行考古研究。耶路撒冷（圆顶清真寺）和大马士革（伍麦叶清真寺）的宗教建筑都奇迹般地保存了十三个世纪，它们的建成比任何文献都要更加雄辩有力地展现了早期伊斯兰政权的财富与权势。巴勒贝克和杰拉什这些小城镇中现存的伍麦叶时代清真寺则证明了伊斯兰是如何传入叙利亚小型城镇中的。这些清真寺表现了伊斯兰在最初征服后的壮大情况，却无法证明征服的过程或穆斯林胜利的原因。

如果说清真寺是新秩序到来的清晰象征，那么居民日常生活的变化就难以发现了。在许多地区，过去的生活还在继续。比如说，穆斯林的征服并没有为叙利亚地区带来新种类的陶器。当地的陶瓷、日常厨具和餐具和在拜占庭帝国统治时期一样，依然在穆斯林的统治下继续生产。这并不奇怪，因为穆斯林征服者来到此地以后只是采购和使用他们发现的当地物品。两至三代人时间之内，最早的穆斯林风格才开始出现，而且这些产品都是专供宫廷和贵族使用的精制品。平民日常使用的陶器风格尚未受到新风格的影响。但我们可以在关于瓷器的历史记录中发现一场变故的发生，那就是叙利亚从地中海大量进口陶器的现象消失了。在古典时代晚期，叙利亚地区曾大量进口一种被历史学家称为"非洲红陶"的陶器，这些陶器大多在突尼斯制作而成。这些陶器曾经

与该行省出产的谷物和油一同在罗马帝国境内长途贩运。在穆斯林征服地区的市场上这一商品的消失表明当时的商业联系遭受了破坏，也印证了现存历史文献中关于东地中海是冲突地区而非主要商道的记载。因此，考古学能够供人们论证大征服带来的长期影响，而非当时事件的具体过程。

阿拉伯人对中东地区的征服是人类历史上划时代的大变革之一，然而我们用来了解这些繁杂事件的史料却被纠缠在各种局限之中。我们或许很难，甚至永远也无法为我们最急于求解的问题寻得答案，但如果能够尊重并深入理解历史证据，我们就能对历史事件做出更加全面的了解。

大地瘟的种蛆

第一章

穆斯林对中东的大征服起于阿拉伯地区，大征服最初阶段的参与者大多来自阿拉伯半岛和北部的叙利亚沙漠。无论在穆斯林大征服之前或以后，这些地区的居民都没有走出他们边界模糊不定的领土，征服庞大的帝国。这是第一次也是唯一一次，伊斯兰教的传播整合起阿拉伯半岛居民的军事力量和坚韧决心，促使他们对周边的世界发起入侵。那么哺育这些勇士的究竟是一片什么样的地区？这些能够在人类历史上发起如此巨大变革的人，又是些什么样的人呢？

　　阿拉伯半岛面积广阔。如果在阿拉伯半岛东南角，即阿曼的拉斯哈德和叙利亚沙漠西北角的阿勒颇之间连起一条直线，这条线的长度超过了两千五百公里。若依靠畜力运输，不间断地走过这条线路需要花费一百来天。大规模人群和军队想要跨越这么远的距离实属不易，只有在早期穆斯林征服的特殊背景下，这才有可能实现。

　　阿拉伯地区大部分为沙漠，但沙漠之间也各有不同。如果说因纽特人有一千个单词来形容不同种类的雪，那么阿拉伯游牧民就有同样数量的单词来形容沙子、沙砾和岩石。一些沙漠由沙丘组成，比如阿拉伯半岛中南部著名的无人区，没有人能在这种沙漠中生存，只有最坚韧或者最愚蠢的人才敢穿越这种沙漠。但其

他大多数沙漠并不是这样的，通常这些沙漠的地表砾石多于沙粒，很容易供人穿越。在外人看来，所有的沙漠地貌似乎都无比凄凉凶险。它们往往地形平坦，有时会有低矮无趣的丘陵起伏，寥寥几株多刺的植物生长在干枯的河道中间，令人望而生厌。然而在居住在这些沙漠里的贝都因人看来，这样的景致有着截然不同的含义。对他们来说，每一座起伏的丘陵都拥有自己的名字和身份——甚至各自独特的性格。那些干枯的河道，无论是平坦还是崎岖，都蕴藏着不同的可能性。沙漠居民对阿拉伯的沙漠了若指掌，甚至可以说倍加珍惜。古阿拉伯的诗人乐于为山丘与河谷命名，就在这些山丘与河谷间，他们的族人曾经居住、战斗与相爱过。对于他们来说，沙漠充满了机遇，也遍布着危险。

这些说阿拉伯语的沙漠游牧民在英语中通常被称为"贝都因人"（Bedouin），在本书中也使用这一术语。早在公元前一千纪初的亚述时代，就已经存在关于沙漠中的阿拉伯人的记载。那个时候他们一直都是沙漠居民，但在当时新月沃地的定居民族的记载中我们得知了这样的信息：他们是非常令人烦扰的"外来者"。有时他们会侵入定居民族的领地烧杀抢掠，但总会自行撤退，或者被人击退，回到他们的沙漠堡寨里。那时罕有关于阿拉伯人的政治史，在远古时代，酋长们的生平轨迹除了存留在族人和追随者的记忆里外，很少会传给后世子孙。到三世纪，我们才在历史记录上找到关于阿拉伯人的明确记载。那是芝诺比娅女王的时代，她坐镇于叙利亚沙漠中央宏伟的绿洲贸易都市帕尔米拉城，建立了一个包罗中东大部分地区的庞大王国。然而272年，罗马皇帝奥勒良发动了一场大规模战争，又将这些地区重新纳入罗马帝国的统治。尽管芝诺比娅的统治十分短命，但这是阿拉伯人第一次

第一章 大征服的基础 33

证明他们有实力征服并短暂地控制新月沃地。

在大马士革东南方的崎岖山地中，肥沃的豪兰高原（Hawrān）的黑色火山岩逐渐被叙利亚沙漠的沙与砾石取代的地方，在内马拉矗立着一座罗马堡垒。内马拉是罗马帝国领土上最为偏远的前哨站之一，这座孤零零的前哨站远离大马士革的柱廊与喷泉，似乎被遗弃在了这片一直延伸到伊拉克的空旷灼人的大沙漠之中。在这座城堡的城墙外有一座简朴的坟墓，墓碑上雕刻着铭文。碑文是佩特拉的古纳巴泰文字，但可以辨认出这种语言是阿拉伯文。它的内容是纪念一个叫伊穆鲁勒·盖斯的人，他是阿穆尔的儿子，阿拉伯人之王，碑文颂赞他征服的脚步远达也门的希木叶尔王国。然后还记载道，在328年，他"光荣地死去了"。这座墓碑十分引人关注：因为它是这一时期唯一的记录，它表明当时阿拉伯人拥有了属于他们自己的独立的群体认同，而不是将自己作为罗马人、纳巴泰人或其他群体来认同。我们无法得知伊穆鲁勒·盖斯究竟是在他自己的营帐里寿终正寝，还是在对叙利亚的掠夺中战死，或是在前往罗马帝国进行和平商贸交流的途中死去，还是像某些阿拉伯文史料记载的那样，在改信基督教后死去。他所安息的地方既成了早期阿拉伯人拥有独立认同的标志，也展示了阿拉伯人与统治他们沙漠故土周围定居民族土地的罗马人和波斯人之间的密切交流。*

到六世纪，已经萌发的阿拉伯民族意识获得了进一步发展。这一时期新月沃地处于两大帝国的统治之下，即统治叙利亚和巴

---

* 值得一提的是，这位伊穆鲁勒·盖斯在六世纪有一位同名的后代。此人在古代阿拉伯文学史上占有极其重要的地位，并被誉为阿拉伯民族的奠基人之一，即著名的"诗王盖斯"。——译者注

勒斯坦的拜占庭帝国和统治伊拉克的萨珊波斯帝国。这两大帝国都十分苦恼于如何处理领土边界沙漠地区阿拉伯游牧民的袭扰。罗马人凭借他们典型的高效率，建设了许多碉堡和道路，并派兵守卫边境壁垒，保护内陆地区的富裕城市和农业区不受游牧民的劫掠。但这套防御系统难以长期维持。士兵很难在内马拉这种偏远堡垒中长期驻扎，而且维护费用十分高昂。如果我们对萨珊波斯拥有更多了解，我们或许会发现他们可能也面临着同样棘手的问题。

在整个六世纪，两大帝国都在试图利用各种新的方法来巩固沙漠边境，最终他们想到了建立傀儡国的办法。事实上，这是一种利用阿拉伯人来治理阿拉伯人的政策。在叙利亚边境，拜占庭帝国扶持了一个强大的王朝，在历史上被称为"加萨尼王朝"（Ghassānids）。拜占庭帝国为加萨尼部族的首领们封赐了名为"菲拉赫"（phylarch，意为部落主）的希腊行政头衔，并且为他们发放津贴来保持贝都因人对帝国的友好关系。通过大量的朝贡、外交活动及亲属结盟，加萨尼王朝将沙漠边境地区治理得井井有条，并成了拜占庭帝国与各游牧部落之间交流的中转站。他们还皈依了基督教，尽管是一性论派教会，这一教会正逐渐被君士坦丁堡的正统教会视作异端。加萨尼王朝的首领们过着一种独特的半游牧生活。每当春天到来，叙利亚沙漠边缘地区的牧草场绿意盎然时，他们就会在戈兰高地的贾比亚扎下营来，各部族族长也会随之到来，向首领致意，并且依照惯例向其领取财物。另一些时候，他们会在位于叙利亚沙漠北部鲁萨法的勇士圣赛尔吉乌斯（St Sergius）陵墓前建立府邸。[1] 他们不会定居在罗马城市中，却会在其北方一英里的地方建一座石造大殿，然后在周边搭起帐篷，

当有阿拉伯人朝拜圣徒陵墓经过这里时，也会来拜访加萨尼菲拉赫的官邸。

而在叙利亚沙漠以东一千英里外，替萨珊皇帝治理沙漠边境地区事务的拉赫姆王朝（Lakhmids）也建立了自己的府邸。拉赫姆王朝的定居程度似乎比加萨尼王朝更高，其首都定于希拉，这是一个真正意义上的阿拉伯城镇，正好坐落于幼发拉底河下游沿岸的肥沃耕地和沙漠地区的交界处。同加萨尼王朝一样，拉赫姆王朝信仰基督教。拉赫姆王朝的统治者们也是早期阿拉伯文学的主要赞助人。在他们的府邸中，诗人和说书人门庭若市，那些后来被载入古兰经的故事文本和后来早期征服者事迹的原始文本很有可能就是在这里被完善的。这一时期强烈的阿拉伯民族意识正逐步壮大，尽管他们还没有做好准备征服两大帝国，但统一的语言已经形成，统一的文化也愈发成熟。

当时许多阿拉伯人来自贝都因部落，他们过着游牧生活，实际上是处于一种无政府状态。这些游牧民依靠放牧为生，他们放牧的主要种类是绵羊和骆驼。不同种类的牲畜有着不同的用途。游牧民在沙漠腹地可以靠骆驼活命。骆驼不喝水可以活两个星期甚至更长时间，这使贝都因人得以到达足够远离定居地区的地方并找到散碎的牧场，或者前往两个帝国的军队追击不到的偏远地区找到水源。卷角亚山羊、绵羊和山羊就不这么好养了。它们需要每天饮水，不能在可以喂养骆驼的那种恶劣贫瘠的草场生存，还需要定期送往市场售卖和宰杀。因此，牧羊的游牧部落与定居地区的距离十分接近，比起沙漠腹地养骆驼的游牧部落，牧羊的游牧部落与定居居民的交流也更加密切。养骆驼的游牧部落则更加独立。他们设在沙漠里的堡寨几乎不会遭到攻击，他们是阿拉

伯人中真正的武士贵族。

主宰沙漠地区的政权是部落，而不是城邦或帝国，有时候当我们在阅读关于早期伊斯兰教和大征服的文献时很容易就能看出，在驱使阿拉伯人作战和征服的动机中，部族忠诚和部族竞争与对新兴伊斯兰教的信仰和对战利品的渴望同样重要。但实际上，部族忠诚比它表面上表现出的形象更加复杂多样。阿拉伯人总是将自己描述为生活在部落中的人。每一个部落人都相信自己的部落中每一个族人都有着共同的祖先，他们会以他的名字自称，因此，塔米姆部落（Tamīm）的人往往会自称或被他人称为"巴努·塔米姆"（Banū Tamīm）。实际上，这种自我描述可能会造成误解，因为像塔米姆部落这样的大部落并没有统一过，他们中没有单一的首领，也没有统一的决策过程。至于一些关键决策，比如在何处扎营，去哪里寻找草场或如何御敌，都是靠较小的聚落甚至一些家庭来做出的。另外，部族成员关系的维系并不完全受血缘传承决定。人们可以带着自己的部族去投靠新的群体。因此一个成功的首领或许会发现自己的部落人数陡然上升，而一个失败的首领则会发现他的族人纷纷溜走。在考虑到血缘传承时，他们并不认为自己改变了部族成分，而是认为这也是他们之间亲缘关系的一部分。

事实的确如此，没有亲缘关系的话，一个人和他的家族很难在沙漠中生存。当时的环境简直恶劣到无法想象。牲畜可能会暴毙，草场可能会荒芜，水井可能会干涸，敌人也随时可能会袭来。在那里没有警察，甚至就连最腐败无能的治安部门也没有，也没有统治者能够为受害者做主——只有亲缘关系，真实或虚假的亲缘关系，能够给人提供保护，在他陷入困境时施以援手，在他遭

到袭击时提供保护或者向对方威胁复仇。而一个没有亲属的人终将迷失在大漠中。早期穆斯林的统治一定程度上摧毁了，或者至少是削弱了这种部族忠诚。穆斯林社区，或者"乌玛"（umma）是一种新的部落团体，但它并不基于血缘关系，而是基于对新兴的伊斯兰教的共同认同，即承认真主安拉是唯一的真神，穆罕默德是其先知。像之前的部落一样，乌玛能够保证人们的安全。实际上，破除这种根深蒂固的长期部族忠诚传统是十分困难的。在大征服的最初几年中，战场上不同部族的战士们往往在他们各自部落的旗帜下各自为战。比如说，在这些战争中，塔米姆部落的战士们就一定和相互未曾谋面甚至可能未曾听说的同族人一起并肩作战过。当他们在伊拉克的巴士拉和库法，或者埃及的福斯塔特这些军事城镇中定居下来时，他们依据部落分区而治。在争夺资源、薪酬和战利品时，部族竞争也变得格外激烈残酷，但这在之前很少会发生，因为那时他们还较为分散地生活在沙漠地区。比起新兴的伊斯兰教起到的作用，不如说是大征服中的历史事件更大程度上促进了部落间的团结。但我们也不能过度高估部落的重要性。实际上，部族忠诚在某些时代对于某些人有着生死攸关的关键意义，但在另一些时代，它则会被人漠视、无视甚至遗忘。

部落由酋长领导，在穆斯林时代早期这些酋长通常被称为"沙里夫"（sharīf，复数为ashrāf）。部落酋长的继承制度既有选举制也有世袭制。每个或大或小的部落都会有一个统治家族，这个家族中的兄弟或表亲一般会被选为部落酋长。由于没有正式的选举制度，部落成员一般会向这个家族中最有能力或者最幸运的人效忠。显然，酋长需要有能力领导族人战斗才能够当选，但仅有勇气和战斗技巧还远远不足以当上酋长。酋长还必须是一个老

练的协调者，能够平息族人的纠纷而不致情况失控，并且能与其他部落甚至帝国政府打交道。酋长还要耳听八方——知道沙漠中难以捉摸的雨水会在哪里降临，知道在哪里能够找到狭小却肥沃的草场可以供族人和牧群饮食无忧。为了获得这些信息，一个成功的酋长总会让他的帐篷毡门大敞。贝都因人名声远扬的热情好客是他们复杂生存策略的一环：客人一定会吃饱喝足，被主人好生招待，但作为回报，他也应当给主人提供有关草场、战乱冲突、贸易价格和商机的情报。如果没有这套高效的信息网络，伊斯兰教传播的消息可能永远也无法穿过广阔空旷、几乎渺无人烟的阿拉伯大沙漠，日后征服两大帝国的军队也永远无法聚集起来。

根据记载，在绝大多数情况下，所有贝都因成年男性都能够成为士兵。他们从小就开始学习骑马、剑术、弓术、长途旅行和在艰苦环境宿营以及寻找食物。在部落斗争中没有谁是"平民"。贝都因人居住在帐篷里，既不绘画也不建造建筑：在考古记录中我们实际上没有办法找到他们的踪迹。但贝都因人确实擅长一项主要艺术形式，那就是诗歌。蒙昧时代（Jāhiliya）的阿拉伯诗歌是一项独特而复杂的艺术形式。后世的阿拉伯文学批评家往往将这些诗歌作为诗歌体裁的模范来仰慕赞赏，但较少去模仿。尽管有一些学者质疑这些诗歌的真实性，但普遍的共识是，其中一些材料的确反映了前伊斯兰时代阿拉伯人的理想与思维方式。

后来的阿拉伯评论者着重强调了诗人在这个社会中的中心作用。一份写于九世纪的阿拉伯文学批评提到，"在蒙昧时代，诗歌是阿拉伯人所知的一切，也是他们知识的全部范畴"。十一世纪中叶的作者伊本·拉西格（Ibn Rashīq）向他的亲属如是描述诗歌的重要性：

假如某个阿拉伯人家出了一位诗人，那么周边的部落都会蜂拥而来拜访这个家庭，祝福这一好运为他们带来幸福。人们布置起宴席，部落的女人们会聚在一起奏乐，就像她们在婚礼上所做的那样弹起琴来。男人和男孩则互道恭喜：因为诗人就是他们集体荣誉的保卫者，他是一件武器，用以击退那些败坏他们名誉的恶言羞辱；他也是一件工具，用来铭刻他们的光辉事迹，使他们的美名永世长存。[2]

实际上，诗人起着许多重要作用。比如激励部落团结一致，增强团队精神、捍卫所属群体的名誉，以及为子孙后代保存他们时代的记忆。

诗歌传统在贝都因人的沙漠环境中根深蒂固。这些诗歌的大多数都依照严格的盖绥达（Qasīda）诗体写成，这个体裁通常长度为一百行左右，以第一人称进行叙述，主要描述诗人的爱情与冒险经历。这些诗歌主要赞美了贵族武士们的高尚品德。诗歌中的主人公理所当然是勇敢无畏的，他能够忍耐艰难困苦，有着令人诚服的自我克制能力，并且他还是一个无可匹敌的情圣和猎手。诗人往往将自己描写成一个危险分子，甚至是法外狂徒的形象，带着毫无羞耻的激情勾引有夫之妇，他们往往自视为独行者，独自一人骑着骆驼闯荡天下。在这些诗歌中没有正规宗教的痕迹，也没有提到哪位神祇，有的只是命运盲目的力量和沙漠地区独具的危险魅力。

关于这个时代的战争诗，我们就拿阿米尔·本·图菲勒（Āmir b. al-Tufayl）的一首诗举例来谈。他与先知穆罕默德生活在同一时代，他的部落占据着希贾兹地区塔伊夫城周边的牧场。他一生

中的大部分时间似乎都在战场上度过，尽管他自己死于善终，但他的父亲和许多叔伯兄弟据说都在部落斗争中被杀。在他作的这首诗中，他讲述了自己的部落在黎明时分突击敌军的经历：

> 破晓时分我们与敌军相遇，我们的坐骑高大，精瘦壮健，钢铁矛锋似火焰燃烧
>
> 封喉利剑，莫不是尖锋利刃，谨慎收于剑鞘之内，直至战机到来
>
> 战马满心兴奋，跃跃欲试，我们便紧紧拉住缰绳，以免行阵失控
>
> 到早晨我们冲击敌阵，敌人如同一群绵羊被贪婪的狼群掠杀
>
> 战场上活下来的这几位勇士：阿穆尔、阿慕尔和阿斯瓦德——他们都曾亲历，能证明我所述是真！
>
> 钢刃磨得正利，我们对敌人大肆砍杀：把他们大卸八块，鲜血放干
>
> 然后我们掠走他们的女人，载上马鞍后座，她们痛苦地用指甲抓破面颊，血泪横流。[3]

还有：

> 真的，战争知道，我是她的孩子
>
> 她知道，我是佩着她的护身符作战的领袖
>
> 她知道，我居于荣耀山巅，享受着至高的荣光
>
> 她知道，在战争的黑尘中，我吓住了一群桀骜不驯的披

甲武士

　　他们对我畏缩，我便冲向他们

　　猛力一击，凶猛更甚过雄狮的扑杀

　　在我持之整日痛快杀敌的利剑之下

　　就是最坚固的锁甲，其上钢环也被一劈两半

　　这便是我的利器——愿年轻的战士们能享受天长日爽，

不惧年岁将衰！

　　真的，阿米尔的伙伴知道

　　我们站在了荣耀的巅峰

　　他知道，我们就是那天战场上的战士

　　而迷惘的人们停滞踟蹰，裹足不前。[4]

　　诗中所体现的价值观在当时也被许多参与早期穆斯林征服的贝都因人认同。诗人歌颂了战争的迅速与激烈程度，还赞扬了他们精湛的骑术。同时诗人也着重强调了个人的英勇表现。这些咏诗的勇士为保卫自己的部落，击败敌人的部落而战。但他最关心的或许还是他自己的勇猛和名誉。这一时期的伊斯兰军队在战斗中也会看重许多相同的理想，尤其是个人和部落的名誉。有意识或无意识地，他们会把这些蒙昧时代的诗人武士当作效仿对象。

　　这首诗也影响了人们记忆历史事件的方式，依据这种方式，我们能够试图理解他们的想法。在这些诗歌中没有关于总体策略部署的内容，也没有战斗过程的总体记录，它们关注的是无数个体的利益和他们与敌人的遭遇情况。

　　尽管阿拉伯地区大部分是沙漠，但阿拉伯半岛也分布着多种

多样的地貌。在半岛西南角的也门高地和东南部的阿曼，高山吸引了足够的降雨，可以供人开展长期的农业种植。这里的居民自古至今都生活在山崖上的石造村庄中，在陡峭的山坡上种植作物。就像沙漠里的阿拉伯人一样，这里的村民们也以部落划分，但他们并不是游牧民。至于在征服军中来自这些定居社区的阿拉伯人占多大比例，我们不得而知。在现代，小小的也门拥有比整个国土广阔的沙特阿拉伯还要多得多的人口，我们可以肯定有许多征服者，尤其是那些开往埃及、北非和西班牙的征服者，都来自这些并非贝都因人的、代代经营着自家小块肥沃田地的家族。

在南阿拉伯定居的居民，其政治传统与半岛其他地区的贝都因人十分不同。公元前一千纪初，在这一地区出现了一个统治长久的王国。在这里人们用坚固的石砖建起了神殿，宏伟的巨石方柱林、宫殿与堡垒也都纷纷拔地而起，其上的纪念铭文铭刻着一代代奠基者与维护者的事迹。[5] 当地社会拥有完整的税收与管理者任命机制。在公元前最后一个世纪中，香料贸易进入了全盛时期，这一时期在也门沙漠的边缘出现了一连串商业城市。崎岖不平的南方海岸生长着瘦小的树木，它们能生产珍贵的树脂，从这里开来一列列驼队，在商业城市之间贩运昂贵的香水、乳香和没药，最终运往地中海边港口，比如加沙的市场。当地社会也能组织起大型民用工程项目的建设，比如位于马里卜的宏伟大坝。也门高地的雨水在无人区沙漠的这个边缘地区被收集起来，通过一片人造绿洲分配给当地居民，以供饮用和灌溉需求。

然而到六世纪末，先知穆罕默德的传教生涯开始时，南阿拉伯诸王国的荣光已成明日黄花。在一世纪时，由于航海术的发展和人们对季风认识的加深，红海海路成了主要商道，同时香料贸

易得到了进一步繁荣。南阿拉伯的最后一个古王国希木叶尔王国并没有建立在内陆的古老贸易线路上，而是建立在也门高地的城镇和村庄中。六世纪后期，希木叶尔王国的统治摇摇欲坠，马里卜大坝已经决口，自此以后再也没有被修复，绿洲则被居民抛弃，被游荡的贝都因人占据。在古代南阿拉伯文献中，时代最近的一份写于559年。希木叶尔王国灭亡后，外族统治了南阿拉伯，先是六世纪三十年代埃塞俄比亚人入主，而后则是波斯人。在这些时代，一些人还能够读懂古老的纪念铭文，关于古王国的民间记忆仍然留存，六世纪后期马里卜大坝的最后一次决口是这一地区的历史转折点。

在阿拉伯半岛的其他地区则散落分布着城镇和市场商贸网络。在阿拉伯地区西部希贾兹的丘陵地带分布着许多小型商业和农业城镇，比如麦加和麦地那，这些希贾兹地区小城镇的居民后来都成了早期穆斯林帝国的统治阶层。在波斯湾沿岸，广大古老的亚玛玛（Yamāma）地区也分布着定居社区。大部分城镇和市场用于供牧民交易羊毛或皮革，也被用来交易粮食或橄榄油和葡萄酒这类主要奢侈品。大致从500年开始，一种新的经济活动蓬勃发展起来，那就是希贾兹地区的贵金属开采行业。[6]我们并不清楚为什么这一行业在这一时期内，而不是在此之前兴起：或许是因为某次偶然的发现引发了一股淘金热潮。考古证据和史料文献都能表明，在600年左右，采矿业的地位愈发重要，而且像巴努·苏莱姆（Banū Sulaym）这样的贝都因部落占有和经营着其中一些矿井。贵金属的产出极大地促进了该地区的繁荣。贝都因人，或者至少一部分贝都因人如今富裕起来，成了定居地区产品的重要消费者。于是大批商人蜂拥而至，出售来自叙利亚的商品，在部落

之间建立起了安全可靠的商贸网络。

在这些新兴商贸中心中，最为重要的就是麦加。麦加坐落在一片贫瘠的土地上，夹在几座犬牙差互的荒山中间，这座城市所在的环境十分恶劣，但它似乎具有重要的宗教意义，这使其得以吸引人们前来。在麦加城中，人们围绕一块陨石建起了一座神殿。城中居民声称这座神殿最早由亚伯拉罕所建，拥有极其古老的历史。这座神殿周围则是神圣的禁地（haram），在这片地方禁止任何人使用暴力。在这里，不同敌对部落的人都会聚在一起做生意，交易货物和情报。一座商业集市就这样建立起来，半岛各地的贝都因人都会来拜访这里：神殿和商贸紧密联系在了一起。

在六世纪末，这座神殿和禁地由古莱氏部族管理。这个部族并不是游牧部落，而是麦加本地居民。他们治理圣地，并组织起越来越多的商队从麦加开往北方的叙利亚和南方的也门。他们建立起了一套交流网络，连通了整个西阿拉伯地区，有时还扩展到这一地区之外：这个部族的一些名门望族据说甚至在叙利亚地区获得了封地。这些对外交流活动，这些贸易、旅行和政治协商活动，无疑对伊斯兰政权的兴起起到了极其重要的作用。

在定居地区，游牧民、商人和农耕居民之间存在着一种微妙的共存关系。一些部落既有定居的支族也有游牧的支族，一些部落在不同时期过着游牧或农耕的不同生活方式，还有许多部落既游牧又农耕。贝都因人依靠定居居民提供他们所需的粮食、油或酒。他们还依靠这些居民打理圣地事务，组织集会，以便他们能够与途经此地的商队进行交易来补贴微薄的收入。很大程度上，贝都因人都习惯于接受这些定居精英阶层的政治领导，或者至少是政治指导。而另一方面，定居居民也需要并且畏惧贝都因人的

军事能力。因为当他们像萨尼王朝和拉赫姆王朝治理叙利亚沙漠的时期那样被驯服时，他们会是一股强有力的军事力量。但假若管理不善或干脆忽视他们，他们就会成为威胁势力和动乱的根源。就是这种定居领导阶层和游牧军事势力的互利共存关系，奠定了早期穆斯林征服军队的基础。

本书中不会过多叙述先知穆罕默德的生平和传教生涯，但他的生平事迹对了解驱动早期穆斯林征服的动力来说至关重要。大约570年，先知穆罕默德出生在古莱氏部族的一个颇有名望但并不富裕的支族中。他年轻时据说曾去往叙利亚地区行商，并经常与叙利亚的教士们探讨宗教问题，但大多数关于他年轻时的故事都很模糊，充斥着宗教传奇色彩。可能大约在600年，他开始宣扬一种严格尊崇一神论的宗教。而他要传达的信息则十分简单明确：世上唯有一个真神，那就是真主，穆罕默德是真主的使者，负责为世人传播天使吉卜利勒（对应基督教中的天使加百列）传达给他的信息。他还宣扬在人死后灵魂会受到审判，品德美好的人会升上天园，那是一片绿意盎然的乐园，而邪恶的人则会堕入燃烧的火狱。但当时人们并不愿意接受自己崇敬的祖先会堕入火狱的说法，而且更实际的是，他们认为这种新的宗教威胁到了麦加的神殿及其带来的大量财富。因此，穆罕默德在麦加人中越来越不受欢迎。

到622年，穆罕默德与麦加人的矛盾达到了顶峰，然而幸好在北方三百二十公里外的麦地那，当地人向穆罕默德发来了邀请。麦地那是一个与麦加十分不同的城镇，在这座城市中没有神殿，当地人在肥沃的绿洲上建立起了零散的居住区，依靠种植小

46 大征服

麦和海枣树为生。麦地那城当时正处于危机之中，部族世仇和斗争使这里居民的生活困苦而危险，但似乎没人有能力平息这些仇恨。就在这个时候，当地人请来了穆罕默德这个来自素有名望的古莱氏部族的外地人，来调解他们之间的冲突。于是，穆罕默德带着一小批追随者从麦加来到了麦地那。他们的这场旅程被称为"希吉拉"（hijra），即"迁徙"，跟随穆罕默德的人们被称作"迁士"（muhājirūn），而麦地那当地支持先知的人们则被称为"辅士"（ansār）。这次迁徙的年份，622 年，标志着伊斯兰纪元的开始。在这一小批迁士中有艾布·伯克尔、欧麦尔和奥斯曼，他们后来成了先知的头三任继承者，还有先知的堂弟和女婿阿里。这场迁徙标志着穆罕默德已不再是一个孤独的先知，不再是"一介独夫"，而是成了一个规模虽小但不断扩张的政权的领袖。

穆罕默德从一开始就是个善战的武士，而不仅仅是先知和法官，伊斯兰社区的扩张也一直伴随着冲突，而不仅仅是传道。当时麦加的古莱氏部族决心要粉碎他的势力，而穆罕默德也依靠袭击商队做出了强烈反击，此举打击了麦加贵族的生命线。624 年，在白德尔水源边，穆斯林第一次击败了麦加人，在这场战役中他们抓获了许多俘虏，但并没有扣押商队，而是把他们平安护送到了麦加。两年后，麦加人在吾侯德击败了穆斯林，第二年他们又试图夺取麦地那城。这次穆斯林在壕沟之战中成功击败了来犯的敌人，双方于是陷入了僵局。628 年，穆斯林与麦加人在侯代比亚订立和约。630 年，穆罕默德成功控制麦加城，当地大部分贵族都接受了他的统治。在穆罕默德占领麦加，直至 632 年归真的两年间，他的影响力在阿拉伯地区广为传播。整个半岛的各部落闻风纷纷遣使归顺，承认他的统治并向他缴纳某种形式的贡赋。

从以下这些据说在征服伊拉克期间，由阿拉伯将领向萨珊帝国皇帝伊嗣俟三世发表的演讲中，我们应该能够看出大征服时期的穆斯林是如何看待先知穆罕默德留下的遗产的。比如其中一人这样说道：[7]

那时世上没人再比我们更赤贫。我们所忍受的饥饿不是一般人能忍得了的。我们曾吃过各种各样的甲虫，蝎子与蛇也曾是我们的盘中餐。我们曾住在无遮无挡的平地上，身上只穿着用骆驼毛和羊毛纺成的衣衫。那时我们的宗教就是互相残杀，彼此袭掠。我们之中甚至有些人会活埋自己的女儿，只因为不想浪费食物养活她……但后来，真主为我们派遣了一位大人物。我们都熟知他的家族、他的相貌和他出生的地方。他的故乡（即希贾兹地区）是我们最好的土地。他的光荣事迹与我们祖先的光荣往事一同在我们之中传扬。他的家族在我们的各家族之中是最显赫的，他的部族（即古莱氏部族）在我们的各部族中是最强大的。他本人是我们之中最伟大的，同时也是最真诚、最隐忍的。他邀请我们全心信仰他的宗教……他开口，我们也讲话。他说实话，而我们却撒谎。他愈发高大，而我们却愈发矮小。真主逐渐让我们的心中充满对他的信托，让我们全心全意跟随他。

而另一篇演讲[8]则着重强调了他的军事和政治成就：

当他邀请人们加入他时，所有部族的态度都各不相同。一些部族拥护他，另一些部族则冷眼旁观。只有那些被他选

中的人皈依了他的宗教。就这样，他依据真主的意愿挑选信众，但后来，真主命他与那些与他作对的阿拉伯人断绝关系，并采取行动打击他们。最后，无论乐意还是不乐意，所有的部落都顺从了他。那些先前不乐意加入的人们后来都释然了，而那些自愿加入的人生活越来越幸福起来。我们都逐渐理解了他带来的启示比起我们之前充斥着战乱与贫困的生活多么优越。

这两篇演讲都几乎完全不可能是其人当时所述的内容，但它们仍旧很有研究价值。这些留存至今的文字记录可能是在八世纪前半叶编写的，此时距离先知归真已有两三代人之久，而穆斯林对西班牙、中亚和印度的征服活动还在进行中。它们表现了穆斯林是怎样记忆穆罕默德带领他们走出贫困与内乱的。无论是激情演讲还是平静叙述，这些演讲都强调了穆斯林大多承认的，先知穆罕默德的古莱氏部族血统和他所创立的新宗教的重要性。

穆罕默德发起的军事行动在某种意义上可以算作穆斯林大征服的起点。他为后人树立起了一个榜样，证明了为了捍卫新的宗教并扩张它的影响，军队是一个合理且重要的元素。先知做出的榜样意味着他的行动与早期基督徒标志性的和平主义倾向是格格不入的。他的征战史被早期穆斯林所铭记，并且人们认为 [9] 那些关于他的军事远征的记录，不论是他亲自指挥的还是他在别人指挥下参与的战役，都是关于他早期生平的基础材料。然而与此同时，穆罕默德在阿拉伯半岛扩张影响力的过程中，外交手段显然比军事征服更为重要。他从古莱氏部族内部获得的人脉关系网络，要比他手中的利剑更能助他的号令远达也门和阿曼，使那里的民

众前来向他效忠。穆斯林军队保障了穆斯林社区的生存，但在穆罕默德生前，军队还并不是穆斯林扩张的主要手段。

伊斯兰教的教义还提出了"吉哈德"（Jihād）[10] 的概念。吉哈德或"圣战"在伊斯兰教教义中是一个重要概念。这一概念从一开始就在穆斯林中间引起了持续不断的争论。许多基本问题，比如吉哈德是暴力活动还是仅指精神斗争，是仅指自卫战争还是为伊斯兰教开疆拓土也算合法，是穆斯林应尽的义务还是会得到善功回报的志愿行为，都尚有争议。

《古兰经》中也有许多章节指示穆斯林应当如何对待不信仰者，而不同章节给出的信息也各有不同。有一些经文倡导穆斯林通过和平的争辩与讨论来说服非穆斯林认识到他们的信仰是错误的。比如第 16 章第 125 节中就告诫穆斯林"你应凭智慧和善言而劝人遵循主道，你应当以最优美的态度与人辩论，你的主的确知道谁是背离他的正道的，他的确知道谁是遵循他的正道的"。一些经文暗示了至少有一部分穆斯林并不愿意参与军事行动，这些经文谴责他们本应"为主道而战"的时候却留在家里什么也不做。这些劝诫章节的数量和急迫程度表明，在早期穆斯林中存在着一群不发声的不合作者，出于某种原因他们并不情愿为了他们的新兴宗教参与进攻性战争。

一些章节显示，这些不参与战斗的人们既被剥夺了现世的战利品，也被剥夺了来世的奖赏。比如第 4 章第 72 至 74 节就很详细地描述了这一情形：

> 你们中的确有人逗留在后方，如果你们（即穆斯林军队）遭遇灾难，他就说："真主确已祐佑我，因为我没有同

他们在前方。"如果从真主发出的恩惠降临你们，他必定说（在他们与他之间好像没有一点友谊一样）："但愿我曾与他们同在前方，而获得伟大的成功。"以后世生活出卖今世生活的人，教他们为主道而战吧！谁为主道而战，以致杀身成仁，或杀敌致果，我将赏赐谁重大的报酬。

而另一些经文则仅仅强调了精神上的奖赏。比如第9章第38至39节写道："信道的人们啊！教你们为主道而出征的时候，你们怎么依恋故乡，懒得出发呢？难道你们愿以后世的幸福换取今世的生活吗？今世的享受比起后世的幸福来是微不足道的。如果你们不出征，真主就要痛惩你们，并以别的民众代替你们，你们一点也不能伤害他。真主对于万事是全能的。"在许多关于大征服的宗教叙述中，我们可以发现他们表达了这样一种概念，那就是来世的奖赏是，或者至少应当是驱使穆斯林战士作战的激励因素之一。

还有一些章节则表明了一种对非穆斯林更加激进且暴力的态度。在《古兰经》中，这些言论中比较经典的有第9章第5节："当禁月（在禁月中，穆斯林会与敌人停战）逝去的时候，你们在哪里发现以物配主者，就在那里杀戮他们、俘虏他们、围攻他们，在各个要隘侦候他们。如果他们悔过自新，谨守拜功，完纳天课，你们就放走他们。真主确是至赦的，确是至慈的。"这段经文几乎可以称得上是穆斯林大征服的文本基础，在那些被穆斯林军队攻占的城镇和国家里，这段经文提及的条款在许多事件中都颇具影响。一定程度上，这段经文还与另一些经文的内容相互中和，比如第9章第29节："你们要与那些不信真主和末日，不遵真主及

其使者（即穆罕默德）的戒律，不奉真教的人，即曾受天经的人战斗，直到他们依照自己的能力，规规矩矩地交纳丁税（即齐兹亚税）。"这段经文和其他一些内容相似的经文明确地说明了"有经人"（即那些拥有受天启降示的经书的基督徒和犹太教徒）应该被宽恕，只要他们缴纳额外税赋并承认二等公民地位。

后来的穆斯林经注家一直在努力调和这些大相径庭的观点。对于这些经文目前最权威的观点是，那些提倡穆斯林对非穆斯林敌人发起无限制作战的经文，其受启时间要晚于那些较为温和的、倡导讨论和争辩的经文。一些宗教学者认为，这说明早期的经文被晚期经文废除或者取代了。因此，那些内容激进的经文，尤其是上文所引述的第9章第5节，就代表了穆斯林对圣战的最终观点。但如果我们就此认为在穆斯林大征服早期，关于这些经文的争论中断且结束了，无疑是错误的，到先知穆罕默德归真的将近两百年后，阿卜杜拉·本·穆巴拉克（？—797）[11]等学者才逐渐开始将圣战的定义正式规范化。古兰经的确为穆斯林可以并且应当与不信者战斗这一观点提供了精神依据，但它并没有说明穆斯林提供给敌人的选项只有改宗或死亡。这些选项应该是改宗、臣服并交税，或是继续战争。简短来说，这些经文可以用来为穆斯林政权扩张与征服各地不信者的行为提供支持，但并不能用来将强制改宗的行为合理化。关于《古兰经》中有关战斗的经文的争论还明确地表明了，天园的欢乐比现世的成功更为重要。于是根据这些经文，《古兰经》为穆斯林的大征服提供了意识形态上的支持。

《古兰经》里这些可能自相矛盾的内容在大征服进程中似乎被简化成了一种简单粗略的经验法则，为征服战争提供了合法依据。

当贝都因人对萨珊帝国的万王之王发表演说时，他们中的一人也解释了他们的事业。在穆罕默德巩固了所有阿拉伯人组成的同盟后，"他命我们出使周边诸国，邀请其加入我们的正义事业。因此我们来此邀请您皈依我们的宗教。我们的宗教发扬一切良善，杜绝一切邪恶"。但要想拒绝这一请求却并不容易。

> 假若您拒绝，您就必须缴纳贡税（即齐兹亚税）。这不是什么好事，但也姑且算是个选择。如果你拒绝纳税，那就只能开战了。如果您积极回应，信仰我们的宗教，我们会赠您一部天经，并教授您其中内容。如果您愿以天经中的律例治理国家，我们会对您的国家秋毫无犯，任您治理国务。假若您愿以纳税自保，我们也会接受贡税，保护您的安全。否则，我们只得与您开战。[12]

这就是在八世纪初及或许之前，穆斯林对于吉哈德这一概念的解读。

伴随着大征服意识形态的发展，在先知的晚年，穆斯林乌玛中涌现了一批能够率领与指导穆斯林群体的精英人物。乌玛的核心由那些早年间曾在麦加支持穆罕默德和于 622 年与他一同参与希吉拉前往麦地那的那些人组成。在他们之中就有日后的前三任哈里发：艾布·伯克尔（632 年至 634 年在任）、欧麦尔（634 年至 644 年在任）、奥斯曼（644 年至 656 年在任）。就是在他们的指挥下，穆斯林开始了大征服的步伐。艾布·伯克尔是一位庄重而友善的老人，欧麦尔是一位严厉克己、坚忍不拔的领袖，而奥斯曼则富有且慷慨，但他有一个致命缺点，就是喜欢在重要职位

上任人唯亲。这些人实际上都没有亲身率领穆斯林军队。并且，除了欧麦尔可能亲自去过耶路撒冷以外，他们也都没有离开过新生穆斯林政权的首都麦地那城。因此我们很难了解他们对于在遥远地区征战的穆斯林军队实际上究竟有多大的掌控能力。阿拉伯文史料总是将欧麦尔描述成一位真正的指挥者，穆斯林大征服早期那些最重大的事件都发生在他统治的时期。有许多史料记载他如何给战场上的将领写信指示他们怎么做，如何在麦地那接收战利品和被俘的达官贵人，并且表现得像一个"事必躬行"的总指挥官。现代历史学家往往怀疑这些记述，并且认为这些记载是后人对早期伊斯兰政权，尤其是对欧麦尔其人的理想化描述。事实上，将领在战场上的自主权很可能要比这些文献里描述的要高得多。

对长途奔袭的阿拉伯军队来说，通信不可能像阿拉伯文传统史料中记载的那样便捷可靠，但中心地区确实对军队保持着很大程度的控制权。将领们在哈里发的命令下接受任命或被解除职务，在文献中并没有事例表明有将领反叛或违抗命令。而这与罗马帝国和萨珊帝国形成了鲜明对比，这两大帝国在不同时期内都曾因将领叛变或总督叛乱而陷入内乱。因此，穆斯林大征服显然不是一群桀骜不驯的部落发动的大入侵，而是一场由一小批能力出众、坚定不移的领袖所领导的征服运动。

早期伊斯兰政权的领导阶层几乎全部由迁士组成，他们都是一开始在麦加就支持穆罕默德的古莱氏族人，而麦地那的辅士则大部分（尽管不是全部）被排除在军事指挥之外。但假如没有另外那些麦加古莱氏族人的军事指挥和专业技能，大征服也不可能推进得如此成功。从大约628年起，越来越多的古莱氏部

落族长向穆罕默德效忠，相应地，他们都在新政权下被授以重任。当艾布·伯克尔发起大征服时，他就在这些人中任命了许多将领。这些人中就有哈立德·本·瓦立德，他曾被艾布·伯克尔派往东阿拉伯的亚玛玛地区镇压骚乱，后来又率领军队进占伊拉克和叙利亚地区。还有一个人也来自同一家族背景，那就是阿慕尔·本·阿斯（Amr b. al-As），他是一个颇具影响力的古莱氏人，628 年时，在他"提出了宽恕我曾经的罪恶，并允许我参与政务的条件，这些条件都获得了他的允准"[13]之后，他同意归顺穆罕默德。阿慕尔是典型的后起精英人物，这些人往往认为自己在社会上的地位要比许多穆罕默德最早的追随者更高一等。他继承了家族的地产，这片土地位于塔伊夫附近，以盛产葡萄与葡萄干著名。某次他曾不小心脱口对欧麦尔哈里发派来的使者说过，欧麦尔的父亲还在拾柴为生时，他的父亲就已经身穿缝金扣的丝绸华服了。[14] 阿慕尔在率领穆斯林军队前往埃及之前，也在征服叙利亚的过程中起到了重要作用。在这些加入新精英阶层的老对手中，最为显著的例子就是艾布·苏富扬的家族。艾布·苏富扬是一个富有的老牌麦加贵族，并且曾与穆罕默德和他的宗教是不共戴天的劲敌。他的儿子们很快在新政权中抓住机遇，皈依了伊斯兰教，其中一个名为穆阿维叶，他成了穆罕默德的秘书官。穆阿维叶和他的哥哥叶齐德跟随早期穆斯林军队被派往叙利亚，在那里他们的父亲原本就拥有地产。叶齐德成了新征服地区的总督，但后来死于瘟疫，而穆阿维叶活了下来，并成为叙利亚第一任总督，后来在 661 年他成了哈里发。同时，他也可以称得上是东地中海穆斯林海军的奠基者。

在希贾兹地区的诸多城镇中，塔伊夫古城位于麦加附近的高

山里。塔伊夫是一座城墙完备、守备完善的城市，围绕在片片果林和花园之中，在这座城市人们可以躲避麦加的盛夏酷暑。塔伊夫由煊赫的赛其夫（Thaqīf）家族统治，这个家族守护着城镇中供奉拉特女神（al-Lat）的神殿。就像许多麦加贵族那样，赛其夫人（Thaqafis，对这一部落族人的称呼）在穆罕默德生命的最后四年中向他俯首称臣。他们后来在穆斯林大征服运动中成了古莱氏部族的新盟友，在对伊拉克的征服和早期统治中起到了尤其突出的作用。

这些新兴精英阶层的成员显然不是贝都因人。他们都来自城镇并拥有商业背景。他们都为拥有"希勒姆"（hilm）的品质而自豪——这种品质主要包括自我克制能力和政治眼光。这就与贝都因人形成了鲜明对比，他们认为贝都因人好激动且不可靠，坚韧善战却缺乏管束和领导。[15] 但他们之间互助互利的伙伴关系成了早期穆斯林征服运动成功的关键，这正是希贾兹地区的城市精英充分利用与引导贝都因人的军事力量所达成的结果。

632 年，先知穆罕默德归真时，伊斯兰运动的总体命运还在飘摇之中。在他归真后的几个星期里，新兴穆斯林社区的局势格外危急，他们要么生存下来并向外扩张，要么就会分崩离析，再次陷入部族仇恨之中。此时，世界上许多地区未来历史的走向被掌握在了麦地那一小群争吵不休的人们手中。穆罕默德并没有留下被普遍承认的继承人。他明确地声称自己就是"封印先知"，自第一位先知阿丹（亚当）以来真主所降先知中的最后一人。我们并不清楚他究竟有没有指定过任何形式的继承人。穆斯林社区中的不同群体则各自坚持维护自身的利益。麦地那的辅士似乎很乐意接受伊斯兰教信仰，但他们不再情愿接受古莱氏部族的统

治——毕竟这些人曾经以难民的身份来到他们的城市避难并受到了他们的欢迎，最后却成了他们头顶的统治者。尤其令他们难堪的是，有许多来自古莱氏部族的新皈依者，那些在麦地那人为先知的事业而战时曾顽固反对先知的人，现在似乎都已经身居高位。于是他们聚在一起，在家族府邸的柱廊下争论不休，他们中大多数人都倾向于辅士应当独立，并对他们自己的城镇实行自治。

当他们还在争论不已，纷纷提出各种意见时，另一些人则早已发起了快速高效的行动。辅士还没有得出明确共识之时，欧麦尔·本·哈塔卜便已握起艾布·伯克尔的手，宣布效忠于他，并称他为"哈里发"（khalīfat Allāh*），即"真主在地上的代理人"。**在这一戏剧性的举动之后，辅士只好不情愿地与古莱氏部族一同向艾布·伯克尔效忠。至少这是阿拉伯文传统文献中的记载，具有一定的可信度。实质上，这可以说是一次政变行为。为了实施这次行动，欧麦尔在许多方面做出了努力。他提出，应该要有一个先知的继承人来管理包括古莱氏人和辅士在内的整个穆斯林社区。他还提出领袖应当从迁士，也就是最早在麦加皈依伊斯兰教的那些人中选出。麦加将会成为新宗教的宗教核心，而麦地那则是政治中心，前两任哈里发都是坐镇麦地那指挥大征服运动的。

从许多方面考虑，年老的艾布·伯克尔都是领袖的最佳人选。没人能够质疑他对先知的忠诚，而且他与阿里同是最早皈依伊斯兰教的人。622 年，先知发起从麦加前往麦地那的迁徙时，他就

---

* 此处原文疑误，哈里发的阿拉伯文应为 khalīfat Rasūl Allāh。——译者注
** 阿拉伯文单词 "khalīfa" 就是英文单词 "caliph" 的词源，在英文中这个单词一般用来称呼早期伊斯兰政权的统治者。哈里发这一头衔更加正式的称呼还有 "埃米尔·穆敏"（Amīr al-mu'minīn），即 "信士的长官"。

已经是先知的亲密伙伴。他似乎既老练机智又善于交际，但或许他最重要的品质还是他对阿拉伯地区各部落的熟知，他了解所有部落的领袖，了解他们关注的利益和他们之间的纷争。这些优秀品质在他短短两年的统治中起到了关键作用。

欧麦尔的政变保证了艾布·伯克尔和古莱氏人能够逐渐控制新生的穆斯林政权，但在阿拉伯半岛其他地区还存在着更广泛的问题。穆罕默德的影响力在阿拉伯半岛的传播大多通过和平途径：因为许多部落及其酋长会与这个新势力结盟，并且他们中的一些人会同意向麦地那纳税。但穆罕默德归真后，问题便出现了。许多之前向他效忠的部落酋长认为这种臣属关系是建立在个人基础上的契约，在他归真后，这份契约便失效了。而另一些人则认为，他们加入穆斯林后不应该纳税或受麦地那的统治。位于东阿拉伯亚玛玛地区的巴努·哈尼法（Banū Hanīfa）部落的众多部族就属于后者。他们当时宣称他们自己也有一位先知，名为穆赛利迈（Maslama 或 Musaylimah）。他们大胆地提出阿拉伯半岛应当被划分成两块区域，由古莱氏人和他们分而治之。还有一些阿拉伯东北部地区的部落选择追随女先知赛贾赫（Sajāh）。穆罕默德的榜样使部落首领们看到占有先知的位置能够拥有多么巨大的权势，依靠这个位置能够为他或她的部落带来多么丰厚的利益。因此也就不奇怪会有其他人效仿他自称先知了。穆斯林文献将所有这种运动称为"里达"（Ridda），这个词通常指脱离伊斯兰教的叛教行为，但在当时背景下，这个词可以指对伊斯兰教或麦地那政治权威的一切抗拒行为。

于是，伊斯兰政权的新一代领导阶层决定采取大胆严厉的措施来制止这些运动。他们要求那些曾经向穆罕默德效忠的部落如

今服从他的继承者以及麦地那政权的统治。只有向麦地那缴纳税赋的人才能成为穆斯林。为了实施这一决策，他们发起了许多行动，而这些行动最终导致了穆斯林大征服的开始：如果他们决定任由阿拉伯其他地区分裂，并且仅仅将他们的新宗教巩固在麦加的天房周边，或者假如他们认为阿拉伯人不接受麦地那的统治也可以加入穆斯林，又或者他们不运用军事力量来推行统治，那么大征服运动也就不会发生了。

定下这一决策后，穆斯林领袖们即刻以近乎无情的效率加以实施。如果有任何一个群体不遵从麦地那的统治，就会遭受整治，必要的情况下还会使用暴力。麦加贵族哈立德·本·瓦立德被派往阿拉伯东北部镇压巴努·哈尼法部落和其他反叛部落，其他远征军（几乎全部由古莱氏人组成）则被派往阿曼、南阿拉伯和也门。事实上，当时希贾兹地区和阿拉伯半岛西部有许多部落乐意继续效忠麦地那的统治，并且同意参军作战，这给了远征军很大帮助。

这些镇压里达运动的战争实际上可以说是更广范围内伊斯兰大征服运动的第一步。在粉碎巴努·哈尼法部落的叛乱后，哈立德·本·瓦立德便直接开赴伊拉克，支援巴努·夏伊班部落（Banū Shaybān）对萨珊帝国的第一场进攻。阿慕尔·本·阿斯则被派去整顿叙利亚南部的部落，他在后来征服叙利亚的过程中也是主将之一。

这些在最初的征服战中发生的事件可谓意义重大。假如仅仅局限于阿拉伯地区和叙利亚沙漠，那么早期伊斯兰政权永远无法作为一个稳定统一的阿拉伯政权生存下来。传统上，贝都因人惯于以劫掠周边部落，或向定居居民榨取各种形式的款项谋生。但

早期伊斯兰教的基本原则之一就是穆斯林不应当自相攻杀：乌玛就像一个庞大的部落，所有人都是这个组织的一分子，承担着互相保护的责任。如果说所有阿拉伯人都成了同一个大家庭，那么互相劫掠也就不可能被允许了。[16] 况且定居社区的居民同样也是穆斯林同胞。一个和平的、由穆斯林统治的阿拉伯要诞生，就意味着必须要抛弃过去的这两种游牧生活方式。穆斯林精英面前的抉择是艰巨的：要么率领贝都因人对抗阿拉伯和沙漠边缘地区之外的整个世界，要么分裂退化成争战不休的各部，等待着无休止的部落斗争和无秩序的沙漠生活再次将他们聚在一起。里达运动被平息后，阿拉伯各部落重归麦地那的统治，穆斯林领袖们别无选择，即刻领导着狂热的贝都因军队向罗马帝国和萨珊帝国进军。此时唯一能够避免内乱的方法就是率领穆斯林进攻非穆斯林的世界。

在里达运动之前发起的征服战最终结束后，为了获准参与日后的征服运动，那些被鼓励加入穆斯林的部落纷纷接受了麦地那的统治。很快地，游牧部族便源源不断地前去麦地那，想要加入穆斯林军队，并且心甘情愿接受欧麦尔和伊斯兰政权领袖们的命令。

这些游牧民都被作为战斗人员编制入伍。与十一世纪塞尔柱突厥人进入中东的情况不同，早期穆斯林征服并不是依靠部落人携带家眷、帐篷和牧群的迁徙来完成的，而是依靠奉命作战的战士来完成的。只有在征服告一段落后，家属才被允许或被鼓励从他们的沙漠宿营地迁离并定居在新征服的地区。

在伊斯兰历史的这个早期阶段，对军队人数的记载差异十分巨大，很不可信。据穆斯林史料记载，征服叙利亚的士兵总数约

为三万人，[17] 但这些军队很少会会合在一起，大多数时间他们往往被分成更小的单位行动。征服伊拉克的军队数量似乎明显更少，据阿拉伯文史料记载，人数约有六千至一万两千人。征服埃及的军队人数就更少了：阿慕尔率领的军队一开始只有三千五百到四千人，但后来又有援军一万两千人加入。[18] 这些数字并不可靠，但它们似乎体现了当时的现实情况，而且前后十分一致。这些军队并不是单纯靠人数优势压倒敌人的部落大军。事实上，在叙利亚的雅穆克战役和伊拉克的卡迪西亚战役这两场关键战役中，他们的人数很可能要少于他们的敌人，罗马军队和萨珊军队。

阿拉伯军队的武装十分简朴但实用。与敌人相比，他们的技术并不占优势，他们没有什么新型或者先进的武器装备。十三世纪初，蒙古人征服了亚洲大部和欧洲部分地区，他们对骑射技艺的精熟掌握显然是成功的主要因素之一，这使得蒙古军队能够比敌人拥有更加强大的火力和机动性。但相比之下，阿拉伯人却并不具有类似的优势。

从现存的战争雕像上，我们能够对罗马士兵的装备有明确的了解，因此我们也能够对这些装备作出较为可信的复原。同样地，从精美华丽的波斯细密画中，我们也能够清楚地了解到十四至十五世纪伊斯兰世界的骑兵形象。但对于早期阿拉伯军队，我们却几乎没有任何直观的历史证据。有关这一时期的军事装备，我们并没有发现时代可靠的考古证据，既没有发现佩剑，也没有发现盔甲。因此我们只能依靠历史叙述和诗歌中偶然出现的描述来了解他们的装备，而除去少数文本外，这些描述往往缺乏细节。[19]

早期穆斯林军队的士兵一般自供武器或者使用从战场缴获的武器。在击败敌军或攻破城镇后，敌军的装备是最受欢迎的战利

品之一。因此，一个颇为活跃的武器盔甲交易市场随之应运而生。早期穆斯林军队并没有统一的制服：每一个士兵穿的都是他们能找得到或者买得起的衣服。在大多数时间里，他们的军粮也是自备的。他们没有辎重队，也没有运输粮草的笨重车队拖累军队的行进。取而代之的是，每个人都要携带他自己的一份补给，一边行军一边消耗。在716至717年入侵拜占庭帝国时，穆斯林指挥官命令军队每人在马背上携带两穆德（mudd，两穆德约为两千克）的粮草。但在战争中他们往往用不上这些补给，因为他们通过劫掠就能够获得足够的给养了。到了冬天他们就建起棚屋，耕种土地，这样在之后的征服运动中他们就可以靠自己种植的作物自给自足。[20] 轻装行军和屯田给养使穆斯林军队得以在广阔的土地上穿越奔袭，而假如他们行军时背后拖着满载给养、吱嘎作响的笨重辎重车，大征服的成功是不可能实现的。

阿拉伯军队的主要武器是剑。[21] 早期阿拉伯剑并不是人们普遍想象中的那种弯刀，而是一种剑柄短小的双刃直阔剑。佩剑一般收在皮质或木质剑鞘中，剑鞘一般用皮带固定在肩膀上，而不是腰带上。现存的萨珊王朝后期阿拉伯剑剑刃长约一米。要使用这种武器需要一定的力量和灵活度才行。最好的剑似乎是从印度进口的，尽管也门和呼罗珊也是著名的高质量武器制造中心。很显然，剑是一种贵重的武器，它们常常被人命名、在家族中代代相传，还在诗歌中被广为传唱。在近距离接战中挥舞的宝剑，是真正的英雄才配携带的武器。这些剑似乎也被广泛使用，有可能是因为阿拉伯半岛在六世纪末到七世纪初的财富增长，使越来越多的贝都因人能够用上这种昂贵的武器。

除剑以外，阿拉伯人还有矛。比如"鲁姆赫"（rumh）长矛，

这是一种木柄金属头的步兵武器，既可以用来砍杀，也可以用来刺击。在伊斯兰时代早期还出现了一种较短的"哈尔巴"（harba）矛，这种武器可能是在马背上使用的，尽管并没有历史证据表明当时的骑兵战斗中应用过重型骑枪。我们还发现有记录表明，阿拉伯士兵也会使用铁棒、钉头锤、木棍、石块、帐篷杆以及任何可以随手拿到的武器进行战斗。他们也会使用弓箭，而且弓术十分精湛。有文献叙述过"阿拉伯弓"和"波斯弓"的特点，很有可能阿拉伯弓要更加单薄轻便。在这一时期还没有记载表明穆斯林军队装备了弩，尽管在九世纪他们的确装备了这种武器。

阿拉伯士兵也装备有锁甲，[22] 尽管能负担得起锁甲的人一定很少：我们可以了解到，704 年，在整个辽阔的呼罗珊行省，五万名士兵只有三百五十件锁甲。这些锁甲往往会代代相传，而明净光亮的全新锁甲则价值连城。头部防护装备分为两种。一种是"米格法尔"（mighfar），在西方兵器史中被称为"护面锁甲"（aventail）。这是一种锁甲头罩，背面一直延伸到后背以保护脖子。还有一种圆形头盔，名为"拜达盔"（Bayda），即"卵形盔"。一个全副武装的阿拉伯战士一定拥有十分良好的防护，至少与贝叶挂毯上描绘的诺曼战士有的一比，但大多数士兵不会这么富有，他们作战时穿着长袍戴着头巾，这使他们面对攻击时十分脆弱。

关于这段时期的实际战斗情况我们很少有细节充分的描述，而且在穆斯林大征服早期并没有军队操典存世，但有些时候史料也会提供一些信息，可以让我们了解到当时阿拉伯人所应用的一些策略思想。658 年，穆斯林陷入内战时，一支缺乏实战经验的伊拉克穆斯林军队趁机侵入了叙利亚。有一个年老机智的贝都因

酋长自告奋勇向他们献策。[23] 他首先要求他们保证水源的供应。因为他们的叙利亚敌人主要是步兵，而他们则骑马行进，利用机动性的优势他们能够将自己部署在敌人和水源之间。他接着建议道："不要在开阔地向他们放箭或冲击他们，因为他们的人数比你们更多，你们无法保证不会被他们包围。"他们不应该站在原地或结成传统的阵型，因为他们的敌人既有骑兵也有步兵，在近距离接战时每一支部队都可以相互支援策应。如果阵型被敌人打破，后果将会是灾难性的。相反地，他们应该保持自身的机动性优势，将部队拆分成更小的分队（katā'ib），彼此支援。他们既可以骑在马背上作战，如果愿意也可以下马作战。有趣的是，他更强调下马步战的重要性：骑马或骆驼可以快速进行机动转移和侦察，在这一战况中也可以快速取得战场上的优势资源，比如水源供给，但实际战斗则取决于步兵部队的近距离接战。阿拉伯士兵会掷出投矛然后用剑近战，最终常常在搏斗中将敌人击翻在地。或许由于当时没有马镫（至少在大征服初期），步兵才获得了相对更大的优势。就像在同时代的许多其他战斗中那样，七世纪末到八世纪初的叙利亚军队在这场战斗中获得了胜利。他们似乎十分擅长结成密集步兵阵列进行作战。当军阵受到骑兵攻击时，他们会组成一道矛墙，士兵会半跪下来，用长矛的尾端支撑地面，翘起矛尖指向敌人。他们会等待敌人冲来，然后猛地站起，将长矛刺向敌人战马的面部。想要维持这样的阵型，士兵们必须要有严明的纪律和足够大的勇气才行，但只要行阵不乱，就能够维持很强的战斗力。这种体系化的战术对于贝都因人来说是陌生的，他们的战争传统更重视机动性和个人的武勇，但在大征服运动后来的阶段中他们自己也运用起了这些战术，比如在征服马格里布和中亚时。

64 大征服

在阿拉伯大征服的过程中，有两项重大的军事技术创新在世界上广为传播。马镫在古典时代的骑兵中还不为人所知。[24] 至于马镫究竟是于何时在何地发明的，目前还没有确切答案能够证明。一些很可能绘于七世纪末到八世纪初的中亚壁画展示了马镫的应用。文献资料则记载道，七世纪八十年代阿拉伯军队在伊朗南部作战时，才开始应用马镫。到七世纪，马镫已经投入了广泛使用。马镫的出现所起到的重要作用一直在历史学家间广受争论。有人认为，马镫的出现使中世纪西欧重装骑士得以发展，并进而诱发了骑士阶层的出现所带来的一切社会及文化影响，但在伊斯兰世界中，这项军事创新并没有造成如此长远的影响，尽管它的确为大征服后来阶段中阿拉伯军队的长途奔袭提供了很大便利。

在大征服早期，另一项重大军事创新则是悬臂投石机的应用。重型投石机被称为"曼扎尼格"（manjanīq），而轻型的则被称为"艾劳达"（arrāda）。[25] 这些攻城器械早在穆斯林大征服之前就已经广为人知了，关于这种武器可信可靠的最早事例是在 597 年，阿瓦尔人围攻帖撒罗尼迦时就应用了投石机。这种悬臂投石机靠人们用力拉下悬臂一端的绳索，悬臂另一端就会迅速弹起，利用其顶端的投石索将发射物抛出。在伊斯兰大征服的第一阶段（632 年至 650 年），唯一一次使用投石机的记载来自阿拉伯军对波斯首都泰西封，或称马达因的攻城战中，在这场战役中据说阿拉伯军使用了二十台投石机，这些投石机是一个叛变的波斯工程师在阿拉伯主帅萨阿德·本·艾比·瓦加斯（Sacd b. Abī Waqqās）的指示下建造的。[26] 令人惊讶的是，在有关阿拉伯人征服大马士革这种守备完善的坚城，或埃及的巴比伦要塞（Babylon，位于今开罗市的科普特人社区）这种坚固的罗马堡垒的记载中，却并没

有提到攻城器械的应用，至于这是因为阿拉伯军真的没有使用攻城器械，还是仅仅因为文献没有提到，我们就不得而知了。在八世纪，有记载表明，712年穆斯林军队利用投石机攻破了撒马尔罕的城墙，这一信息也被当时的壁画所明确印证，证明投石机的技术的确在这场战役中获得了应用。与此同时，在信德的提飈（Daybul），有记载称阿拉伯军动用了五百人操作一台攻城器械摧毁了当地的佛教寺庙。但总体来说攻城战似乎大多还是比较简朴的。到八世纪初穆斯林征服河中地区时，我们才发现他们采取了一些系统化的长期围城行动。

早期的穆斯林军队并没有什么秘密武器，也并没有掌握比他们的敌人更加先进强力的新军事技术。他们的优势仅仅在于便捷的机动、优秀的领导，以及可能是最重要的，坚定的动机和高昂的士气。

我们很难确定大征服初期阿拉伯战士的作战动机究竟是什么。弗朗西斯·培根爵士曾说过，英格兰女王伊丽莎白一世不喜欢洞察人心，窥探他人的内心想法。而对历史学家来说，这则是不可能做到的。我们所能做的只有从他们的言论或者据说是由他们所说的话语中，来推测他们对自己所作所为的想法如何。

关于穆斯林大征服的动机，最为完整清晰的观点来源于一系列演讲，这些演讲据说是由穆斯林使节向波斯帝国皇帝发表的，其中一些在上文中已经引述过了。穆斯林反复强调他们对现世的事务并不关心，相比之下来世的奖赏更能激励他们前进，同时他们还相信波斯人死去后不会享受与他们相同的奖赏："如果你们杀死我们，我们将进入天园。假如我们杀死你们，你们将堕入火狱。"[27] 他们相信自己是在执行真主的旨意："如今，我们奉真主

之命进攻你们，我们是为了真主的缘故而战的。我们遵照祂的旨意，为了成就祂的应许而行动。"

战死的穆斯林通常被称为"烈士"（即舍希德，复数为shuhadā）。根据穆斯林传统史料，将在圣战中牺牲的战士称为烈士的传统，最早见于有关624年白德尔战役的记载中，似乎当时人们普遍认同在圣战中牺牲的烈士的灵魂会即刻进入天园。某些时候，一片有许多穆斯林战死的战场，会被描述成散发着甜蜜的芳香。有一些故事就描述了有人想方设法要成为殉道烈士，或至少是将自己置身危险之中以求献身："塔米姆部落有一个名叫萨瓦德的人，他在掩护自己的族人进攻时英勇献身。一开始他就受到了致命伤，但还没有当即牺牲。他站起身来冲向（波斯军统帅）鲁斯坦，一心要将其杀死，但他还没冲到对方面前就战死了。"值得一提的是，这一事例既体现了对献身殉道的渴望，也有维护部落团结的责任感。[28] 还有一些极端事例存在，比如有一个人为了更快地被人杀死以获得烈士应得的奖赏，故意在战场上丢弃了盔甲。[29] 但这些毕竟属于少数特例：更多人还是较为理智的，在获得来世的奖赏之前，他们更希望能享受此世的胜利果实。

早期穆斯林战士口中常常提到的另一个征服动机就是从暴君的手中解放波斯臣民，以便让他们皈依伊斯兰教。"我们受真主所遣来到此地，解放那些渴望摆脱此世的暴君奴役的人们，让他们诚心皈依真主，这样我们就可以变他们此世的贫苦为富足，把他们从邪恶的信仰中解救出来，将伊斯兰的公义施与他们。真主派遣我们向世上的所有造物传播祂的宗教，号召他们皈依伊斯兰教。"[30]

但总体来说，传播伊斯兰教或提供当地人改信伊斯兰教的机

会，并不被当时的人们广泛传述为作战的动机。更常见的作战动机是对阿拉伯民族身份的自豪感和部族自豪感。当伊拉克的穆斯林军队统帅萨阿德想要鼓舞他的部下成就伟大事业时，他强调了他们作为阿拉伯人的自豪感："你们都是阿拉伯的酋长和贵族，是各部落的精英，也是你们族人的骄傲。"[31] 他的这些演说频繁用阿拉伯人的简朴与真诚鲜明地对比了波斯人的豪奢与虚伪。就像在蒙昧时代那样，对部落成就的自豪感在这一时期仍然是驱使阿拉伯人作战的主要因素之一。这一点可以在诗歌中见到端倪，比如这首纪念塔米姆部落在卡迪西亚战役中战功的短诗，作者不明：

> 巴努·塔米姆的英雄数不尽，
> 他们在战场上最不屈。
> 他们大军开拔，列起密集行阵
> 攻向叫嚣的敌人，将他们驱逐杀散。
> 平日他们心胸宽广似海，但在那波斯王眼里，他们就如
> 一群林中猛狮：你可以想见，他们如排山倒海般压向
> 敌人。
> 在那山坡上绵延几日的漫长战斗结束后
> 满载荣耀与尊严，他们从卡迪西亚凯旋。[32]

还有这首赞颂阿萨德的诗歌：

> 从高高的山坡上我们率骑兵冲向齐斯洛＊，

＊ 齐斯洛（Kisra），即波斯人名"霍斯劳"（Chosroes）的阿拉伯文形式，是阿拉伯人对波斯王的泛称。

他也指挥自己的骑兵与我们相敌。

我们让波斯许多妇女祈祷悲泣，

每当她们眼见满月时分。

我们斩杀了鲁斯坦和他的儿子们

奔腾的战马扬起沙尘将他们掩埋。

在这片战场之上，我们只留下了

再也无法动弹的人。[33]

　　这种对战斗与杀戮的喜悦直接来自于前伊斯兰时代的精神传统。个人的光荣与声誉对阿拉伯人来说也仍然十分重要。在一句劝勉语中，对来世天园的期待和传统上对现世声名永存的渴望结合在了一起："阿拉伯人啊，你们既要为正教而战，也要为此世而战。你们要为真主的宽恕而勤勉，也为那天上和地上的广大乐园而勤勉，它们都是为敬畏真主的人准备的。假若魔鬼企图通过引诱你们顾虑战争的危险而使你们失去勇气，那么你们要记住，以后你们的故事将会在每一场节日庆典上传扬，直至永世。"[34]

　　除了对俗世名声的渴望之外，当然还有对于财富的渴望。对大征服早期的历史叙述中，最为一致的特征之一就是人们对战利品的期望和在描写缴获财富时流露的喜悦之情。在这些描述中，战利品往往是金钱、轻便货物和奴隶。战俘总是很重要的战利品，在一些地区，比如北非柏柏尔人居住的地区，战俘似乎是主要的战利品。有趣的是，尽管这些战士都是游牧民，但记载中却很少提及牲畜，这或许是因为他们大多放弃了自己曾经的游牧生活方式。而对于获取战利品的关注，又与对如何公平分配战利品的考虑相挂钩。这些描述大部分无疑都是说教性的，在这些描述中，

第一章　大征服的基础　69

分配的公正程度肯定有所夸大，但仍旧有力地体现了这一主题。

新兴的伊斯兰政权具备了人力、军事技术、意识形态信念和领导集体，这使他们得以发起一场大规模对外扩张运动。但最重要的是，这个新政权的领袖们已经充分认识到他们必须对外扩张，否则就会陷入崩溃。对于他们来说，要生存下去就只有一个可行的办法：征服。

第二章

对叙利亚和巴勒斯坦的征服

叙利亚和巴勒斯坦地区曾经是拜占庭帝国的省份，受君士坦丁堡的帝国政府管辖。632年，先知穆罕默德归真时，拜占庭帝国还统治着巴尔干、意大利南部和西西里，以及北非。罗马帝国和后来的拜占庭帝国在东地中海不间断地统治了六百年。五世纪，当西罗马帝国在混乱和动荡中崩溃时，地中海东岸和南岸的富裕省份依旧持续繁荣。君士坦丁堡的皇帝仍旧在征收税赋，维护常备军并派遣总督管理各省份。当西罗马帝国境内的城镇逐渐衰退成为村落时，叙利亚的城市中仍旧满布宽阔平直的街道、市场、浴场，以及教堂。

无论是城镇还是乡村地区，叙利亚的景观大多都继承自在这里统治了一千多年的希腊精英阶层，他们深受古典时代的知识和艺术濡染。和今天一样，在帕尔米拉、西利奥波利斯（巴勒贝克）、吉拉萨（杰拉什）、佩特拉等城市中，宏伟的古典多神教时代建筑遗迹占据了很大面积。较小的城镇和村庄则遍布柱廊和门廊，体现了一种规模较小但并不粗滥的古希腊罗马建筑风格。

帕尔米拉和巴勒贝克的宏伟神殿或许当时仍旧在城镇中占据了主要区域，但它们大部分已经成了破败的废墟。在杰拉什，宏伟的阿尔忒弥斯神庙庭院被用作了陶器作坊，女神的殿堂周围精心铺砌的宽阔广场如今成了喧扰的手工工场，而神庙建筑本身则

被封闭起来，任由毒蛇和魔鬼在其中游荡。基督教深刻地影响着叙利亚和埃及地区。毕竟，基督教就是在这片土地上建立起来的，就是在安条克，这个新兴宗教的信徒被首次称为"基督徒"。在耶稣基督降生后的头三个世纪，基督教在黎凡特地区信仰极其混杂的环境中与其他宗教艰难斗争。当时，说希腊语的多神教徒崇拜宙斯和阿波罗，说阿拉米语的乡村人则与基督徒同样崇拜一神，但他们称呼祂为"巴力"（Bel）或"哈达德"（Haddad），这些名称原本是用来称呼那些在以色列人进入迦南之前就已存在的古老诸神的。

但到了六世纪，无论在山区还是沙漠中，基督教都已经成了主要宗教信仰。当时重要的犹太人社区还存在，尤其在巴勒斯坦地区，在一些地区和社交圈子里古典多神教传统也尚有留存：人们仍然利用装饰住所的马赛克地砖来描绘古代的神话传奇，但至于他们是否还相信这些神话，我们就很难得知了。

同时，基督教也是拜占庭帝国的官方宗教，对于社会的构建有着至关重要的意义。在六世纪的拜占庭帝国，一个人如果不是基督徒，他就不可能在政府部门谋得职位。但叙利亚的基督徒并不是一个成分单一的群体。在六世纪，不同的教派和信徒之中产生了深刻的差异。最首要的问题有关基督的神性和祂的道成肉身：基督究竟是同时既完全拥有人性也完全具有神性，还是说他仅仅拥有神性，只是外在表现为像我们一样的凡人呢？这种颇为晦涩的神学争论诱发了巨大的宗教热情，因为它们反映了当时社会中的广泛分歧。尽管这样可能会过度简化原本十分复杂的教条，但认为基督既完全具有神性也完全具有人性的教派（因为他们相信两种性质并存，一般被称为"二性论派"，在451年迦克顿会议对

教派信条做出总结后，也被称为"迦克顿派"）还是吸引了大量说希腊语的精英阶层人士。而相信基督只有唯一神性的教派（一性论派）则大多来自说阿拉米语的村庄、乡村地区的修道院，以及阿拉伯基督徒的宿营地。在地区分布上，两派也十分不同：在巴勒斯坦地区，似乎大多数基督徒都是两性论派，而在叙利亚北部，两种教派人数相近。

拜占庭帝国皇帝坚定地支持两性论教派，并视一性论为异端和危险分子，时常会强力迫害他们。这就意味着叙利亚基督徒人口中的一大部分都被帝国政府疏远敌视，他们也不会把支持帝国正统教会和抵抗外来侵略者当作与自己切身利益相关的事情。

直到约540年之前，叙利亚地区的经济和人口还在稳定增长。各地的村庄都在扩张，沙漠边缘地区也开垦了新的耕地。但在穆斯林大征服的一百年前，从约540年开始，这片美好图景就逐渐发生了变化。在那一年，一种前所未见的凶猛鼠疫侵袭了整个地区。大量人口迅速死亡，情况甚为可怖。人口最为密集的城镇或许遭受了最恐怖的侵害，乡村也在瘟疫传播中受害甚深。但损失最小的人或许是沙漠中的游牧民。这种瘟疫依靠老鼠身上的跳蚤进行传播。在那个时代，城市中的老鼠很可能像现在一样常见，但在游牧部落中，人们很少拥有足够的食物，自然不用担心鼠灾，而且他们的住所也没有地方供老鼠躲藏。

在六世纪的之后数十年到七世纪这段时间，瘟疫又以恐怖的规律一次次卷土重来。由于缺乏相关数据，我们无法了解这场大瘟疫究竟造成了多少人口损失。据历史学家估计，1348至1349年席卷中东和欧洲的黑死病鼠疫可能杀死了这些地区三分之一的人口。我们也有理由相信，六世纪这场鼠疫所造成的损失不会比

那场黑死病小。在这一地区，许多一度繁荣的城镇和村庄都已经十室九空、破败凋残了。在七世纪三十年代到四十年代，当穆斯林征服者侵入叙利亚和巴勒斯坦时，或许他们走过的街道早已荒草丛生，古老的石柱下荆棘遍布，在这些石柱之间，剩余的市民小群聚居在一起，在他们祖先曾享用的富丽殿堂下蜗居求生。

在六世纪下半叶，传染病并不是叙利亚地区面临的唯一问题。在五世纪到六世纪初，拜占庭帝国和萨珊波斯帝国之间的关系总体来说是和平的。两大帝国都尊重彼此边界，并承认对方在南部的叙利亚沙漠和北部的亚美尼亚山区的势力范围。但到了六世纪中叶，两大帝国之间爆发了破坏力巨大的大规模战争。萨珊帝国向拜占庭的领土发动了多次入侵。540 年，波斯军洗劫了东部重镇安条克，573 年，波斯军攻克了重要省份首府阿帕梅亚（Apamea）。在这两场战争中，波斯军带回了大量战利品，并将许多人口迁置到了波斯帝国新吞并的城市。

如果说六世纪两大帝国的关系开始恶化，那么到了七世纪时，他们之间的敌对关系就更甚一步了。602 年，拜占庭皇帝莫里斯（Maurice）和他全家都被叛军杀害。在此之前几年，莫里斯皇帝还为当时被赶下王座的萨珊皇帝霍斯劳二世提供了庇护，这位萨珊皇帝是一个年轻而精力充沛的君主。于是，霍斯劳二世便以为恩公的惨死复仇为借口，向拜占庭发起了猛烈的进攻。他的军队取得了一系列辉煌大捷，611 年，波斯军入侵叙利亚，614 年耶路撒冷被攻克，615 年波斯军来到博斯普鲁斯海岸，兵锋直抵君士坦丁堡城。619 年，他们拿下亚历山大城，整个埃及地区落入波斯帝国手中。

多亏了希拉克略皇帝（Heraclius，610 年至 641 年在位）的

功劳，拜占庭帝国才能扭转败局。他原本是拜占庭帝国的北非总督，但在 610 年，他率领本省军队远渡君士坦丁堡击败了残暴的篡位者福卡斯，为自己夺得了皇位。他统治的大半时间都在与波斯人战斗。在波斯军横冲直撞许多年后，似乎已势不可挡时，624 年，希拉克略率军从敌人背后发动了一场进攻，奇迹般地转败为胜。出于大胆机智的战略眼光，他还采取行动，率军从土耳其的黑海沿岸出发，一路穿越伊朗西部和伊拉克北部，洗劫了席兹（Shiz，位于今伊朗塔卡卜市）著名的火庙和达斯特格尔德（Dastgard）的霍斯劳皇宫。628 年，希拉克略的敌人霍斯劳二世死后，波斯随即为争夺皇位而陷入了内乱之中，希拉克略终于可以与波斯议和，沿哈布尔河（Khābūr）重新划定了两国旧有的边界。629 年，他利用外交协商迫使波斯军队撤出叙利亚和埃及，并着手在这些新收复的土地上重建拜占庭帝国的统治。630 年 3 月 21 日，当他将之前被波斯军夺走的圣十字架归还耶路撒冷时，他享受到了人生中最为辉煌的胜利成果。

尽管波斯人被彻底击败了，但他们对巴勒斯坦和叙利亚发起的入侵战争极大地破坏了拜占庭帝国在黎凡特地区的统治。除了战争导致的大量人口伤亡之外，似乎许多说希腊语的精英阶层也迁徙到了较为安全的北非和罗马。[1] 战争的破坏十分可怕，尤其对于城镇更是如此，但或许最为重大的破坏还是帝国的传统统治和行政管理在这一地区的缺失。在穆罕默德传道生涯的大部分时间里，巴勒斯坦和叙利亚的大部分地区都在波斯帝国，而不是拜占庭帝国的统治之下，直到 630 年，也就是先知去世的前几年，拜占庭帝国才重新在这些地区建立统治。但这种统治很可能是十分松散的，甚至有可能在很多地区拜占庭帝国政府的权威并不存在。

许多新一代的叙利亚人并没有经历过拜占庭帝国的统治，也对其毫无记忆，自然也就没有理由效忠君士坦丁堡的政权。正当拜占庭帝国缓慢重建统治的时候，曾在六世纪分化叙利亚的宗教矛盾又一次浮出水面。于是，希拉克略皇帝决定采取宗教手段来安抚那些大多反对他的神学主张的基督徒民众。

拜占庭帝国对叙利亚的统治已经延续了五百多年。假如伊斯兰教早五十年诞生，并且穆斯林在六世纪八十年代，而不是七世纪三十年代入侵巴勒斯坦和叙利亚，他们很可能很快就会被击退，当时拜占庭帝国政府还牢牢地控制着这些省份，当地守备十分完善。恰巧的是，在拜占庭帝国与波斯帝国之间造成了严重破坏的大战刚结束不久，穆斯林军队便立刻出现在了这片地区，这一巧合也是穆斯林军队之所以能获得胜利的必要前提。

叙利亚地区或许被战争和瘟疫摧残了，但对于阿拉伯半岛的贝都因人来说，这里仍旧是葡萄酒、油和粮食的原产地。加沙和布斯拉（Bostra）的周边地区则是与沙漠交界的农耕地区，这里经常会有麦加或阿拉伯半岛其他贸易中心的商队来访。

叙利亚对于早期穆斯林领袖来说是一个熟悉的地区，自然也就成了新兴穆斯林军队所要征服的第一个目标。有古老可信的文献可以证明，先知本人在开始传道之前就到过叙利亚。在最早的穆斯林将麦加作为圣地之前，位于叙利亚的城市耶路撒冷就是他们的第一个朝圣地。与穆罕默德敌对的麦加贵族首领艾布·苏富扬在约旦也拥有财产，比如他在安曼南部肥沃的拜勒加（Balqā）地区就拥有一座名叫古巴什（Qubbash）的村庄，他把这座村落用作商贸基地。[2] 因此当穆罕默德在晚年为穆斯林寻找能够提供更多资源的地区时，他自然会望向北方。在这一点上，叙利亚与伊

拉克就十分不同，因为在大征服开始之前，新一代伊斯兰精英阶层中很少有人去过伊拉克，他们对这一地区实际上十分陌生。

在先知一生的最后两年中，穆斯林最早对叙利亚的几次进攻规模很小，而且并不成功。如今去约旦的旅客，假如顺着古道"国王大道"，沿着死海东岸的肥沃山脊，从卡拉克向佩特拉一路前进，就会在穆厄泰（Mu'ta）村以南发现那些早期穆斯林英烈的坟墓。这些拥有精致穹顶，周围种植着小树林的坟墓看起来十分现代，但它们似乎的确坐落在穆斯林与拜占庭帝国首次交锋的真正战场遗迹上。629 年，穆罕默德曾向叙利亚的方向派出了一支突袭部队，或许他们只是想在波斯军队撤退后的混乱中趁火打劫。但当这一小支穆斯林军北上国王大道时，他们却遭遇了一队拜占庭军，这支军队中大部分都是当地阿拉伯部落士兵，此时他们正顺路南下去收复拜占庭领土。于是两队人马在穆厄泰短暂交战，穆斯林很快就被击败，被迫逃离了战场，其中还有几位将领战死，被安葬在了我们如今见到的这些坟墓中。在这些当时败逃等待日后卷土重来的穆斯林中，就有"真主之剑"哈立德·本·瓦立德，他后来在征服叙利亚的过程中发挥了极为重要的作用，可谓实至名归。

穆厄泰之败对新兴的穆斯林政权来说是一大耻辱，但穆罕默德似乎并不气馁，仍旧决心继续袭掠叙利亚。630 年，他向希贾兹北部的塔布克发起了一场规划周密的远征，这可能是一场对日后入侵叙利亚的预演行动。在这场战役里获得了有效军事经验的将领中就有阿慕尔·本·阿斯，他在十年后为穆斯林夺下了埃及。毫无疑问，当早期穆斯林高级将领们踏上征服叙利亚的征程时，他们是在成就一项早已由先知穆罕默德发起的事业。

穆罕默德归真后不久，哈里发艾布·伯克尔便立刻向叙利亚发起了新的远征，这场远征标志着穆斯林征服叙利亚的正式开始。在这段时间里，历史事件的发生顺序十分混乱。有大量传统史料记载了大型战斗、小型接战和攻占城池的内容。但事实上我们没办法调和这些由不同的穆斯林编纂者所编写的各不相同的编年史记录内容，而且能为我们提供指导的外部资料也极为罕见。就像伟大的穆斯林历史学家塔巴里在搜集有关大征服的历史叙述时所抱怨的那样："事实上，关于这项研究最令人烦恼的事情之一，就是在上文中我曾提到的，关于这场战役的日期记载往往各自不一。这种不一致的情形之所以发生，是因为这些战役的发生时间太过相近了。"[3] 最终我们只能确定，这场征服运动正式开始于632年，到八年后，也就是640年，除沿海城市凯撒利亚（Caesarea）以外，整个叙利亚地区都已经在一定程度上处于穆斯林的统治之下。下文中的论述主要基于目前公认最为可信的编年史，但对这些材料也应该审慎对待。

这场早期远征的主要目的是维护麦地那对那些定居地区边缘的阿拉伯部落的统治。无论是顺着伊拉克丰饶国土的西部边界，还是沿着埃及的尼罗河谷，沙漠与耕地的分界在不同生态区域之间划定了十分明显稳固的边界线。但在叙利亚，沙漠与耕地之间的边界就不那么明显了。从水源充足的地中海沿岸向东望去，地理景观便愈发干旱荒凉。在两百毫米等降水量线附近（在这条线之外的等降水量线上，年均降水量低于两百毫米）的耕地，没有绿洲的灌溉是不可能发展起来的。这条等降水量线西部的地区则被贝都因人用来放牧和开垦旱田。许多贝都因人也兼职务农，他们既会放牧，也会耕种小块的田地。为了确保叙利亚的阿拉伯人

服从伊斯兰政权的统治，穆斯林对拜占庭帝国及其阿拉伯盟友发起了猛烈无情的进攻。他们遵从的正是艾布·伯克尔哈里发和其他穆斯林领袖们精心规划的政策方针：所有阿拉伯游牧民都应当臣服伊斯兰政权，对那些不肯臣服的，就要逼迫他们服从。

据说艾布·伯克尔派出了四支小部队，前往死海东岸和约旦河谷的前线地区独立作战，部队的将领都将战旗挂在他们的长矛上，以作为指挥官的标志。他所选任的指挥官都将在早期伊斯兰政权的历史上占有浓墨重彩的地位。其中一位就是艾布·苏富扬的儿子叶齐德，他还带领着他的弟弟穆阿维叶参与了远征。正如上文中所述，艾布·苏富扬的家族在叙利亚拥有财产，而且他们对这一地区十分了解。在征服叙利亚期间，叶齐德是穆斯林军主将之一，这也方便了他和他弟弟在叙利亚建立自己家族的势力。然而在大征服运动尚未最终完成时，叶齐德便死于瘟疫，于是他的弟弟接任了他的职位。他在大征服期间及其刚刚结束后在叙利亚建立的权力基础，为他日后在661年自立为首位伍麦叶哈里发，并坐镇大马士革统治整个伊斯兰世界提供了方便。

艾布·伯克尔任命的另一位在日后拥有长期影响的将领是阿慕尔·本·阿斯。他可能不是一个伟大的战士，但他格外地精明狡诈，可谓早期穆斯林军中的智将奥德修斯。他曾在加沙行商的商贸生涯吸引了先知穆罕默德的注意，于是先知任命他在从麦地那通往叙利亚的道路上向各部落征收税款。据说他率领三千人马开往他了如指掌的地区，这些人中有许多来自麦加和麦地那。[4]他沿着红海海岸行进，直抵亚喀巴湾湾岬，然后转而向西，在约旦和以色列之间名为"阿拉伯谷"（Wadi Araba）的大片沙漠中扎营。从那里出发，他们又沿着陡峭的山崖登上了内盖夫高原，向

加沙的海岸前进。到达加沙后，阿慕尔与当地守将发起了谈判，目的很可能是索取金钱，根据一则传说的描述，就在他们谈判时，拜占庭总督还试图趁机擒获他或杀死他。最终在634年2月4日，[5] 阿慕尔带领他的部下在加沙附近一个叫作达青（Dāthin）的村庄击败了一小股拜占庭军队并杀死了他们的指挥官。阿拉伯人的胜利立刻就获得了反响。捷报传得很快，据说就连凯撒利亚附近也有犹太人社区闻声公开庆祝拜占庭军官的死亡和帝国权威受辱。[6]

　　穆斯林在达青取得的胜利或许规模并不大，却使拜占庭帝国对来自南方的新威胁警惕起来。当时拜占庭军的总指挥是希拉克略皇帝。此时希拉克略已经年逾六十高龄，他明显不是一个沉湎于君士坦丁堡奢华宫廷生活的贵族，而是一个惯于在战场上攻坚克难，拥有大量军事经验的军人。此时的他正处于权力的巅峰，就在穆斯林第一次袭扰叙利亚的时候，他才刚通过将圣十字架归还耶路撒冷庆祝了自己的重大胜利。希拉克略从来没有亲自率军对抗过穆斯林军（穆斯林哈里发也没有亲自率领过伊斯兰军队），而是坐镇战线后方的霍姆斯和安条克两城指挥行动、任命将领及签署军令。阿拉伯文献中对希拉克略的描述十分有趣。[7] 在阿拉伯人的记载中，他以足智多谋、能预测未来闻名。在一个故事中，麦加贵族艾布·苏富扬讲述了他们与一群商人到达叙利亚时是如何觐见希拉克略的："当时希拉克略刚刚击败波斯人，将他们逐出国土，并夺回了他们之前抢走的圣十字架……希拉克略徒步走出了他的大本营霍姆斯城……去圣城祈祷。人们为他铺上地毯，并在地毯上撒上了芬芳的香草。当希拉克略到达耶路撒冷时，他与拜占庭贵族们一同祈祷。"[8] 在这个故事中，尽管他身为胜利者，却被描述得十分谦卑虔诚。

在一些逸事传闻中，据说希拉克略意识到了穆罕默德的伟大，如果不是拜占庭贵族的极力反对，他甚至差点能成为一个穆斯林。对于阿拉伯人来说，希拉克略就是拜占庭帝国抵抗伊斯兰军队入侵的关键标志性领袖。他通常被描述得十分高傲独断，但他有时也会先于他的谋士和臣子们发现穆斯林军实际上有多么强大，并且意识到敌人将会胜利。阿拉伯史料中对希拉克略的记载并不完全是脸谱化的负面形象：他是一个悲剧人物，因为他没能皈依伊斯兰教，他的事业便被耻辱地断送了。

到这段时间为止，穆斯林对叙利亚的袭击规模总体来说并不比边境冲突大多少。哈立德率领约五百名士兵穿越叙利亚沙漠的事迹在历史和传奇中被广为传唱：[9] 阿拉伯史料称赞了他惊人的坚忍，现代学者也认为他是一位战略大师。[10] 很多故事都讲述了他如何为将士们提供饮水：让军中的一些骆驼喝下超量的水，绑住它们的嘴巴让它们无法咀嚼草料，日后一头头杀掉它们，从它们的腹中取水。另一些故事中，哈立德与他的将士们蹒跚行军时，出于极度的干渴，他询问一个曾经来过这里的部下拉菲（Rāfi）是否知道哪里有水。拉菲回答说水源近到触手可及："继续前进，直到看见两座像女人乳房一样的小丘，我们去那里。"当他们到达那里时，他让他们找到一丛形状像男人臀部的荆棘丛。于是他们分散开来四处寻找，却只找到了一截树根，并没有发现灌木的痕迹。但拉菲告诉他们就是这里没错，要他们在这里挖掘。于是很快他们就挖到了一片潮湿的土壤，获得了一点清甜的淡水。拉菲为他的发现深感宽慰，对哈立德说："真主在上，长官，我已经有三十年没来过这片水源了。只在我还是孩子的时候，父亲带我来过一次。"[11] 然后故事继续道，他们做好准备然后出击敌军，而敌

人完全无法想到居然会有军队能穿越那片沙漠攻击他们。

令人困扰的是，这些关于这场远征的记载尽管十分详尽生动，却矛盾颇多。我们可以确定，哈立德的确在 634 年春季或夏初，从伊拉克出发穿越沙漠进入了叙利亚，这场远征体现了哈立德令人印象深刻的坚韧耐力，他进入叙利亚也成了穆斯林军队在当地胜利的关键因素之一。问题是，据一些文献记载，他是从南方的杜马占达（Dūmat al-Jandal）长途跋涉北上叙利亚的，然而其他文献则一致记载他是从帕尔米拉北上的。这两种观点之间有着大量争议，至今也尚未知晓哪种观点才是正确的。

在阿拉伯人的叙述中，哈立德往往被描写成一等一的良将，就连他被欧麦尔撤下最高指挥官的职务，被艾布·乌拜达（Abū Ubayda）接任时，他的声名也依然如此。一到任就团结起各支穆斯林队伍的是哈立德，攻破大马士革东城门首先入城的是哈立德，出谋划策打赢雅穆克之战的也是哈立德。哈立德之后继续在进攻霍姆斯和哈尔基斯的过程中发挥着领导作用。作为一个伟大的统帅，他的名声流芳后世，整个阿拉伯世界都遍布着以他的名字命名的街道。然而尽管他获得了巨大的成就，但他在史料中的名声却好坏均参。他出身于麦加最显赫的贵族之一，就像同阶层的许多人一样，他曾经也对穆罕默德宣扬的社会正义和一神教理论颇为怀疑。他并不是最早皈依伊斯兰教的穆斯林，事实上，他曾经与先知的敌人为伍，吾侯德之战中他还亲身与其对抗过，但在那之后不久他便皈依了伊斯兰教。在他皈依后，他成了一个坚定的穆斯林，从此开始为新生的穆斯林政权献计献策，尽力贡献自己的军事才能。在穆罕默德的命令下，他摧毁了当时最著名的偶像之一，位于麦加附近那赫拉的乌札女神（al-Uzza）像。第一任哈

里发艾布·伯克尔对他十分信任，委任他为指挥官率军镇压里达战争中的叛乱阿拉伯部落。他大获全胜，但同时也因残酷无情和有时草率仓促的行动而闻名：有一次，他枉杀了整整一队穆斯林士兵后，随即便娶了其中一个受害者的遗孀，这更加重了他的过错。[12] 哈立德后来的名声似乎被一些早期穆斯林颇为鄙视，尤其是欧麦尔哈里发，他坚定地相信只有早期皈依伊斯兰教的穆斯林才有资格做领袖，而那些后来的皈依者则没有资格，而且他更喜欢谦逊的人。一个故事曾讲述了哈立德如何向别人讲述自己的生涯并为自己捍卫名誉。雅穆克战役刚刚结束时，哈立德在与亚美尼亚将领朱尔贾（Jurjah）的一次对话中，对自己的事业做出了评价，并解释了自己为何被大家称为"真主之剑"。

> 真主为我们派遣了先知，他召集我们，但一开始我们都躲避他，远离他。后来我们中有一些人开始信仰他，追随他，但另一些人仍然远离他，称他为骗子，他们畏避他，与他作战。然后，真主握紧我们的心，揪住我们的额发，引领我们跟从他，就像他跟从真主一般。先知对我说"你是真主用以打击不信道者的剑中之剑"，并为我祈祷胜利。于是我便得名为"真主之剑"，因为在穆斯林中，我是不信道者最大的敌人。

艾布·伯克尔命令哈立德急速发兵支援叙利亚的征服战，这场战争在此时已经到了紧要关头。在634年的复活节（4月24日），哈立德突然率军出现，击溃了拜占庭的基督教盟友加萨尼王朝，而加萨尼人此时还在大马士革以北拉希特（Rāhit）草原的芳

草春花之间庆祝佳节。[13] 然后他转而南下，与另一支在叙利亚活动的穆斯林军将领会合，后者似乎被统合在他的指挥之下，与他一同应对拜占庭帝国军队的威胁。他们首先对布斯拉城发起了进攻。[14]

布斯拉位于叙利亚与约旦边界以北的一片平坦肥沃的土地上，这一地区分布的大部分为黑色玄武岩地貌。从城市中登城墙北望，可以清楚地望见豪兰地区的火山群。尽管山区地形崎岖，有些山地十分高大，但就像许多火山地区一样，在这些地区零散分布着异常肥沃的土壤。布斯拉的腹地是距离阿拉伯地区最近的小麦、油和葡萄酒生产地，贝都因人十分渴望这些资源。这座城市发展成了一座富裕的贸易中转站，人们普遍相信，先知本人年轻时也曾到访这里，并且在这里接受过修士巴希拉（Bahira）关于基督教奥秘的教导。布斯拉同时也是一个政治枢纽。当106年罗马皇帝图拉真（Trajan）吞并纳巴泰王国，并将其划为帝国的阿拉伯行省时，他就将首府从南方遥远的佩特拉迁置到了更便于到达（自然是更便于从罗马到达）的布斯拉。由坚硬结实的黑色玄武岩建成，布斯拉古城的遗址在近东地区可谓翘楚。城中巨大的罗马剧场几乎毫发未损，成了日后一座中世纪堡垒的中心，廊柱与铺路石仍然展现着古代街道的风貌，在城中还有几座浴场和重要基督教堂的遗迹，其中还包括一座宏伟的圆形大教堂。

我们还并不清楚，在萨珊波斯军撤退后拜占庭帝国是否在布斯拉重建了统治。这座城市似乎抵抗十分微弱，在634年5月末该城与穆斯林军订立了和约，市民同意缴纳年贡。这是穆斯林军在叙利亚占领的第一座城市。

布斯拉城投降后，穆斯林军向西前进与阿慕尔·本·阿斯会合，此时阿慕尔已在达青取得了第一次胜利，他们现在要面对的

是聚集在耶路撒冷西南部通往加沙道路上的一支拜占庭大军。哈立德和其他人穿过约旦河谷，并没有遭遇任何明显抵抗，最后与阿慕尔和他的部下会师。据一份史料记载，穆斯林联军大概有两万人，由阿慕尔率领，而阿慕尔也是这份文献中唯一提到名字的阿拉伯将领，他总被描绘成一个足智多谋的形象。根据描述，他曾经亲自或派遣间谍去敌营刺探情报，而与他通信的拜占庭将军也与他一样精明狡诈。[15] 两军在一个被穆斯林作者称为"艾季那达因"（Ajnādayn）的地方相遇，爆发了一场大战。关于这场战斗的情况并没有详细记载，但很显然拜占庭军战败了，残军撤回了耶路撒冷和其他驻防的据点。穆斯林胜利的捷报在各地广为传扬，在二十多年后法兰克的弗雷德加尔（Fredegar）编纂的法兰克编年史中似乎也对这场战役有所提及。他记载了一些有趣并且可能是真实的细节："萨拉森人"（阿拉伯穆斯林）开价将他们从败军身上夺取的战利品卖回给希拉克略，但皇帝拒绝买回这些被夺走的物品。[16]

同时代的编年史作家谢别奥斯则叙述了拜占庭皇帝是如何号令军队守住阵地的。[17] 但军队并没有听从命令，而是从约旦河边的军营撤离，然后进入河东岸的城市佩拉（Pella）避难。佩拉是一座坐落在丰饶的约旦河谷中的富庶城市，在山谷底部的古罗马风格街道和柱廊之间矗立着一座易守难攻的卫城。这座城市又一次遭到了攻击。像许多史料一样，关于这次战斗的叙述不甚清晰，但仍然有一些细节被记录了下来。拜占庭军从约旦河西岸的司托波利斯（Scythopolis，位于今贝特谢安）出发穿越约旦河谷，为了拖延穆斯林军追击的步伐，他们挖掘了一些沟渠，导致河水满溢，将河谷底部的平原变成了一大片泥淖。[18] 对拜占庭军行动一

88　大征服

无所知的穆斯林军一路向前追击，许多骑兵都陷入了泥沼之中，"但真主及时佑助了他们"。最后拜占庭军自己反倒被困在了泥淖里，大部分士兵被穆斯林杀死。

接着，拜占庭残军又撤往大马士革。穆斯林军也随之追击而至。大马士革围城战是对叙利亚征服中的决定性战役之一。很大程度上我们能够还原当时围城战的过程，因为史料文献提供了详细丰富的描述，在城区中我们也能找到许多证据。在罗马时代和更久远的时代中建造并在此之后被持续维护的大马士革古城墙，至今大部分依然几乎完好无损。只有西端的城墙因为奥斯曼帝国时代的城区扩张而被破坏了一部分。除了其中一座以外，其他古城门都留存到了如今，而且名称仍然与早期阿拉伯文献中的记载相同：这座城市是一个惊人范例，展现了将近十四个世纪间城市地理学与建筑学的持续发展。据文献记载，哈立德·本·瓦立德当时屯兵东城门（Bāb Sharqī），阿慕尔·本·阿斯则兵临圣托马斯门（Bāb Tūma），艾布·乌拜达此时已经攻破了西边的扎比亚门，而叶齐德·本·艾比·苏富扬（Yazīd b. Abī Sufyān）则兵围南边的小城门和凯桑门。

同时，穆斯林军还在大马士革北方的道路上驻扎了一支军队，以防敌军来援。这一部署是十分明智的，因为希拉克略据说此时正坐镇霍姆斯城，派出了一支骑兵试图前去大马士革解围，但这支部队在中途就被穆斯林军拦截，功亏一篑。[19] 我们并不清楚这场围城战持续了多长时间。令人苦恼的是，阿拉伯文史料中估计的数字彼此差异巨大，从四个月到十四个月都有记录。当时穆斯林军队似乎并没有配备任何攻城器械，手头也没有比绳索和云梯更加先进复杂的攻城装备，甚至就连云梯也是借自邻近修道院的。[20]

面对坚不可摧的罗马城墙，穆斯林军所能做的似乎就只有封锁城市，慢慢等待城中饥荒，在此期间，沉闷的围城过程和内部争端可能会诱使守方开城投降。当守军愈发清楚地意识到援军不会出现时，他们开始绝望了。根据一份文献记载，最终，一个拜占庭指挥官（patrikios）的儿子负责守城时，他允许自己的部下休息并宴饮庆祝。一直在寻觅战机的哈立德·本·瓦立德自然对城中发生的事情一清二楚，于是他决定把握这一机遇。他携带了绳索和云梯，一些部下利用由吹胀的动物皮囊做成的皮筏渡过护城河抵达城门前。他们将绳索掷上城垛，然后沿绳从城墙攀爬上去，攀上城墙之后将绳索收起，以防敌人发现他们的踪迹。然后，随着一声令下，伴着"真主至大"的战吼，他们冲向城门，杀死了守门人和任何反抗他们的敌人。

与此同时，在城市的另一端，大马士革人已经开始谈判和平投降事宜，穆斯林军开始从西边开入城市。哈立德率军从东城区向西进军，另一支军队则从西城区进军，两支军队在城中心的古老市场中会合，开始与市民进行谈判。最后投降协议达成，穆斯林军以缴纳贡赋为条件，保证不侵扰居民的安宁。他们没收了属于帝国政府的财产，并将它们用于全体穆斯林的福利，这些财物成了"逆产"（fay，穆斯林社区的公共资金。）的一部分。[21] 像往常一样，穆斯林军分配了各自的战利品，将领们也专门为那些驻守北方道路的军队留下了一份，因为尽管他们并没有直接参与围城，但他们也为胜利做出了很大贡献，因此他们也应得到自己的战利品。一些详尽的故事讲述了大马士革一城被穆斯林同时从两个方向，用两种不同的方式攻下，这或许是为了解释这座城到底是被武力攻下还是和平投降这一棘手问题的（见前文）。史学家似

乎想要在这两种情况之间达成妥协，将其记载成既不是武力攻下也不是和平投降。

关于大马士革陷落的记载还体现了当地不同人群的认同差异。尽管这座城市是军事重镇，由拜占庭皇帝本人钦点督军管理，但城中即使不是多数，也有很多居民是信基督教的阿拉伯人。这意味着他们对帝国并不是那么忠诚，而且比起城中驻军里占多数的希腊人和亚美尼亚人来，他们对城外的阿拉伯军更有亲近感。无论做何解释，很明显大马士革避免了恐怖的破坏与屠掠。在之后的一个世纪中，这座城市成了整个穆斯林世界的首都，并且进入了黄金时代。

和往常一样，在大马士革陷落期间的编年史记载也十分模糊不清，这段时间里，穆罕默德的继任者及第一位哈里发，年迈的艾布·伯克尔在麦地那去世了。可以得知的是他死于 634 年 7 月。我们并不清楚这一事件处于大征服进程的哪个阶段，但在大马士革围城期间，许多相关的报告和消息传播到了叙利亚的穆斯林军中。新任哈里发是严峻而可畏的欧麦尔，在许多文献中他都被描写成大征服背后的总策划者。在叙利亚的军队中没有人反对他的继任，但他对指挥权有着自己明确的想法。就像前文提到的那样，欧麦尔十分厌恶哈立德·本·瓦立德。尽管哈立德在镇压阿拉伯东部的里达运动，以及后来在伊拉克和叙利亚的战争中立下了赫赫战功，但他在新任哈里发眼中的地位却并没有提高多少。于是他突然撤下哈立德的职务并将他召回麦地那。在一份记载中，艾布·乌拜达随之取代了哈立德的位置，被任命为最高指挥官，并被命令审问哈立德，逼迫他承认自己是个骗子。如果就像他一定会做的那样，哈立德拒绝认罪，就要把缠头巾从他的头上扯下，

并没收他的一半财产。面对如此极端不利的事态，这位伟大的将领请求给他一点时间商讨一下对策，不是与他的朋友或属下，而是与他的姐妹。她很清楚欧麦尔十分厌恶她的兄弟，即使哈立德认罪，他一样也会裁撤他。因此，为了安抚哈里发而承认莫须有的罪名是毫无意义的。

有趣的是，慑于哈里发的威仪，也是为了穆斯林的团结考虑，哈立德别无选择，只好乖乖回到了麦地那。如果一个与他地位相同的拜占庭将领受此待遇，他很可能会发起叛乱并召集士兵助他夺取皇位。但与之相反的是，这位穆斯林军队的伟大统帅默默承受了撤职与羞辱。当他到达麦地那时，欧麦尔终于痛快地报了仇。每次与哈立德见面，他都会嘲骂他："哈立德，把你私吞的穆斯林财产从屁股底下拿出来！"每次哈立德都只是顺从地回答他并没有私吞任何"穆斯林的财产"。最后他们终于达成了一个解决方案，那就是哈立德要交出大多数财产，只给自己留下武装和奴隶。不久后，他便回到了叙利亚，并在雅穆克战役和之后攻占霍姆斯和哈尔基斯的战役中发挥了主导作用，他最后定居在了哈尔基斯。据说欧麦尔最后终于意识到了哈立德果真配得上"真主之剑"的美名，而且承认哈立德的支持者艾布·伯克尔比他更加知人善任。[22]这位伟大的统帅于 642 年寿终正寝。他是一个善战而无情的军事指挥官，但他与那些更加虔诚的穆斯林从来不是很合得来。

与此同时，希拉克略皇帝正在为一场大规模军事行动做准备，以赶走侵占叙利亚的穆斯林侵略者。大马士革陷落后，他撤到了叙利亚北部的安条克城，这里自古以来就是整个叙利亚地区的首府。此时他开始着手指挥这场战役，而这也将成为他人生中的最后一场战役。拜占庭帝国召集了所有能够调集的军队。阿拉

伯文献中记载的兵力数字十分巨大，甚至超过了十万人，[23] 但经过与同时期其他拜占庭军队的规模相对比可以发现，很明显这一数字是被过度夸张了的，实际数字更有可能在一万五千至两万人之间。这支大军的人员构成十分复杂。拜占庭的希腊军队由狄奥多雷·特里徐琉斯（Theodore Trithurios）统率，一大股亚美尼亚军队由朱尔贾（Jurjah）率领，还有一支军队由当地阿拉伯基督徒组成，领军的是拜占庭帝国的老盟友，加萨尼国王贾巴拉·本·艾海姆（Jabala b. Ayham）。而总指挥官则是亚美尼亚人瓦汗（Vahān）。不同的部队使用的语言不同——分别是希腊语、亚美尼亚语和阿拉伯语——这使他们很难彼此沟通。而且军队中还存在着严重的宗教分歧和文化差异。希腊人和亚美尼亚人大多来自山区，很可能是农村居民出身，他们更习惯在高原山地地形生活与作战。而阿拉伯人则大多出身游牧民，他们更惯于使用沙漠作战中传统的高速机动战法。所有的士兵都信仰基督教，但阿拉伯人和亚美尼亚人却被信仰东正教的拜占庭希腊人视为异端。这些分歧对他们行动的影响究竟有多严重，我们不得而知，但史料记载中充斥着有关军队变节的说法：比如在战役打响的前夜，朱尔贾在哈立德·本·瓦立德的见证下皈依了伊斯兰教，或者在战斗过程中，阿拉伯基督徒变节支援穆斯林军。阿拉伯文献还提到，为了防止逃跑，拜占庭士兵都被铁链拴在了一起，不过这个段子在许多有关大征服的记载中都能找到，往往用来对比自由且积极好战的穆斯林士兵与他们像农奴一样的敌人：并没有实际证据表明这种不切实际的战术真的被投入实施了，但这些段子还有可能被用来描述士兵结阵组成盾墙时，从远处看起来的印象。[24]

拜占庭大军可能在霍姆斯集合，然后向南进军穿过贝卡

（Biqa）谷地，途经巴勒贝克的宏伟古罗马神殿——尽管在此时已经不再有信徒参拜，但破败依然无法遮掩它的壮丽，然后他们到达了大马士革。阿拉伯军对拜占庭军的到来早有预料，似乎早早便撤离了该城，不加抵抗地任由拜占庭军收复了大马士革。至于拜占庭军进入这座城时发生了什么，并没有任何信息留存，但有一些记载表明，当拜占庭的将领们像往常一样为自己的士兵索取补给时，他们与当地财政官，一个叫作曼苏尔的阿拉伯人发生了争执，因为曼苏尔坚称城中的给养不够补给军队。而后，很显然这支军队并没有把大马士革当作基地，而是继续向南进军。

拜占庭军在戈兰高地的贾比亚集合起来。这里是加萨尼人传统的夏季牧场。根据最为可靠的历史叙述，此时是 636 年 8 月，戈兰高地能够为军队提供较为充足的食物、水源和牧场。而与此同时，穆斯林军则准备与拜占庭人一决胜负，保住自己的胜利成果。他们也在戈兰地区屯兵，驻扎在拜占庭军的东南方。数支不同的穆斯林部队会合在一起，受艾布·乌拜达的指挥，也有可能是受哈立德·本·瓦立德指挥。叶齐德·本·艾比·苏富扬和阿慕尔·本·阿斯也各自率领着军队。据穆斯林史料记载，阿拉伯军总数约为两万四千人，鉴于对拜占庭军士兵数量的估计已经有所下调，此时两军在规模上应该相差不大。

这场在基督徒军队与穆斯林军队之间爆发的战役被称为"雅穆克战役"，一般被认为发生在 636 年夏季。[25] 雅穆克战役与伊拉克的卡迪西亚战役一样，是穆斯林在新月沃地获得胜利的标志之一。与卡迪西亚战役同样相似的是，有关这场战役的阿拉伯文史料十分庞杂混乱，很难分辨清楚到底发生了什么。而在拜占庭一方，则没有任何同时代的资料或可靠记载。根据穆斯林史料记载，

当时双方都受到了宗教狂热的鼓舞。当拜占庭军在防御完善的营垒中为战斗做准备时，"司铎、助祭和教士们要求他们哀悼基督教的命途"。[26] 而另一边，哈立德·本·瓦立德则对他的部下发表了一通演讲："我们是奉真主而战的。在这场战斗中我们不应骄傲，不应行恶。你们要诚心奋战，在努力中寻求主道。为了今天的奋斗，来日（即来世）必会有回报。"然后他催促他们团结在一起，进退一致。[27]

雅穆克河是一条四季长流的河道，它从豪兰高原流向加利利海以南的约旦河谷。当这条河流经裂谷时，流水在中间凿出了一条陡峭的峡谷，两边矗立着高大的悬崖。在北边，这条河流又有许多小的河谷汇入，比如鲁卡德河谷（Wadi al-Ruqqād）就是其中之一。陡峭的深谷对战斗的进程有着决定性影响，当败军想要逃离战场时，这些地形也会对他们造成灾难性后果。这场战役真正的战场位于南方的雅穆克河谷和北方的戈兰高地中间，这片地区分布着起伏连绵的岩石山岗，其间零星分布着村庄和农田。实际上，这是一片十分适合骑兵穿梭的开阔地带，但这里也分布着岩石和树木，可作为掩护供步兵躲藏或从中发起突袭。自 1948 年以来，这个地区在政治上十分敏感，因为它坐落在叙利亚（雅穆克河以北）、约旦（雅穆克河以南）和以色列占领的戈兰高地之间的边界上。这使历史学家很难进入古战场进行调查研究。但情况并非一直如此。第一次世界大战之前，当这整片地区还处在奥斯曼帝国的管辖之下时，著名的意大利东方学家、塞尔莫内塔亲王莱昂内·卡埃塔尼（Leone Caetani）就曾造访这片古战场。他利用他的一手调查资料和阿拉伯文献的记载，重构了战斗发生时的地理环境，这也为关于这场战役最可靠的现代历史叙述

奠定了基础。[28]

雅穆克战役包括一系列战斗，可能持续了一个多月之久，最终在将近八月末的一场大型战斗中，战役达到了高潮。[29]第一场遭遇战发生在贾比亚地区，然后穆斯林军向东撤退到了德拉（Darca）。之后的一段时间里，拜占庭军都在整顿军队等待战机，或者小规模袭扰穆斯林军，试图在对方军阵中造成分裂。直到穆斯林军从他们的阵地佯退并将一部分拜占庭军队诱入崎岖地区，然后加以伏击时，真正的战斗才刚刚打响。在穆斯林军的夹击下，拜占庭骑兵与步兵阵列相脱离，使穆斯林骑兵得以乘虚而入，大肆屠杀拜占庭步兵，而此时拜占庭骑兵还在试图突破穆斯林军的阵列。[30]据说当时哈立德·本·瓦立德在指挥骑兵时运用了一种"阿拉伯人前所未见的阵法"，他将骑兵分成了数个小分队（kardūs），每队三十六至四十人，显然，如果这样规划，他们在敌人看来就会显得数量更加庞大。[31]同时拜占庭军可能还深受沙尘暴的困扰。然后，拜占庭军主力被穆斯林军向西驱赶，最终在陡峭崎岖的鲁卡德河谷和阿兰河谷（Wadi'l-cAllān）之间被敌军包围，他们的身后则是雅穆克河谷的悬崖绝壁。此时继续向西撤退已经成为不可能，因为哈立德·本·瓦立德已经占领了横跨鲁卡德河谷的古老的罗马桥梁，穆斯林军也攻占了雅库萨（Yāqūsa）的拜占庭营地，这座营地正坐落在通往加利利海的必经之路上。就在敌人占尽优势时，拜占庭军内部又传出了阿拉伯基督徒军队叛投敌军的流言，使得军心大失。士气崩溃的拜占庭军很快就成了一盘散沙。有记载称，许多筋疲力尽、战意全无的拜占庭士兵们纷纷坐下来，卷起披风，一边哀叹自己无力捍卫基督教信仰的现实一边等死。[32]而另一些则在战斗中被驱赶着掉入

了深谷，只有很少士兵被穆斯林军俘虏。

对于拜占庭帝国来说，雅穆克战役的失败是灾难性的，战败的消息也随之传播到了许多地区。二十年后在遥远的法国，编年史家弗雷德加尔记载了这场可怖的失败。他认为穆斯林军队有二十万之众。根据他的记载，在战役爆发的前夜，"希拉克略的军队被天主之剑击倒，于是五万两千人在睡梦中死去"。而幸存者的士气无疑受到了严重打击。"到了第二天，希拉克略的军队一到战场上，他们就发现一大部分士兵都已经被神罚杀死，于是他们不再敢向撒拉森人进攻，而是原地呆立，直到敌军杀来。"[33] 在七世纪末，西奈的苦修士圣阿纳斯塔修斯在他的偏僻修道院中回忆此事时，将其称为"罗马军队的第一次恐怖且无可逆转的失败"。[34]

在此次胜利的余威下，穆斯林军队继续进军，将叙利亚的其他城市纳入统治之下。一支由哈立德·本·瓦立德和艾布·乌拜达率领的部队从大马士革出发，向北攻取晚期罗马帝国的重要城市霍姆斯城。[35] 在严寒和拜占庭守军的多次突围下，围城战持续了一个冬天（可能在 636 至 647 年）。守军一开始相信严冬会迫使那些穿着凉鞋的阿拉伯人撤围，然而直到春天来临，他们仍然没有撤退，于是城内开始有人呼吁和平谈判。另一份史料则记载，城墙被一场大地震严重破坏，方便了穆斯林军攻城，这显然是真主降下的吉兆。最终双方达成了和平协议。像往常一样，城中居民被迫向穆斯林纳税，其中一些居民税率固定，而其他居民则依照当时拥有的财产不同而规定了不同的税率。所有居民的生命、财产、城市的城墙、教堂、水力磨坊等都被保证不予侵夺，但圣约翰教堂的四分之一部分被用作了清真寺。[36] 一位率领穆斯林士兵攻下该城的将领据说曾"将穆斯林分为几批以方便占据它

们（即民房）。他还把他们安置在了所有之前的居民已经撤离的地方，以及所有被抛弃的花园里"。[37]霍姆斯是叙利亚沙漠边缘地区的一座重要中心城市，可能对于当时的贝都因人来说也是一个定居的理想城市。这座城市可能是叙利亚第一座主要人口是穆斯林的城市。

有关基督徒放弃四分之一教堂建筑并用于改建清真寺的条款可能看起来十分奇怪，似乎并不太符合实际：毕竟这两个宗教的信徒才刚刚在一场恶战中刀锋相对，最后怎么会甘心分享同一个城镇中的主要宗教建筑呢？然而根据记载，在大马士革也发生过类似情况，穆斯林将城内大教堂的一半用作了他们的第一座清真寺。直到征服叙利亚的六十年后，在八世纪初，穆斯林才将基督徒强制驱离，在这里专门建造了一座清真寺。但即使在当时，穆斯林也支付了补偿，基督徒在清真寺以东半公里外的圣玛丽教堂的基础上建造了一座大教堂，这座大教堂直至今日还在为大马士革的默尔启派（即希腊东正教正统派）社区服务。有趣的是，我们在内盖夫的一座名叫苏贝塔（Subeita，也称 Shivta）的小镇中发现了能够佐证这种行为的考古证据。在那里有两座精心建造的大型拜占庭教堂，其中一座的前厅或前廊中有一座小清真寺的地基。我们之所以能够判断出这是一座清真寺，是因为它有指示麦加方向的壁龛，这一特征是显而易见的。所有这些证据能够表明，基督教势力在政治层面上落败后，两个宗教群体是可能共存的，而且他们也的确处于共存状态，或许不是和谐共处，但至少也能够互相容忍。

在通向北方的道路上，下一座城市是哈尔基斯，阿拉伯人称这座城市为"金纳斯林"（Qinnasrīn）。[38]尽管霍姆斯至今仍旧是

叙利亚最重要的城市之一，但哈尔基斯却在地图上消失了。只是在近一段时间对大马士革至阿勒颇的公路东边一座小村庄的考古调查和发掘中，我们才发现了这座古城的遗址。哈尔基斯城坐落在一片遍布耕地的肥沃平原中间。尽管它是重要的行政中心，但它似乎一直没有发展成规模很大的城市。古老的卫城遗址至今仍然能够分辨，坐落在古典城市城区之外的早期穆斯林城镇也清晰可见：阿拉伯人在城墙外而不是城市中定居下来，实际上建立了一片新的郊区。攻下哈尔基斯后，哈立德·本·瓦立德决定在此安家，后来还把妻子接到这里一同生活。

很有可能就是在这段时间里，穆斯林们接触到了叙利亚定居生活中恶劣的另一面——瘟疫。瘟疫的牺牲者中就有穆斯林军的最高统帅艾布·乌拜达和叶齐德·本·艾比·苏富扬，他的职位被弟弟穆阿维叶继承，而后者后来成了伍麦叶王朝的第一位哈里发。[39]

雅穆克战役后，希拉克略似乎离开安条克，去往埃德萨（Edessa）安身。在那里他试图组织起美索不达米亚北部和安纳托利亚西南部的防线。然后他又沿幼发拉底河上游前进，接着转向西边，向着已有十年未曾造访的帝都君士坦丁堡进发。并没有任何证据表明希拉克略皇帝因衰老和哀痛而不理政务，但他一定因拜占庭帝国的失败而感到深深的痛苦与倦怠。阿拉伯作者为他编写了许多悲伤的或自暴自弃的言语，很多文献里也记载了希拉克略对叙利亚的道别。在其中一份文献中，他这样说道："唉，愿你平安，叙利亚。在此一别之后，我们将无缘重逢。直至敌基督降临的那一天，再没有拜占庭人会回归你的土地上，除非带着（囚徒般的）恐惧。敌基督的事业是多么甘美（因为他将与穆斯林作战），敌基督带来的后果对于拜占庭人来说又是多么苦涩（因为敌

基督终将被击败）。"[40] 而在另一个版本中，希拉克略在托罗斯山脉中行进时回身望去，说道："唉，愿你平安，叙利亚！多么丰饶的国度，却沦陷于敌人之手！"[41] 当他撤退时，他带走了沿着叙利亚地区新前线驻扎的所有驻军，在地中海的东北角，拜占庭帝国和穆斯林领土之间制造了一片无人区。[42] 在一份后来的叙利亚文史料中，作者带着对拜占庭人的痛恨之情，记载了希拉克略"对他的士兵下令屠掠并破坏村庄与城镇，就好像这片土地已经沦陷于敌人一般。拜占庭人盗窃抢夺了他们能找到的一切财物，然后比阿拉伯人更加残酷地破坏了这片土地"。[43]

皇帝离开后，剩下的拜占庭城市就只好自生自灭了。叙利亚的古老首府安条克似乎只进行了微弱的抵抗，查士丁尼皇帝在不到一百年前为这座城市修建了坚固的城墙，但剩余的居民似乎并没有利用这些城墙将入侵者拒之城外：有可能这是因为他们人数太少，无力守卫巨大的城区。当地居民据说后来反抗过穆斯林的统治，但这应该只能说明当时他们拒绝缴纳或无力缴纳税赋，却被强制征税。在其他一些小型城镇中，穆斯林军队则受到了投降者如同狂欢般的欢迎。比如在叙利亚中部，坐落在奥龙特斯河弯道上的小镇沙伊扎尔，当地居民带上锣鼓手，纷纷出门迎接穆斯林军队，这是当地人迎接贵客的传统礼仪。[44] 同样的情况在迈阿赖努阿曼和阿帕梅亚也有发生，其中阿帕梅亚曾经是罗马帝国第二叙利亚行省引以为傲的首府，但在六十年前，也就是 573 年被波斯军残酷地洗劫了，如今已经衰落不堪。但这种欢迎也并不总是容易被接受：当叙利亚南部城镇德拉[45] 的居民唱歌奏鼓，佩着剑捧着花束出门迎接欧麦尔哈里发时，这位严守戒律的帝王下令要他们停止活动。但他的将军艾布·乌拜达，此时已经习惯了叙

利亚城镇的民俗，解释说这是他们的传统仪式，如果强令他们停止，他们会以为穆斯林与他们签订的和约被撕毁了。于是，这位坏脾气的哈里发只好不情愿地让他们继续。

穆斯林遭遇的最顽强的抵抗发生在叙利亚和巴勒斯坦海岸的城市中。因为在这片地区，希腊文明已经稳固建立起来，可以说是根深蒂固。同时也是因为拜占庭帝国可以通过海路对这些沿岸城市进行补给和增援。巴勒斯坦地区的拜占庭军大部分已经撤往埃及，但加沙和凯撒利亚仍在坚守。在征服刚刚开始时，加沙就是阿慕尔·本·阿斯和拜占庭军首次遭遇的战场，似乎如今他又重回故地，并且成功夺下了这座城市。取得该城后，自然而然地，他的目标转向了埃及，因为加沙与埃及的联系十分紧密。

穆斯林军沿着海岸线继续进军，遭遇的最顽强的抵抗来自凯撒利亚城。加沙是一座至今仍有人居住的城市，而且经历了多次扩建，因此很少有遗存下来的古典时代痕迹，而凯撒利亚城大部分都被废弃了，但古城的轮廓仍然能够分辨出来，这座古城是由大希律王（公元前 73 年至公元前 4 年）建立的，它是地中海的一个窗口。这座城市直到六世纪仍旧十分繁荣，城中几片新建的居民区分布在古典时代的纪念碑之间。在海港旁，一座宏伟的八角形教堂俯瞰着码头。似乎这座城市坚守了长达数年时间，可能直到 641 年，拜占庭军在雅穆克战败的五年后，才有记载称这座城市沦陷了，因为城里有一个犹太人告诉穆斯林军如何通过一条被封锁的水道进入城中。据说率领攻城军队的将领是穆阿维叶·本·艾比·苏富扬。如果属实，那么这就是他获得的第一场胜利，二十年后，他将会成为伍麦叶王朝的第一位哈里发，坐镇大马士革统治整个伊斯兰世界。因为市民抵抗了很长时间，伊斯

兰军通过强攻才夺下了这座城市，许多市民都被充作奴隶，送往希贾兹，据记载，他们在那里成了穆斯林的书记员和劳工 (fi'l-kuttāb wa'l-a c mālli'l-Muslimīn)。[46] 我们可以认为这是穆斯林对希腊文化加以吸收利用的开始，这也成了早期伊斯兰时代的一大特色。

在拉塔基亚，如今叙利亚最大的港城，居民关闭了巨大的城门以抵抗入侵者。阿拉伯人据说花了很大工夫攻城，他们挖出了足够一人一马通行的宽阔壕沟，但仍旧没能攻下此城。于是他们佯作撤往霍姆斯修整。等到夜幕降临，他们又回到城外埋伏起来。第二天早晨，城中居民打开了城门，赶着牲畜去草场放牧——显然这是一座十分依赖农业的城镇。这时，阿拉伯士兵突然从埋伏地出击，攻下城门并占领了这座城市。这一次，城市居民被允许保留整座教堂，而穆斯林又为他们自己建造了一座清真寺。[47] 至于黎巴嫩的城市，诸如贝鲁特、提尔和西顿，都没有抵抗就投降了。只有的黎波里的拜占庭军坚守了很长时间，因为有通过海路运来的补给作为支撑，这座城市直到 644 年奥斯曼哈里发接任时才被攻破。围城时穆斯林军在城墙外建立了一座小型堡垒以持续观察城中居民动向，直到最后，某天穆斯林士兵一觉醒来时才发现，拜占庭人已经连夜用船撤走了所有驻军。[48] 这座城市的陷落意味着拜占庭帝国对地中海东岸统治的结束。

还有一座城市，穆斯林占领它的象征意义比军事意义更加重大，那就是耶路撒冷。对于早期穆斯林来说，这座城市拥有着极其重要的意义，因为它是穆斯林祈祷时最初朝向的圣地，后来据说穆罕默德也在这里进行了著名的夜行登霄。在六世纪末，耶路撒冷是一个繁盛的朝圣中心和教会事务中心。城市的城墙围绕

着与今日的老城区面积大致相同的地区。我们可以借助一份名为"米底巴地图"的史料对当时的城市面貌获得独特了解。[49] 这是一份马赛克镶嵌地图，可能绘制于六世纪末，它在约旦小镇米底巴的教堂地板上描绘了圣地的景观。地图上耶路撒冷城被放在了尤为显著的位置。我们可以看出，地图上描绘的古典时代柱廊街道与现代耶路撒冷老城区的主要街道走向一致。在地图上我们还能看到城墙、塔楼和圣墓大教堂，这座教堂正建立在基督被钉十字架、被埋葬、而后又复活的地方。地图上还描绘了查士丁尼皇帝建立的新教堂，或称尼亚教堂，这座教堂是他发起的城市美化计划的一部分。1967 年以来的考古发掘发现了这座教堂的地基与通往这里的新建街道，证实了地图的准确性。然而，城市中还有一个区域并没有呈现在地图上，那就是圣殿山。这里是一片广阔的平台，希律王的圣殿曾经矗立在这里，但自从 70 年罗马军队摧毁这座圣殿后，这里就空无一物了。到穆斯林征服叙利亚的六十年后，伍麦叶王朝的阿卜杜·马利克哈里发才开始着手在这里建造圆顶清真寺，这座清真寺普遍被逊尼派穆斯林认为是继麦加和麦地那之后的第三大圣地。欧麦尔来到圣殿山时见到了什么，无疑令人好奇不已，但恼人的是，马赛克地图就在这座平台所在的地方破损了：假如再有几厘米的马赛克瓷砖能够偶然幸存下来，那么我们或许能够找到这个问题的答案。

这段时期掌管耶路撒冷的人是刚上任的牧首索弗洛尼乌斯（Sophronius）。他是一个希腊修士，受过良好的教育，是博古通今之才，他十分蔑视那些粗鲁的贝都因人。对于索弗洛尼乌斯来说，阿拉伯人的到来是神对基督徒的罪过降怒的征兆。在一次言辞激烈的布道中他如是斥责信徒们："为何战争会降临到我们头

上！为何野蛮人会轮番入侵！为何他们会肆意屠杀，挥洒鲜血！为何天堂之鸟如今却在啃食人的尸骸！为何十字架会受到蔑视！为何基督，所有良善的给予者和光明的传播者，会在野蛮人口中遭受亵渎！""撒拉森人，"他接着说道，"他们突然崛起，向我们攻来，暴虐地席卷了一切，同野兽一般蛮横暴怒，蛮勇地行亵渎之事。这都是因为我们犯下了罪过。"[50] 他是受过高等教育的希腊权威人士的代表，他们对穆斯林的入侵感到震惊失措。

尽管索弗洛尼乌斯对阿拉伯人十分蔑视和憎恨，但军事上的现状使他别无选择，只得与他们进行交涉。但他坚持这座城市应当由他亲手移交给欧麦尔哈里发。耶路撒冷的投降为许多史书和传奇提供了题材，也为那些争论穆斯林与基督徒关系的人们提供了大量事例。

当欧麦尔出访叙利亚时，时机终于到来了。与往常一样，阿拉伯文献有关他何时到访叙利亚，以及究竟是来过一次还是几次的记载十分混乱。[51] 最有可能的过程是：在 637 或 638 年，哈里发来到了贾比亚，当他正停留在那里处理大量行政事务时，耶路撒冷的使团赶来与他达成协定。这些使者来的时候骑着马佩着剑，穆斯林营地中一些人起初以为他们是前来袭掠的敌军，但一向智慧过人的哈里发告诉他们这些人只是来议和的，消除了他们的疑虑。一份据称是他们之间达成的协议文本流传到了现在：

> 奉至仁至慈的真主之名，真主的仆人，信士的长官欧麦尔在此为耶路撒冷民众立下安全担保（amān）。他将保证居民自身、财产、教堂、十字架的安全，以及耶路撒冷城内所有病人与健康者的安全，和所有宗教各自的仪式得以安全举

行。穆斯林不得占据，亦不得摧毁他们的教堂。他们自身、他们脚下的土地、他们的十字架及他们的财产都应保证不得毁坏。他们不应被强迫改宗。犹太人不应与他们同居耶路撒冷。

依其他城市民众的惯例，耶路撒冷的民众须缴纳税赋（齐兹亚税）并逐出拜占庭人和强盗。至于那些自愿与拜占庭人离开、带走财产并离弃教堂的耶路撒冷人，他们的十字架被保证安全，直到他们抵达避难所为止。村民（ahl al-ard，此处指战争中进入城内避难的难民）如果自愿留在城市生活，需缴纳与市民相同的税赋。自愿与拜占庭人一同离开的可以离开，自愿与家人团聚的可以回来。直到末日审判来临之前，他们的权益都不会受到侵夺。

如果他们依照规定的义务缴纳税款，那么该契约的条款则奉真主之约，在先知，诸哈里发及信士之名担保下生效。[52]

在这份协议下面还列出了见证人名单，其中包括哈立德·本·瓦立德、阿慕尔·本·阿斯，以及日后的哈里发穆阿维叶·本·艾比·苏富扬。

我们无法确定这份条约究竟是由欧麦尔签署的真件，还是一份古老的赝品，但这份协议的确建立了一个有关穆斯林应当如何对待新征服的基督徒臣民的明确印象。这份协议冠上了欧麦尔的名字，这使其无疑更具分量和权威。由于耶路撒冷占有特殊地位，因此条约中会强调保障宗教共存并不奇怪。然而令人意想不到的是，条约中还规定了禁止犹太人在城中居住的条款。这条禁令曾经是罗马法律的内容之一，而穆斯林的史料中也记录了这项条款，

这说明当时基督徒在协商中发挥了重要作用。协议中还有一些条款能够供我们一瞥当时城中的情况。强令希腊官员离开城市的条款表明当时社会高层人士和官员曾大批迁离这里，那些与来到城中避难的农村居民有关的条款也清晰地反映了当时的情况。

然后，欧麦尔亲自来到了这座城市。关于他此次到访最为详尽的材料被记录在萨义德·本·巴特里克（Sacīd b. Batrīq）撰写的阿拉伯文基督教编年史中，这位作者也以他的教名尤迪基乌（Eutychius）而著名。[53] 这部编年史撰写于十一世纪，作者保存了许多传统史料，这些史料都旨在表述欧麦尔如何保障圣城基督徒的地位。按照他的记载，索弗洛尼乌斯迎接欧麦尔入城时，欧麦尔保障了城内居民的财产安全和举行宗教仪式的权利。到做礼拜时，牧首建议欧麦尔在圣墓教堂中祈祷，但欧麦尔拒绝了，因为他说如果他这样做，其他穆斯林就会把这里当作宗教场所，基督徒就会失去这座教堂。之后他签署了一份文件，禁止穆斯林在这座教堂的辖区内祈祷，于是这座教堂从此以后一直保留在了基督徒手中。然后，欧麦尔要求找一片空地来修建清真寺，牧首便牵起他的手向圣殿山平台上的岩石走去，这里曾矗立着希律王的圣殿。很显然这段叙事经过了修饰润色，以便清楚表明耶路撒冷基督徒的地位处在欧麦尔本人无可置疑的权威保障之下。

在阿拉伯传说中，欧麦尔的向导是一个名叫卡阿布·本·艾布哈尔（Kacb b. Abhar）的人，他是一个改宗伊斯兰教的犹太人，据说他讲述了许多有关犹太人改宗伊斯兰教的故事和传说。为了回答哈里发的疑问，卡阿布建议将矗立在圣殿山平台中央的那块岩石作为穆斯林礼拜的方向指示物，但欧麦尔拒绝了这个建议，并明确说明，真主已经将麦加的克尔白定为礼拜的指向。欧麦尔

很清楚地知道这片场地曾经是犹太圣殿的所在，这座圣殿在 70 年的犹太大起义中被罗马军队摧毁，到拜占庭帝国的时代，这里只剩下了一片废墟。然后他亲自动手清理这片场地，民众也纷纷追随他的榜样一同清理废墟。他可能下令建立起了一片简朴的礼拜场地。685 年，穆斯林征服结束后，圆顶清真寺开工之前，欧洲的朝圣者阿尔库夫（Arculf）曾来到耶路撒冷，他在圣殿山平台上发现了一个简单的礼拜场所。有可能就是因为这个原因，后来圆顶清真寺有时会被人误称为"欧麦尔清真寺"。

640 年，除一两个沿海城镇以外，整个叙利亚都被纳入了伊斯兰政权的统治之下。穆斯林世界的边界在安条克、居鲁士城（Cyrrhus）古城和曼比季（Manbij）一线巩固下来。穆斯林在这些地方都安排了驻军把守，当地居民被要求向穆斯林报告拜占庭军的来犯动向。但在当时，由于战事惨败、641 年 2 月希拉克略的去世和随之而来的皇位继承争端，拜占庭帝国已经太过虚弱，无法发起任何形式的反攻。

对叙利亚征服的完成，为穆斯林军队跨越幼发拉底河对贾兹拉地区（Jazira，今叙利亚的上美索不达米亚地区）发动征服开辟了道路。阿拉伯语单词"jazīra"含义为"岛"，但自七世纪之后，该词也被用来描述位于今天叙利亚和伊拉克境内，底格里斯河与幼发拉底河之间的地区。贾兹拉地区北部濒临安纳托利亚东南部的前托鲁斯山脉，交界线与今日的土耳其国境线大致相同。这片地区的地貌大部分为平坦开阔的平原和沙漠。近来一位历史学家说过："贾兹拉地区就像地中海一样，它是一片草原的海洋，其间分布着由河谷和丘陵组成的群岛，海岸线犬牙错落。"[54] 这片地区处于统一的自然环境中，人们交流沟通较为快捷方便。但在穆斯

林征服期间，这片地区西部在拜占庭帝国的统治之下，东部则由萨珊帝国统治，他们之间的边界线则靠近古城尼西比斯（Nisibis，今努赛宾），大致与今日的叙利亚-伊拉克边境线相同。这一地区分界决定了它被占领的方式，从叙利亚进发的穆斯林军征服了拜占庭帝国一边的领土，而从伊拉克进军的穆斯林军则夺取了边界东边萨珊帝国的领土。

在贾兹拉的河谷中坐落着几座古城，其中最为著名的就是埃德萨城。埃德萨是早期基督教中心之一。在一世纪统治这里的国王阿布加尔（Abgar）据说是世界上第一位信仰基督教的君主。这里的大教堂并没有存留至今，但它曾是东方基督教世界最为宏伟的建筑之一。埃德萨城也是一个重要的政治中心，在叙利亚战争的最后阶段，希拉克略曾将这里作为基地。

征服贾兹拉对于伊斯兰政权在新月沃地巩固统治是至关重要的一步。假如这片地区仍然在拜占庭帝国手中，它就会对伊拉克和叙利亚构成严重威胁。尽管这一地区拥有重大的战略意义，此地的城市也拥有古老的历史，但阿拉伯文史料中关于征服贾兹拉地区的记载还是十分简短，而且在这些记载中，关于投降条款的内容比有关军事行动过程的内容更加详细。[55] 大多数人认为这场征服是由伊利亚德·本·迦南姆（Ilyād b. Ghanam）领导的，欧麦尔任命他率领一支叙利亚的阿拉伯军队跨过幼发拉底河。据一份史料记载，他只率领了五千名士兵，[56] 尽管部队人数很少，他在进军途中却也没遇到什么像样的抵抗。似乎拜占庭帝国军队的败退使当地居民别无选择，只好投降并接受阿拉伯人提出的相对宽松的条件。即使阿米达（Amida，今迪亚巴克尔）似乎也没有做任何抵抗便投降了，这座城市的宏伟城墙可以说是古典时代和

中世纪最伟大的军事建筑之一，同样地，六世纪拜占庭帝国为抵御波斯入侵而在德拉修建的坚实城堡也不战而屈。[57] 埃德萨似乎很快就投降了，投降条件是基督徒可以保留他们的大教堂，但承诺不再新建教堂，并承诺不帮助穆斯林的敌人。在短暂的抵抗过后，幼发拉底河畔的拉卡城也陷落了。我们无法确定在伊利亚德的军队穿越整个省份，招降较小城市时的具体路径是什么，但似乎他的行动结束时，他正沿着通往亚美尼亚的古道一路劫掠，直到在比特利斯（Bitlis）停止。之后他回到了叙利亚，最终在那里去世。

征募自希贾兹的阿拉伯军队征服了叙利亚。但这却并没有促成阿拉伯半岛的大规模移民浪潮。古莱氏部族和他们的穆斯林精英盟友对叙利亚了若指掌，他们的意图是长期掌控这片地区的资源。不过，他们并不想把这些资源与一大群贫困的贝都因人分享，于是这些贝都因人便被鼓励迁往伊拉克地区。如果拿英国军队举例，那么可以说叙利亚是"军官专用区"，而伊拉克则是"其他军阶区"。与后来在伊拉克和埃及发生的情况不同，阿拉伯人并没有在叙利亚新建穆斯林城镇。所有在穆斯林统治下具有重要意义的城镇在罗马帝国时代同样重要（但也有一些罗马时代的重要城市，如司托波利斯，在伊斯兰时代衰落甚至实际上消失了）。在戈兰高地的贾比亚，加萨尼王朝古老的宿营地，阿拉伯人一度计划新建一座城镇。欧麦尔哈里发来到叙利亚时，就是在这里与胜利之师的将领们会面的。但贾比亚最终还是作为宿营地留存了下来，在这里没有兴建清真寺，没有建造政府官邸，也没有为不同部落分配土地。比起建立城镇，穆斯林似乎更喜欢在现成的城镇中定居。在霍姆斯，他们占用了当地的民居，在哈尔基斯和阿勒颇，老城

区的城墙外也建立起了贝都因人的居住区。

某种程度上这是有可能的，因为有很多拜占庭精英人士都逃到了君士坦丁堡甚至更远的西边，为城镇腾出了一定的居住空间。大马士革被攻陷后，有许多人都离开这座城市投奔希拉克略，[58] 这使穆斯林贵族们得以接收他们的居所：阿慕尔·本·阿斯就在大马士革有几处住房，并且在巴勒斯坦拥有地产。欧麦尔与耶路撒冷市民订立的和约中也有内容要求，无论是自愿还是被迫，拜占庭人都应当离开该城。与此同时，似乎叙利亚的许多地区都因瘟疫和战争而蒙受了大量人口损失，穆斯林征服者在沿海城市也驱逐了许多拜占庭居民。[59] 当时已经很难找到人来戍守地中海海岸的港城。穆阿维叶受命与犹太人一起定居的黎波里，因为除他以外其他穆斯林都没有被说动在那里定居。穆斯林还定居在太巴列（Tiberias）周围的村庄中，为了开展农耕，他们有时会被分配到荒废的田地。并没有证据表明在这里发生了像在伊拉克那样的大规模部落移民。

有关阿拉伯部族和当地城乡居民日常关系的情况，在内盖夫的小镇内萨那（Nesana）发现的一份莎草纸文献中可见端倪。[60] 这些文献中有一部分是由希腊文和阿拉伯文两种文字写成的需求单据，要求城镇中的基督徒为该地区的贝都因人提供小麦、橄榄油，以及在某些情况下提供现金。似乎这些款项都是直接支付给部落首领的，其中并没有复杂的官僚程序。当地人如何收集补给及如何分配任务似乎由这些部落首领来决定。674 年至 675 年的文献表明了在叙利亚被征服的一代人之后，阿拉伯人的统治十分宽松，或者换句话说，十分随意。

阿拉伯人在叙利亚的定居模式还带来了另一种结果。在伊拉

克和埃及，城镇中的穆斯林定居者直接依靠国家发放生活津贴，这往往是他们唯一的谋生手段。但与之相反的是，在叙利亚许多新兴的精英阶层都在城区中或村庄中拥有财产，他们可以依靠这些产业生活。仅一代人的时间之内，叙利亚的穆斯林精英人士便开始在乡村为自己建造起了高大豪华的宅邸，而这种情况在伊拉克和埃及从没有出现过。

那么，如果说不是阿拉伯人的大规模涌入扫除了这里的希腊罗马文明，那么在穆斯林征服叙利亚之后到底发生了什么样的改变呢？最明显的改变就是，当地政府与管理部门的高层开始被说阿拉伯语的穆斯林所控制，但如果再加以讨论，我们就会发现即使是这项改变也不像我们之前认为的那样显著。穆斯林征服叙利亚之后的一个半世纪中，官僚机构仍旧在使用希腊语，人员也大部分是本地基督徒。统治者带来了新的宗教，但这对叙利亚的固有环境似乎并未造成很大影响。在伊拉克的库法和巴士拉这两座新建城镇中，都有清真寺落成在穆斯林都市的核心地带，但与此同时在大马士革，穆斯林却需要和基督徒平分城中心的大教堂。

另外，我们也罕有证据能证明乡村地区有贝都因化的迹象。以往人们持有的，阿拉伯人征服叙利亚导致大量游牧民入侵并洗劫破坏定居地区的印象似乎总体上是不正确的，尽管可能在阿拉伯人入侵的过程中的确有偶发的暴力事件和破坏行为发生。在那些环境脆弱的沙漠边缘地区，比如霍姆斯东部的叙利亚草原、外约旦和以色列南部的内盖夫，这些地区的耕地与游牧民放牧的草场之间的界线就随着政治和文化的变动而改变，有证据表明，在穆斯林统治下的第一个世纪，这些定居地区的耕地有所扩张。直到 750 年，在叙利亚建立统治的伍麦叶王朝被来自伊拉克的阿拔

斯王朝推翻时，定居地区的边界才逐渐缩小，贝都因人的地区才开始扩张。

然而，穆斯林对叙利亚的征服的确为这片地区带来了长期的历史影响。它结束了与地中海世界交往密切的希腊人在叙利亚长达近一千年的统治，从这一时期起，与叙利亚联系最紧密的不再是罗马和君士坦丁堡，而是麦加和麦地那，之后又是巴格达和开罗。伊斯兰教成为占主导地位的宗教，阿拉伯语几乎成为通用语言，若没有征服运动这两者都不会发生。尽管这些语言和文化上的深刻变革花了很长时间才完成，但假使没有七世纪三十年代的征服运动，它们都不会发生。

对曲板的弯曲

第三章

你终于看到了远方那条细细的黑色地平线。从穆斯林的大本营麦那出发骑马穿越大漠已经花了二十天时间，每天都在灼人的酷热与猛烈的狂风中度过，在凛冽的寒夜中，你要么蜷缩在斗篷下休息，要么顶着星空连夜颠簸前行。这片沙漠与人们通常想象的景观不同，其间没有沙丘分布，也没有棕榈环绕的绿洲，在这片艰苦恶劣的地方只有岩石与沙砾、低矮起伏的丘陵，以及偶尔可见的、扭曲多瘤的多刺树木。再往远处，这趟旅途的终点，那条令人期盼已久的地平线已遥遥可见。再骑行一两天，遥远的风景逐渐开阔起来，疲惫的你就会逐渐发现定居地区的树木，或者可能有几座房屋进入眼帘。这里就是萨瓦德（Sawād），伊拉克中部冲积平原上的黑土地。在这里，目力所及之处皆是一马平川，这里遍布着棕榈树与耕田，在幼发拉底河和底格里斯河的灌溉下，土地十分肥沃丰饶。几个世纪以来，这里都是世界上最为富饶多产的地区。

在穆斯林征服之前的四百年中，伊拉克是萨珊帝国的重要领土。[1] 萨珊是在三世纪复兴波斯帝国的王朝。与拜占庭帝国一样，萨珊帝国也是古代世界的强大帝国之一，但这两个帝国的统治风格却截然不同。尽管这样说可能会把历史概念过度简单化，但一般认为拜占庭帝国的统治是由官僚机构和常备军掌控的，而萨珊

帝国则由军事贵族统治。当查士丁尼皇帝将他自己和他的皇后狄奥多拉的形象绘制在拉文纳一座教堂墙壁上的马赛克镶嵌画中时，画面中的他们都站在地面上，表情平静，神态高贵，身上穿的都是便服。而萨珊皇帝霍斯劳二世将他自己的形象雕刻在塔克布斯坦（Tāqi Bustān）的岩壁浮雕上时，他的形象则是一个敢作敢为的武士，一个强大的猎手，要么全副武装骑在马上，要么张弓搭箭，展现他的弓术。

萨珊帝国的统治者被称为"万王之王"（Shāhānshāh），这反映了帝国拥有许多几乎与萨珊家族同样著名且古老的家族。萨珊帝国的统治范围包括整个现代伊朗，西部包含伊拉克，东部囊括阿富汗大部和土库曼斯坦大部。萨珊皇帝在伊拉克的平原上设立了首都泰西封（Ctesiphon），该城位于今日巴格达市的东南方，但皇帝似乎大部分时间都在沿着从美索不达米亚穿越扎格罗斯山脉通往伊朗高原的道路在乡村领地之间来回移动。

在拜占庭帝国，贵族更喜欢居住在城镇，但在萨珊波斯帝国，贵族更多地居住在乡村的领地和府邸中。萨珊帝国的城镇似乎也与拜占庭帝国势力范围内的城市截然不同。自古以来这些城镇就是由泥砖或块石建筑起来的，它们罕有标准的街道规划，也从来没有负责付费维护或修饰城镇街区的议事会机构存在。在萨珊帝国，最典型的城镇聚落形式是乡镇，在这些乡镇中可能会有一座堡垒和一个有城墙保护的城镇中心，其中城镇中心被称为"沙赫里斯坦"（shāhristān），被用作市场交易区和手工业中心，但并没有什么宏伟的民用地标建筑，也没有自治政府机构。

在拜占庭帝国，基督教是占绝对优势的主要宗教，但在萨珊帝国，国教则是琐罗亚斯德教。[2] 琐罗亚斯德教徒相信，世界上

有两股势力相互争斗，争夺着主宰世界的权力，一个是善神阿胡拉·玛兹达，另一个则是恶神阿赫里曼。琐罗亚斯德教的礼拜中心是火庙，这是因为火被信徒认为是圣洁的元素，应当保持纯洁而不被沾染。火庙由一个名为"穆护"（magi）的祭司阶层经营管理：传说中拜访圣婴基督的东方三博士有可能就是琐罗亚斯德教祭司。穆护受萨珊帝国皇帝支持，大量地产被封赐给他们用以经营火庙。拜占庭帝国主要的基督教堂往往设立在人口密集区的中心，并且被规划为可以容纳大量信徒共同礼拜的大型建筑，但即使是最重要的火庙也建立在偏远的乡村地区，保护圣火的小型穹顶厅室显然并不是被设计用来接纳大量信徒的。琐罗亚斯德教大致上是一个以精英为基础、由财富和等级制度来巩固的宗教，但它对民众缺乏吸引力。历史上并没有出现过能够与基督教世界的传奇圣徒相提并论的琐罗亚斯德教隐士，而且据我们所知，也没有出现过伟大的琐罗亚斯德教传教士曾说出激励众人热情奉献的话语。尤其在伊拉克地区更是如此，这里的大多数人口信仰基督教和犹太教。在伊拉克并没有重要火庙，琐罗亚斯德教信徒也仅限于波斯统治者与波斯士兵。

基督教的传播远达萨珊帝国。在伊拉克这个帝国中最为富庶，人口最为众多的地区，很可能大部分人口都是基督徒，但也有很大一部分人口信仰犹太教。[3] 大部分伊拉克基督徒属于聂斯托利教会，即东方叙利亚教会，这个教派被拜占庭帝国认定为异端。而这为萨珊帝国统治下的基督徒带来了一定的便利，因为这样他们便不会沾染拜占庭帝国的影响。尽管如此，现实依然很严峻，因为与占据统治阶层的波斯贵族信仰不同宗教的人群在波斯帝国占很大比例，这使得在对抗伊斯兰教的入侵时，共同抗敌的纽带并

不存在。

大部分用以维持波斯帝国君主豪奢统治的财政收入来自伊拉克富饶的农业地区。[4]皇室成员和地方大贵族拥有大量富饶的田产，由大批农民耕种经营，而这些农民的生活状况近似农奴。[5]在那些贵族和为他们耕种土地的人中间，社会和经济分化十分极端。至少在理论上，跨阶层通婚是被严厉禁止的。上层人士被特许免缴令人憎恶的人头税，但商人和农民则必须向萨珊皇帝上缴人头税。贵族们头戴冠冕或名为"卡兰苏瓦"（qalansuwa）的锥形高帽、身佩金腰带和金臂环。率军抗击阿拉伯人的波斯将军鲁斯塔姆（Rustam）就出身贵族，据说他的卡兰苏瓦价值十万迪拉姆银币。在大贵族之下，则是更加广大的德赫干（dehqān）阶层，"德赫干"一词应该被翻译为"乡绅"（gentry）较为恰当。这些中小地主构成了萨珊帝国官僚系统和税收体系的支柱。

大贵族阶层说波斯语，但波斯帝国的大部分人口说阿拉米语。这些阿拉米人[6]多是农民和贱农，就是他们的辛勤劳作使这片土地丰饶肥沃。一些阿拉米人可能有希望进入乡绅阶层，但成为贵族是绝无可能的。他们并不常在军中服役，因为军队大多从波斯人和亚美尼亚人这种拥有牢固军事传统的民族中征募而出。这些被鄙视的阿拉米人也不太可能为保卫他们的主人而甘愿献出生命。

拜占庭皇帝莫里斯（582 年至 602 年在位）在他所写的《军略》（*Strategikon*）中，对七世纪初的波斯军队做出了有趣的描述。他一开始便强调波斯军队奴性很重，服从上级命令往往出于恐惧，这一观点在许多阿拉伯文史料中也有记载。同时他们也有很强的爱国热情，为了祖国甘愿忍受艰难险阻。在战斗中，比起勇猛直前，他们更倾向于依照秩序按部就班地接战。他们喜欢筑垒扎营，

并且"当战斗快要打响时，他们会围绕自己挖出一圈壕沟并布上尖桩木栅"。当面对枪骑兵进攻时，他们会选择破碎地形作战，并用他们的弓箭射击，以打乱骑兵的冲击队形。他们还喜欢拖延战斗，尤其是当他们知道敌人已经做好战斗准备时更会如此。他们很难抵御精心编制的步兵阵列的进攻，而且他们自己并不擅长使用长矛和盾牌。向他们冲锋是十分有效的战术，因为"他们会被吓得迅速逃窜，而且他们不知道怎么像（游牧的）斯基泰人那样突然转变方向攻击敌人"。他们的侧翼和背后也十分脆弱，很难抵挡进攻，突然夜袭对他们十分有效，"因为他们的帐篷搭建得十分混乱，而且在营垒内部缺乏纪律约束"。[7] 这些描述十分有趣，因为它们正好和阿拉伯文史料中对战斗的记叙相互印证，比如注重筑垒、擅长防御战和总体求稳的战术。这些保守的战术可能会使波斯人在面对更加机动灵活、敢于冒险的阿拉伯人时陷入被动境地。

在七世纪的前三十年中，拜占庭帝国与萨珊帝国的大战对拜占庭帝国造成了巨大的损失，同样对萨珊帝国来说也是一场灾难。[8] 一开始，波斯军队几乎获得了全面胜利。615 年，波斯军开进了君士坦丁堡对面的博斯普鲁斯海岸，619 年，波斯军开入亚历山大城，完全征服了埃及。但到了 624 年 3 月，当希拉克略皇帝率领舰队进入黑海，对亚美尼亚和阿塞拜疆发动进攻时，战局出现了转机。波斯军被抄了后路，只好被迫从安纳托利亚回撤，以迎击从北方攻来的希拉克略。627 年，希拉克略率军席卷了伊朗西北部，然后来到伊拉克北部的平原，在尼尼微击败了波斯军队（627年 12 月 12 日）。这是萨珊帝国有史以来遭遇的最惨重的军事失败。霍斯劳二世随后撤回了首都泰西封，将他设在达斯塔格尔德

的行宫留给拜占庭军大肆劫掠。回到帝都后，他便开始寻找替罪羊，责难他们让本来已定的胜局发生了惊人逆转。他似乎决定处决自己身边最重要的将领，沙赫尔巴拉兹（Shahrbarāz），但在他付诸行动之前，一场政变爆发了。628 年初，霍斯劳二世遇刺身亡，他的儿子，也是谋刺他的凶手之一，卡瓦德二世继位。

卡瓦德二世刚即位便立即着手与希拉克略议和，他释放了所有俘虏，并恢复了两国战前的边界。假如不是新皇帝在这一年中去世（死因很可能是瘟疫），帝国可能会重归太平。他去世后，他年幼的儿子阿尔达希尔三世继位，但沙赫尔巴拉兹将军不愿服从他的统治，在 629 年 6 月夺取了皇位。这是四个世纪以来首次非萨珊家族成员取得皇位，于是帝国境内反抗四起。仅仅两个月后他也被杀了，因为霍斯劳二世并没有留下其他子嗣，皇位便传给了他的女儿，布兰公主（Būrān），尽管她是一个颇有能力的统治者，但仅仅一年后，她便因为自然因素去世了。之后又是几代短命的皇帝瞬息即逝，令人眼花缭乱。到最后，632 年，霍斯劳二世的孙子伊嗣俟三世登上了皇座。

这些宫廷阴谋的细节本身并不重要，但它们总体上造成了决定性的影响。萨珊帝国的国土被侵略军洗劫蹂躏，帝国的无敌神话也被摧毁殆尽。考古证据指出，在这场战争后，许多伊拉克最为富裕地区的聚落都被废弃了。[9]而且，作为波斯帝国的统治者和主心骨，萨珊家族被仇恨和杀戮撕扯得破碎不堪。如果假以时日，伊嗣俟三世很有可能还会复兴皇室的统治和权威。但他继位的那一年正与先知穆罕默德归真同年——此时阿拉伯部落已经在战后的混乱局面中取得优势，开始向伊拉克的定居地区进军，穆斯林将领哈立德·本·瓦立德已经踏上了入侵之路。在这种情况下，

波斯军队被阿拉伯人击败也就并不奇怪了，奇怪的反而是他们居然还抱有继续战斗下去的决心。

在伊拉克的许多地区，耕地与沙漠的分界线都清晰可见——事实上，你可以两只脚分别踏在这条自然分界线的两旁。但这条界线并没有阻碍人们的来往与沟通。沿幼发拉底河西岸在沙漠地区游荡的阿拉伯部落自古以来就与萨瓦德大部分说阿拉米语的定居居民有着颇多交流。[10] 这些交往可能是和平的——比如用贝都因人生产的肉与皮革交易定居地区生产的粮食、葡萄酒与纺织物，也有可能是暴力的——游牧民来到这里搜刮贡赋，并且用他们的机动性和战斗技巧来震慑村民。一些游牧民也会在萨珊帝国军中服役，或者单纯接受帝国的补贴并承诺不攻击袭掠定居地区。

这些游牧部落的其中之一就是巴努·夏伊班部落，这个部落似乎主要聚集在古老的阿拉伯人城镇希拉（Hīra）东边的沙漠中。许多该部落的谢赫都在这座城市中拥有自己的府邸。像许多其他部落一样，巴努·夏伊班部落并不统一，它拥有许多不同的支族，它们竞争着部落的领导权。到先知归真时，这个部落的老一辈酋长们受到了一位新人的挑战，他的名字叫穆萨纳·本·哈里萨（Muthannā b. Hāritha），他来自这个部落的一个小支族。穆萨纳率领任何乐意跟随他的人袭掠定居领地，试图以此来积攒声望；通过将自己塑造成一个成功的掠夺者，他便可以吸引人们支持他成为一名强大的部落领袖。第一支穆斯林军队于 633 年到达这个地区，而在此之前几年，穆萨纳就已经在劫掠萨珊帝国边境地区了，他的入侵并不是为了定居或征服，而是为了收取贡赋。

穆萨纳并不是一个十分虔信宗教的人，甚至可以说他并不虔诚，但在新的形势下，他也成了征服伊拉克的早期穆斯林将领之

一。当时统治巴努·夏伊班部落的氏族正追随女先知赛贾赫，在里达战争中对抗穆斯林军队。于是穆萨纳发现了飞黄腾达的机会。当哈立德·本·瓦立德率领穆斯林军队来到伊拉克时，他带着部众前去投奔了他们，而夏伊班部落的老一辈酋长们则反对他们，后来这些人逐渐被边缘化，并被排挤在外。在这同一部落的族人中，既有征服伊拉克的穆斯林的早期支持者，也有人支持他们的强敌。部族政治与宗教动机以复杂多样的方式相互交织影响，穆斯林领袖们也常常会利用当地的斗争冲突来为自己吸引追随者。

哈立德·本·瓦立德是一位麦加贵族，也是一个能力出众的军事指挥官。作为阿拉伯地区东北部里达战争后续行动的指挥官，他被派往伊拉克边境地区。自从先知归真之后，要求所有阿拉伯游牧民归顺穆斯林的统治成为麦地那的主要政策，而幼发拉底河流域的阿拉伯部落自然也不例外。

很有可能是在 633 年的春季或夏初，哈立德率军来到了伊拉克边境。[11] 他只率领了少量穆斯林军队，人数可能仅约一千人，[12] 但他们在哈立德优秀的领导下纪律严明。他的部队似乎沿着边境线游荡，扫清了所有他所遭遇的贝都因人中的抵抗势力，并且击败了边境堡垒的波斯驻军。[13] 然后他到达了古城希拉。希拉是一座规模十分小的城市——根据一份后来的阿拉伯文献估计，全城只有六千名成年男性，[14] 也就是说总人口约三万人。这并不是一座防御良好的城镇，而且也没有记载表明此城是否曾建立过城墙。它更像是一个大型的聚居点，部落酋长们坚固的府邸零星分布在橄榄树林之间，他们就在这里生活起居。

1931 年，牛津大学的一支考古队发掘出了其中一座酋长府邸。[15] 这座围绕着砖砌围墙的建筑分为两层。其下层部分包含几

个无窗的贮藏室。建筑的内部由泥砖建成，几间房室中间围着一片庭院。考古学家还发现了一些带有图案的灰泥装饰嵌板，其中有的是抽象图案，有的是植物图案，这些都表明当时的居民生活中流行着某种艺术风格。这座城镇中大多数人口是阿拉伯人，他们中很多人的家族都与附近沙漠中的贝都因人有一定关系。这些阿拉伯人大多信仰基督教，有许多著名的修道院和教堂坐落在城镇中间。这座城镇是聂斯托利教会主教辖区的所在地。考古学家还发现了两座巴西利卡式布局的砖造教堂，就像在美索不达米亚的大部分地区一样，这里缺乏适合建造建筑的石材。教堂的内部涂抹了灰泥，装饰着宗教绘画，但这些绘画只有部分碎片存留下来。

为了说服当地居民订立和约，小规模战斗也是必要的。阿拉伯贵族们固守在他们的府邸中，在墙垛后面向外窥视，而穆斯林军队则在外面的空地上耀武扬威。[16] 然后，和谈开始了。阿拉伯贵族已准备好与穆斯林和解，条件是缴纳贡金并被保证他们的教堂（bayca）和府邸（qusūr）不遭到破坏。[17] 收取的贡税将会被运往麦地那，这是有史以来第一次伊拉克人向麦地那纳贡，萨瓦德地区的财富洪流从此开始涌向哈里发的首都——麦地那、大马士革和后来的巴格达。

征服希拉后，哈立德一刻不停地赶往北方另一座沙漠边缘的阿拉伯人城镇安巴尔，然后又向西去往绿洲城镇艾因·塔姆尔（Ain Tamr，椰枣泉）。在这两个城镇他都遭遇了抵抗，既有来自波斯军队的，也有来自当地阿拉伯人的，这些阿拉伯人，与希拉的居民一样，大多信仰基督教。

在这些早期的袭掠行动中据说虏获了许多俘虏。一般而言，

124 大征服

这些俘虏会暂时成为奴隶，他们往往会受命做一些艰苦的人力工作。根据记载，有一个人被迫成了掘墓工。大多数俘虏后来都被释放了，成了阿拉伯部落的释奴（mawāli，非阿拉伯穆斯林），并且作为正式成员加入了穆斯林社区。据说当时被虏获的俘虏中有一个名叫努赛尔（Nusayr）的人，他的儿子穆萨·本·努赛尔（Mūsā b. Nusayr）后来于 712 年率军参与了穆斯林对西班牙的征服行动。[18] 依靠这个典型手段，穆斯林赢得了被征服人民的拥护，并将他们组建成军队以便进一步征服。

哈立德对伊拉克的进攻仅仅是对里达战争的扫尾工作。他的目标是维护当地阿拉伯部落对麦地那穆斯林政权的忠诚。他战胜波斯边防军，取得贡税，都证明了他出众的军事统帅能力。然而他并没有深入定居地区，也没有遭遇过波斯军的主力部队。他后来也没有机会，因为此时麦地那的艾布·伯克尔哈里发下令要他率军穿越沙漠，支援穆斯林对叙利亚的征服行动，当时叙利亚的反抗出人意料地顽强——由此可以看出，对于穆斯林领袖来说，叙利亚仍然是比伊拉克更加首要的目标。他似乎毫不迟疑地服从了这一命令。

哈立德的离去使得伊拉克边境的穆斯林一时群龙无首。穆萨纳似乎暂时接管了统帅位置，但当欧麦尔接任哈里发时，他决定再向伊拉克边境地区派遣一支军队，以保障当地阿拉伯部落的忠诚。这支部队规模不大，最多约五千人，也许还要少很多。募兵进展似乎很困难，而且据说人们都不愿前往伊拉克，因为"波斯人权势熏天，他们的国力、军势与荣光，以及他们所取得的胜利都令其他民族相形见绌"。[19] 这支军队中有许多人都是从麦地那的辅士里征募的，他们并不以善战著称，统率他们的人名叫艾

布·欧拜德（Abū Ubayd），他来自麦加附近山中小城塔伊夫的赛其夫部落。大致在634年下半年，艾布·欧拜德与穆萨纳的军队集结起来，与波斯军进行了一场遭遇战，这场战役被称为"桥梁之战"。与以往不同的是，阿拉伯文史料对这场战役做出了详尽连贯的记载。[20]波斯军队由刚刚被任命为总指挥官的鲁斯塔姆统率。据说他们装备齐全，他们的战马身披锁甲（tajāfīf），骑兵携带绘有纹章的战旗（shucur），军中还配备了数头战象。[21]他们还带来了宏伟的波斯皇帝宝座，这尊宝座长四十米，宽六米，上面覆有虎皮。[22]在两军中间横着一条灌溉用的运河，其上有一座古老的桥梁，附近希拉城的居民常常跨过这座桥去往他们的田地。艾布·欧拜德在史料中被描绘成一个固执的人，他很害怕被别人当成懦夫，于是不顾劝告执意跨过桥梁去河对岸迎击敌人。战象似乎惊吓了穆斯林军的战马，波斯军中的弓箭手也对穆斯林的军阵造成了毁灭性打击。就像在之前的征服战中那样，穆斯林军惯于下马步行，用他们的佩剑进行近距离接战。据说艾布·欧拜德当时试图攻击一头战象，想用长矛刺向战象的腹部，或是想用剑砍断象腿，却被战象活活踩死。主将的死亡使穆斯林军陷入了崩溃。就在这时，穆斯林军中的一人突然决定摧毁桥梁以阻止士兵逃离战场，逼迫他们固守阵地，或者至少这只是他的说辞。[23]最终，更多穆斯林士兵试图游泳穿越运河逃离战场时被淹死，只有少部分幸存者被穆萨纳收拢起来，撤回了沙漠中。

桥梁之战是穆斯林在早期征服战争中遭遇的最为惨重的失败。这本来很有可能会为穆斯林对伊拉克的征服画上句点，而该地区大部分信仰基督教，说阿拉米语的居民将继续在波斯帝国的统治下生活。但出于以下两个原因，穆斯林的征服并没有结束——其

126　大征服

一是波斯帝国社会内部的动荡混乱，其二则是新任哈里发欧麦尔坚定的复仇决心。

穆萨纳似乎在桥梁之战中身负重伤，战后不久就伤重而亡了。这场战役失败的直接后果是，穆萨纳带领的这支穆斯林残兵很快就退化到了之前阿拉伯人的常态之中，不时趁着波斯军力空虚，无力反抗的时候袭扰劫掠沙漠边缘地区。欧麦尔对此立刻做出回应，决定召集更多援军。但兵源的缺乏开始成为一大困难。构成早期穆斯林军队核心的希贾兹各部落如今分散各地，其中大多数人还在叙利亚作战，而且这次战败又进一步削弱了各部落的实力。但欧麦尔也不想依靠那些仅仅在一两年前还在里达战争中挑战穆斯林领袖权威的部落。于是他转而向另一些部落求助，这些部落在刚刚结束的里达战争中多少抱持中立态度。从希贾兹以南直到也门边境，是一片名叫萨拉特（Sarat）的山区。就是这片山区内的村庄和宿营地为穆斯林带来了大部分新的兵员，这些新征募的士兵由一位富有传奇色彩的部落领袖率领，他的名字叫作贾利尔·本·阿卜杜拉·巴加里（Jarīr b. Abd Allāh al-Bajalī）。一方面，贾利尔在穆斯林中间享有很高的声誉，他在穆罕默德归真的几年前就已皈依伊斯兰教，并且因此获得了"圣门弟子"的美名。另一方面，他也是一位拥有古老血统与高贵地位，并以此为傲的部落领袖。他并不认为皈依伊斯兰教会阻碍他这种地位高贵的人追求权势与声誉。

从一开始贾利尔就与穆萨纳关系紧张，在历史文献记载中，他们各自的拥护者都试图夸大他们的英雄事迹，这也强化了他们之间的竞争关系。[24] 与此同时，新的威胁逐渐浮现在地平面上，目前穆斯林军力只足以进行断断续续的袭扰，而新继位的年轻波斯

皇帝伊嗣俟三世已经积累了足够实力来维护自己的权威，并且准备动员起他的军队一劳永逸地消灭这些烦人的贝都因人。[25]根据与这些历史事件年代最接近的作者，亚美尼亚人谢别奥斯的记载（谢别奥斯的写作时间在七世纪五十年代，距离这些历史事件发生仅十几年），波斯军队多达八万人，而且他很可能还知道很多波斯军队内部的信息，因为当时有一些亚美尼亚王公率领着数支兵力在一千至三千人不等的部队加入了波斯帝国军队。

为了应对波斯人的威胁，欧麦尔组织起一支新的军队。为了解决指挥问题，他选择了一位分量颇重的早期穆斯林精英。萨阿德·本·艾比·瓦加斯来自麦加的古莱氏部族，但他也很早就加入了穆斯林，他还是一小队据说在 624 年的白德尔战役中就曾与先知并肩作战并赢得胜利的老兵之中的一员。根据穆斯林传说，他以热血蛮勇而著称。在迁徙之前，有一次穆罕默德在麦加被他的敌人言语中伤，萨阿德当即抄起一块骆驼下颚骨向他们中的一人打去，血溅当场。到了晚年，他被盛赞为"为伊斯兰的事业射出第一支箭的人"。[26]无论是穆萨纳还是新来的贾利尔，都没资格挑战他的领导权。但他率领的军队规模却并不庞大，当他于 637 年秋季从麦地那开拔时，他的兵力约为四千人，这些士兵从至少十个部落中征募而出。[27]欧麦尔还命令叙利亚的部队前去增援伊拉克的军队，其中显然有些部队之前曾跟随哈立德·本·瓦立德从伊拉克前往叙利亚。当穆斯林军与波斯军主力对阵时，萨阿德的部队人数可能约为六千人到一万两千人，[28]远远少于波斯军的兵力——正如目前对穆斯林大征服最权威的观点中所提到的那样，"尽管这场战役意义重大，但它似乎更有可能是一场两支规模更小的部队之间爆发的冲突"。[29]

128　大征服

小镇卡迪西亚坐落在伊拉克定居地区边缘的片片棕榈林中间，多年以后，朝圣者都会聚集在这里歇脚，然后沿着沙漠中漫长的道路去往圣城麦加和麦地那，此时这里也是萨阿德停驻和集结军队的首选之地。就是在这里，伊拉克的命运即将被决定。

关于卡迪西亚战役的故事为许多精彩的传奇奠定了基础。[30]对于一支弱小、贫困且装备贫弱的阿拉伯军队击败波斯帝国大军的记忆，在之后的几个世纪中鼓舞着许多穆斯林和阿拉伯人。在萨达姆·侯赛因时代的巴格达，底格里斯河畔政府机关坐落最多的城区被命名为"卡迪西亚区"。1986 年，萨达姆发行债券以筹集资金支持对伊朗的战争时，这支债券的名称就叫"卡迪西亚"。尽管不太恰当，当时的伊拉克官方媒体也总是将 2003 年的第二次海湾战争称作"萨达姆的卡迪西亚"。在所有场合中，人们都有意识地努力利用这一大众记忆，强调阿拉伯军队曾在极大的逆境下获得了胜利。

尽管这场战役拥有极为重大的意义，并有着标志性的地位，但我们对战役的具体过程仍旧所知甚少，许多细节的记录往往流于套路。甚至就连它的发生年份也是模糊不清。阿拉伯文史料一向对日期记载有较大争议，从 635 年到 638 年都有记录，[31]但大部分历史学家都认为这场战役是在 636 年发生的。另一方面，近来对亚美尼亚文献的研究表明，战役的高潮阶段可能发生在 638 年的东正教圣诞节（1 月 6 日）那天。[32]在塔巴里的著作《历史》中，有关这场战役的描述长达一百六十页左右，尽管对事件和细节的描述十分详尽，但对整场战役的记述却并不明晰。亚美尼亚史料清晰地记载了当时波斯军遭遇的大溃败，亚美尼亚王公们勇猛直前，与许多波斯贵族并肩拼死奋战，其中有两位最显赫的王

公战死沙场。

阿拉伯人的记载则从在麦地那的募兵和出征开始，着重记录了这次出征参与者的名字和所属部落。穆斯林军到达伊拉克边境之后，文献还记载了阿拉伯人的使节与波斯皇帝伊嗣俟三世之间的互动。根据记载，在穆斯林军中还召开了几次军事会议，并发生了争论，主题往往是他们不应太过深入萨瓦德的耕地与运河之间，而是应该在沙漠边缘发起战斗，这样一旦战局失利，他们就能够及时逃入沙漠，这种观点强调了穆斯林军的危险处境。

同时，也有记载描述了波斯人内部的争论。当穆斯林军队来到伊拉克的沙漠边缘并开始袭掠定居地区时，当地领主急忙送信向首都泰西封新继位的年轻皇帝伊嗣俟三世求援。皇帝便派遣鲁斯塔姆率领一支大军前去支援。之前在皇位斗争中，鲁斯塔姆就是伊嗣俟三世的主要支持者之一。他是一位久经沙场的老将，如今成了伊拉克颇有能力的摄政者。[33] 在一些阿拉伯文史料中，他有时被描述为一个亚美尼亚人，很明显他指挥的军队中也包括亚美尼亚王公们率领的部队。而另一些史料则记载他来自哈马丹（Hamadhan）或雷伊（Rayy），似乎他的势力范围主要是伊朗中西部的米底地区，而伊嗣俟三世的首要支持者则是南方法尔斯地区的贵族。各地区之间的内斗可能也对波斯帝国的战斗能力造成了损害。在阿拉伯文史料中，鲁斯塔姆被描绘成了一个经验丰富的智者形象，但他总是持悲观的态度。[34] 在伟大的波斯史诗，菲尔多西（Firdawsi）于 1000 年前后写成的《列王纪》（*Shahnāmah*）中，他被描绘成一个"精明的智者，同时又是一个勇武的战士。他还是一个见识渊博的占星家，对贤者术士的建议不会掉以轻心"。菲尔多西还用大段诗行记录了一篇据说是鲁斯塔姆在战前给

他的兄弟写下的书信,其中预言了战役的失败和萨珊王朝的灭亡:[35]

> 皇家将失掉一切权威,
>
> 无论胜利,还是无上荣光。
>
> 尊贵的太阳高高在上睥睨大地,
>
> 将临近的末日冷眼旁瞧侧望。
>
> 无穷的战争与倾轧即在眼前,
>
> 这使我心灵破碎,生路断绝。
>
> 我晓得这是命中注定,无可变夺,
>
> 我沉默不语,只因无话可说。
>
> 但为了波斯人我将痛苦悲叹,
>
> 萨珊家系将在此战毁于一旦,
>
> 痛哉,伟大的皇冠与御座,
>
> 一切辉煌荣耀命定此刻没落。

最后,他哀叹自己的死期将至,同时也劝诫家人忠于大难临头的波斯皇帝。

> 我命定葬身卡迪西亚的战场
>
> 鲜血将为我的冠冕,盾牌则是我的寿衣。
>
> 这是天神的意愿。愿我的身死
>
> 不会令你为天定的律法悲叹绝望。
>
> 切记永远守护吾王,随时准备好
>
> 为他的存亡,而献身在战场

第三章　对伊拉克的征服　131

　　根据阿拉伯文史料记载，鲁斯塔姆劝谏年轻的皇帝伊嗣俟三世除非到了必要关头，不要与阿拉伯人作战。在波斯人中间，只有他认识到了这些被鄙视的贝都因人拥有多么强大的军事实力和精神信念，并且意识到他们终将取胜。

　　对于出使波斯和军事争论的记载是这些历史叙述中最为有趣的部分，这并不是因为它们准确地记载了真实发生的事件，而是因为它们能够让我们了解到早期穆斯林对于征服运动的态度。这些史料中最详尽的叙述之一[36]开始于萨阿德要求将他的一队谋臣派去出使波斯。其中一位谋士建议说这样显得态度过于谦卑，应当只派遣一位使者就已足够，于是萨阿德便将这位名叫里贝伊（Ribcī）*的说客派去，独自一人觐见波斯皇帝。他在波斯贵族的监视护送下见到了鲁斯塔姆。在他被带进大营面见将军之前，波斯人决定震慑一下这个贝都因人。于是他们开始炫耀波斯宫廷的财富与高雅气派。他们展示出了各色财宝（zibrīj），在地面铺上了地毯与软垫。鲁斯塔姆本人则在一尊黄金宝座上端坐，宝座上装饰着小块坐毯（anmāt）和用金线刺绣的软垫。史料中夸大描写了波斯人的奢华与里贝伊的贫困之间的鲜明对比，据记载，里贝伊来时只骑了一匹毛发蓬乱的矮马。[37]他的佩剑光洁锃亮，但收纳它的剑鞘却只由破布制成。他的长矛则用骆驼筋捆扎在一起。他带着一面红色的牛皮盾，"看起来就像一大块厚厚的圆饼"，另外他还随身携带着弓箭。

　　然而这个贝都因人非但没有被波斯人的阵势吓倒，反而十分

———————

* 此人全名为里贝伊·本·阿米尔·塔敏米。

132 大征服

轻蔑。可以说他不修边幅的外表就是一种蓄意的挑衅。据说他是
"阿拉伯人之中毛发最重的一个"，他也从没打理过自己的形象。
他的袍子是用骆驼皮做成的，他只在上面打了个洞，然后用莸草
往腰上一绑便大功告成。他的头饰是用他的骆驼肚带当作头巾绑
成的。他的头上还有四撮卷毛，"就像山羊犄角一样"朝上翘着。
和他的外表一样，他的性格也同样粗野。不顾波斯人要求下马的
命令，他直接骑马踏上了名贵的地毯，而且当他下马入座时，他
还撕开了两个软垫拧成绳子来拴马。当波斯人要他卸下武器时，
他强硬地拒绝了，并且说是波斯人邀请他来的，如果不能好生招
待他，那他还是一走了之为好。当他最终被带到鲁斯塔姆面前时，
他的所作所为更是大大地羞辱了波斯人一番——他用长矛在地毯
和软垫上乱刺乱砍，把所有地毯和软垫都破坏了一通。当被人问
到他为什么这么做时，他却答道："我们就是不爱坐你们的稀罕玩
意儿。"

然后鲁斯塔姆问他为何来到这里，里贝伊便以一篇简短的布
道作为回应。

真主遣我们来到此地，让我们把民众从地上君王的奴役
（ibādat）下解放出来，转而让他们事奉真主，这样我们就
能够变他们的贫穷为富有，将他们从（错误）信仰的暴政中
解放，并为他们带来伊斯兰的公义。真主遣我们为祂的所有
造物传播祂的宗教，将他们召集在伊斯兰的旗帜下。谁顺从
我们，谁就会得到安全，我们将秋毫无犯，但若有人抗拒我
们，我们将奋战到底，直到完成真主的应许。

当鲁斯塔姆问什么是"真主的应许"时，他回答道："与不信道者战斗并且战死的人将进入天园，而那些活下来的人将会获得胜利。"然后鲁斯塔姆问他是不是穆斯林的领袖，里贝伊回答说他不是，但这并不重要，因为他们都是同一个集体的成员，"其中最卑贱的人，也能够代表他们中最高贵的人做出保护的承诺"。

然后鲁斯塔姆要求容他考虑几天，里贝伊便不情不愿地留给了他三天商议时间，因为这是先知曾规定的时限。这位粗野的客人走后，波斯贵族中只有鲁斯塔姆对里贝伊的言论表达了由衷的钦慕。波斯人都被吓坏了，他们害怕鲁斯塔姆正在考虑接受这个邋遢俗人的建议，抛弃他原本的信仰。而鲁斯塔姆回答说，他们不应该只看他邋遢的衣装，而是要关注他的"评判、言辞和举止"。

过后，贵族们又去查看里贝伊的武器，评判它们的品质，但里贝伊从破布剑鞘中一把抽出佩剑，"就像闪过了一道火焰"，证明了他的武器之利并非说笑。当提到弓术时，他张弓一箭射穿了波斯人的盾牌，而他的牛皮盾挡住了波斯人的箭矢。随后里贝伊便起身返回穆斯林军营地，给波斯人三天时间进行考虑。

波斯人争论不休，迟迟决定不下该如何回复穆斯林军，于是鲁斯塔姆要求里贝伊明天回来再作商议。但第二天，穆斯林却派来了另一个人，这是为了向波斯人表明他们的团结平等，这个人也骑马踏上了名贵的地毯，并且轻蔑地提出了三个惯常的选项："如果你们皈依伊斯兰，我们将秋毫无犯。如果你们同意缴纳人头税，我们将在你们需要的时候对你们提供保护。否则就只能开战。"穆斯林军与敌人谈判时通常都会提出这三个选项。鲁斯塔姆要求暂时休战，那个阿拉伯人同意了，但只允许休战三天，"从昨

天开始"。

然而波斯方面的争论仍旧持续不休，鲁斯塔姆便又要求第三个使者前来商谈。这次来的是穆齐拉·本·舒阿巴（Mughīra b. Shucba），他比前两位使者地位更加重要，他在穆斯林对伊拉克的征服和定居中起到了重大作用。这次波斯人又试图吓倒他们的客人。他们穿上了金线绣制的长袍，头戴贵族冠冕。他们面前铺设的地毯长度足有一箭射程那么长，除非走在这条地毯上，否则没人能够到达贵族们面前。就像波斯人之前猜到的那样，穆齐拉也是一个其貌不扬的人，并且他为了挑衅，跳上了鲁斯塔姆身边的一尊宝座。然后他便被波斯人拳打脚踢轰了下来，为了回应波斯人的粗暴对待，他简短地宣传了阿拉伯人是如何平等待人的，这场宣道由一个来自希拉的阿拉伯翻译传达给了波斯人。他宣称阿拉伯人彼此之间都会平等相待，他很惊讶波斯人并没有做到平等待人，然后他得出结论："建立在这种压迫基础上，被你们的这种思想引导的帝国是不可能存续的。"这番言论也在波斯人中间引发了争论——下等人（sifla）纷纷拥护穆齐拉的说法，而地主们（dahāqīn）则说，他说的话正是他们的奴隶以前常说的。他们还咒骂自己的祖先曾经没有拿阿拉伯人当回事。

鲁斯塔姆见状急忙说笑搪塞，来缓和穆齐拉面前的分歧。然后，更加正式的辩论开始了，鲁斯塔姆和穆齐拉各自发表了一段简短的演讲，并通过他们中间站立的翻译[38]转达给对方。鲁斯塔姆先是强调了波斯人的荣耀与威望。即使他们暂时被击败了，真主也会恢复他们的荣光。然后他继续说道，阿拉伯人总是生活在贫困之中，一遇到饥荒和旱灾，他们就会来到帝国边境避难。他知道他们现在所做的只是为了求得活路，所以他将给他们每人赏

赐许多椰枣和两套衣服，打发他们离开——他无心屠杀他们或俘虏他们。

穆齐拉却粗暴地驳斥了他提出的恩惠。他说所有波斯人的财产都来自真主的恩赐，但他们却不知感恩。阿拉伯人如今来到这里并不是因为饥饿或贫乏，而是因为真主为他们降下了先知。然后他继续强调了前面两位使者曾强调过的宗教立场。当他说到"如果你们要寻求我们保护，就成为我们的奴仆（abd）并谦卑缴纳贡税，否则就只能刀剑相向"这句话时，鲁斯塔姆顿时怒不可遏，他"指着太阳"赌咒发誓说他要在第二天破晓之前杀光他们。谈判就这样破裂了。穆齐拉走后，鲁斯塔姆对波斯人说，没人能够抵挡如此诚实、智慧，决心如此坚定的人。

现代历史学家往往会贬低这些阿拉伯文史料片段的可靠性。毕竟这些故事都是在事件发生很久以后才被记录下来的，其中包含了许多人们惯用的比喻手法和主题，不可能对真实的事件或者言论做出明确描述。这些记载在被赛义夫·本·欧麦尔[39]（786年后去世）整理完成之前，曾被至少两位早期叙述者传承下来，而且有可能在事件发生后的一百年间，这些记载在流传中就逐渐被编撰成了现在的样子。有可能在这些故事的编纂过程中，穆斯林军队还在西班牙和中亚扩张着伊斯兰政权的边界。但从实际意义上说，这是有关征服者的思想意识的可靠文献，如果我们想要了解早期阿拉伯征服者的思维观念，那么这些文献是必不可少的。

这份史料中表达的最基本观点显然是，阿拉伯人深信真主与他们同在，并且受到了穆罕默德布道的激励。这是显而易见的。而更加激动人心的则是其中对于阿拉伯人和波斯人文化分歧的强调。波斯人衣着华丽，生活在华贵的地毯和纺织品中间，而阿拉

伯人则生活贫困，衣衫褴褛。他们的装备中唯一不那么破旧邋遢的就只有佩剑闪闪发光。而且阿拉伯人对敌人的财富不屑一顾。这也强烈地表明了，阿拉伯人深信他们生活在一个更加平等的社会中，与波斯人的等级社会形成了鲜明对比，而这也是他们战斗力的重要来源之一。最后，史料中还提到波斯人认识到了阿拉伯人的士气与战斗力的强大。在上文的这个故事中，鲁斯塔姆与他的属下发生了激烈争论，因为他首先意识到了这一点，而他的属下却对此一无所知，仍旧对阿拉伯人不屑一顾。

在阿拉伯军等待决战的时候，他们据说还在萨瓦德地区发动了多场袭掠，赶回了许多牲畜以供食物补给。有一次他们还伏击了一支波斯贵族的婚礼队伍，杀死了所有男人，掳走了女人。据记载，阿拉伯人还善于潜入敌营秘密行动，他们会悄悄砍断拴帐篷的绳子或偷走波斯人的坐骑，以此在敌人之中制造恐慌。

对于最终在卡迪西亚发生的战役，相关的记载数量庞大，但细节却模糊混乱，不可能供人了解其整体情况。大量简短且互不联系的阿拉伯逸事描述了某人多么英勇，某人如何死亡，或者某人多么怯懦。只有一些特定的主题是连贯一致的——比如战斗持续了几天几夜，再比如波斯人在战役的初期阶段就用上了战象，但它们却并没有发挥多大作用。似乎最激烈的战斗都发生在步兵之间，而那些骑马的士兵也都纷纷下马参与了步战。一份短小的阿拉伯文史料重点描述了弓箭对于阿拉伯军取胜发挥了重要作用。[40]一位波斯军士兵回忆道："我亲身参与了卡迪西亚战役，那时候我还是个穆护（他后来改信了伊斯兰教）。当阿拉伯人开始向我们射箭时，我们便高喊'杜克！杜克！'，这个词的意思是'线轴'。这些'线轴'如同骤雨一般持续不断地向我们袭来，我们渐渐支

撑不住。我们的弓手射出的箭顶多只能挂在阿拉伯人的衣服上，但他们射出的箭却足以穿透我们身上的锁甲和双层护胸甲。"因此，阿拉伯弓箭的强大威力可能也是阿拉伯军队取胜的重要因素之一。

很显然，无论是在穆斯林还是非穆斯林的史料记载中，波斯军都遭遇了一场灾难性的惨败，其中包括鲁斯塔姆本人在内的许多波斯将领都战死了。根据《列王纪》中的描述，鲁斯塔姆是在与萨阿德·本·艾比·瓦加斯的一对一决斗中壮烈地死去的，[41]但阿拉伯史料却并没有记载这些内容，只是很简短地记述道："他的尸体上遍布瘀伤和刺伤，没人知道究竟是谁杀死了他。"[42]卡迪西亚战役结束后，伊拉克中部在穆斯林征服者面前门户大开。

战役结束后，穆斯林军便穿越萨瓦德地区的运河和棕榈林追逐波斯军的残部。跨越河道可能对穆斯林军造成了不小麻烦，但在卡迪西亚战役过后，许多当地的波斯地主都明智地选择帮助穆斯林军，比如来自布尔斯（Burs）的乡绅比斯坦（Bistām）就帮助阿拉伯军在运河上修建了一座浮桥，并且为他们提供了有关波斯军动向的情报。波斯统治阶层的土崩瓦解使许多当地人别无选择，只好尽力与侵略者议和。

阿拉伯军的先头部队在巴比伦古城（Bābil）追上了波斯军的残部。就在这里，在这座汉谟拉比和尼布甲尼撒曾引以为豪，但如今早已化作丘墟的帝都旁，他们"不费吹灰之力地"击败了波斯人。[43]幸存的波斯将领分散逃亡各地，试图在各省份重新组织反击力量。菲祖兰（Fayzurān）逃到了扎格罗斯山脉的纳哈万德城（Nihāvand），"在那里贮藏着波斯皇帝的宝藏"，并且开始召集军队。胡尔姆赞（Hurmuzān）则向南逃到了富裕的胡齐斯坦省，

138 大征服

他开始在那里征税，以弥补经济损失。而另一些将领则顺着大道逃回了首都泰西封。[44]

在阿拉伯人进军的道路上也零散发生了几次小规模遭遇战和个人搏斗。赛义夫·本·欧麦尔记录了一场波斯军后卫部队统帅沙赫里亚尔（Shāhriyār）与一个叫作纳伊勒（Nā'il）的贝都因人之间的战斗。[45] 他们两人都在马背上交锋：

> 当时两人都手持长矛，他们的身材都十分粗壮，但沙赫里亚尔的身材"简直像头骆驼"。他一看到纳伊勒，就一把扔下长矛，试图抓住他的脖颈。而纳伊勒也同样这么做。他们拔出佩剑互相砍向对方。然后他们掐住了对方的喉咙，一同摔下马来。沙赫里亚尔摔在了纳伊勒的身上，就好似一吨砖头压了下来，随后他便用大腿压制住了对方。他抽出匕首，开始卸下纳伊勒的锁甲。这时，沙赫里亚尔的大拇指不小心放在了纳伊勒的嘴上，纳伊勒便当即用牙齿咬断了他的指骨。他看准敌人暂时松开的时机疯狂地攻击他，将他打倒在地，然后骑在他的胸口，抽出自己的匕首（khanjar）撕裂了他腹部的锁甲。接着他猛刺沙赫里亚尔的腹部和腹侧，最终杀死了他。纳伊勒最后带走了他的马、他的手镯和他取得的战利品。

这场搏斗胜利后，萨阿德将沙赫里亚尔留下的装备赏赐给了纳伊勒："既然你已经穿戴上了这个波斯人的手镯、披风和锁甲，我还想要你骑上他的马。"手镯是波斯贵族炫耀高贵身份的重要首饰之一，[46] 萨阿德命令纳伊勒只能在作战时佩戴它。这则故事为

第三章　对伊拉克的征服　139

我们提供了详尽的细节与生动的战斗场面，它也再一次强调了我们在《列王纪》中经常读到的两个主题：波斯军队武器装备的强大与阿拉伯人对波斯人的豪奢作风和脂粉习气的鄙视。

壮如骆驼的波斯人并不是横在穿越萨瓦德的道路上的唯一威胁。有一次，阿拉伯军遭遇了一支布兰女皇时期征募的波斯精锐部队（katība），他们立下誓言保卫波斯帝国（mulk Fārs），不死不休。他们还带了一头被驯服的狮子，名叫木卡拉特（Muqarrat），是波斯皇帝的宠物。这头狮子似乎与波斯军并肩作战，但一个阿拉伯士兵跳下马来杀死了它。这头狮子战死后，波斯人的抵抗崩溃了。[47] 在底格里斯河畔的村庄，阿拉伯军还遭遇了大批生活在这里的波斯贱农（fallāhīn）。他们之中很多人都曾为波斯军队挖掘战壕，但他们如今似乎手无寸铁，并且无心抵抗。一位投靠穆斯林的波斯乡绅席尔扎德（Shīrzād）向萨阿德求情说，不要伤害他们，因为他们只是波斯人的奴仆（culūj ahl furs），对阿拉伯军并无威胁。于是他们中有十万人被登记姓名以便收税，然后便被释放了。只要他们缴纳税款并且不发起任何敌对行为，穆斯林就与这些人相安无事，而且显然他们并没做多大努力向他们传教——因为波斯贵族和军队才是真正的敌人。

穆斯林军的下一个战略目标是一百六十公里外的萨珊帝国首都泰西封，当时从萨瓦德地区到伊拉克东北部据说要花三四天时间，而伊嗣俟三世之前就是在如此远的距离外试图指挥会战的。

被西方历史学家以希腊化名称"泰西封"命名的这座波斯首都，实际上是一片庞大的城市集群，它的阿拉伯名字"马达因"（Madā'in）反映了这一特点，这个词的意思是"诸城"。这片城区坐落在底格里斯河两岸，这条大河既供应城市的生活用水，有

时也会带来洪水，造成居民伤亡。当流经萨瓦德的平原时，它偶尔会突然改变河道，直接分裂城市中心地带，将城区隔绝开来。对于这座城市的情况并没有详尽的文献材料留存下来，考古发掘得出的证据也十分散碎。最早建立在这里的大型聚落，似乎是坐落于底格里斯河西岸的希腊化城市塞琉古城（Seleucia）。从大约公元前170年起，泰西封成了帕提亚王朝的冬都。224年，萨珊王朝占领这座城市后，也将这座城市继续作为首都，尽管波斯皇帝实际上更常在山中的乡村领地里居住。约231年，萨珊王朝的奠基者阿尔达希尔一世在底格里斯河西岸建造了一座防御完善的圆形城市，但在五世纪中叶，河流改道将这座圆形城市分成了两半。穆斯林军到来时，城市的主要区域坐落于底格里斯河东岸，但在西岸也分布有大片聚落。考古学家在河东岸发掘出了许多宫殿、花园和高等住宅区，但似乎并没有发现像样的城防建筑。大部分泥砖建筑都已经分崩离析，消失在美索不达米亚平原中了，唯一一座在时间的摧残下留存到现在的主要建筑是皇宫的一部分，即著名的"霍斯劳拱门"。这是一座宏伟的大厅残存的部分，这座建筑可能由霍斯劳二世（591年至628年在位）建成，它的规模之大远远超越了萨珊王朝及其穆斯林继任者的其他所有宫殿。对于后世来说这座宫殿依旧令人惊叹，即便如今已经四分五裂，摇摇欲坠，它仍旧能体现出当年伟大帝王的权势与威严。

尽管泰西封是波斯帝国的首都，但它在很多方面都并不像一个"波斯城市"。城中绝大部分人口可能都是说阿拉米语的居民，而且城区里既有教堂也有犹太会堂，却似乎并没有较大的火庙。

穆斯林军很快便来到了泰西封在底格里斯河西岸的区域。这部分城市被土木工事保护着，设有守军和其他军事设施。于是穆

斯林军开始利用攻城器械（重型投石机和轻型投石机）轰炸城市，这些攻城器械据说是席尔扎德在萨阿德的指示下建造的。尽管这些关于攻城器械的记载可能有误——因为在其他文本中并没有得到印证，但它仍旧是穆斯林军队利用投射武器攻城的最早记载之一。同时，这也再次证明了穆斯林军的战略实力，即能够征募当地军队并且妥善利用他们才智的能力。

波斯人一直依托城墙固守，并且至少尝试了一次失败的突围行动。也有记载称此时仍坐镇底格里斯河东岸主城区的伊嗣俟三世遣使要求议和，条件是阿拉伯人与波斯人划底格里斯河而治，波斯人保留河流以东的所有土地。但据说阿拉伯方面回应道，除非让阿拉伯人"吃到伊弗里敦（位于伊朗东北部，在尼沙普尔和雷伊之间）的蜂蜜拌着库萨（位于伊拉克）的香橼"，否则和平绝无可能——也就是说，他们决意征服整个伊拉克和伊朗。[48] 第二天，当阿拉伯军又一次前来攻城，用他们的投石机轰炸城墙时，他们发现城池出乎意料地寂静，城垛上也不见人影。原来城墙上只有一个人留了下来，他告诉阿拉伯人说，由于阿拉伯人趾高气扬地拒绝了和平提议，波斯军只好放弃这座城市，撤退到东岸那边去了。于是萨阿德挥兵进入了这座坚固的城池，把这里作为自己的据点。

此时，湍急凶险的底格里斯河横在了他们与主城区之间。河上并没有搭建桥梁，人们通常依靠渡船穿越河流，但此时波斯人已经将所有船只带到了对岸。因此，跨河进攻对面的城防非常困难，但萨阿德还是催促军队尝试渡河，他提醒说在他们身后，西边的所有土地都已经被占领了，所以就算战局不利，他们也不必担心后顾之忧。一些当地人给阿拉伯人指出了一片水流平缓而且

可以骑马通过的浅滩。于是一支据说有六十人的先头小队自告奋勇抢先渡河，以确保浅滩能够供大军安全渡过。他们分为两队，一队骑公马，一队骑母马，据说这样能让马匹更加听话，然后他们便跃进了河里——而河岸上还有六百多人等着跟随他们渡河。

与此同时，波斯人发现了他们的行动，于是他们也急忙派出骑兵渡河拦截。一场战斗就此在河中央爆发。混战中，阿拉伯将领对士兵大喊着："用你们的矛！用你们的矛！刺他们的马！看准它们的眼睛刺！"在短兵相接之后，波斯人败退撤回了对岸。随后穆斯林军上岸追上了他们，杀死了许多士兵，最终占领了这片浅滩。为了防止敌人重组兵力，大军紧随其后渡过河流，他们骑马破浪，在底格里斯河的深色河面上溅起了层层白色浪花。当这些士兵成密集队形渡河时，他们还在互相聊天，就像在地面上行军一样。波斯人对此十分震惊，因为他们以为阿拉伯人渡河时不可能这样安然。[49]我们能够看出这些阿拉伯文史料强调了阿拉伯军队的坚韧，以及他们的坚强意志，这使他们敢于面对一般军队所不敢直面的风险。

前军渡过河流的消息后来传遍了军中。根据一则故事所述，除一人之外，所有穆斯林士兵都渡过了河流，那人从他所骑的栗色母马背上掉了下来。"如今我还记忆犹新，"故事的叙述者继续道，"那匹马自在地甩动鬃毛的样子。"幸运的是一位同伴发现了这个遇险的人，于是急忙拍马上前，一把抓住他，一路将他拖到了安全的对岸。这个幸存者对施救者大大赞美了一番："我自己的亲姐妹也生不出你这样的人！"[50]

还有许多偶发的琐碎小事被记载了下来。据说渡河时没人丢失什么东西，只有一个人身上拴杯子的细绳磨损了，在他渡河时

由于绳子断开，杯子掉进河中被冲走了。他身边一同渡河的人评论说这是真主的旨意，而他则抗议道："为什么偏偏是我？真主才不会从全军所有人中偏偏拿走我唯一的杯子。"当他们到达对岸时，他们遇见了一个先头部队的成员，此时他已经在这里建好了桥头堡。他之前来到河边迎接主力部队第一批士兵上岸时，风和波浪来来回回推动着杯子，最终把它冲到了河滩上。于是这个人用骑枪挑起杯子，把它带回了军队。这时刚好失主认出了这个杯子，于是他便把它要了回来，对他的同伴说："瞧我说什么来着？"这种小故事不仅仅是有趣的逸事，而且也为后世的穆斯林提供了机会，来纪念他们的祖辈是如何受到真主佑护的。

与此同时，城内的波斯人则准备放弃他们的首都。甚至在阿拉伯军渡河之前，伊嗣俟三世就已经送走了自己的家眷。此时他本人也离开了泰西封，顺着大路去往伊朗，在胡尔宛（Hulwān）与自己的家眷会合。他穿过了一片被饥荒和瘟疫摧残的土地，这里的瘟疫同样也在叙利亚造成了惨重的灾难。[51] 被他留在首都负责守城的臣属似乎失去了抵抗的意志。他们纷纷将那些便于运输的宝贵财物从金库中搬出来，用马和骡子运出城外。波斯的妇女和儿童也被撤离了这里。但他们还是留下了大量衣物和各类珍宝，所有之前他们征用来维持守城战的牛羊和粮食也被留在了城里，但守城战并未如期发生。

当阿拉伯军开进东岸几乎已被废弃的城市时，他们只遇到了些微抵抗。在白宫（White Palace）周围，波斯军队做出了短暂抵抗，但很快便被击溃了。然后萨阿德便将这座宫殿当作了自己的大本营，并且下令将霍斯劳拱门作为穆斯林的礼拜场所。早期的清真寺并没有什么装饰，可能只需一个朝向麦加的壁龛、一座宣

144 大征服

教台和一座为周五的礼拜讲道准备的讲台就足够了。[52] 这座宏伟的拱门很有可能被用作了礼拜广场，与数年后穆斯林在库法和巴士拉建造的新城市中那些清真寺的简朴院落和建筑截然不同。可能是因为这座宏伟建筑很早就被改作了清真寺，它才能一直被保存下来。不仅仅是大拱门被完好无损地保存了下来，那些装饰在这里的石膏雕像（tamāthīl）也没被毁坏，甚至穆斯林就在它们脚下进行礼拜。[53]

然后，阿拉伯人开始分配战利品了。阿拉伯文史料十分乐于描述征服者们瓜分波斯皇帝财宝的盛况。[54] 这些记载强调了两点：其一是对比贝都因人的粗糙简朴和波斯宫廷的富裕豪奢；其二则是在分配战利品时，贝都因人的一丝不苟和实事求是。

有记载表明此时代表波斯皇权的物品也被穆斯林军缴获。根据其中一个版本的故事，当时穆斯林先头部队正沿着通往山区的道路追击波斯败军。当波斯军来到纳赫拉万运河的桥梁上时，与大批过桥的难民拥挤在了一起。一头骡子被挤进了河里。于是波斯人急忙想方设法把它拖出来，阿拉伯军将领看到了这一场面，并说："凭真主起誓，那头骡子一定很重要。除非那头骡子驮着他们不能放弃的宝物，否则他们不可能会冒着我们的刀剑，下这么大力气把它拖回去。"于是阿拉伯士兵纷纷下马追击敌人，他们击溃波斯军后，这位将领命令属下把那头驮着包裹的骡子拖到岸上来。他们回到泰西封城中心的集结地点时才打开这些包裹，发现里面装着"皇帝的所有华丽物件，有他的服装、宝石、剑带和镶珠宝的锁甲，这些都是皇帝在位时穿戴在身上的"。[55] 而在另一个版本的故事中，阿拉伯军虏获了两头驮着吊篮的骡子。其中一个篮子里装着皇帝的皇冠，这顶皇冠只用两个镶着宝石的小配

件（istawāntān）就能支撑起整个结构，而另一些篮子里则装着他用金线绣制、珠光宝气的长袍。[56] 在第三个版本的记载中，阿拉伯人还发现了皇帝的佩剑、护面锁甲（mighfar）、护胫甲（sāqā）和臂甲（sācidā），而另一个包裹中则装着希拉克略皇帝、突厥可汗、巴赫拉姆·楚宾，以及波斯皇帝的其他敌人的甲胄，这些都是皇帝的战利品。[57]

另一些故事则描述了阿拉伯人对波斯皇宫中华贵的大地毯的处置。这张地毯在波斯语中被称为"帝王之春"（Bahāri Kisrā），它面积十分巨大，约有三十平方米。波斯宫廷一般会在冬天把它拿出来用以取暖，或者在宴会上铺开，波斯贵族们坐在上面，看起来就如同坐在百花盛开的花园中一般。这张地毯的底色为金色，织锦缎在其上交织，地毯上水果由宝石镶嵌而成，树叶由丝绸裁成，流水则是金色布帛。[58] 对于应当如何处置这件绝妙的艺术品，阿拉伯人犯了难。如果是其他情况，或许新任统治者会像前任一样继续用它来装点自己的宫殿，也确实有人向欧麦尔哈里发进言这样做，但早期的穆斯林还是固执地坚持应该公平分配战利品。于是别无选择，阿拉伯人只好将其作为贡品的一部分送到了麦地那的哈里发手中。在那里，这片地毯被分割成了许多份。尽管其本人并没有在征服运动中表现突出，先知的堂弟和女婿阿里也得到了一方地毯，这块地毯他后来卖了两万迪拉姆，很显然其他穆斯林精英人物也分得了他们的一份。[59]

征服这座皇城之后，粗犷的贝都因士兵们见识到了波斯皇室的富丽堂皇。这些部落民面对他们获得的奢侈品，一时手足无措。据说皇宫中用以熏香的名贵樟脑被从未见过这种东西的阿拉伯人当成食盐，做饭菜来吃了。[60]

146 大征服

与此同时，波斯帝国在乡村地区的统治也遭到了挑战。一个故事讲述道，在阿拉伯军入侵和波斯军败退的消息传来时，一位来自泰西封的波斯骑兵正在自己辖区内的一个村庄居住。因为他是一个十分自信的人，一开始他并没有太把这个消息放在心上，而是忙着自己的日常活计。当他来到一座房子前时，他发现他的几个农奴（aclāj lahu）正在打包衣服准备离开。他质问这些农奴，他们回答说，自己是被黄蜂（zanābīr）从屋子里赶出来的。于是他立刻着手解决这个问题。他叫人拿来了一把弩和几颗泥丸，然后便进屋将那些黄蜂射死在墙上。过不多久他才发觉这是农奴们耍的障眼法，当他发现农奴已经逃之夭夭时，顿时大发雷霆。他命令奴仆为他备上一匹快马，但他没追出去多远便撞上了一个阿拉伯士兵，那个阿拉伯人冲上来一矛刺死了他。[61] 显然，波斯军的惨败使波斯统治阶层失去了民众的尊敬，贱农也不再服从他们的主人。旧帝国的秩序即将终结。

波斯军向东边的山区败退，约两万穆斯林军则沿着道路在他们身后紧追不舍。当波斯人到达贾鲁拉（Jalūlā）时，他们决定在这里固守。贾鲁拉坐落在一个路口上：阿塞拜疆和波斯西北部的波斯人可以通过其中一条路到达这里，而米底和法尔斯的波斯人则可以走另一条路。如果波斯军要坚守，这里就是首选之地。波斯皇帝继续沿扎格罗斯山脉前进，把士兵和资金交给了他的将军米赫兰（Mihrān），他本人则尽量避免与敌军相遇。波斯军在贾鲁拉据险固守。像往常一样，他们似乎倾向于采取静态防御作战，他们筑垒固守，偶尔会发动几次突围，这与阿拉伯军机动灵活的作战方式形成了鲜明对比。在贾鲁拉，波斯军修建了一圈土垒，并在上面布置了尖头木栅（hasak min al-khashab），后来又把这些

木栅换成了铁栅。[62] 穆斯林军则没有修建工事，而是反复向敌人发起进攻。根据一份史料记载，当时波斯军发起了一次突围，为了让骑兵能够后撤回来，他们给工事打开了缺口。[63] 于是很快一队阿拉伯士兵便冲进了栅栏工事，并为后来者拓宽了前路。经过一场惨烈的屠杀，阿拉伯军取得了完全胜利。

战后，阿拉伯人瓜分了所获的战利品。在这些战利品中最为珍贵的是一座骆驼雕像，"当它站立在地面上时，大概有一头小山羊那么大"，它由黄金或白银制成，其上镶嵌着珍珠和红宝石，在它背上还有一个人形雕像，也同样装饰华丽。[64] 阿拉伯人还俘获了一些战俘。据一个阿拉伯士兵回忆，他当时走进了一顶波斯人的帐篷，里面散落着枕头（marāfiq）和衣服。"突然，我发现有一个人藏在被单（farsh）下面。于是我一把扯开被单，猜猜我发现了什么？一个如同羚羊般美丽，太阳般耀眼的女人！我带走了她和她的衣物并上交了那些衣服（以便大家瓜分），至于那个女孩，我向上级请示把她分配给我。她后来被我纳为小妾，为我生了一个孩子。"[65] 这些就是胜利的可喜成果，穆斯林并不禁止人们享受胜利的果实。

贾鲁拉之战的胜利确保了穆斯林对萨瓦德地区的控制。穆斯林军进入了幼发拉底河畔的卡尔齐西亚（Qarqīsiyā）以北地区，以及底格里斯河畔的提克里特（Tikrit）。目前面临的重大问题是，他们还会不会向东进发，穿过扎格罗斯山脉的山口进入伊朗高原，再继续向更远地区前进。

在征服萨瓦德地区的同时，阿拉伯军队也开始对伊拉克南部地区发起入侵。这里的军事行动与北方的征服行动模式大致相同，一开始都是由当地部落趁萨珊军队防守薄弱时发起袭掠。不久后，

148 大征服

为了巩固穆斯林政权在当地取得的战果，欧麦尔派遣将领乌特巴·本·加兹万（Utba b. Ghazwān）率领部队前往支援，可能这支部队的兵力只有几百人。[66] 也有记载表明，这次远征是穆斯林军大战略的一部分，是为了牵制伊拉克南部的波斯军队，使他们难以顾及北方的友军。[67] 他们征服的第一座重要城市是乌布拉城（Ubulla）。乌布拉（古希腊地理学家称其为"阿波罗各斯"）位于波斯湾顶端，在当时是整个地区的首要港口。关于这座城市被征服的细节记载甚少，但有记载称阿拉伯人在那里发现了一种用白面粉烤制成的新型面饼。

以乌布拉作为基地，阿拉伯军向外派出了多支部队征服周边的城镇和村庄。和往常一样，文献记载了许多细枝末节，但并没有给出整体情况的描述。波斯的抵抗力量主要由当地守军和德赫干乡绅组成，但他们并没有向入侵者发动大规模进攻。许多地区落入了穆斯林的控制之下，在这些地区的税收都由征服军征收，并分配给全军官兵。贝都因军队中能读会写的人非常少，于是登记账单的任务就交给了一个名叫齐亚德（Ziyād）的人，"尽管他还只是个留着辫子的男孩"。虽然工作十分辛劳，但他一天就能拿到内迪拉姆的可观薪水——蒸蒸日上的穆斯林行政事业从此开始起步，而男孩齐亚德长大后，成了伊斯兰政权行政系统的奠基人之一。

乌特巴从麦加朝圣归来后便去世了，接任他的是穆齐拉·本·舒阿巴。在上文中我们曾提到过这位穆齐拉，他就是那个敢于与鲁斯塔姆同坐一尊宝座的人。欧麦尔之所以选定他来率领伊拉克南部的军队，是因为他并不是贝都因人，而是出身于希贾兹的定居地区。尽管他在先知归真前的两年中才皈依伊斯兰教，

但他还是得到了"圣门弟子"这一令人艳羡的称号。穆齐拉是一位坚忍不拔、能力出众的将领，但不久后他的事业就因一场丑闻而陷入低谷，他自己也险些因此搭上性命。

他与一个名叫乌姆·扎米尔（Umm Jamīl）的女人有染，而这个女人的丈夫来自赛其夫部落。这个部落的族人听说了这件丑闻，便决定用行动捍卫同族的荣誉。他们静待穆齐拉去找她，然后偷偷跟去查看发生了什么。结果他们看见两人赤身裸体地躺在一起，穆齐拉伏在乌姆·扎米尔的身上。他们便偷偷离开，把这件事告诉了欧麦尔哈里发。于是欧麦尔派遣为人正直的艾布·穆萨·艾什阿里（Abū Mūsā al-Ashcarī）前去巴士拉代为指挥，并把穆齐拉遣返回麦地那接受审查。他到达麦地那后，欧麦尔在四位证人的举证下与他对质。第一位证人着重强调了他所看到的场面："我看到他和那女人面对面倒在一起，他正在插入她的身体，而且我看到他在抽插（他的阴茎），就像小毛刷在化妆（kuhl）瓶里进进出出一样。"另外两位证人也给出了完全相同的证言。于是欧麦尔又询问了第四个证人，也就是齐亚德，那个为军队登记账册的孩子。而欧麦尔不希望他做出不利的证言，让这位圣门弟子被处决。齐亚德便展现出了他杰出的外交才能和敏捷的思维，他在后来的人生中也因此受益良多。"我亲眼见证了这出丑闻，"他说道，"而且我听到了很粗重的呼吸声，但我不能确定他是不是真的插入了她的身体。"由于根据《古兰经》中的规定[68]，通奸罪需要四位证人都做出明确不含糊的证言才能成立，于是这件案子就此不了了之。据说后来前三位证人由于无端指控，都被欧麦尔处以鞭刑。[69]这个故事也经常被后世的伊斯兰法学家反复提起，因为伟大的欧麦尔，这位自先知本人之后伊斯兰教逊尼派最为权

威的立法者，确实对通奸罪做出了十分引人质疑的判决。

现在轮到艾布·穆萨·艾什阿里统领伊拉克南部阿拉伯军队继续进军了，他是一个虔信而又能力出色的良将，就是他指挥穆斯林军队征服了胡齐斯坦地区。跨越底格里斯河下游的肥沃耕地（不久后在这里将建成巴士拉城），穆斯林军很快便进入了胡齐斯坦。胡齐斯坦地区得名于一支名叫"胡齐人"的早已消失的古老民族，这一地区位于扎格罗斯山脉南部，波斯湾东北角。古老的埃兰人曾在这片土地上定居，并在乔加·赞比勒（Choga Zunbil，即篮筐山）修建了一座宏伟的神殿，到穆斯林征服时代，这座神殿已经矗立了将近两千年，仍旧昭示着他们的权势和财富。胡齐斯坦省的地形地貌一定程度上是美索不达米亚平原的延伸，但越往东地形就越发向丘陵过渡，望不到边界的伊拉克平原慢慢变成了起伏不平的丘陵，露出地表的岩石也渐渐明显可见。今日的胡齐斯坦省是伊朗的石油工业中心，省会是其貌不扬的城市阿瓦士。但在阿拉伯征服时期，使这片地区跻身中东最富饶地区的产业是农业和纺织业。

胡齐斯坦的土地并不依靠幼发拉底河和底格里斯河灌溉，这两条河流经西边的平原时水流便平静了下来，而是依靠许多较小的河流来灌溉，这些河流中最为重要的是卡伦河（Karun），这条河流沿着蜿蜒曲折的河道，顺扎格罗斯山脉南部的峡谷流入了这片平原。春季汇入河流的山顶融雪为农业灌溉提供了充足用水。在险峻的扎格罗斯山脉脚下的山麓地带，这些河流在深深的丘壑间流动，大型的河堰垫高了水平面，将其引进了运河之中。其中有一些河堰，就像舒什塔尔的许多萨珊王朝时期修建的大坝和桥梁一样，至今仍存留下了一些遗迹，展现了当时农业灌溉的规模

有多么庞大。

在萨珊王朝时代，胡齐斯坦似乎发展得格外繁荣。舒什塔尔、贡迪沙普尔（Junday-shapur）和阿瓦士等城市有的在此时建立起来，有的有所扩张。这里盛产稻米和蔗糖，但最为著名的特产还是亚麻和棉花。另外这里还有许多基督教社区，一些主教区也建立起来。这片繁荣富饶、人口众多的土地就是阿拉伯军队的下一个目标。

和征服伊拉克的历史记载一样，征服胡齐斯坦的过程也不甚明了，存在着许多有关数场不同遭遇战的记载，然而这并没有减少矛盾，反而更加深了困惑。但这些记载仍旧拥有两点重要意义。首先，通过这些记载我们能够对这场征服的整体环境获得更加清晰的了解。七世纪的伊拉克城镇对于我们来说只剩下名称保留到了现在。我们确实可以通过泰西封所在的地形地貌和希拉城零散的考古发掘来推断它们的存在，但像乌布拉和卡迪西亚这样的城镇却早已销声匿迹了，它们有的沉入了伊拉克中部平原的冲积层中，有的则被频繁改道的河流洗刷干净。而在胡齐斯坦，这里的河道深深刻凿在岩石之中，流向更加稳定，因此我们可以利用现代的地理地貌作为辅助解读这些古老的历史材料。我们发现了一份写于征服后不久的当地文献，这份文献似乎为那些含糊不清的大部头阿拉伯文史料提供了一定程度上的印证。它被称为《胡齐斯坦编年史》，由一位不知名的基督徒[70]用东方教会的官方文字叙利亚文写成。编年史的大部分内容都十分简短，但作者，或其中一位作者，花了一些篇幅来描述自己的家乡被这些新来的侵略者占领的情形。这份文献在另一个角度上印证了阿拉伯文史料中的许多事件，因此我们能够合理地确定阿拉伯军征服这片地区的大

致情况。

胡齐斯坦的防守被委任给了胡尔姆赞将军，他在泰西封沦陷时撤到了这里。他发起了士气高昂、意志坚决的抵抗，直到他认为条件合理时才与敌人签订和约。但当他自觉力量强大时，他又会再次反抗阿拉伯人。

编年史作者一开始先描述了阿拉伯人如何迅速地攻城拔寨，他们攻下的主要城市中就包括贡迪沙普尔。贡迪沙普尔城中有一座主教区，居住着大量基督徒，另外这座城还因它是布赫提舒（Bukhtishu）家族的故地而著名，这一家族为历代哈里发提供了许多御医。遗憾的是，在这座城市里自九世纪以来为历代历史学家所称道的、颇为繁荣的医学学院，经现代学者枯燥无趣的研究后已经被证实并不存在：诚然，这里的基督教社区盛产医学世家，但当地并没有系统化的医学院校。这座城市如今已经被废弃了，但航拍照片显示，这里分别有一片方形城市和一片圆形城市的遗址，两座萨珊时代的地基互相重叠在一起。这座城市并没有依托什么天然屏障，穆斯林军似乎轻易地拿下了这里。

征服这座城市为穆斯林提供了一些道德说教性故事的素材，这些故事都试图表现早期穆斯林的道德品质。比如据一则故事记载，[71] 当时这座城市的抵抗十分激烈，但直到有一天，穆斯林士兵惊奇地发现城池门户大开，放弃了抵抗。于是穆斯林军询问守军发生了什么，守军回答道："你们曾射出一支箭送信给我们，说会保证我们的安全。所以我们接受了条件，为你们留出了贡赋。"穆斯林却回答说他们没有这样做过，但在进一步质询下，一个来自贡迪沙普尔城内的奴隶承认了这条信息其实是他写的。穆斯林军的将领们便向人们解释说这份契约是由一个没有地位的奴隶写

帝查士丁尼一世（527—565 年在位）及其随从的马赛克画。此图展示了拜占庭皇室的气派，皇帝着华服，仪态庄严，被官员、军官、教士包围，画面颇为静止。藏于意大利拉文纳的圣维莱塔教堂。

萨珊波斯的银盘，七世纪。画面展现了国王狩猎的情景，比起查士丁尼，波斯国王被描绘成一位强大的猎手和战士，他正骑马追捕猎物。藏于日本美秀美术馆。

穆沙巴克教堂遗址，为叙利亚北部一座建于六世纪的巴西利卡式教堂。这类教堂是这个地区供教众活动的典型建筑，在穆斯林征服前这里是根基深厚的基督教国度。

萨珊波斯的火神庙遗址。这类琐罗亚斯德教的火神庙，在主堂中存放圣火，并有司管圣火的神职人员居住于此。琐罗亚斯德教是萨珊波斯的官方宗教。

斯劳拱门（Taqi-kisrā），为萨珊波斯首都泰西封一座宫殿的遗址，可能修建于霍斯劳一世在位期。穆斯林胜利后，将这里用作清真寺，在这个遍布波斯帝王雕像的地方做礼拜。

马里卜大坝（Marib dam），位于也门。希木叶尔王朝在穆斯林到来前的几个世纪统治着也门，这座大坝在六世纪晚期的毁坏是希木叶尔王朝衰败的象征。

七世纪萨珊波斯的头盔。头盔华美精致，在波斯军队中很常见。阿拉伯作家喜欢将波斯人对财富的夸示同阿拉伯人自己的简陋武器做对比。藏于美因茨的罗马－德意志中心博物馆。

一把装饰华丽的萨珊剑，应该曾属于一位指挥军队的波斯贵族。藏于大英博物馆。

大卫对阵巨人歌利亚。这面拜占庭的银盘描绘了大卫战胜歌利亚的场面，反映了600年左右拜占庭军队的装备。士兵装备着胸甲，用条状甲胄保护手臂和大腿。藏于大都会艺术博物馆。

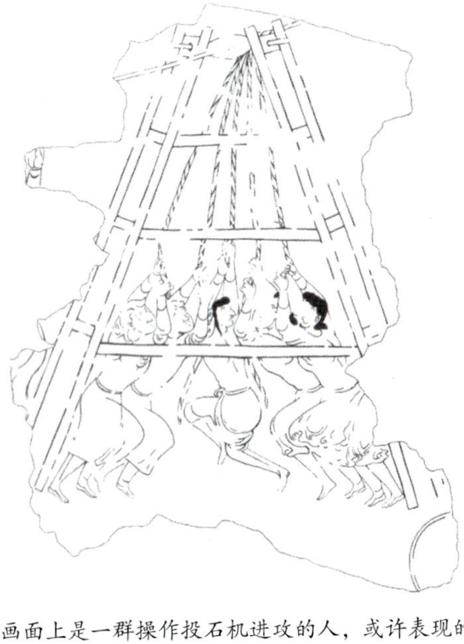

世纪早期的一幅壁画的残片及现代描绘的轮廓。画面上是一群操作投石机进攻的人，或许表现的是穆斯林进攻撒马尔罕的场景。穆斯林进攻河中地区时经历了几场艰难的攻城战。藏于圣彼得堡的艾尔米塔什博物馆。

达万河谷。并非所有早期阿拉伯的征服者都是游牧民，他们有些是有固定居所的农民，比如图中位于也门的这个地方。他们在对伊拉克和埃及的征服中起到了重要的作用，却常遭忽视。

叙利亚的沙漠。对贝都因阿拉伯人来说，沙漠里充满了机遇与危险，又美丽无比，是可用诗歌与传说歌颂的野性家乡。

大马士革的罗马拱门。穆斯林占据了这座城市许久之后，大马士革的大部分还环绕着罗马城墙。

耶路撒冷。神殿原有的平台上蠹立着圆顶清真寺，这里似乎自穆斯林征服以来一直是废墟。

扎格罗斯山脉。在穆斯林的领袖征服了伊拉克之后，他们决定继续推进到这块崎岖不平的地方，他们在纳哈万德再次打败了波斯军队。

比沙普尔的墙垣。萨珊波斯在这里用石块修建堡垒，但是在波斯军队惨遭败绩之后，这里也无法抵挡穆斯林的进攻。在背后的山岗上可以俯瞰堡垒的废墟。

下的，但城中居民却回应说自己并不知道这一点，并且就算穆斯林单方面撕毁协议，他们也要坚持议和。穆斯林于是将这个问题向欧麦尔反映，欧麦尔则回应说这则契约是有实际约束力的，因为"真主最喜爱守约的人"。这则故事的主题思想很明确：即便是一个奴隶立下的契约，也应当加以尊重。

基督徒作者继续记载道，不久后还在坚守的城池就只剩下了苏萨和舒什塔尔两城。苏萨是古波斯伟大的阿契美尼德王朝统治者的故乡之一，该地的宫殿在规模和辉煌华丽的程度上，可同波斯波利斯皇宫一较高下。亚历山大大帝曾洗劫了这里，抢夺了这座城中的巨额财富，也是在这里，他举行了一场青史留名的盛大婚礼，一万名希腊人和波斯人在这场传奇般的婚礼中共聚一堂。后来在萨珊王朝时代，这座城市成了一个重要的基督教中心，但最终被奉行强硬反基督教政策的萨珊皇帝沙普尔二世（309年至379年在位）摧毁。在穆斯林征服期间，这座城市已经逐渐恢复了元气，能够组织起对敌人的反抗，后来穆斯林占领此地后在这里建立了伊朗留存至今最古老的清真寺之一。今日这座城市的遗址上矗立着一座城堡，这座城堡并不是由中世纪的领主修建，而是由十九世纪末的法国考古队为了防止贝都因人的袭击而修建的。但对于早期穆斯林来说，最为值得重视的城镇地标并不是阿契美尼德王朝遗迹，而是先知但以理的陵墓。穆斯林军只用几天时间就攻下了这座城市，并且杀死了当地所有波斯贵族。阿拉伯文史料通常将这座城市的陷落描述成某种神迹。[72] 据说当时基督教修士和司铎站在城墙上嘲骂攻城者，并说除非敌基督降临在军中，不然没人能攻下苏萨。他们还继续说道，如果敌基督真的与他们同在，那么他们更应该放弃攻城，掉头撤军。一位穆斯林将领在

154 大征服

盛怒和失望之下，冲到城门面前踹了上去。顿时城门上的铁链崩裂，门锁破碎，城门大敞开来。于是城内居民只得乞降。

穆斯林军还发现了"圣徒但以理陵墓"，并且取得了自从大流士和居鲁士时代就贮藏在其中的历代波斯皇帝的宝藏——伴随着阿拉伯人征服的步伐，又一座堆满金银的宝库被发掘了出来。他们还撬开了一具银棺，发现里面有一具干尸化的尸体——"许多人都说那是但以理的遗体，但也有人说是大流士的"。但以理是一位备受尊崇的先知，据说希拉克略曾试图掠走但以理的遗体，将其带回君士坦丁堡，与其他许多圣遗物一同收藏起来。与其他许多《圣经·旧约》中的人物不同，但以理并没有被记载在《古兰经》中，早期的穆斯林狂热分子似乎一直试图摧毁对他的崇拜，欧麦尔哈里发下令将他的遗体重新安葬在河床底部。穆斯林从遗体上摘下了他的图章戒指，上面的图案是一个人站在两头狮子中间，欧麦尔则下令把戒指戴回去。[73]然而，但以理不久后也成了穆斯林的崇敬对象。穆斯林开始来到这里朝圣，但以理陵墓在城市的中心地带至今仍然存在，被粉刷过的高大穹顶仍在俯视着卡伦河。关于伊斯兰教如何接受早已存在的崇拜形式并将其伊斯兰化，这是一个较早期的范例。

苏萨沦陷后，胡齐斯坦就只剩下舒什塔尔还在坚守了。这座城市坐落在卡伦河畔的一座岩石山上，由一座堡垒提供保护，这座堡垒的遗迹至今仍被留存。河流被一座河堰和一座坝桥截断，据说这两项大型水利工程都是由260年沙普尔一世击败罗马皇帝瓦勒良时虏获的罗马战俘修建的。时至今日，它被称为"班迪凯撒"（Bande Qaysar）或"凯撒坝"，阿拉伯作者将它视为世界奇迹之一。它的大部分至今仍然存在。在大坝的后面，城市所在的

岩石里人们凿出了两条隧道，用来将河水引到南方以灌溉更多耕地。《胡齐斯坦编年史》对其进行了生动的描述："舒什特拉（即舒什塔尔）这座城市十分庞大且守备坚固，多亏了它周边围拢着几条大河和运河，它们就像护城壕一样从各个方向保护着城市。其中一条运河以开凿它的（萨珊皇帝）阿尔达希尔的名字命名，叫作'阿尔达希拉甘'（Ardashīragān）。另一条与它相交的则以他的皇后命名，名为'萨米兰'（Samīrām）。还有一条以大流士为名，名叫'达莱亚甘'（Dārāyagān）。这些河流中最大的一条是从北方的山脉中涌流而下的一条大河。"

据《胡齐斯坦编年史》记载，胡尔姆赞决定在舒什塔尔做最后一搏。这座城市坚守了两年，最后导致城市陷落的并非军队的进攻，而是内鬼的背叛。两个在城墙上筑房居住的人与阿拉伯人密谋，只要分给他们三分之一的战利品，就会让他们进城。[74] 于是他们里外勾结挖好了通往城内的地道，阿拉伯军便得以通过地道进入城中。胡尔姆赞后来撤退到了大教堂（qalca）内，被阿拉伯人活捉，但一个当地的主教，以及"一些神学生、司铎和助祭"都被杀死了。

有关征服胡齐斯坦的记载有一个有趣的结尾，那就是对胡尔姆赞最终命运的描写。[75] 卡迪西亚战役中战败的将军鲁斯塔姆被描写成了一个富有智慧但态度悲观的将领，同样地，胡尔姆赞的形象也被用来表明阿拉伯人与波斯人之间、穆斯林与非穆斯林之间的区别及联系。在舒什塔尔被俘后，他被阿拉伯人押往麦地那献给哈里发。在他和护送队伍进入麦地那之前，阿拉伯人为他换上了他的所有奢侈行头，给他穿上了用锦缎和金帛制作成的长袍，并为他戴上了镶嵌红宝石的冠冕。然后他们带他走上大街，让所

有人都能看见他。然而当胡尔姆赞和护送队伍来到欧麦尔的住所时，他们却并没找到欧麦尔，于是他们便去清真寺找他，但在那里也没找到他的踪迹。最后，他们经过一群在街道上玩耍的男孩时，这些男孩告诉他们说，哈里发正在清真寺的角落里，把披风叠起来当枕头枕着睡觉。

于是他们又回到了清真寺，果真如男孩所说，终于找到了哈里发。哈里发刚刚接待了一队从库法来的访客，等他们离开后，他便低下头小憩起来。清真寺里除他以外没有别人。于是胡尔姆赞等人在离他稍远的地方坐了下来。胡尔姆赞开口询问他的卫兵和随从在哪儿，但阿拉伯人却回答说他既没有卫兵，也没有随从。"那他一定是一个先知了。"这个波斯人说道。"不，"他的护送者说，"但他做的事情与先知相同。"这时，愈来愈多的人们聚集过来，嘈杂的声音吵醒了欧麦尔。他坐了起来，看到了胡尔姆赞和护送他的人，他们请求他与"阿瓦士之王"面谈。但欧麦尔拒绝了请求，因为胡尔姆赞穿着一身华丽衣裳，他要求这位战俘脱下华服，只留下礼仪得体的服装，然后再换上一件粗布长袍，这样会谈才能开始。

欧麦尔询问胡尔姆赞他对时局的变化有何看法，波斯人回答说，在过去，真主既不偏爱波斯人，也不偏爱阿拉伯人，但波斯人更加强盛；然而如今真主更加青睐阿拉伯人，所以他们才取得了胜利。欧麦尔则回应说，真正的原因是波斯人曾经团结一致，而那时阿拉伯人则是一盘散沙。欧麦尔坚持要处决他，以此为他杀死的穆斯林复仇。胡尔姆赞便请求喝杯水，当阿拉伯人把水给他时，他说他害怕自己在喝水时被人杀死。哈里发便向他保证，在喝完水之前没人会杀他，然而胡尔姆赞却故意把手一抖，将水

泼在了地上。欧麦尔勃然大怒，又威胁要杀死他，但胡尔姆赞却回答说，他已经获得了免死的许可：毕竟他没有喝完这杯水。欧麦尔顿时怒不可遏，但大家都认为胡尔姆赞说得没错。最后，胡尔姆赞改信了伊斯兰教，被允许居住在麦地那，并且领取一份数量可观的津贴。这则关于胡尔姆赞的小伎俩的故事可能是一则嫁接在历史事件上的民间传说故事，通过展示波斯人的高傲奢华和阿拉伯人的单纯简朴之间的对比、穆斯林重视真诚的特质和波斯贵族融入穆斯林等级社会的情况，这则故事也就达到了它的目的。

　　征服伊拉克的过程中有一个引人注目的现象，那就是有大批波斯军士兵向阿拉伯军倒戈，而穆斯林军也乐意接收这些叛军，并且为他们发放军饷。这些倒戈的军队为穆斯林军提供了很大帮助。在这些军队中就包括哈姆拉军[76]（Hamra，即"红军"），他们中一些人在卡迪西亚战役之前就与穆斯林军曾有过交战，他们在战后也参与瓜分了旧时同袍的武器装备。[77] 还有一些波斯军士兵后来加入了他们，并在贾鲁拉与穆斯林军并肩作战。这支军队中有四千人来自里海西南岸的德莱木（Daylam）山区，这些士兵似乎是皇帝亲军（jund）中的精锐部队。他们中许多人最后定居在穆斯林新建的城镇库法，那里有他们的聚居区。[78]

　　另一支倒戈的部队则是阿斯瓦尔军（Asāwira），[79] 这是一支三百人的重装骑兵部队，他们大多是贵族出身。伊嗣俟三世离开伊拉克撤往伊朗时曾派遣他们作为先锋部队，但可能他们对皇帝的领导能力缺乏信心，于是便投奔穆斯林军，并定居在了巴士拉。[80] 与库法的哈姆拉军一样，他们在穆斯林军队中也受到了特殊的礼遇。

　　穆斯林军此时已经征服了一大片富裕的土地。他们的人数并不多，可能只有五万人，远远少于当地的人口。现在他们面临的

一个重大问题是如何保障并利用这里的资源。在成功征服伊拉克后，穆斯林便马上专门建造了两座新城镇，库法和巴士拉。据说欧麦尔曾下令不准穆斯林分散居住在伊拉克的乡村和小城镇中，也不许他们回到附近的沙漠中，重回贝都因人的生活方式。于是他们聚居在了这两座新建的城市中，在这里安家并建立了军事基地。

我们对库法的建成要比巴士拉了解更多，赛义夫·本·欧麦尔对于建城者所做的事情和他们为什么这样做的原因都做出了详细的记载。在波斯首都泰西封陷落后，阿拉伯人便立刻在这里定居下来，或者说是扎下营来，同时派出远征军前往扎格罗斯山脚下的胡尔宛以东和幼发拉底河畔的卡迪西亚以北的地区。据说当时泰西封的气候并不适宜居民的健康。据说欧麦尔注意到，从泰西封回来的阿拉伯人看起来都疲惫不堪。而且他们的体重上升了，肌肉也松弛下来。一位来到泰西封的阿拉伯将领问道："这里的骆驼长得壮吗？"他得到的答案是否定的。于是欧麦尔说道："在一个骆驼都长不壮的地方，阿拉伯部落民是不会健康的。"[81]

于是阿拉伯军派出了两个人去沙漠边缘勘察地点。他们分头前进，从安巴尔出发沿着幼发拉底河岸向南勘察，最后他们在希拉城南方一个名叫库法的地方会合。在这里，他们发现了三座基督教修道院，在这三座修道院之间散落着几座苇草房。他们两人都确定了这就是他们一直在找的建城地点。于是两人下马祷告起来。其中一人诵念了一段诗歌，这段诗因为其体现出的异教意象而著名：

真主啊，天空及其覆盖的万物之主

> 大地及其承载的万物之主
>
> 凭着疾风和它所吹散的
>
> 凭着群星和它们所倾覆的
>
> 凭着大海和它所淹没的
>
> 凭着恶魔和它们所欺诈的
>
> 凭着精灵和它们所附身的
>
> 愿您护佑这片砾石之地，使它成为牢不可破的居所。

　　萨阿德从泰西封赶到这里，明确决定这里就是建立新城市的地点。他这样对欧麦尔解释这片地方的优势："我已在一个满布卵石的地点安置下来，这个地方位于希拉和幼发拉底河之间，一边与旱地相连，另一边则临近水边。这里生长着很多干枯但坚韧的蓟。我让泰西封的穆斯林们自行选择去留，至于那些想要留在那里的，我就让他们作为驻军留下了。"

　　以上至少是塔巴里的《历史》中对为何选定这里作为建城地址的记载。可能原话与史料中的记载不同，但动机是明确可信的。泰西封的环境可能并不利于贝都因人和他们所养牲畜的健康，而库法的草场质量更加优良。选择在这里建城可能还有其他方面的考虑。其中之一就是维持与麦地那的紧密联系，但可能最重要的还是为了将穆斯林团结在一起，使他们易于管理并且维持他们的战斗力，而不是坐视他们分散开来，失去与彼此的维系。

　　泰西封的大多数穆斯林都选择迁居新址，根据可信记载表明，新城市中第一阶段增长的成年男性人口有大约两万，[82] 而不久后又有大批来自阿拉伯地区的移民涌入了这座城市，希望为征服出一份力。据说除了随身家当，这些移民甚至还把自家家门带了过

160 大征服

来，直接安在新居的门框上。第一批住房用当地的苇草搭建而成，但后来一场大火烧毁了大部分房屋，于是他们便请求欧麦尔允许他们用泥砖（laban）建造住房。这项请求被准许了，但条件是一栋房屋不准多于三间（abyāt），也不准建得太高——这则谕令再一次体现了穆斯林崇尚简朴和平等的特质。

这片新的聚落由一个名叫艾布·海亚季（Abū'l-Hayyāj）的人规划而成，据说他是首位穆斯林城市设计师。多条道路从城市中心一点辐射而出，人们沿着这些道路居住在各自的部落中，这样，至少在一开始，不同部落的族人都会定居在同一个地区。这种设计增强了部落的团结，也加剧了部落之间的斗争。据说欧麦尔对街道的宽度做出了具体的规定：主要大道宽二十米（四十腕尺），延伸出的街道宽十五米或十米，而最小的街巷宽三点五米，其他道路不准比它更窄。[83] 很明显这是一座布局合理的城市，而不是一大堆混乱交织的街巷，由居民在其中随心所欲地定居并修建建筑。

在城市中央是市政中心。在这里落成的第一座建筑是清真寺，它坐落于一座开阔的广场中央。一位弓术精湛的弓手曾被召来，站在广场中央对着各个方向分别射出一箭——人们只准在箭矢所落之外的地方建造他们的房屋。而广场内部则被留空，供人们集会使用。

清真寺建筑本身布局呈方形，每边长约一百一十米。[84] 据说在早期它并没有外墙，其中一端也没有盖顶。它可能是用苇草或泥砖搭建而成的，建筑十分简陋。坐在里面，你能够直接看见邻近的欣德（Hind）基督教修道院，远眺的话还能看见通向河流上舟桥的城门。[85] 当时总督府的金库刚建好不久便被抢劫了，于是

萨阿德决定将清真寺建在总督府旁边，这样两座建筑就能共用一面墙壁。因为清真寺每天日日夜夜都频繁有人造访，这样就能有效防止盗窃的发生。这座新的清真寺可能要更加结实牢靠。在它的一端约一百米长的区域盖有屋顶，"天花板与拜占庭教堂的天花板类似"，在这里他可能说的是由大理石柱支撑的开放式横梁。[86] 圆柱据说是从基督教堂中搬来的。[87] 直到伍麦叶王朝第一位哈里发穆阿维叶时期齐亚德作为总督执政的时代，这座清真寺才完全被外墙围护起来。十五米高的新石柱由来自阿瓦士的石材加工而成，里面灌入了铅，并用铁锁加以固定。

如果说清真寺十分简朴，那么总督府就是一座更加复杂的建筑了，这座建筑引起了人们的激烈争论。赛义夫讲述了一个相关的故事，这个故事被塔巴里记录了下来。[88] 根据他的叙述，这座大型府邸由一位名叫鲁斯比赫·本·布佐尔格米赫尔（Rūzbih b. Buzurgmihr）的来自哈马丹的波斯人为萨阿德建造而成，建筑所用的砖块是从希拉城一座古老的前伊斯兰时代王宫上拆取下来的。因为总督府建设在城市中心，当地人声密集嘈杂，所以萨阿德便又建了一座木门，并在上面加了一道锁。当哈里发欧麦尔听说时，他便派去一个人烧掉了木门，以此来羞辱萨阿德，因为他在自己与普通穆斯林民众间设起了屏障，企图防止他们随时随地进入总督府。这则故事取自一篇论辩文章，用以反对穆斯林君主企图孤立自己，或者将自己置于普通穆斯林民众之上的行为。但其中萨阿德的总督府重新利用了现成砖块建造而成的说法很可能是确切可信的。[89]

库法的第一座清真寺就坐落在现代的库法清真寺所在的位置。661年，阿里哈里发就是在这里遇刺的，自此以后这里成了伊斯

162 大征服

兰教什叶派的圣地之一，因此这里禁止考古发掘。而总督府则在二十世纪五六十年代被考古学家发掘出来。人们在遗址中发现有三大建设阶段的遗迹层层叠加，分别是早期阶段、伍麦叶王朝阶段和阿拔斯王朝阶段。在九世纪，这座建筑实际上已经被废弃，并被居民占据。当伍麦叶王朝的第二阶段工程开工时，第一阶段的建筑已经被破坏得只剩下了地基。遗迹如今只剩下了外墙和每隔一段便凸出墙外的几座方形塔楼。那么这座遗迹究竟是如考古学家所认为的，是萨阿德府邸的地基，还是如赛义夫所言，是在一代人时间后的伍麦叶王朝初期，由齐亚德建造的总督府呢？答案不得而知。

然而我们可以确定的是，在这座城市建成的一代人时间之内，城中就已经拥有了两座公共建筑，即共用一面墙壁的总督府和清真寺。伊斯兰城市的经典建筑布局就这样奠定了下来，这种建筑布局与前伊斯兰时代的城市建筑布局传统并没有明显的相似之处，并延续了数个世纪之久。同时在这座城市的行政建筑区中还有新的元素加入——市场。[90] 很显然，从一开始库法城中就拥有露天市集——毕竟打了胜仗的阿拉伯士兵需要找到个场所来消费他们作为战利品夺取的迪拉姆银币。在较早的时期这些阿拉伯士兵也领取薪水，他们会将这些薪水用于购买日常必需品和奢侈品。迫使萨阿德加固府邸外墙和大门的正是这些市场中传来的嘈杂噪音。但对于这些早期市集的布局形状和建筑形式，我们一无所知，我们只知道它们占据着清真寺和总督府周边的开阔地带。似乎直到伍麦叶晚期，也就是库法城建成的一个世纪之后，这些市集中才有固定的建筑建成。在此之前它们可能只是些用苇草搭建，上覆草席的简陋窝棚。然而，这些坐落在城市中心，围拢着清真寺和

总督府的露天市集为日后的伊斯兰城市模式奠定了基础。

征服伊拉克南部的穆斯林也在沙漠边缘的巴士拉建立了一座新城。对于巴士拉早期定居史的记载十分模糊混乱，但《胡齐斯坦编年史》明确认为是率军征服伊拉克南部的将领艾布·穆萨·艾什阿里建立了这座聚落。由于伊拉克南部的穆斯林军队规模更小，因此这座聚落的人口也比库法要少很多，可能只有一千人。[91] 最初的巴士拉城如今被称为祖拜尔，位于距离现代巴士拉市中心约二十千米以外的地方。这座城市距离河岸较远，需要挖掘运河来为城市供水。尽管这座城市所在的地点十分著名，而且它坐落在一片开阔的半沙漠地带，但这里却并没有进行过公开的考古发掘和严格的调查勘探。如果当地局势能够更加和平稳定，那么这片地区会为研究早期伊斯兰城区规划的学者带来绝佳的机遇，来发掘出这座早期军事聚落的考古遗迹。

在这些新城市中，穆斯林政权的财政管理体制超前地发展了起来。[92] 当地居民依靠收取的税收为生，领取现金作为津贴（atā）。最初津贴的支付方式主要是实物，比如谷物、油和其他食物（rizq），但后来便渐渐被现金支付所取代。这些享有津贴的居民后来被登记在了名为"迪万"（Dīwān）的名册之中。这套财政体系的管理十分复杂。以巴士拉为例，据说在 680 年，穆阿维叶哈里发统治的末期，巴士拉城内拥有八万穆斯林居民，每人每年领取至少两百迪拉姆。也就是说共需要收集并支付一千六百万迪拉姆，这是一项需要许多技术熟练的工作者才能完成的大工程。穆斯林统治者不得不任命那些曾经为萨珊旧朝工作的官员和会计人员来完成这项工作，他们也为新的政权带来了波斯人在财政管理和官僚制度上的古老传统。

库法和巴士拉两座新城都在早期穆斯林世界的历史中扮演了极为重要的角色，首先它们为征服伊朗及其以东地区的军队提供了军事基地，其次它们也是文化中心。库法在政治上也拥有十分重要的地位，它是一个重要的抵抗中心，反抗坐镇大马士革的伍麦叶王朝哈里发统治，并且也是先知亲族支持者的运动中心，从这场运动中后来衍生出了什叶派。762年，距离库法以北仅数千米外，巴格达城建立起来，这给库法的繁荣带来了致命打击。到九世纪，这座城市就已经完全衰落了，只有这里古老的清真寺仍旧作为朝圣地，维持着城市的运行。相比之下，巴士拉由于距离较远，并没有被巴格达的强大引力所影响，仍旧是波斯湾顶端的主要港城。尽管后来城市中心迁移了，但艾布·穆萨·艾什阿里奠定的基础仍旧在几个世纪中幸存了下来，今日的巴士拉是伊拉克第二大城市。

大约在同一时间，一支从库法出发的军队沿底格里斯河向叙利亚的贾兹拉地区行进，一路招降了河流沿岸和周围平原上的城镇与村庄。当他们来到今日摩苏尔所在的地点时，他们在这里发现了一座城堡、几座基督教堂和附近一些散落的住房，以及一个犹太人聚落。在占领这个小型社区后，阿拉伯人立即着手在这里建立一座新的城镇，也就是今日摩苏尔市的前身。阿拉伯人在这里划分土地建造房屋，这座城市很快就发展成了伊拉克的主要中心城市之一。[93]

尽管历史事件的绝对年代无从确定，但我们可以确信，到640年末，穆斯林军队已经控制了伊拉克从北方的提克里特到南端的波斯湾，向东远达扎格罗斯山麓的农耕地区。穆斯林聚落的分布十分分散，大部分都聚集在新建的驻军城市中，比如库法、

巴士拉和规模尚小的摩苏尔。波斯旧都泰西封留有守军，除此之外可能其他未知的城市也有穆斯林军驻守。征服并统治这片广大土地和其中众多人口的征服者人数十分稀少。第一批定居库法的两万名成年男性处在周边乡村地区人口的包围之下，这些当地人口有五十万人之多。[94] 尽管后来涌入的新移民扩充了阿拉伯人的数量，但作为第一代居民，他们仍旧是当地的少数人口，总数少于总人口的百分之十。而且，被灌溉渠和运河分割得支离破碎的地形条件也是穆斯林们面临的复杂问题之一。假若当时穆斯林遭遇了民众的坚定反抗，他们显然不可能征服并统治这片土地。但在征服过程中，穆斯林遭遇的最顽强的抵抗只来自波斯的皇家军队。由于某些我们尚不清楚的原因，波斯军队在对抗穆斯林时屡战屡败。在卡迪西亚和贾鲁拉的野战中，以及在泰西封和舒什塔尔的攻城战中，萨珊军队都遭受了决定性的惨败。波斯军队崩溃后，阿拉伯人便得以与当地民众签订十分宽松的和约——他们既没有大肆屠杀市民和村民，也没有强占他们的住房和耕地，他们没有介入他们的宗教和习俗，甚至没有在当地居民中间定居。我们无法确知和约规定的税款与前朝相比是高还是低，但我们可以确定的是，伊拉克当地大部分居民都认为这是一宗划算的买卖。

第四章

对语义的理解

对叙利亚和伊拉克的征服顺理成章地发生于对阿拉伯地区的征服之后。在此之前就已经有阿拉伯人生活在叙利亚，在伊拉克地区也有小规模定居区，他们中既有定居居民也有游牧民，有的加入了穆斯林军队，有的被他们征服。对于他们来说，与穆斯林军所做的一样，从自己所在地出发征服当地的非阿拉伯人是理所当然的，也是无可避免的。

埃及的情况则截然不同。[1]今日我们通常认为埃及是一个阿拉伯国家，很大程度上也是阿拉伯世界的政治中心和文化中心。但在七世纪初，情况则远非如此。当时在埃及似乎并没有稳固的阿拉伯人聚落，也没有阿拉伯游牧部落在沙漠中游荡，只有很少的阿拉伯商人在城镇间行商。早期的穆斯林显然对埃及素有所知，但与这里联系寥寥。

在阿拉伯文史料中记录的关于征服埃及的故事细节杂乱无章。[2]与我们在研究新月沃地和伊朗征服史时依靠的伊拉克传统史料不同，在八至九世纪的埃及，出现了一个完全独立的史家学派。巴格达伟大的历史学家塔巴里收集了大量史料，对征服叙利亚、伊拉克和伊朗的记载长达数百页，然而对征服埃及的记载却只用了不到二十页。[3]但在他之前，埃及当地诞生了一部史学名著。在九世纪中叶，有关穆斯林征服埃及的故事被一位名叫伊本·阿卜

杜·哈卡姆（805—871）的历史学家收集并编纂起来。[4] 他来自一个阿拉伯家族，祖上参与了对埃及的征服，因此他致力于记录并保存祖辈的光辉事迹。在他写作这部史书的年代，埃及的阿拉伯旧贵族的统治地位正在逐渐被从东方来的突厥军人所取代，因此他的记载也夹带了一抹怀旧情绪，怀念着他的家族以及其他与之类似的家族曾统治这片土地的时代。他从大量编写于八世纪至九世纪初，如今已经亡佚的埃及文献[5]中提取信息，这些文献可能来源于当地的口传故事，反映了穆斯林对于征服埃及的真实的社会记忆。如果我们把这些文献看作是一种独立的文学载体，将会大有用处，我将在书中将这些材料称为"埃及阿拉伯文献"。

与此同时，穆斯林对埃及的征服在同时代尼基乌（Nikiu）主教约翰的基督教编年史中也有记载，尼基乌是位于尼罗河三角洲西部边缘地带的一座小城市。[6] 约翰所处的时代与他所记叙的历史事件十分接近，因此他的记载能够可信地反映当时人们的态度。他还提供了一些清晰的日期，有助于研究者在编年史框架下混乱不堪的阿拉伯文叙述中找准方向。但编年史也并非没有问题。这部编年史的科普特文原本佚失已久，只剩下一部于十二世纪转译成吉兹语（Ge'ez，埃塞俄比亚教会使用的一种古老的祭礼语言）的手稿留存至今。这份译本中的地名十分混乱，很难确定原文中的所指。在一些关键事件的记载上，比如巴比伦要塞的沦陷，译本也存在漏洞。尽管如此，约翰还是在编年史中做出了连贯可信的记载，并为埃及阿拉伯文传统史料提供了有用的比照。

到了近代，有关穆斯林征服埃及的历史著作有阿尔弗雷德·巴特勒的《阿拉伯人征服埃及与罗马统治的最后三十年》。[7] 巴特勒利用冗长华丽的维多利亚后期散文文体描绘了一幅令人过

目难忘的图景，其中的历史事件精彩纷呈，但也十分混乱矛盾。巴特勒对于科普特人有着极大的热情，并且他自认为能够对科普特人的敌人，以及那些恶意攻击他们的人做出彻底的道德评判，而这在现代历史学家看来是非常不敢苟同的。但他仍旧是一位伟大的学者，尽管在他写作的时代看不到伊本·阿卜杜·哈卡姆的原始文本，他的许多看法和结论仍然经得起时间的检验。

埃及曾经是法老统治的土地，在许多地方都矗立着法老的纪念碑和庙宇，对于中世纪的穆斯林来说，法老金字塔是壮丽而神秘的，与今日我们的感触别无二致。无论是旅者还是征服者，无不被这远古的宏伟遗迹所深深震撼。穆斯林是从《圣经》中约瑟的故事里得知埃及这片土地的；《古兰经》中复述并评注了这则故事，穆斯林曾认为金字塔是约瑟的粮库。

但到了穆斯林军队第一次穿越埃及边境的时代，距离亚历山大大帝废黜最后一任埃及法老已有将近一千年（与我们所处的时代距离黑斯廷斯战役和诺曼人入侵英格兰的时间相同）。[8] 在中间这段历史中，埃及先是被亚历山大的继任者托勒密王朝统治，后来又成了罗马帝国的一个富裕的重要省份，为首都输送着所需的大部分粮食。如今的埃及是一个食品进口大国，因为单靠尼罗河谷已不可能喂饱七千万当地人口。但在罗马帝国时代，可能埃及只生活着不到五百万人——而在大瘟疫过后，很可能只剩下了不到三百万人。[9] 尼罗河沿岸的肥沃土地经过了妥善的经营，良好的灌溉，并依靠定期洪涝获取了足够的肥力，一般能够产出绰绰有余的作物。

尽管落入了外来者的统治之下，但埃及的许多传统仍旧没有改变。被神化的罗马皇帝很快便被加入了古老的埃及诸神行列，

当然，埃及本土的诸神，比如奥西里斯（Osiris），也随着谷物一起被出口到了罗马。直到基督教传入，埃及才真正与古老的过去决裂。

四世纪到五世纪可以说是埃及基督教的黄金时代。[10] 亚历山大城的牧首成了罗马帝国东部最有权势的官员之一，他们掌握着巨大的财富和影响力。与此同时，圣帕科缪（St Pachomius，于346年去世）发起了一场旨在建立一批大型公共修道院的运动，这是基督教世界首次建立起修道院制度，而埃及成了早期基督教世界中最早建立起这一制度的地区。隐修士圣安东尼（St Antony，于356年去世）则隐居在尼罗河谷旁边凶险的大漠中，为世界各地的基督教苦修士树立了榜样。

基督教时代的希望曙光的开始，也是古埃及多神信仰时代的结束，古埃及文化也随之消逝。在希腊化的亚历山大城，牧首狄奥菲鲁斯（Theophilus，385—412）下令洗劫了当地著名的塞拉比尤姆神庙（Serapeum），并将其改建成为一座纪念施洗者圣约翰的教堂，同时，克诺珀斯（Canopus）的神殿和塞拉比尤姆神庙也被分别改建成了纪念圣西里尔和圣约翰的教堂。当基督教修士们将这些古老宏伟的废墟据为己有时，最后一批多神教知识分子只好惶然逃命。关于阿拉伯人烧毁亚历山大大图书馆的传说流传已久，至今仍旧被一些有意丑化早期伊斯兰教的人时常抛出。然而令人遗憾的现实是，托勒密王朝的大图书馆可能是在公元前48年被烧毁的，当时恺撒放火烧毁海港内的舰队，但火势蔓延到岸上烧毁了这座建筑。而幸存的神殿图书馆则可能是在四世纪末被基督徒摧毁或拆解的。[11]

在亚历山大城的古典遗迹遭受持续破坏的同时，更加古老的

法老时代传统也最终走向了末日。年代最近的一份象形文字铭文于 394 年 8 月 24 日雕刻在阿斯旺的菲莱神庙,记录了奥西里斯的诞辰节日。[12] 在穆斯林征服这片土地之前的很长时间里,这份记录着法老、祭司和大臣事迹的古老铭文都早已被世人甚至是埃及人自己遗忘殆尽,直到中世纪仍是如此。

然而,古老多神教时代传统的消逝,并不能证明书写与记录方式也一并从埃及消失了。与东罗马帝国的其他地区一样,这里的帝国行政部门使用希腊语。同时,教会则习惯使用一种用希腊文书写的埃及本土口头语言。这种名叫"科普特语"的语言成为新兴的基督教文学载体,埃及的传统文化也因此得以保存,埃及当地的教会以这种语言命名,被称为"科普特教会"。

基督教在埃及成了唯一的官方宗教,并将大部分人口转化成了基督徒,但这并不能说明意识形态斗争已经就此结束。在叙利亚造成教会严重分裂的一性论派在埃及的斗争甚至更加强烈。绝大部分来自埃及的司铎和教士都坚决反对 451 年在迦克顿会议上所立下的教条,即立二性论派基督教为罗马帝国的国教。从此以后,在帝国为亚历山大城指派的牧首和埃及其他地区的教会之间,就出现了公开并且往往暴力的冲突与隔阂。被称为科普特教会的反对派也选出了他们自己的牧首和司铎。在尼罗河谷的小镇和村庄以及沙漠边缘的诸多修道院中,亚历山大城的帝国教会被认为是外来的压迫者与最大的异端。如果帝国教会遭到外敌入侵,不太可能会有多少人情愿积极支持他们。

从六世纪中叶起,就像在中东其他地区一样,拜占庭帝国的统治在埃及也遭到了一连串大灾难的动摇。541 年,埃及是地中海沿岸第一片遭遇瘟疫袭击的地区,这场瘟疫在整片地区造成了

毁灭性的影响。第一场瘟疫爆发后，又有几场瘟疫随后到来，一般认为最终埃及人口锐减到了三百万人。[13] 埃及成了一片半荒废的土地。波斯帝国在602年发动的大型侵略战争同样对埃及造成了影响。一开始，战事只集中在叙利亚北部和安纳托利亚地区，但在614年5月，波斯军攻陷耶路撒冷后，埃及成了前线战区。大量难民为了躲避侵略军而涌入了这片地区。617年，波斯军从巴勒斯坦出发，沿海岸开进埃及。他们拿下了培琉喜阿姆（Pelusium），洗劫了当地的修道院，然后向南方的尼罗河三角洲顶端进发。并没有记载表明位于这一战略要地的巴比伦罗马要塞有过任何抵抗，占领这里后，波斯军沿着尼罗河三角洲的西部边缘向西北方的亚历山大城进军。在亚历山大城，他们遭遇了整场战役中唯一的激烈抵抗。这座城市的城墙显然十分坚固。据一份同时代的叙利亚文献记载，这座城市"由亚历山大大帝在他的导师亚里士多德指导下建成，城市环绕着城墙，被尼罗河包围，而且设有坚固的城门"。[14] 城墙十分有效地抵御了波斯军的进攻，波斯军便扎下营来围困该城，他们还时不时对城市周边郊区的修道院发起劫掠。可能由于来自埃及其他地区的食物补给被切断，而且君士坦丁堡方面前来支援的可能性寥寥，城中居民纷纷丧失了斗志，但也有故事表明城中有一位居民叛变通敌。最终似乎波斯军通过港口和水闸进入了亚历山大城，这里的防御要比陆上的城墙部分脆弱，到619年，他们完全控制了亚历山大城。然后，波斯军接着向南进发，在埃及四下劫掠，洗劫了许多修道院，最远至阿斯旺的整个尼罗河谷都被他们占领。

与在巴勒斯坦类似，波斯军最初对埃及的征服似乎给当地的人口和财产带来了灾难性损失，尤其是对当地的教堂及其财产破

坏巨大，但等到控制当地之后，他们似乎采取了更加宽松的统治方式——显然没有任何迹象表明他们曾强迫当地人改信琐罗亚斯德教，他们甚至没有鼓励人们改信宗教。在埃及，波斯人显然成了与当地人相隔离的外来少数人口，他们缺乏稳固的统治根基。

至于波斯帝国对埃及的十一年统治，我们所知甚少，[15]只知道这段统治最终迎来了和平的结束。629 年 7 月，此时已入侵波斯境内，并劫掠了泰西封的希拉克略皇帝在今日土耳其东南部的阿拉比索斯（Arabissos）与波斯将军沙赫尔巴拉兹会面议和，双方议定所有留守埃及的波斯军队应和平撤离。

然而罗马帝国统治的恢复并不意味着和平安宁的时代就此到来。在这段时期，埃及各地冲突的真正诱因往往是不同教派之间的仇恨，特别是占人口多数的一性论科普特教会与占人口少数但是受到君士坦丁堡的政府支持的迦克顿教会之间的仇恨。在埃及，这些矛盾往往会被激烈的个人斗争加以激化。科普特牧首本雅明出身于一个富有的地主家庭。[16]在 621 年圣诞节，此时埃及尚处于波斯占领期间，他来到亚历山大城附近的一座修道院隐修，很快他的虔诚和学识就使他在此地鹤立鸡群。根据钦慕他的传记作家的记载，他"英俊优雅，性格冷静，并且精于言谈"。[17]很快他便来到亚历山大城中，为科普特牧首安德罗尼库斯担任首席助理，在 623 年左右，安德罗尼库斯去世前，指定当时约 35 岁的本雅明作为他的继承人。在波斯帝国相对温和的统治环境下，这位新任牧首开始着手改革教会。他前去视察巴比伦和赫勒万时，受到了各地民众的热烈欢迎。

拜占庭帝国统治的回归结束了这段信仰宽容的时期。就像他在叙利亚所做的那样，希拉克略决心将埃及的基督教会重新团

结在帝国的统治之下。为了做到这点，他任命了一个名叫居鲁士（Cyrus）的人，在阿拉伯文史料中，出于尚不明确的原因，此人被称为穆考齐斯（al-Muqawqis）。与许多希拉克略的支持者一样，他也来自高加索地区，之前是发西斯（Phasis）的司铎。与本雅明不同，他在埃及并无根基，也从没来过这里。他被皇帝任命为亚历山大城牧首及埃及的行政长官，是埃及名副其实的总督。631 年秋，居鲁士来到亚历山大城时，本雅明逃离了这座城市，据说他当时在梦中受到了一位天使的警告。在逃走前，他将神职人员和信众召集起来，告诫他们要坚守自己的信仰，他还给各地司铎写信，建议他们逃往深山或沙漠中，躲避将要到来的迫害。然后他连夜逃离了亚历山大城，先向西赶往圣米纳斯，然后沿着尼罗河三角洲的西部边缘前进，最终到达了上埃及地区一座临近古斯（Qus）的小修道院，几个世纪以来，这里都因他曾在此避难而闻名。[18]

居鲁士受到了帝国政府的全权委托，他身负重任，要利用皇帝独创的一志论神学方案来统一二性论的迦克顿教会和一性论的科普特教会，一志论试图在这两个教派之间找到折中方案。但居鲁士似乎是一个意志坚定但缺乏魅力的人物，比起劝诫来，他更惯于发号施令。他在亚历山大城召开了一场会议，但这次会议却进行得并不成功。迦克顿教会认为他们做出的牺牲太大，只不情愿地勉强表示支持。而科普特教会则干脆地拒绝了提议，因为在他们看来，这个方案绝不是什么妥协，而是将迦克顿教会的可憎信条强加于他们的又一次尝试。结果这次尝试完全没有缓和矛盾，在亚历山大城的希腊统治阶层和军官阶层与占人口多数的科普特人之间，隔阂依旧根深蒂固，不可跨越。

当时埃及各地都驻扎着罗马帝国军队，于是居鲁士决定动用

武力执行帝国权威。科普特文献——比如圣徒和牧首的生平记录，都生动详尽地描绘了有计划的残酷迫害景象，居鲁士被描绘成了与三世纪曾对基督徒实施迫害的异教罗马皇帝相仿的形象。基督徒赶走波斯人重回统治地位，却并未对科普特教会带来好处。就像巴特勒所说的："鞭笞之苦结束了，毒蝎之苦随后而来。"[19] 有关居鲁士和帝国政府的暴行与科普特人英勇反抗的故事通篇累牍。本雅明的亲兄弟米纳斯也在这段时期殉难，他为捍卫信仰而遭受的苦痛折磨受到了信徒们的深情追忆。一开始他被火烤，"直到他身体两侧的脂肪流出，滴在地上"。然后他的牙齿被人拔光。再后来他被塞进了装满沙子的口袋里。每一个步骤中，拷问者都提出条件，接受迦克顿教会的信条就能活命，但每次他都拒绝了。最终他被带到海上，在离海岸七箭程远的地方被丢进海里淹死。为本雅明撰写传记的作者对谁才是真正的赢家做出了毋庸置疑的回答："并不是他们战胜了信仰的捍卫者米纳斯，而是米纳斯作为基督徒的坚忍战胜了他们。"[20]

据说这场迫害持续了十年之久。至于其是否真如殉道史中记载的那样残酷暴虐，我们已不得而知，但这些记载的确展现了时人对于帝国统治者的极度恐惧和深刻仇恨。许多科普特人一定对埃及的现状深恶痛绝。

当时罗马帝国才刚刚恢复对埃及的统治，罗马人与科普特人之间的隔阂仍旧深刻，在这样的背景下，穆斯林发起了对埃及的征服。当居鲁士对埃及的暴政略有成果时，穆斯林军正在加快脚步征服叙利亚地区。636 年，当加沙和巴勒斯坦大部分海岸地区落入穆斯林的控制时，亚历山大城的统治者们一定陷入了严重的焦虑之中。对于这个新的威胁，各方反应不一。居鲁士打算给

穆斯林纳贡以换得停战，他甚至还提议把皇帝的女儿尤多吉娅（Eudokia）嫁给巴勒斯坦南部穆斯林军的统帅阿慕尔·本·阿斯以建立联姻关系，他认为在那之后阿慕尔会像拜占庭帝国历史上遭遇的许多其他蛮族一样，接受基督教洗礼，"因为阿慕尔和他的军队对居鲁士抱有信任，并且十分钦慕他"。[21] 在叙利亚失陷之后、穆斯林开始征服埃及之前，居鲁士可能确实缴纳了贡赋。但在 639 年，或者可能 640 年，希拉克略改变了政策。他撕毁了居鲁士签订的和约，撤换了这位牧首/总督，并派去了一个军人，下令让他在埃及组织起坚固有效的防御。居鲁士则被流放到了塞浦路斯，有一次在君士坦丁堡，他在公开场合抗议称，如果他的计划继续实施，他继续提高贸易税额用以给穆斯林纳贡，那么两国还有可能和平共处。纳贡的中断可能直接引发了穆斯林对埃及的入侵。[22]

在埃及阿拉伯文史料中，首先记载了阿慕尔·本·阿斯本人亲身探索富饶的埃及。在穆斯林征服开始之前，他曾加入了一队去往耶路撒冷经商的古莱氏商队。他们轮流在这座城市周边的丘陵中放养骆驼。有一天，当轮到阿慕尔放骆驼的时候，他遇到了一个在丘陵间漫无目的游荡的助祭。当时天很热，这个助祭渴得要死。于是阿慕尔把自己的水袋递给他喝，喝过水后他便躺在地上睡着了。当他睡下的时候，一条大蛇从他身边的洞中钻了出来。阿慕尔见状一箭射死了它。当助祭醒来时，他问阿慕尔刚刚发生了什么。阿慕尔解释清楚情况后，助祭不禁感激涕零，因为这个人不止一次，而是两次救了他的命——一次从干渴中救了他，另一次则是从蛇口救他脱险。他问阿慕尔从事什么职业，阿慕尔回答说自己是商人，希望能赚够钱再买一头骆驼，这样他就拥有三

头骆驼了。助祭又问道，在阿慕尔的族人中，救一个人的命能得到多少回报，阿慕尔回答说报酬是一百头骆驼，助祭回应说，在他们的国家没有骆驼，但若换算成第纳尔金币值多少呢？答案是一千第纳尔。

助祭解释说，他对本地并不熟悉，他之前来到耶路撒冷的圣墓教堂朝拜，并立下誓言在荒野中生活一个月。现在他要回家了，于是他邀请阿慕尔一同回去，并保证到达之后，他将会给予双倍的酬金。

于是，阿慕尔离开了他的同伴，动身去往埃及。助祭带他来到了亚历山大城，在这里他被这座城市宏大的规模、惊人的繁荣和精美的建筑所深深震撼。助祭如约给他支付了酬金，并指派了一个向导带他回到耶路撒冷与他的同伴会合。如今阿慕尔真真正正见识到了埃及与亚历山大城的富有丰饶。

这则故事的细节十分值得质疑，但的确能够表明阿慕尔可能是早期穆斯林领袖中唯一对埃及和这片土地所能提供的机遇有所了解的人。在欧麦尔哈里发出访叙利亚期间来到加比亚时，他可能亲自与欧麦尔商议了入侵埃及的计划。欧麦尔对这个计划表示赞同，但也有迹象表明他也怀有自己的疑虑。阿慕尔动员了一支三千五百至四千人的部队。部队中的士兵从各个部落选出，尤其是生活在也门的阿克（Akk）部落，这个部落位于红海沿岸提哈马平原的乡村地区。他们并不是依靠帐篷逐水草而居的游牧民，而是居住在海岸上用苇草或树枝搭建成的棚屋中，或居住在石造建筑组成的山村中，并且他们主要从事农耕。在体格上，他们往往比贝都因人更矮小瘦弱，但他们的坚忍顽强不逊贝都因人。虽然不一定在城镇，至少这些人也习惯了乡村中的定居生活，而且

他们不会大批放牧牲畜。这些人可能会发现，尼罗河三角洲的城镇和村庄在很大程度上与他们故乡的环境十分相似，尽管宏伟的亚历山大城是他们的家乡所无法比拟的。

这是一次极其冒险的行动。这一支小部队将会穿越西奈半岛，然后在陌生的尼罗河三角洲地区击溃当地的拜占庭军队，并占领许多防御牢固的城市。一旦战局不利，他们就会陷入险境，难以获得支援。根据一则著名的故事，欧麦尔哈里发一度改变主意，并写信给阿慕尔说，如果他已经进入了埃及，那就继续前进，但如果还没有跨过边界，就放弃计划为好。然而阿慕尔猜到了信中的内容，于是他直到639年12月12日[23]抵达阿里什（al-Arīsh）时才打开信封，阿里什标志着埃及领土的起点。[24]然后他向大家宣布，哈里发准许了他的行动。

这一小股部队顺着古老的大道沿海岸进入埃及。就像巴特勒评价的那样："这条通往埃及的大道经历了无数岁月，它曾见证埃及的第一批史前居民，也曾见证亚伯拉罕、雅各和约瑟，它曾见证冈比西斯、亚历山大和克娄帕特拉，也曾见证圣家庭和后来的波斯侵略者。"[25]

阿拉伯军攻下的第一座较为重要的城镇是法拉玛（Farāma），古称培琉喜阿姆，它坐落在赛义德港以东的海岸附近。这座城市的遗址如今已经无人居住，但在法老时代和罗马帝国时代，这座城市有着重要地位。部分破碎的米底巴地图上描绘了这座城市，这是一座分布着柱廊街道，围绕着城墙和塔楼的城镇。由于有许多难民进入，埃及的罗马人一定注意到了阿拉伯人先前对巴勒斯坦的入侵，但法拉玛城似乎并没有强大的守军。阿拉伯军仅花了一个月时间便拿下了该城，然而关于这场战斗缺乏真实可信的细

节记载。

穆斯林的到来似乎被至少一部分科普特人看作是推翻可憎的罗马帝国政权的希望。巴特勒极端鄙视那些认为科普特人曾帮助穆斯林的看法，并且认为这种看法只能在征服埃及很久以后的文献中找到，[26] 但他对于科普特人的偏爱蒙蔽了他的判断，而且他并没有参考过任一版本的伊本·阿卜杜·哈卡姆所写史书。（伊本·阿卜杜·哈卡姆明确地反映了八世纪阿拉伯人的观点，他对科普特人和"罗姆人"做出了明显的区分。其中罗姆人是穆斯林的首要敌人，穆斯林与他们并无妥协余地，但科普特人的地位则更加模糊微妙。）根据伊本·阿卜杜·哈卡姆的记载，当阿拉伯军到来时，科普特教会牧首本雅明对他的追随者写信称罗马人的统治已到末路，并命令他们去与阿慕尔会合。最终在法拉玛的围城战中，当地的科普特人成了阿拉伯军的积极（acwāna）帮手。[27]

然后穆斯林军继续向尼罗河三角洲东部地区前进，他们可能是在沙漠地带行军，避开了定居地区交错纵横的运河与村庄。在比勒拜斯，拜占庭军进行了一定程度的反抗，穆斯林军花了一个月才攻下这座城镇。然后他们向乌姆·敦奈因（Umm Dunayn）前进，这个地方可能位于今日开罗以北的尼罗河沿岸。根据埃及传统史料，拜占庭军在这里筑垒扎营，建造了一座带有大门的土木防御工事，并在开阔地带撒上了铁蒺藜（hasak hadīd）。这场战斗十分艰巨，穆斯林军的胜利得来不易。[28] 战斗胜利后，阿慕尔为他的部众分发了少量的奖赏：一个第纳尔、一件袭巴（jubba）、一件布尔努斯（burnūs）、一条缠头巾和两双鞋子。其中袭巴和布尔努斯是典型的埃及服饰——也门人从此开始接受这个地区的习俗。[29]

至于在乌姆·敦奈因苦战得胜之后发生了什么，就不清楚了。

穆斯林接下来的首要目标很有可能是坚固的巴比伦要塞（位于今开罗老城区），这座堡垒驻守着强大的拜占庭守军。但阿慕尔可能认为在阿拉伯半岛的援军到达之前，自己的军力不足以攻下这座堡垒。尼基乌的约翰在他的基督教文献中记载了这段时间发生的故事（那些可能记叙了第一次阿拉伯入侵的书页如今已经遗失）。根据他的记载，阿慕尔决定在阿拉伯半岛的援军到来前先绕过这座要塞，然后向南方富饶的法尤姆（Fayyum）绿洲前进。他从乌姆·敦奈因出发，跨过尼罗河，途经金字塔与埃及古都孟菲斯（Memphis）的遗迹，穿过尼罗河谷中的棕榈林与田野，进入了法尤姆。法尤姆是一片广阔的绿洲，位于开罗东南方向约七十公里的地方。在罗马帝国时代，这片绿洲就以盛产粮食著名，对于正在等待支援的阿慕尔和他的部众来说，这里也是一个十分诱人的攻略目标。

阿慕尔对法尤姆的入侵在任何阿拉伯文史料中都没有记录，但尼基乌的约翰对此有所描述。[30] 绿洲的入口由当地驻军守卫，阿拉伯军似乎没能深入绿洲太远，只好在耕地边缘地区的高地上抢掠绵羊和山羊以供补给。但他们还是攻下了小城拜赫奈萨（Bahnasā，或称俄克喜林库斯），他们洗劫了这座城镇，屠杀了所有他们见到的男人、妇女和孩童。一个名叫约翰的当地民兵军官带着大约五十人悄悄追踪阿慕尔的军队，但阿慕尔发现了他们的踪迹。于是这支拜占庭部队试图逃回阿布维特（Abwit）的要塞，他们连夜跋涉，白天则躲藏在树园和棕榈林中。但他们最终被一个当地人背叛，被阿拉伯人包围并全部屠杀了。约翰本人则淹死在了河里。似乎此时阿慕尔得知期盼已久的援军终于到来，于是他回军北方，准备开始对巴比伦要塞发起进攻。

法尤姆遭受的劫掠和约翰的死讯令拜占庭人震惊不已：敌人在尼罗河三角洲的沙漠边缘劫掠还好说，但如果敌人深入尼罗河谷，问题就异常严峻了。约翰的遗体被人用网打捞上来，加以熏香装殓后送往了君士坦丁堡。希拉克略皇帝据说对这件事情大为震怒，埃及拜占庭军的统帅狄奥多雷（Theodore）闻讯急忙赶到法尤姆，试图挽回局面。另一个名叫利昂提奥斯（Leontios）的将领也被派往法尤姆巩固当地防御。根据尼基乌的约翰记载，"他身材肥胖，不谙战事"，他留下半数士兵驻守绿洲之后，便回到了巴比伦要塞。法尤姆就这样被帝国收复了，但这仅仅是暂时而已。

与此同时，穆斯林援军顺着阿慕尔之前的路线，沿尼罗河三角洲的东部前来与他会合。当阿慕尔从法尤姆回军时，他必须再次渡过尼罗河以与援军会合。这个时机对于穆斯林军来说十分危险，但拜占庭军的将领却没能把握战机击溃他们，任由阿慕尔成功渡河与援军会合。援军据说兵力有一万两千人，[31] 由祖拜尔·本·阿旺（Zubayr b. al-Awwām）指挥。祖拜尔是穆罕默德的最早追随者之一，他在早期穆斯林中有着很高威望，但这是阿慕尔的远征，因此祖拜尔到来后阿慕尔仍旧负责统率全军。祖拜尔被描述为一个身高中等、相貌俊美（hasan al-qāma）并且肤色苍白的人，他的胡须很少但体毛很重。他在战斗中十分勇敢，甚至有点莽撞，但阿慕尔才是整场行动的中枢，因此他留任军队的总指挥官。[32]

穆斯林联军在古老的翁城（On，或称赫利奥波利斯）扎下营来。这座城市如今位于开罗市郊，但这里在当时还是沙漠的边缘地区。这座城市拥有十分重大的考古意义，但当时大部分已经被废弃了："当阿拉伯人到来时，除了残垣断壁、半被掩埋的狮身人

面像，和时至今日仍旧矗立的、纪念着那个已消亡世界的坚固方尖碑之外，远古时代的荣光已不剩分毫了。"[33] 这座城市的遗址坐落在高地上，水源供给十分充足。阿慕尔将这里作为他的基地。由于深知自己缺乏攻城器械和技术手段，他便试图将守军诱出堡垒，在开阔地带与他们作战。此时，狄奥多雷正率领拜占庭军主力，穿过尼罗河和现在开罗所在的穆盖塔姆（Muqattam）高原之间的平坦地带，向着赫利奥波利斯城进发。可能在 640 年 7 月，两军相遇。阿慕尔率领主力与拜占庭军接战，但同时他还派遣了一小支约五百人的骑兵部队连夜进入丘陵地带，好从敌人背后发起伏击。这个策略起效了。主力军激战的同时，这支突击队从背后发起了攻击，拜占庭军顿时陷入了混乱。拜占庭军中有些人成功撤回了巴比伦要塞的坚固城墙中，但多数人都在试图从陆路和河路逃走时死去了。[34]

征服军的下一个目标是巴比伦要塞本身。这座要塞是集古罗马军事工程学之大成的宏伟建筑，[35] 大致在 100 年左右由图拉真皇帝建成，他建造这座要塞的目的是应对亚历山大城的犹太人起义。它镇守着尼罗河三角洲顶端的战略要地，在这里，罗达岛（Rawda）使得尼罗河的河道变窄，便于人们搭建舟桥通过。巴比伦这个地名似乎在古典时代就存在了，这个名字来自一些有关尼布甲尼撒建立巴比伦城的传说故事，可能是由后来从伊拉克的巴比伦故地迁来的难民和殖民者所起的。阿拉伯人称其为"卡斯尔·沙马"（Qasr al-Shama），但它原来的名称仍旧在中世纪的欧洲广为使用，当时的欧洲人往往称埃及苏丹为"巴比伦苏丹"，这个称呼很容易令人混淆。这座要塞的规划近乎一个三角形，拥有十二米高，近三米厚的坚固砖石城墙，沿着河岸向西延伸，穿过

了东部和北部的园地和修道院建筑群。在要塞南部是一道大门，朝向罗马时代的渡口，大门两侧镇守着两座呈D字形突出的塔楼，这道城门被称为"铁门"。还有两座直径约三十米的高大塔楼俯瞰着河岸。在城墙内五公顷的场地中坐落着十座教堂或修道院，其中除驻军外还生活着许多平民。到穆斯林入侵时，这座要塞可能已经矗立了六百多年，但其军事意义从未被削弱过。直到二十世纪初之前，这座要塞的堡垒建筑仍旧完好无损，城墙中围护着几座科普特教堂和一座犹太会堂。然而到二十世纪初以后，大部分建筑都被拆毁了，只剩下一点遗迹尚能体现这座要塞的旧时辉煌。

大致在640年9月初，阿慕尔开始攻取这座要塞。据记载，城中守军有五千至六千人，囤积的补给足以承受围城战。面对坚固的城墙，阿拉伯军手头只有少量威力弱小的攻城武器，他们试图搭起云梯爬上城墙。假如有援军前来解围，或者周边乡村地区的民众能够广泛自发支持拜占庭军，这座要塞很可能可以坚守成功。但拜占庭援军并没有到来，而且居鲁士对科普特人的迫害政策使得当地人对他不屑一顾，甚至满怀敌意。

与此同时，巴比伦要塞内的守军仍在坚持。这场围城战缺乏连贯一致的历史记载，只有一些有所修饰的逸事意图表现当时穆斯林尚武的清教主义情怀。在其中一则逸事中，祖拜尔和乌巴达（Ubāda）在祷告时被敌人突袭，但他们当即跃上战马将袭击者赶回了城堡。拜占庭人撤退时，他们扔下了值钱的佩带和首饰，想要让阿拉伯人停下脚步抢夺它们。但穆斯林像往常一样，对这些世俗财物不屑一顾，直追敌人到城墙脚下，在这里乌巴达被城墙上掷来的一块石头所伤。然后这两位英雄返回去继续完成他们的祷告，将价值连城的战利品留在了原地，分文不取。

641 年 3 月，希拉克略皇帝去世和帝国陷入继承危机的消息传来。这件事显然打击了守军的士气，提振了阿拉伯军的斗志，因为之前阿拉伯人似乎仍然对希拉克略皇帝怀有一定程度的敬畏之情。既然援军近期内已无希望到来，这座要塞的陷落也指日可待了。641 年 4 月 9 日，也就是复活节后的星期一，拜占庭军终于投降了，他们将这座宏伟的堡垒拱手让与阿拉伯军便撤离了，他们带走了一些黄金，但抛弃了许多武器装备。[36]

根据故事的其中一个版本，祖拜尔最终攻下了城池。他搭起云梯，一边攀爬城墙一边高呼"真主至大"，听到他的战吼，穆斯林军立时大举进攻要塞，守军随即失去斗志，开城投降。[37] 表面上看，这段记载运用了阿拉伯文献惯用的叙述手法，与哈立德·本·瓦立德猛攻大马士革城墙的史料记载如出一辙。但另一方面，埃及的穆斯林的确相信这个故事是真实的。祖拜尔的云梯被当作遗物保存了下来。拜拉祖里于九世纪后半叶记载道，祖拜尔修建了一座宅邸，后来传给了他的子孙后代，在这座宅邸中就收藏着他当年所用的梯子。[38] 据一份较晚的文献记载，到一百五十多年后的 1000 年，这座宅邸在一场火灾中被毁。[39]

这个故事中讲述的事实也十分重要，因为巴比伦要塞的沦陷对埃及的拜占庭势力造成了灾难性打击，"这为罗马人带来了极大的悲痛"，同时代的科普特历史学家，尼基乌的约翰带着有点幸灾乐祸的语气记载道。他很确定拜占庭军失败的原因："基督为那些信仰他的人献出了生命，而他们却无心荣耀我主及寻求救主耶稣基督的救赎。"尤其他们还迫害了正统教会的基督徒（当然，在这里的"正统"指的是他的科普特同胞）。围城期间，似乎科普特人的领袖都被囚禁在要塞中，在复活节的星期日，这些囚犯都被释

放出来，但"这些基督的敌人，他们（拜占庭人）在释放这些人之前还要先凌辱他们一番。他们鞭笞这些人，然后剁掉了他们的双手"。[40]

有可能就是在这段时间，穆斯林与拜占庭帝国签订了被称为"密斯尔（即埃及）条约"的和约，但这份文件的具体内容已经不得而知。[41] 这份和约在很多地方与欧麦尔和耶路撒冷签订的那份协约相似，很有可能是以那份和约为蓝本起草的。这份条约开头的条款大致保证了当地居民的宗教（millat）、财产、十字架、土地和水道的安全。他们应当在每年尼罗河涨水期（ziyādat nahrihim）结束时缴纳齐兹亚税。[42] 如果河水没有如期上涨，那么税收将随之依比例减少。如果有人不遵守和约条款，那么他可以不缴纳税款，但他也无权受到保护。罗马人和努比亚人如果想要享受以上条件，也需要承担和约条款所规定的义务，如果不愿遵守该和约亦可自行离开。在和约中还有更多专门针对努比亚人的条款：他们不准定居在房屋中，而且那些接受条约的人应当献出许多奴隶和马匹。作为回报，他们被保证不受袭掠，并且他们的商贸活动不被扰乱。这份条约在祖拜尔和他的儿子阿卜杜拉的见证下，由瓦尔丹（Wardān）起草完成。

这份条约只是目前留存的那些与埃及当地民众签订的，各自略有不同的条约中的一份。[43] 在许多条约文本中，除穷人外，成年男性每人应当缴纳两第纳尔金币。据记载，埃及人还应该给穆斯林提供物资供给。[44] 每位地主 (dhī ard) 应提供二百一十千克 * 小麦、四升油、四升蜂蜜和四升 ** 醋（当然不是酒）。穆斯林还要

---

* 即三伊拉布（irabb），一伊拉布约为七十千克。

** 即两齐斯特（qist），1 埃及齐斯特等于 2.106 升。

求获得衣物：应为每位穆斯林提供一件羊毛裘巴、一件布尔努斯（即缠头巾）、一条长裤（sarāwīl）和一双鞋子。这些南阿拉伯人可能十分不适应埃及冬季偏凉的天气。

既然巴比伦要塞已经落入穆斯林军的股掌之中，阿慕尔便开始加紧准备对亚历山大城发动总攻。此时距尼罗河涨水期只剩下三个月时间，尼罗河一旦涨水，将会给部队的机动能力造成很大困难。要塞的城墙已经被修复完毕并加以修缮。然后他命人修复了尼罗河上的舟桥。根据一则阿拉伯传说故事记载，就在阿慕尔准备拔营出征时，一只鸽子飞来他的帐篷里筑巢。于是他命人不要打扰这只鸽子："它正在我们的保护下避难（taharamat bi jawārinā）。就把帐篷立在这里，直到它养大雏鸟，它们一起飞离为止吧。"然后作者还给这则故事加上了一个结尾：穆斯林军还留下了一个哨兵守卫这座帐篷，保护这只鸽子不受打扰。[45]

根据埃及传统史料记载，在战役的这个阶段，随军的科普特人起到了极大帮助，他们"保障道路的安全、建造桥梁并设立集市，科普特人是他们与罗马人作战时的好帮手"。[46]

像往常一样，战役具体过程的历史叙述十分模糊不清。穆斯林车的第一个目标似乎就是尼基乌，也就是编年史作家约翰主教的家乡。在尼罗河的西支，靠近今日马努福（Manuf）的地方，矗立着一座坚实的要塞。罗马指挥官狄奥多雷将他的属下杜门提亚努斯（Domentianus）留在此地指挥守军和尼罗河上的舰队，但这位将领因为畏惧阿拉伯军的到来，乘船逃回了亚历山大城。守军发现指挥官已经逃走，便也纷纷试图乘船逃之夭夭，但船夫早就已经逃回了他们各自的村庄。结果这群倒霉的士兵在河边干等时被阿拉伯军追上，他们被阿拉伯军屠杀殆尽，只有一个名叫扎

哈里亚（Zacharia）的士兵幸存了下来，据说是因为阿拉伯人钦佩他的勇敢，便饶了他性命。641年5月13日，穆斯林军未遭遇任何抵抗便进入了尼基乌城，根据约翰的记载，"他们在街道上和教堂里屠杀了他们遇见的所有人，无论男人、女人还是婴孩，他们都不放过"。[47]

至此，狄奥多雷率罗马军队向北撤往亚历山大城，穆斯林军则紧追其后。对于阿拉伯军来说，路途也并非畅通无阻。阿拉伯军先头部队指挥官沙力克·本·舒韦（Sharīk b. Shuway）就一度陷入罗马军队的包围，有被优势兵力击溃的危险。他忙命令一位属下急速向尚在后方二十六公里处塔努特（Tarnūt）的阿慕尔告急，此人拥有一匹以速度著称的枣色良马。罗马军派人追击这个信使，但没能追上。得知沙力克身陷险境，阿慕尔即刻出击，于是敌人因不敢与他作战而撤退了。在此之后，这片地方得名为"库姆·沙力克"（Kūm Sharīk，沙力克山）。

阿拉伯军继续进发。他们在尼罗河三角洲的卡琉恩（Karyūn）又遭遇了一场激烈抵抗。在这里似乎罗马人和科普特人并肩作战，而且他们还拥有来自周边村镇的增援。[48]狄奥多雷的军队经过一场恶战才被击败，连阿慕尔都"恐惧地念起祷文"。[49]在这场战斗中，阿慕尔的儿子在前锋队伍里身受重伤。最终，狄奥多雷被迫率残部撤回亚历山大城。

阿拉伯军终于来到了宏伟的亚历山大城。巴特勒用如诗歌般优美的文字向我们描述了他们当时可能看到的景象：[50]

　　　　这支军队（阿拉伯军）中的许多士兵一定已经在巴勒斯坦见过许多美丽的城市，诸如埃德萨、大马士革和耶路撒

冷；[51] 他们中有一些甚至曾目睹过安条克城声名远扬的繁华景象和巴尔米拉城的诸多奇观；但当他们经过这座城中的花园和葡萄园，以及掩藏在城区中的修道院时，他们发现那些城市都无法与他们面前矗立的这座辉煌灿烂的大城相提并论。即使在七世纪，亚历山大城仍旧是世界上最美丽的城市——能够与之媲美的可能只有古老的迦太基城和罗马城，在这些城市，建城者的技艺可谓前无古人，后无来者。目力所及之处延伸着坚固笔直无与伦比的城墙与塔楼，几个世纪以来，它们都令来往的旅人心神激荡不已。比它们更为震撼的，还有城中闪闪发光的穹顶与三角门楣、石柱与方尖碑、雕像、神庙和宫殿。左面（阿拉伯军是从城东南进入的）的视野被覆有镀金屋顶的塞拉比尤姆神庙阻挡，在城堡边上显眼地耸立着戴克里先石柱——在它的右边则是宏伟的圣马尔谷大教堂，西边更远的地方竖立着几座名为"克娄帕特拉之针"[52] 的方尖碑，这些方尖碑已有两千年历史了，它们历经了两倍于这座城市奠基至今的时光。在它们之间的场地上则满是明丽辉煌的建筑轮廓——远处的背景中有一座庞大壮观的地标建筑，那就是著名的亚历山大灯塔，它是世界奇迹之一。就算是这些半野蛮的沙漠武士，一定也会被这座城市的庄严和雄伟，宏大和坚固所震撼，这就是他们即将征服的城市。

然而考古证据表明，此时古典时代亚历山大城的部分辉煌景观早已无迹可寻。[53] 亚历山大灯塔在当时完好无损，仍旧在海港的入口为航船照明，城市的主干道仍旧沿着古老的克诺珀斯大

道延伸，但这座古城东部的大部分区域都已被废弃。另外，马雷奥提斯湖上的南部重要港口也在 608 年到 610 年毁于福卡斯皇帝的拥护者和他的对手希拉克略的支持者之间的战斗，这场战斗还摧毁了该城的运河系统。经此浩劫后，城市南部的大部分地区也被废弃了。在九世纪，阿拔斯王朝的哈里发穆台瓦基勒（Mutawwakil，847 年至 861 年在位）下令为该城建造新的城墙时，新城墙只围住了古典时代城区约三分之一的范围。地震、1365 年塞浦路斯十字军劫掠者的破坏和十九世纪初穆罕默德·阿里发起的城市改建，都抹除了大部分古代和中世纪早期亚历山大城的遗迹。尽管如此，还是有少量考古证据能够证明阿拉伯人征服的这座城市在古城墙内的城区曾有萎缩迹象，而且许多区域都被居民废弃。似乎对于此时严重萎缩的城市人口来说，这座始建于托勒密王朝即该城的全盛时代的城墙有些太长了，很难有效地抵御敌人的攻击。

尽管面临着以上问题，亚历山大城还是能够坚守数个月甚至几年之久，尤其是在海路补给的支持下。但这是不可能的，因为此时整个帝国尤其是亚历山大城，正在被内斗和妒忌生生撕裂。关于这场内乱的细节我们只能依靠尼基乌的约翰的记载，因为阿拉伯文献并没有在这些斗争上费笔墨。

641 年 2 月 11 日，希拉克略皇帝去世，此时距巴比伦要塞沦陷尚有两个月。他将帝国权力分给了他的两个儿子，君士坦丁和小希拉克略。但这个方案并不可行，最终实际掌权的是君士坦丁。他召回了被流放的居鲁士和埃及的军事指挥官，与他们进行了一场会议，会议上他决定向埃及增派军队。就在 5 月 24 日，远征的准备几乎就绪时，君士坦丁突然去世了。帝国大权落在了他同父

异母的弟弟小希拉克略及其野心勃勃的母亲马尔蒂娜手中。新一届政府似乎决心与穆斯林军议和，居鲁士被遣回亚历山大城，不是为了加强城防，而是为了与穆斯林军谈判。君士坦丁堡的新任皇帝可能认为他们需要全部兵力来稳固自己在首都的统治。居鲁士或许认为他还能重新续订他在639年之前订立的朝贡和约。毕竟拜占庭帝国以往就经常向周边的蛮族发放补贴以避免他们袭扰国土，这一小队袭掠军一定也会欣然接受和约条件的。

与此同时，在亚历山大城内也爆发了一场争端，两个竞争对手正在争夺军事指挥官的大位：一位是曾先后丢掉法尤姆和尼基乌的杜门提亚努斯，另一位则是米纳斯，据说他更受人拥护一些。这两人各自受一支赛车场派系的支持，支持杜门提亚努斯的是蓝党，而支持米纳斯的则是绿党。这些以颜色为名的赛车场派系最早是支持赛车手的观众。在古典时代晚期，他们是大城市中拥护统治者或与之做斗争的核心力量，但在穆斯林征服之后他们都销声匿迹了。这两位将军都将自己的拥护者召集到了街道上来。至于这场敌对行为有没有激化到超出个人斗争的地步，我们不得而知：因为尼基乌的约翰只提到了宗教摩擦的紧张局势，但并没有更进一步地做出解释。这场斗争可能也是基于政策上的分歧：因为杜门提亚努斯支持马尔蒂娜和居鲁士的决策，打算与阿拉伯军议和。

约翰并没有在记载中提到任何激烈战斗，但根据埃及阿拉伯文传统史料记载，围城期间经常发生零散的战斗，有时是守军试图突围，有时只是个人接战。显然城墙外的阿拉伯军发起了几场突击，但他们似乎并没有发起过总攻。最终阿拉伯军通过谈判而非军事行动拿下了该城。

居鲁士在 641 年 9 月 14 日，圣十字节当日早晨赶到了亚历山大城。他首先在海港附近的塔本西（Tabensi）修道院落脚，这里据说收藏着一片由希拉克略皇帝下令运来的圣十字架碎片。然后居鲁士带着这份圣物在街上巡行，到达了著名的恺撒里昂大教堂。尼基乌的约翰记载了民众是如何将地毯铺在他行进的道路上，并吟唱圣歌祝福他的，人群声势十分浩大，甚至造成了人们互相踩踏。[54] 有趣的是，在这位科普特历史学家的记载中，大量民众拥护的是他所在教会的死敌。他发起了一场以圣十字架为主题的讲道，但在活动的最后，他的助祭却吟诵了一段错误的圣诗，他为了讨好居鲁士，在圣歌中还直接提到了他的归来。民众纷纷对这一有违常理的丑态失望摇头，并且做出了睿智的预言：居鲁士在这座城中见不到下一个复活节的到来。至少在史料记载中是这样叙述的。

这年十月，居鲁士悄然离开亚历山大城，来到福斯塔特与阿慕尔谈和。当时尼罗河正在涨水期，阿慕尔刚刚从埃及中部的征战中归来，回到他的大本营。根据约翰的记载，阿慕尔欢迎了这位牧首，并说："你来找我们了，这很好。"居鲁士回答说："神已将这片土地交到你们手中，请你们不要再与罗马为敌了。"根据叙利亚文编年史的记载，居鲁士解释说之前撕毁条约和中止贡赋并不是他的责任，并且"他由衷地恳求穆斯林收下他带来的黄金，但阿慕尔却回答说'既然我们已经得到了你们的国家，我们就不会抛弃它'"。[55] 居鲁士感到自己别无选择，只好接受了这一既成事实，在 641 年 11 月 28 日，和平协议最终达成。依和约，亚历山大城的居民应交纳贡赋。罗马军队将带着财产离开城市，从海路返回君士坦丁堡。到 642 年 9 月，这些条件正式生效之前，有

十一个月的休战期。同时，穆斯林军扣押了一百五十名士兵和五十名平民作为人质，以保证和约条款能够得以履行。

然后居鲁士返回亚历山大城，使守城将领狄奥多雷相信和约，并告知了皇帝。他召集城中所有民众缴纳税款，但不敢告诉他们他的真实目的是什么。直到阿拉伯军前来征收首批贡赋的时候，亚历山大城的民众才意识到和平已经到来。当看见穆斯林军到来时，亚历山大人纷纷拿起武器准备抵抗，但将领们却宣布城市已经投降了。一开始民众立时群情激愤，甚至威胁要投石砸死牧首。这时居鲁士亮出了底牌：他痛哭流涕地规劝群众接受和平提议，他还声称自己为了保护全城百姓妇孺，已经与穆斯林军立下了和约。最终民众还是屈服了。税款被收集起来，并于 641 年 12 月 10 日上交，这一天是穆斯林历法第二十一年的第一天。

亚历山大城陷落后，埃及境内只出现了少数几次反抗。似乎阿慕尔之前就已经率领一支军队进入了埃及中部。安蒂诺波利斯城的总督发起了一些反抗，但在其他地方穆斯林军并未遭到抵抗。在与亚历山大城的停战期间，穆斯林军还来到了尼罗河三角洲北部的一些较小城镇。同样地，在这些地方只有零星抵抗，但并没有持续的反抗。

同时，亚历山大城似乎逐渐适应了新的形势。很可能包括大部分军队在内的许多罗马人都乘船逃到了君士坦丁堡或其他仍在拜占庭帝国控制下的地区。居鲁士本人则由于自然原因去世。顺理成章地，一位迦克顿教会的牧首正式当选，成了他的继任者。此时，科普特教会的牧首本雅明从藏匿中现身，并再度回到了亚历山大城。9 月 17 日，狄奥多雷率领最后一批军队乘船去往塞浦路斯，最终在 9 月 29 日，为期十一个月的休战期结束后，阿慕尔

正式入城，路上并未遭遇任何抵抗。希腊及罗马人在这里的千年统治就此画上了句点。

很大程度上，伊斯兰政权的统治模式是拜占庭帝国的延续。现存的莎草纸行政手稿记载的大量相关内容表明，在埃及的日常生活中，税官仍与前朝是同一批人。和拜占庭帝国治下相比，他们所收取的税收在穆斯林政权治下并无不同，他们的行政语言也仍然是希腊语。直到半个世纪后，阿拉伯语才成为行政语言。

然而在另一些方面，穆斯林征服的确带来了巨大的变化。最为明显的就是，如今行政命令由麦地那而不是君士坦丁堡发布，总督也变成了说阿拉伯语的穆斯林，而不再是说希腊语的基督徒。这一变化导致本地粮食出口的方向也发生了转变。埃及出产的粮食最早出口到罗马城，之后则出口到君士坦丁堡。在穆斯林征服之后，则被用于供给麦加和麦地那。新兴的穆斯林政权发起的工程之一，就是重新开通自尼罗河在今日开罗所在的河段通往红海的运河。于是粮食得以从埃及的肥沃耕地直接通过水路运往新兴帝国的首都。

根据故事记载，阿慕尔坚持要将亚历山大城设为自己的首府，这本是理所当然的决策，但欧麦尔哈里发却否决了他的决定，因为他忌惮该城的基督教和希腊影响太过深厚。取而代之的，征服军的总督将首府设在了巴比伦要塞以北的地方，这片遗址如今成了开罗旧城区的中心地带。根据埃及阿拉伯文史料记载，这一决策是由欧麦尔哈里发下达的，与他之前选择库法和巴士拉作为建城地址一样，他不想让穆斯林军与阿拉伯本土被水域隔开。这个地点也是尼罗河三角洲上游的战略要地，距离古代法老的首都孟菲斯仅数公里。在这里落成了埃及的第一座清真寺。尽管这座建

筑的大部分都已经是许多年后才建成的，但它名叫"阿慕尔清真寺"，并且仍旧坐落在原址上。在清真寺周边，阿拉伯人纷纷搭起帐篷，建起棚屋。定居在这里的各部落的名字，都被埃及阿拉伯文传统史料倍加珍惜地记录了下来，在此后至少两个世纪间，如果一个人的祖先中有人是征服者，那么他不仅仅会赢得社会声望，还会分得一定的税额作为奖金。名单表明埃及的定居者中绝大多数都是南阿拉伯人，来自也门和阿拉伯半岛南部哈德拉毛（Hadramawt）的定居地区。这座聚落后来被称为福斯塔特，这个名字可能来源于阿拉伯人用以称呼帐篷的多个名词之一，也有可能是希腊语词"fossaton"的变体，这个词的意思是"沟渠"。伊拉克的新建穆斯林城镇库法拥有宽阔的街道和开阔的市区中心，与其相比，福斯塔特的规划则更加杂乱随意。不同的部落与家族依照各自的喜好在各处定居，城市的街道则是由人们去尼罗河畔取水或去往清真寺和集市时途经的弯曲小道发展而来。这座聚落十分庞大，从北至南沿尼罗河畔延伸约五公里，从东至西至少一公里。居民以部族为单位聚居，每三百至三百五十人划分为一席塔（khitta）或一个区，他们在划定的范围内建筑房屋。根据当地最伟大的历史学家的说法，最早的福斯塔特就是"三十或四十个部族（或部族联合体）定居下来组合而成的大型聚落，这座聚落中分布着数百座帐篷与用苇草或黏土建造成的棚屋，它们的格局基本都十分密集，往往不同部族中间有大片空地相隔"。[56] 较新的考古研究已经证实，在穆斯林征服时期该城的大部分遗址都是没有建成建筑的空地，那些稳固的砖造建筑也是在非常早的阶段开始兴建的。[57]

这座杂乱无章的聚落日后将会迎来辉煌的未来。自 641 年阿

慕尔建城以来直至今日，这座位于尼罗河三角洲顶端的城市一直都是埃及的首都。事实上，埃及的权力中心一直在逐渐向北移动，在九世纪，政府区位于福斯塔特北部边界，邻接有城墙保护的开罗（al-Qāhira，即"胜利之城"），这座城市于969年法蒂玛王朝时建成，尽管人群缓慢地移居北方，但福斯塔特仍然是人口和商业中心，直到1171年，在十字军入侵的威胁下，法蒂玛王朝焚毁了该城大部。在那之后该城的大部分地区都沦为一片废墟，房屋、清真寺和浴场的遗迹都被掩埋在了低矮的丘墟中。然而古老的巴比伦要塞仍旧是科普特人的宗教和文化中心，同时穆斯林也仍旧在那座以阿慕尔的名字命名的清真寺中祷告，这是埃及最古老并最受信徒崇敬的清真寺。

福斯塔特城的建立使得亚历山大城不再是埃及的首都。近一千年来，埃及一直被这座地中海沿岸城市中说希腊语的精英阶层所统治。这座城市跨越地中海与罗马和君士坦丁堡的联系十分便捷频繁。然而在投降谈判完成后，阿拉伯军到来前的休战期间，这座城中的大部分精英阶层都离开了。亚历山大城成了一个前线城镇。645年下半年，由将军曼努埃尔率领的一支罗马军队在亚历山大城登陆，轻而易举地占领了这座城市。罗马军从这里出发，在尼罗河三角洲四处烧杀抢掠，但他们没能取得决定性优势，也没有去进攻福斯塔特。之前被从总督位子上撤下的阿慕尔此时又急忙受命上任，召集起了他在最初征服埃及时所率的那支常胜之师。罗马军被他赶回了亚历山大城。646年夏季，穆斯林军包围亚历山大城。一些史料记载称穆斯林军利用攻城器械攻破了城墙，而另一些记载则称是守门人里通外敌，将穆斯林军放进城中。想要证明这两个版本真实与否是不可能的。但我们清楚可知的是，

这座城是被武力攻陷的——部分罗马士兵设法乘船逃离了，但大多数人，包括曼努埃尔在内，都在战斗中被杀。这一次阿拉伯军没有心慈手软，他们放火焚烧了大部分城区，并在城中大肆屠杀，直到阿慕尔下令停止屠杀为止，在他下令的地方日后建起了著名的慈悲清真寺。

对亚历山大城的第二次征服确保了福斯塔特作为首都城市的地位，同时也决定了亚历山大城的命运，这座城市从此降格成了一座地方城市。某种意义上这也是对更加古老的传统的回归——因为福斯塔特继承了法老时代首都孟菲斯的地位。

阿拉伯人聚落的规模十分有限。居民不可能多于四万户，[58]也就是说，阿拉伯移民的总数约为十万人。[59]在阿拉伯人控制了埃及，并学会如何管理利用这里的财富后，他们便不再积极鼓励下一批移民到来——因为这样会使资源的分配更加稀疏。同样他们也不乐意鼓励科普特人改宗，因为他们也会要求分得部分财富。埃及被征服之后的近一百年间，阿拉伯人的定居地都仅仅局限在福斯塔特城、亚历山大城的驻军和阿斯旺的驻军，这支驻军是为了防御努比亚人对上埃及的攻击而驻扎在这里的。此时埃及绝大多数人口仍旧是科普特人，中低级行政部门则吸收了大量之前为罗马帝国和波斯帝国服务的家族和群体。只有军官和高级行政人员是阿拉伯人。

在征服埃及的舞台上，几位主角各自迎来了不同的命运。居鲁士首先退场，在投降条约签订完成和阿拉伯军正式占领该城之间的休战期内，他因自然疾病去世。巴特勒在尼基乌的约翰的记载之上加上了自己想象的细节，如此重述他生命中的最后几个月：

第四章　对埃及的征服　199

　　居鲁士此时身心已经饱受摧残。他的一切宏图野望已经烟消云散：就连他只希望保住自己性命的愿望也不得实现（因为皇帝对他的所作所为大为震怒）。当他感到死神的阴影渐渐向自己的生命逼近时，他的良知觉醒了几分，他开始为自己的罪恶与失败感到痛苦煎熬。他整日以泪洗面，为自己对埃及的背叛而空自悔恨，心碎无比。在极度的忧郁和沮丧之下，他很快患上了恶疾。他在棕枝主日那天发了痢疾，而后在下个星期四，也就是642年3月21日，他去世了。[60]

　　实际上，居鲁士交纳贡赋的决定或许是正确的，因为这样可以尽可能拖延时间，而不是冒着战败的风险强行挑战阿拉伯军。假如他的策略能够贯彻下来，埃及的历史可能会大为不同。

　　至于圣徒一般的科普特牧首本雅明，他人生中的最后几年则与居鲁士截然不同。[61] 关于这位牧首，有一些倾向性过于明显但近乎同时代写成的传记留存下来。当阿慕尔占领亚历山大城时，一位名叫萨努提乌斯的科普特贵族（duqs）劝说他为本雅明发布一份安全保证书，并邀请他回归亚历山大城。当他在藏匿了十三年后终于归来时，阿慕尔满怀爱戴与敬意地接待了他，并说道："在我所征服的所有土地之上，我都没见过有如此虔诚的信仰者！"然后这位总督命他回到科普特教会继续主持事务，于是他便开始重新召回那些在居鲁士统治时期被迫抛弃信仰的科普特人，其中还包括一些主教。他开始着手重建奈特伦河谷（Wadi Natrun）中被迦克顿教会毁坏的修道院，其中包括圣马卡里乌斯大修道院，这座建筑时至今日仍在作为修道院使用。"正统教徒（这里指科普特教徒）的善功与日俱增，民众纷纷欢欣鼓舞，如同

牛犊被放开了轭头，尽情吸吮母亲的乳汁一般。"[62] 本雅明重回亚历山大城，在信众的拥护下，他在圣米纳斯修道院自任牧首，因为这里的所有教士都是埃及人（misriyūn），他们容不得这座修道院被可憎的迦克顿信徒沾染。

本雅明还与阿慕尔建立了良好的关系。亚历山大城陷落后不久，阿慕尔开始着手准备发起对利比亚的征服。他对本雅明请求道："如果你为我祈祷，那么在我去往西方并像我在埃及所做的那样夺取五城后，若能够平安归来，我会满足你的一切要求。"然后，虔信的传记作家描绘了一幅令人瞠目结舌的场面：这位牧首为穆斯林将领祈祷，祝福他能够击败昔兰尼加的（基督徒）居民。[63]

本雅明在穆斯林军攻陷亚历山大城后又活了将近二十年，最终在 661 年，他以高龄寿终正寝，留下了极高的声誉。他的遗体被葬在圣马卡里乌斯修道院，时至今日他仍被这座修道院尊为圣徒。不可否认的是，在阿拉伯统治者接管埃及时，他为保护科普特教会做出了重大贡献。

本雅明去世三年后，阿慕尔也去世了，但他并非一直都是埃及总督。645 年，他被新任哈里发奥斯曼解除了总督职务，奥斯曼当时正试图加强哈里发政权的中央权力，他任命阿卜杜拉·本·萨阿德·本·艾比·萨尔赫（Abd Allah b. Sacd b. Abī Sarh）接替了他的职位，这位新总督并不如阿慕尔那样与征服军联系密切，但他能够为麦地那带来更多的收入。然而阿慕尔的政治生涯并未就此结束。在 656 年奥斯曼哈里发去世后的权力斗争中，他投在他的远亲，也是后来伍麦叶王朝的首位哈里发穆阿维叶·本·艾比·苏富扬帐下，成了他的重要谋臣。658 年，穆阿

维叶命他率领一支军队，从他的对手阿里的拥护者手中夺取埃及。此时距他上一次治理埃及已有十三年，但他还是获得了征服军旧部和他们后代的热情支持。658年夏季，在福斯塔特近郊的一场激战中他击败了阿里的拥护者，耀武扬威地进入了这座由他一手建成的首都。他在这里留任埃及总督，直到664年初，在七十岁左右时，他由于自然原因去世。他被埋葬在福斯塔特以东穆盖塔姆丘陵的山脚下，然而由于早期穆斯林很少会特意标记他们的坟墓，因此他的坟墓的真实地点早已无法确认。

据历史文献记载，阿慕尔拥有很高声望。作为一个将领和政治家，他无疑是十分成功的——他所获得的成就证明了这一点，但与此同时，他还以公正果断著称。在埃及阿拉伯传统史料的记载中，他并非以征服者著称，而是因坚持维护征服军士兵及其家属利益，并且不惜与麦地那或大马士革的中央政府相抗争而著名。在他临终时，他被描绘成一个虔信的智慧老者，一个受到先知本人赞许的人物。[64] 在科普特文献中，他也拥有良好的形象。在上文中我们已经提到本雅明的传记作者是如何描述阿慕尔和本雅明的友好关系的。而更加引人注意的是尼基乌的约翰对阿慕尔的评价。约翰无心拥护穆斯林政权，并且强烈谴责那些他认为是压迫和暴政的行为，但他对阿慕尔的评价是这样的："只要税额已经确定，他就会不留情面地强征税赋，但教堂的财产他不会收取一分一毫，而且他不会破坏掠夺这些教堂，反而在自己任内一直维护它们。"[65]

在所有早期穆斯林征服运动中，对埃及的征服是最为迅速并彻底的。仅仅在两年的时间内，整个埃及就完全落入了穆斯林的统治之下。更为令人震惊的是，穆斯林从此以后一直在埃及统治

了下去。历史上罕有规模如此之大，发生得如此之快，并且影响如此持久的社会变革。

当埃及在阿拉伯穆斯林的统治之下时，这一阶段阿拉伯人和穆斯林都还不是主要人口。在几个世纪中，说阿拉伯语的人和穆斯林都是少数，最初他们的人口非常稀少，并且增长缓慢。在总人口三百万的居民中，只有十万阿拉伯人，由此我们可以看出阿拉伯人的数量多么稀少，即这个少数人群只占总人口的三十分之一左右。[66] 但似乎有点矛盾的是，征服者人口的稀少反倒更便于他们进行统治。因为他们起初并不会要求过多的资源，也无须掠夺当地人的土地和房屋。他们只是依靠税收生活，并自行建立起新的城镇居住。他们既不会介入基督徒的宗教事务，也不会占用他们的宗教建筑。行政部门也大部分维持原样不变。直到一百年后，税收才开始变得十分苛刻，并且出现了有关科普特人暴力起义的记载，但到了那时候，穆斯林政权早已稳固下来，难以推翻了。

穆斯林入主埃及是因为他们在军事上获得了胜利。他们在几次会战中击败了拜占庭军，并拿下了他们在巴比伦要塞和亚历山大城的基地。至于拜占庭军究竟为何如此无能，我们不得而知。很明显，相比之下穆斯林军既不占数量优势，也没有技术优势。或许部分原因正是阿拉伯文献所钟爱的描述：与坚韧朴素的穆斯林士兵相比，罗马军人时髦豪奢又娇生惯养，有趣的是，尼基乌的约翰也记载了身材肥胖、不谙战事的约翰在保卫法尤姆的战斗中失利。

同时，罗马方面的领导层也十分失败。关于穆斯林征服埃及有一个未解之谜，那就是居鲁士针对阿拉伯人的政策。在穆斯林

军到来之前的十年间，他一直在以强横无情的手段对这片土地和科普特教会施行帝国的统治。然而基督徒和穆斯林的史料都明确表明，他很快便对抵抗穆斯林入侵失去了希望，并开始着手与其订立和约。显著事例之一就是，据尼基乌的约翰记载，他秘密与侵略军议和，交出了亚历山大城。我们很难判断他当时是出于什么样的态度。巴特勒义愤填膺地将他描写成了一个奸诈的阴险小人，专为背叛罗马帝国、巩固自身权力而费尽心机。[67]他在这些历史事件中扮演着一个"阴险的幕后阴谋家"角色，并且"蓄意背叛罗马帝国的罪恶一定在他的记忆中留下了不可抹除的污点"。[68]可能当时他只是被吓破了胆，但也有可能他想要在哈里发治下继续担任总督，就像他之前在罗马皇帝的治下那样。很显然，无论居鲁士的政策是执政无能还是政策失当的结果，它即使没有成为穆斯林对埃及征服进程中的关键因素，也是重要因素之一了。

征服之所以如此迅速，部分原因还在于埃及的政治结构特点。从法老时代开始，埃及的政体就是高度中央集权的。在古典时代后期，埃及的防卫力量掌握在总督和他的军队手中。而大部分民众既没有武器也缺乏军事训练。在埃及并没有出现拥有自己武装的半独立领主，能够自行依托地方与敌人长期抗衡。而在伊朗，情况则截然相反，当地的领主与王公在萨珊帝国的中央政权被击败后很长时间里，还保留着自己各自的文化和一定程度的独立地位。

至于占人口绝大多数的科普特人，他们的态度一直是一个饱受争议的话题。他们究竟有没有帮助过穆斯林军呢？巴特勒的回答是明确的：他们没有帮助过穆斯林军，并且他坚持批驳所有认

为科普特人曾帮助穆斯林军的作者的看法。巴特勒是研究科普特文化的权威学者，他决心要为科普特人开脱一切可能背叛基督教的嫌疑。如果不去查看十九世纪后半叶的观点，那么情况就变得更加模糊不清了。埃及阿拉伯文传统史料多次描述了科普特人对穆斯林军的帮助，但他们总是起着辅助作用，从来都不是战场上的士兵。根据记载，在入侵开始时，科普特教会牧首本雅明曾规劝他的追随者与阿慕尔进行友好接触。这是一则有趣的事例。史料作者似乎缺乏合适的理由来虚构这则故事，这很大程度上是因为这则故事可能最早写于八世纪，此时穆斯林与科普特人的关系正在逐渐恶化。除非这些故事确实来自古代完整历史记录的一部分，否则很难解释为什么史料会高度评价科普特人曾为阿拉伯人的军事成就做出贡献。由于在其他地方似乎都没有类似的记载，这些叙述也就拥有了愈发可信的说服力：比如在征服叙利亚的史料记载中就没有专门举例描述当地一性论派基督徒援助穆斯林军，尽管这些人对罗马帝国的态度与科普特人并无太大不同。

尼基乌的约翰做出的证言则更加明白无误。约翰无意为穆斯林统治者辩护。对于他来说，伊斯兰教是"兽类的信仰"。[69] 但他却提到，在埃及中部的安提诺省份，当地居民——其中绝大部分很可能是科普特人，向穆斯林军投降并缴纳了贡税。然后他们杀死了他们所遇到的所有罗马士兵。[70] 事实上，根据记载的确有科普特人在某些情况下援助了穆斯林军，但这并不是普遍情况，因为同罗马人一样，科普特人也忍受着穆斯林军的劫掠破坏和沉重专横的税负。史实似乎应当是，科普特人对穆斯林军的回应本身就是各自不同的，甚至可能是自相矛盾的：他们中的部分人在某些时候显然对这些征服者表示欢迎，并与他们合作。其他时候他

们则与罗马军并肩作战。许多居住在尼罗河谷和三角洲乡镇地区的民众一定感到，他们只是继罗马人之后，又迎来了另一批陌生而又贪婪强横的统治者。

父母的花瓣

第五章

陡峭的扎格罗斯山脉从平坦的美索不达米亚平原上拔地而起，形成了一系列的褶皱。[1] 其山麓的丘陵地带在春季草木茂盛，环境优美，来自伊拉克富饶平原的历任统治者都会前来这里避暑乘凉。萨珊皇帝曾在这里的宫殿中流连忘返，后来八至九世纪的阿拔斯王朝哈里发热衷来此狩猎。海拔更高的群山则更加荒芜，冬季会有积雪，这些高山阻挡住了大部分伊拉克与伊朗之间的通行道路。在山脉中间夹杂着小片肥沃的平地，但大部分地区只适宜游牧部落居住，在大征服时期这些部落大多说库尔德语。他们是如今仍旧生活在伊朗西北部和土耳其东南部的库尔德人的祖先。

扎格罗斯山脉的走向与美索不达米亚平原的边缘相平行，耸立起了一重重高不可攀的屏障。除了牧羊人通行的山间小道之外，能够通过山脉的只有两条主要大道。这两条道路中最为重要的就是呼罗珊大道，它由一系列通往胡尔宛的谷道和山隘组成，途经席林堡（Qasri Shīrīn）和达斯卡拉（或称达斯塔格尔德）的萨珊皇宫和皇家花园，还经过了位于塔克布斯坦（Tāqi Bustān，意为"花园拱门"）的石雕拱门，此地有盛满泉水的池塘和雕刻着萨珊皇帝行猎图的浮雕。从这里开始，道路顺着狭窄的峡谷斗折蛇行，最终到达了贝希斯敦（Bisitūn）所在的平坦地带。在阿拉伯人途经这条道路的一千年前，大流士大帝曾在这里立下了一座铭有三

种文字的纪念碑，它坐落在一处地势高峻的地方，俯瞰着远在下方的平原上的道路。在这一时代，没人能够读懂那些以古老的楔形文字铭刻成的巴比伦文、古波斯文和埃兰文，但人们或许可以从浮雕中分辨出波斯王的形象：他高坐在宝座上，而那些被他击败的敌人则列队站在他的面前。数个世纪间，历代伟大的帝王都曾走过这条道路，并在这条萨珊帝国的要道上留下了自己的足迹。离开了贝希斯敦的平原，道路又蜿蜒而上，经过了阿萨达巴德（Asadabad）上方的陡峭山隘，最终到达了伊朗高原。在这里地形豁然开朗，随着山脉渐渐隐去，顺着道路，旅者将会到达古城哈马丹。

从美索不达米亚平原通向伊朗高原的另一条大道则在遥远的南方。这条道路途经波斯湾顶端平坦富饶的胡齐斯坦地区，在阿拉詹（Arrajān，今贝赫贝汉）跨过塔伯河上萨珊帝国搭建的大桥，然后穿过蜿蜒群山，最终将抵达沙普尔一世建立的首都比沙普尔和法尔斯古都伊什塔克尔。这条道路的路程比北方那条更长，并且在夏季十分酷热，但它途经水源充足的河谷，而且不会被山地积雪所阻碍。当然，旅人或者来自阿拉伯地区的侵略军还叫以乘船通过波斯湾，在炎热的海岸上来到一座类似加纳韦（Jannāba）这样的小海港登陆，然后设法进入山区。就是通过这三条路线，阿拉伯军才得以深入伊朗高原内部。

对于军队行进而言，伊朗高原本身并没有什么自然屏障。诚然，伊朗高原中部分布着许多几乎无法通行的盐漠，但在南部和北部的山脉中间也分布着大片平坦广阔的平原。在这些地区水源充足，尤其到春季有大片草场可以放牧牲畜。因此阿拉伯军能够任意穿行这片地区，并且以令人震惊的速度长途奔袭。这使得他

们在 642 年至 650 年这短短八年时间内，在伊朗高原的广阔地域中建立了统治。这可能也意味着，他们的很多征服活动实际上十分流于表面。阿拉伯军控制了大部分要道，并在他们占领的主要城镇中安排了由小队士兵保护的阿拉伯人税官。但七世纪唯一一座主要的阿拉伯人聚落却是位于东北部边境的梅尔夫（Merv）。许多山区势力在这场征服中毫发无伤，因为他们的领主未做抵抗，直接向穆斯林统治者纳贡称臣了。

波斯军最终在伊拉克平原上的惨败可能意味着当地抵抗已经结束。对于穆斯林军来说，接下来至少短期内停止进军并巩固政权是顺理成章的，在史料中也有些许记载暗示了穆斯林政权的领导层曾对这一观点有所争论。然而，伊拉克是萨珊帝国不可或缺的领土，任何一个有尊严的皇帝都不可能将其拱手让给敌人。在628 年霍斯劳二世暴亡所引发的政治乱局结束之后，年轻的伊嗣俟三世此时正致力于重新树立自己的权威，他下定决心要收复富饶的美索不达米亚平原。为了逃离侵略者，他逃到了遥远的东部地区，在这里他开始重整兵力，以防止阿拉伯军进入伊朗高原。皇帝传书伊朗西部和北部的所有省份召集军队，这支军队据说在小城纳哈万德集合起来，这座城市位于扎格罗斯大道的一条支路上。纳哈万德虽然规模不大，却是一座历史悠久的乡镇，以盛产藏红花和香水而闻名。波斯军之所以要选择这里会合，可能是因为这里分布着开阔的平原，并且拥有优质草场可供大规模军队使用。

642 年纳哈万德战役 [2] 的史料记载开始于欧麦尔哈里发寄往库法和巴士拉的一系列书信，在信中他下令两城召集军队。在库法，新募军队中最为积极热情的是那些刚刚从阿拉伯半岛迁来的

移民，他们既没赶上在之前的战争中扬名立万，也没能分享到战利品。而这场新的战役将会弥补他们先前错失的机遇。[3]

穆斯林军在古老的呼罗珊大道上会合，他们的马匹则在城堡草甸（Marj al-Qalca）放养，后来的阿拔斯王朝哈里发也是在这里建立了种马场。然后他们开拔向约一百公里外纳哈万德的波斯军前进，一路上并未遭遇抵抗。[4]与此同时，另一支部队则奉命驻扎在法尔斯省和伊斯法罕省之间的边界上，以防萨珊帝国从南方派来援军。[5]

根据主要阿拉伯文史料记载，波斯军当时在一条峡谷边停驻下来，后来这条峡谷使大部分波斯士兵无路可逃。据可信记载，阿拉伯军兵力为三万人，而按照阿拉伯史书中典型的夸张叙述，波斯军兵力是他们的三到四倍之众。[6]与阿拉伯军类似的是，波斯军中有大量来自邻近地区的志愿兵，他们错过了之前的卡迪西亚战役和其他发生在伊拉克的战斗，急欲在这场战役中证明自己。波斯军依照惯例组成军阵，主将菲祖兰坐镇中央，两侧各有一翼。就像在其他战役的史料记载中一样，在这场战役中，波斯军也被描述为被锁链或绳索捆在一起以防逃离战场，[7]而且他们还将铁蒺藜撒在军阵后方的地面上，以防骑兵逃走。阿拉伯历史学家十分钟爱将受宗教热情鼓舞的穆斯林士兵与他们奴性颇重、被迫作战的敌人相对比。伊朗方面则没有能够表明他们观点的史料留存下来。

阿拉伯军停下步伐，扎下了用于指挥的营帐。波斯军则在壕沟后方筑垒防御。穆斯林军试图对他们发起强攻，但没能取胜，而纪律严明的波斯军只在时机合适时才会从营垒出击。几天后，穆斯林将领们集合起来召开了一次军事会议。史料再一次用典型

的手法叙述了穆斯林在冷静商议后一致通过决定，这样描写的目的可能是为了与他们的敌人专制的指挥机构形成对比。最终他们决定先让骑兵前去嘲讽敌军，并作势佯攻壕沟；然后再回撤，逐渐引诱敌人离开阵地寻求战利品。与此同时，穆斯林军主力则按兵不动。尽管军中许多不安分的士兵都出言反对这一决定，但主将努阿曼·本·穆卡林（Nucmān b. Muqarrin）还是镇住了他们，他要求他们直到傍晚天快黑时再发起进攻，并宣称这曾是先知本人首选的进攻时机。他骑着一匹强壮的棕色骏马检阅了自己的军队，来到每一面战旗前，并停下来激励士兵。他告诉他们，他们不是为了眼前的土地或战利品，而是为了荣耀和信仰而战。他还提醒他们想想在库法的同胞，如果他们在战场上失败了，那么这些人将会蒙受巨大的悲痛。最后，他向士兵们保证"两件好事中的一件将会实现——要么成为烈士流芳百世，并在天园获得永生，要么速战速决，漂亮地赢得胜利"。[8]

当他们最终对波斯军发起进攻时，似乎很快便获得了胜利。像往常一样，军中的大部分士兵都持剑徒步作战。波斯士兵的鲜血很快便浸湿了地面。甚至就连战马都开始打滑，努阿曼·本·穆卡林因此摔倒在地，被敌人杀死。不顾主将战死，穆斯林军仍旧不断进攻。波斯军招架不住，逐渐开始溃逃，在渐渐深沉的夜幕下，溃军中有许多人辨不清方向，不幸落入峡谷摔死。这场战役的六百年后，在十三世纪初的编纂作家雅库特编写他的地理词典时，这条峡谷仍旧被作为波斯军覆灭的地点记录下来，这场战役之后，伊朗高原从此对阿拉伯征服者门户大开。

包括菲祖兰在内的幸存波斯溃兵设法穿过山区逃往哈马丹，但他们却在狭窄的山道上裹足不前，因为道路正被一队运送蜂蜜

的驴和骡子堵得死死的。菲祖兰本人试图离开道路徒步登山以甩掉追兵，但穆斯林士兵很快便追上了他，他试图自卫，但被敌兵杀死。[9]

军事胜利过后，城镇很快便投降了。战斗胜利后阿拉伯军马不停蹄地包围了小城纳哈万德。没过多久，城中的琐罗亚斯德教大祭司（Herbadh）便出城开始与阿拉伯军协商。他提出上交大量宝石作为贡礼，这些宝石原本是萨珊皇帝贮藏在这里以备急用的。同时他还提出交换条件是一份安满（aman），即保障居民生命安全不受侵害的担保书。这些条件被正式接受，穆斯林没有遭遇进一步冲突便接管了这座城市。[10]

根据一则故事记载，[11] 宝物中包括两箱价值连城的珍珠。欧麦尔哈里发听说后，依照他往常的政策，他下令这些珍珠应当拿去售卖，所得的现金在穆斯林中间平分。于是，这两箱珍珠被卖给了一个投机商人，他是一个与先知一样出自古莱氏部族的年轻人，名叫阿慕尔·本·胡莱斯（Amr b. al-Hurayth），他用他和自己的家庭所领取的俸金买下了这两箱珍珠。然后他赶去库法，以他一开始买下两箱珍珠的价钱，卖出了其中的一箱；而另一箱则由他自己收藏，这是"阿慕尔从中赚到的第一桶金"。这则材料阐述了穆斯林军发现财宝，将其转化为现金并支付给士兵的全过程，而且也表明在早期穆斯林精英中间，某些精明狡诈甚至缺乏道德底线的人也能够利用这个过程为自己牟利。

波斯军残兵穿过山区逃往哈马丹，他们的身后还追赶着一万两千人的阿拉伯军。哈马丹的规模比纳哈万德大很多。[12] 这座城市历史十分悠久，古典时代的地理学家称它为"埃克巴坦那"（Ecbatana），它曾是古米底的首都。哈马丹是一座建立在高地上

的、景象荒凉的城市。它位于穿越扎格罗斯山脉的大道东端，据说于公元前八世纪建立，从那时以来，它就是一个重要的政治中心。在城市的中央矗立着一座古老的山顶城堡。这座城市建立时，据说有七重围墙，每一重颜色都各不相同，而最内部的两重围墙分别镀上了白银和黄金。[13] 哈马丹还因以斯帖曾在此居住而著名，她是波斯王薛西斯一世（公元前 486 年至前 465 年在位）的犹太王后，基督教次经《以斯帖补篇》也以她为名，她的陵墓至今仍对前来拜谒的访客开放。在这一时期，这座城镇似乎已经衰落——据地理学家伊本·豪卡勒（Ibn Hawqal）在三百年后的记载，这座城市在被穆斯林征服后曾重建。

在征服过程中，这座城的城防并未起到任何作用。守军长官名叫胡斯劳舒努姆（Khusrawshunūm），他之前在胡尔宛就没能抵御住侵略军的进攻。现在他谈判投降，和平地交出了哈马丹城。

接下来是战利品的收集和分配。同往常一样，阿拉伯文史料对此的叙述有着丰富的细节——每位骑马武士领取六千迪拉姆银币，每位步兵领取两千迪拉姆银币。那些留守在后方的城堡草甸和大道其他路段的士兵也分得了一定的份额。最后一份则留给中央政府，上交给麦地那的欧麦尔哈里发。同样地，关于钱款的记载并不完全可信，记载中对公平分配的强调，则体现了后世的评论者热切地想要在早期伊斯兰历史中寻求完美品行的事例而不是其他历史事实。

阿拉伯军的下一个目标是伊斯法罕，[14] 正如据传一位波斯叛降者对欧麦尔哈里发所解释的那样："法尔斯和阿塞拜疆就像双翼，而伊斯法罕则是头颅。如果您斩断一翼，另一翼仍能活动，但如果你斩掉头颅，那么双翼也会随之瓦解。所以请先从头颅下

手！"[15] 自十六世纪以来，伊斯法罕一直以其覆有华丽瓷砖的清真寺、宫殿和花园而著名，但穆斯林征服时期的伊斯法罕则截然不同。实际上这里当时是扎格罗斯山脉东侧和伊朗中部大沙漠之间的一片水源充足的平原，在这片平原上分布着一些村庄，在突出地面的岩石上还坐落着一座火庙。其中一座村庄名叫叶胡蒂亚（Yahūdiya），即"犹太区"，这是一座犹太人居住的不设防聚落，这座村庄后来成了中世纪和现代伊斯法罕的中心地带。在这一时期，此处唯一防御完备的聚落是一座名为杰伊（Jayy）的圆形城市，这座城市横跨扎因代河（Ziyanda Rud）两岸，距离现代伊斯法罕市约四公里。根据当地传说，这座城市是由亚历山大大帝所建，但它的城墙在萨珊时期经过了重建，据说拥有四座城门以及一百零四座圆形塔楼。根据当地史料记载，杰伊并不是一座真正的城市，而是一座堡垒，可供周边地区的村民进入避难。[16] 这座城市的城防一定十分坚固，但除了一座萨珊时代桥梁的桥墩以外，这座城市并没有遗迹留存到今日。

这一次，坚固的城防又没能抵挡住征服军的步伐。当地总督率领军队出城与来攻的阿拉伯军对峙。据说他先是亲自与阿拉伯军主将进行了一番比武，打得难分胜负，之后才提出条件献城投降，根据这份投降协议，当地居民只要缴纳贡税，就能够保留他们的房屋与财产。史料记载下了这份和约的内容。这份和约的形式是阿拉伯将领与波斯总督的个人协定。贡税由当地所有成年人口支付，但税额定在了一个人们能够负担得起的价位上。唯一的额外规定是，在穆斯林经过本地时，当地人必须招待一夜并为他的前路备好坐骑。

三十名萨珊帝国的忠诚支持者逃离了伊斯法罕，去往东部的

克尔曼投奔了波斯抵抗军，但当地大部分人还是接受了新的统治。[17]
阿拉伯军的占领似乎并没有对当地造成很大影响。占领军既没有
与当地人暴力冲突，也没有洗劫掳掠。他们对当地社区造成的破
坏十分有限。直到一个半世纪之后，这里才建立起大规模的穆斯
林聚落，并建造了第一座清真寺。

有些时候，阿拉伯人还会受到当地人的欢迎。在小城库姆，
这座日后著名的伊朗伊斯兰教什叶派圣城，当地领主叶兹丹法尔
（Yazdānfar）欢迎了阿拉伯移民的到来，为他们提供了一座村庄
以供居住，还给他们供应土地、牲畜和种子以便开始农耕。叶兹
丹法尔之所以如此慷慨热情，是因为此时库姆的居民正遭受着北
部山区的德莱木人袭扰，他希望阿拉伯人能够在此定居，帮助此
地的社区抵御德莱木山贼的劫掠。在第一代人时间内，这个决策
似乎十分有效，阿拉伯人与当地人之间的关系也还算和谐。但后
来，随着阿拉伯移民的增多，他们在土地所有权，以及最重要的
水源使用权问题上爆发了纠纷，并最终引发了暴力冲突。尽管如
此，最初阿拉伯人对此地的“征服”总体上还是和平的。[18]

穆斯林军沿着通往呼罗珊和帝国东部的大道继续推进。在瓦
季·鲁德（Wāj al-Rūdh）击败了试图拦截他们的德莱木人和其他
山民之后，穆斯林军向雷伊进发。雷伊位于今日德黑兰的南方，
直到十八世纪，卡扎尔王朝将其设为伊朗首都之前，它一直都是
一个不起眼的小村庄。雷伊曾被古希腊人称为拉格斯（Rhages）。
在亚历山大大帝追击大流士三世途经此地的时代，它就已经建成
了。后来在公元前 300 年左右，它被塞琉古一世“胜利者”重建
为一座马其顿城邦。他将其以自己在马其顿的故乡命名，称其为
欧罗普斯（Europos），但如同历史上常有的那样，还是老名称流

传得更加久远。公元前 200 年左右，帕提亚人夺取了雷伊，这里从此成了帕提亚诸王的夏季居所。卡拉克斯的伊西多尔（Isidore of Charax）将它描述为米底地区最宏伟的城市，由于它的战略地位十分重要，雷伊在萨珊王朝时期仍旧十分兴盛。

雷伊拥有极其重要的战略地位。它的南方是伊朗中部大沙漠，这片沙漠没有水源，四处都是开裂的盐碱地，几乎无法通行。在北方，高耸的厄尔布尔士山脉从平原上拔地而起。就是从这条山脉上两条小河流淌而下，为雷伊城提供水源，然后流向南方的沙漠边缘地区，在那里干涸消失。任何军队如果想要从伊朗西部前往呼罗珊和伊朗东部，都必须利用这一片水源充足的沃土，并路经雷伊城。这一战略要地的总督希亚伍什（Siyāvush）出身于伊朗最为显赫的家族之一——米赫兰家族，这一家族世代为雷伊领主。[19] 希亚伍什正是大名鼎鼎的巴赫拉姆·楚宾的孙子，巴赫拉姆·楚宾曾是萨珊军队中权势最重的将军之一，590 年他曾一度推翻霍斯劳二世。但后来霍斯劳二世在拜占庭军队的协助下恢复皇位，扫平了他的叛乱。巴赫拉姆兵败被杀，但他的家族仍旧在雷伊稳坐统治地位。

阿拉伯军所面对的是一座拥有城墙的城市，城中许多砖造或黏土建筑围拢着一座位于岩石山上俯瞰城市的城堡。他们可能认为有必要发起攻城或进行一次大型围城战。然而就在此时，波斯人中间的内斗为他们提供了绝佳机会。米赫兰家族的对手齐纳比家族（Zinābi）对他们在雷伊的统治深恶痛绝，他们的族长来到了一座村庄中与阿拉伯军会面，这座村庄位于从加兹温通向雷伊城西部的道路上。他提议自己率领一支骑兵在城墙内策应阿拉伯军。于是穆斯林军当夜发起攻城。一开始波斯军稳稳坚守，但

之后城内一支骑兵高呼着穆斯林军的战吼"真主至大"（Allāhu Akbar）从他们身后杀了出来。守军随之崩溃，侵略军很快便攻下了城市。显然他们进行了规模较大的掠夺，据说从雷伊夺取的战利品和从帝都泰西封得到的战利品一样丰厚。阿拉伯人对此地征服的结果与其说是树立了阿拉伯人的统治，不如说是对当地的波斯统治阶层重新洗牌。米赫兰家族失去了他们的统治权威，他们所管辖的，日后被称为"老城"的城区也被毁坏了。而齐纳比则被任命为总督，甚至还获得了波斯头衔"太守"（Marzban）。他下令建立一座新的城市中心区，他的家族，包括他的两个儿子，沙赫拉姆和法鲁汉，执掌了这座城市。[20]

阿拉伯军继续沿着呼罗珊大道行进，向着山麓小城巴斯塔姆（Bistām）进发，该城以土壤肥沃和盛产美味的水果著称，沿途他们还接受了省份首府城市古米斯（Qūmis）的投降。

当阿拉伯军在巴斯塔姆宿营时，主将苏韦德·本·穆卡林（Suwayd b. Muqarrin）开始主动与北方山区的领主进行外交接触。从西部的吉兰，到中部的塔巴里斯坦和杜巴万德（Dubavand），再到东部的戈尔甘，里海南岸主要是山区地带，其海拔最高点是雄伟险峻的达马万德峰（Damavand）。这里的山区与伊朗大部分地区不同。与扎格罗斯山脉开阔荒凉的山坡和山峰相比，厄尔布尔士山脉的林木十分茂盛。山脉北坡气候潮湿，如今适宜种植水稻和茶叶作物。山区中通路稀少，而且非常狭窄。阿拉伯将领不想进攻这种地区，因为他们一向避免进入狭窄的山路和陡峭的山谷。

苏韦德先是与戈尔甘的领主订立了和约。戈尔甘地区位于里海东南岸。这里是厄尔布尔士山区与广无边际的中亚平原相接的

地方。这里一直都是边界地带，西方和南方伊朗人居住的地区与东北方说突厥语的游牧民族地区在此处交界。在二十世纪的大部分时间里，这里都是伊朗和苏联的交界地带。今天这里是伊朗与土库曼斯坦的边界。伟大的萨珊皇帝霍斯劳一世"灵魂不朽者"（531 年至 579 年在位）在这里修建了一座长城，每隔一段城墙便以堡垒加固，这座长城从里海沿岸开始，沿沙漠边界延伸了一百公里。

偏远的戈尔甘一直是萨珊帝国治下的一个半独立地区，由当地的世袭王公治理，这些王公被称为"苏勒"（Sūl）。在阿拉伯征服时期，当地的苏勒名叫鲁兹班（Ruzbān），他发起了与苏韦德的会谈。两人在省份边界会面，商讨贡税应如何支付。一群突厥人被特许可以不必缴纳贡税，但作为条件他们需要守卫边境地区，这个事例可能是穆斯林雇佣突厥军队的漫长历史之始。这份和约的文本 [21] 体现了该省份的特殊情况。除非穆斯林需要军事协助，当地所有成年人都要缴纳贡税，否则以军事协助代替贡税。只要居民不损害那些定居当地的穆斯林的利益，就可以保全他们的财产、琐罗亚斯德教信仰和本地律令。穆斯林的这场征服只是在名义上建立了统治。原本的统治者依旧统治当地，只是税赋改为上交给穆斯林统治者，而非萨珊皇帝，但并没有史料表明穆斯林曾在当地定居或军事占领。

与此同时，在西边更远的地方，塔巴里斯坦的领主也开始与征服军谈判以表明自己的立场。塔巴里斯坦地区比戈尔甘更加难以通行，除里海沿岸的一小片狭长地带外，这片地区完全由高山覆盖。苏韦德和当地领主订立的和约只规定了这些条款：当地领主应当镇压那些袭掠邻近地区的山贼与强盗，并且每年应缴纳

五十万由当地铸造的迪拉姆银币。他不得藏匿逃犯或挑起叛逆行为。穆斯林只有通过当地领主同意才可进入这一地区。

穆斯林军并没有进入塔巴里斯坦，而且至少根据和约，贡税只需缴纳整个地区的总额，而不是人头税。似乎包括税收和铸币在内的所有政府职权都还保留在当地领主的手中。西边的邻近省份吉兰的领主也接受了同样的条件。在这些地区，"阿拉伯征服"的势头之所以如此迅猛，是因为它几乎并没有进行实质上的"征服"，当地领主缴纳的税额甚至要比他们在萨珊时代缴纳的更少。事实上，直到八世纪为止，这些地区一直处于穆斯林的控制之外。雷伊以东的道路一直没有安全保障，穆斯林军想要前往呼罗珊，就只能走另一条路线到达大盐漠的南方，然后转向北方通过锡斯坦，最终到达呼罗珊。

与此同时，更多的穆斯林军向阿塞拜疆进发。阿塞拜疆是伊朗高原西北部的一个辽阔的省份。这片土地的环境十分多样，且对比强烈。在里海沿岸的一些地带气候温暖，且水源较为充足。在南部和西部则分布着广阔的高原和高大的山脉。这里非常适宜夏季放牧，可能其中大部分地区居住着库尔德部落，他们冬季在伊拉克北部平原或里海沿岸的穆甘草原过冬，夏季则在高原草场放牧。这里罕有较大的城市，而且人口十分稀少，分散居住在广阔的地域中。穆斯林军在这里获取的战利品一定也十分微薄，因为这里并不像伊拉克或法尔斯那样拥有富裕的城市。

第一支穆斯林军从胡尔宛出发，统帅是布凯尔·本·阿卜杜拉·莱斯（Bukayr b. Abd Allāh al-Laythī）。[22] 他们的进军似乎十分艰难，在攻下哈马丹后，上级命令努阿曼（Nucmān）从自己的部队中分派士兵前来支援他的行动。但努阿曼却决定在确保雷伊

城安全之前暂不分拨军队。于是，阿拉伯军又一次寻求到了伊朗贵族中显赫人物的帮助。伊斯凡迪亚兹（Isfandiyādh）是鲁斯塔姆的兄弟，鲁斯塔姆之前在卡迪西亚战役中一败涂地，这场战役的失败使伊拉克对穆斯林军门户大开。伊斯凡迪亚兹的家族可能发源于阿塞拜疆地区，他试图率军抵挡穆斯林军进攻纳哈万德，却一触即溃。在布凯尔开始对阿塞拜疆进攻时他战败被俘，并答应在穆斯林军与当地人中间牵线协商。他警告布凯尔，除非与当地人议和，不然他们将会散入高加索山区和安纳托利亚东部的群山中，穆斯林军不可能将他们逐出那里。于是，穆斯林军又一次利用外交手段获得了胜利。

穆斯林军接着沿里海西岸行进，到达了一座被阿拉伯人称为"巴布·艾布瓦布"（Bāb al-Abwāb）的城镇，这个地名的意思是"众门之门"，此地今日名为杰尔宾特（Derbent）。这里是高加索山的主山脉延伸至海岸的地方。在这里，萨珊帝国建立了一座前哨堡垒。坚固漫长的石墙从海边绵延到山脚下，至今仍有遗迹留存。与戈尔甘一样，这里也是萨珊帝国的边境地区。石墙北面是游牧民族的领地，这片草原如今属于俄罗斯南部。

当地的萨珊守军指挥官名为沙赫巴拉兹。他十分看重自己的贵族出身，显然对高加索地区居民和他身边的亚美尼亚人没有丝毫怜悯之情。得知萨珊帝国的统治已经崩溃后，他便决定着手同阿拉伯领导层议和，他与阿拉伯人经过层层协商，最终同意他与部属可以被特许免缴人头税，以在边防军中服役代之。在这一事例中，萨珊军队的残余力量并没有被击溃，而是融入了伊斯兰军队之中。有趣的是，还有一些史料记载表明，当阿拉伯军急于进攻杰尔宾特石墙以北的游牧部落时，遭到了经验丰富的波斯人的

反对，波斯人警告他们最好不要去自找麻烦。[23] 阿拉伯军向城墙以北发动了几次侵袭，但并没有得到什么持久的战果。641 年至642 年在这条石墙的基础上确定下来的界线，长期以来作为伊斯兰世界在高加索东部地区的边界，直到今天。

穆斯林军据说还与亚美尼亚山区信仰基督教的居民订立了类似的和约，阿拉伯军最远深入到了格鲁吉亚的第比利斯，但相关的细节记载十分稀少，我们并不清楚他们的行为究竟造成了什么样的影响。

与此同时，另一场军事行动正在伊朗南部展开。阿拉伯军对法尔斯的征服[24] 以海上登陆作战作为开始。波斯湾两岸的居民一向有着十分密切的联系。尤其阿曼地区更是拥有古老的航海传统，当地居住着大量海员，穿越伊朗海岸和阿拉伯半岛之间的平静海域对他们来说就是家常便饭。在阿拉伯征服的最初阶段，波斯湾几乎是萨珊帝国的内湖，波斯人在阿拉伯半岛沿岸经营了许多小型前哨堡垒。由于缺少大件木材和铁，航海用的船只能由棕榈树的树干建造而成，并用绳索加以固定，这种古老的独木舟在今日的波斯湾海域仍然存在。当阿曼和巴林的阿拉伯人看到他们北方的远亲在萨珊帝国的伊拉克所取得的成功时，自然而然地，他们也会想要分一杯羹。

同在其他地区一样，最初期的征服在里达战争结束后便立刻开始了。由麦地那的哈里发任命的巴林总督艾拉·本·哈德拉米（Alā b.al-Hadramī）攻下了阿拉伯沿岸的波斯堡垒，这场行动似乎是出于他的个人意愿。634 年，他派出了一支海上远征军，这支军队由阿尔法贾（Arfaja）统率，他们夺取了波斯湾沿岸的一座无名小岛，并在这里建立了自己的袭掠基地。在史料记载中，

欧麦尔哈里发似乎一直对这次海上远征心存疑虑，他表态否决了这次行动，因此这支部队没有获得任何实质性成果便撤退了。

奥斯曼·本·阿比勒·阿斯（Uthmān b. Abī'l-Ās）发起了下一次远征，他在 636 年被任命为总督，负责指挥法尔斯地区的大部分行动。他并不是海湾沿岸的本地人。与许多早期穆斯林将领一样，他来自麦加附近的山区城市塔伊夫，显然他是被指派来巩固麦地那中央政权在此地的权威的。639 年左右，他派遣他的兄弟哈卡姆率领一支海军穿越波斯湾。他的部分目的很可能是为了整合治下部落的凝聚力，并为他们提供夺取战利品的机遇；但也有可能是欧麦尔发现，从这里发起进攻能够迫使仍旧强大的波斯军从伊拉克的战斗中抽身，分兵对敌。尤其重要的是，这样做可以吸引法尔斯的波斯军兵力，使他们无法与北方的主力会合。欧麦尔还命令世袭阿曼领主的朱兰达（Julandā）家族为这次远征提供协助。这支远征军的规模较小，据史料记载兵力约为两千六百或三千人，他们大部分征募自阿曼地区著名的艾兹德（Azd）部落。这支部队从哲尔法港出发，这个港口城市位于如今拉斯海玛酋长国的首都，他们在伊朗沿岸的阿巴尔卡万岛（Abarkāwān，今日被称为格什姆岛）登陆。海路约有一百三十公里远，顺风的条件下只需要两三天时间就能抵达。就像 634 年的那批先行者一样，他们决定在这座海岛上建立基地，以备进攻大陆地区。

当地的指挥官没有做任何抵抗就停战投降了，但伊嗣俟三世仍然努力试图对侵略军发起有力反击。他指派克尔曼的领主率军从霍尔木兹出发重夺阿巴尔卡万岛，但这次征伐失败了。接着，穆斯林军开始进入法尔斯内陆，袭掠周边地区。于是，萨珊帝国的法尔斯太守沙赫拉克（Shahrak）前去截击他们，但在 640

年，他的军队在拉沙赫尔（Rashahr）被击败，他兵败身死。之后在 642 年，阿拉伯军在纳哈万德战役取得胜利并征服了阿瓦士，大大削弱了波斯军的威胁，于是穆斯林在小镇塔瓦季（Tawwaj）建立了一个稳固的根据地，他们将这里作为他们的军事基地（misr）。这座城镇并不是坐落在海岸上，而是位于深入内陆数公里的地方，由沙普尔河为其供给水源。和波斯湾沿岸的其他波斯聚落一样，这座城镇气候极其炎热，但其周围环绕着棕榈林。穆斯林在这里修建了一座清真寺，这座清真寺很可能是由泥砖和棕榈枝搭建而成的简陋建筑。可能建城者原本想要把塔瓦季建成一座小型版的巴士拉或者库法城，然而事与愿违。这座城市逐渐成了一座持续繁荣的商业中心，以盛产绣金线的亚麻布闻名，但自从穆斯林军深入伊朗内陆后，它作为军事基地的意义便逐渐丧失了。

以塔瓦季作为起点，奥斯曼·本·阿比勒·阿斯开始向法尔斯的丘陵地区发起了进军。法尔斯是萨珊帝国最为重要的省份之一。历史上第一个波斯王朝，阿契美尼德王朝的宏伟纪念碑就在这里落成，波斯波利斯伟大的石柱大殿见证了这一古老王朝的繁华荣耀。就是在法尔斯的伊什塔克尔城，萨珊家族作为阿纳希塔（Anahita）神庙的守护者而发迹。萨珊帝国最初的两位皇帝分别在这个省份的古尔（Jūr）和比沙普尔两城建立了自己的首都，尽管后来的皇帝不再在这里居住，但在人们的记忆中此处仍旧是王朝的发源地。逃亡的伊嗣俟三世回到了伊什塔克尔，他的王朝起源的地方，并试图在这里召集支持者。他还占有地利——这里遍布着崎岖的高山，狭窄的道路被平坦的田野和盐湖所分隔。

关于穆斯林夺取这一重要地区的战役，现存的细节记载很少，

226 大征服

但穆斯林军似乎在这场战役中遭遇了一定规模的抵抗。在法尔斯地区，到处都是山巅堡垒[25] 和易守难攻的山隘。644 年，穆斯林军对伊什塔克尔的第一次进攻失利。647 年，受到巴士拉的援军支援后，穆斯林军攻取了比沙普尔城。这座城市早已被废弃，但它的遗迹仍旧留存至今。它坐落在险峻的高山脚下一片富饶的平原上，这里有一条清澈的河流从石灰岩峭壁间曲折而下，流入了平原之中。在这里陡峭的山壁上，这座城市的建立者沙普尔一世皇帝下令雕刻了一系列浮雕以歌颂自己的胜利。在比沙普尔的中心地带坐落着一座著名的火庙，据说是由 260 年沙普尔一世击败罗马皇帝瓦勒良后，他所虏获的罗马战俘建造的。除此之外，城中还有河流女神阿纳希塔的地下神殿。围绕着这两座神庙，城区铺展开来，布局与希腊和罗马的城区一样，呈网格状分布。这座城市在穆斯林征服之后仍旧存在，但在八世纪，邻近地区不断扩张的城市卡泽伦（Kāzirūn）和新兴的穆斯林大都会设拉子城吸引了此城的所有人口。到十二世纪，这里就只剩下了被抛弃的遗迹。

648 年，穆斯林军与阿拉詹城（Arrajān，位于今贝赫贝汉）订立和约，这座城市位于由伊拉克通往法尔斯丘陵地区和东部山地城市达拉布季尔德（Darābjird）的要道上。达拉布季尔德也是一座圆形城市，在城市中心位置坐落着一座堡垒。根据拜拉祖里的记载，这里是琐罗亚斯德教信徒学术和宗教的"泉涌之地"（shadrawān），但他并没有解释清楚这个模糊比喻的确切含义是什么。尽管如此，当地的宗教领袖，即赫尔巴德，还是向穆斯林军献城投降，他提出的条件是，城中居民所享有的条款与安全担保必须与该地区其他城市居民相同。[26]

在 650 年，法尔斯地区只剩下伊什塔克尔和古尔两城仍在

坚守顽抗穆斯林军。在这一年，穆斯林军的指挥结构经历了一定调整。法尔斯被委任给巴士拉的新任总督阿卜杜拉·本·阿米尔（Abd Allāh b. Āmir）统治。阿卜杜拉与先知同样出身于古莱氏部族，但他出身贵胄，以富有和慷慨随和著称。他在巴士拉开挖了新的灌溉渠，并为去往麦加的朝圣者提供了大量水和食物。他同时还是一个勇猛的将领，时刻准备着率军远征，直抵萨珊帝国最遥远的边疆堡垒。他的上任也意味着从此以后，穆斯林军在巴士拉的基地中累积的所有资源都将得以用于对伊朗南部和东部的征服运动之中。根据记载，古尔城之前就已被袭掠过多次，但直到本·阿米尔的军队到来才将其攻下。据说当时一条狗从城里跑出来，在穆斯林军的营地翻捡食物时，无意间让穆斯林军发现了一条进入城中的密道。[27]

古尔陷落后，穆斯林军的下一个目标是法尔斯的首府。伊什塔克尔城在今日仍留存有一点点残损的遗迹。它位于波斯古都波斯波利斯以北数公里的平原上，镇守着一条要道。这座城市的城防并不完善，但在穆斯林征服时期显然已有城墙围护。这座城市守军的抵抗似乎比其他城市中都要强烈。就像其他一些地区所发生的那样，据记载，这座城市接受了和平条款并献城投降，但后来却撕毁和约发起了一场叛乱。根据一份史料的记载，[28] 本·阿米尔的军队经过一番死战才重夺该城，他们还利用攻城器械轰击了这座城市。城市被夺下之后，穆斯林军发起了一场大屠杀，导致四万波斯人死亡，其中包括许多贵族成员和来到此地避难的武士家族。

在伊什塔克尔，破坏与伤亡的惨重程度远远超过了伊朗西部和中部的征服行动。这是穆斯林军有记载的唯一一次在战斗中

利用攻城器械摧毁城防设施，也是唯一一次发动如此大规模的屠杀。同时，阿拉伯军似乎还对琐罗亚斯德教的标志性建筑火庙进行了有组织的清除，并查抄了教士的财产——据说一个名叫乌拜杜拉·本·艾比·拜克拉（Ubayd Allāh b. Abī Bakra）的人靠"扑灭圣火、摧毁火庙以及抢夺琐罗亚斯德教朝圣者存放其中的贡品"而牟取了四千万迪拉姆银币。[29] 尽管细节描述十分稀少，我们也没有相关的波斯文史料与阿拉伯文材料相互对比印证，但似乎在法尔斯地区，尤其在伊什塔克尔，阿拉伯入侵者遭遇的抵抗比在伊朗其他地区要强烈得多。可能正因为这座城市是萨珊家族的起源地和故乡，这里的人民才甘愿抱着必死的决心与侵略者对抗。

伊嗣俟三世在伊什塔克尔城破之前就及时逃走了，于是阿卜杜拉·本·阿米尔从法尔斯继续向东推进，对伊嗣俟三世紧追不舍。他迅速向克尔曼省进军。他很快便攻陷了这里的主要城镇，其中巴姆和首府锡尔詹（Sirjān）很快便接连陷落。据说许多居民就算抛弃自己的住房和土地流亡，也不愿在穆斯林的统治下苟活。于是阿拉伯人来到这里接管了他们的财产，定居下来。

锡斯坦省，或称西吉斯坦，位于克尔曼省东北方。如今这里是一片人口稀疏且治安混乱的地区，被伊朗和阿富汗的国境线分成了两个部分。这里的大陆性气候十分极端，在夏季，这里白天的最高温度一般可达 50 摄氏度；而在冬季，往往会有暴风雪在荒无人烟的地区席卷。这里的大部分地区分布着荒漠，往往可见一些早已不成模样的泥砖古建筑遗迹。但锡斯坦并非一直都是如此荒无人烟的，这片地区如今的荒漠化景象，可能要追溯到十三世纪的蒙古入侵和十四世纪的帖木儿入侵时代。这个省份曾因赫尔曼德河而繁荣，这条河流源自阿富汗境内兴都库什山脉的山顶积

雪，向山下的平原地带流去。与梅尔夫的穆尔加布河，或撒马尔罕和布哈拉的扎拉夫尚河一样，这条河流也能够被用于灌溉肥沃的耕地，它最终会流入沙漠中渐渐干涸。早期伊斯兰旅行家曾热情赞美过此地区的田野与作物，然而如今这里成了草木无存的荒原。锡斯坦得名于塞种人（Sakas），这是一支印欧民族，曾在帕提亚时代产生了巨大影响——全身披挂锁甲的塞种人骑兵在帕提亚军队中是一支重要力量，他们曾在公元前53年著名的卡雷会战中击败了罗马将领克拉苏。在穆斯林征服时期，塞种人已经完全消失在了历史之中，但锡斯坦本地人仍旧以坚忍顽强、英勇善战而著称，尽管他们大多是步兵。

波斯民族史诗《列王纪》所描绘的一些重大事件中，锡斯坦也作为重要的背景出现。这个省份是大英雄鲁斯塔姆的家乡，他是伊朗古代传说中最为卓越出众的勇士。在这部史诗最为戏剧化的章节中，这位鲁斯塔姆在不知情的情况下手刃了自己的亲生儿子苏赫拉布。《列王纪》中流传至今的这些故事由菲尔多西在十一世纪初编写而成。事实上，在伊斯兰教开始传播的时代，鲁斯塔姆的传说也被阿拉伯半岛的居民所熟知。据说先知在世时，这些故事就在麦加被人传颂，据传在先知传道时，它们还一度吸引了一些不专心的听众。我们并不清楚这些传说的背后是否有任何史实依据，但直到伊斯兰时代早期，旅行者仍然能够见到所谓的"拉赫什马厩"，拉赫什（Rakhsh）是鲁斯塔姆所骑的宝马。在穆斯林征服时期，锡斯坦以卡尔库亚（Karkūya）的琐罗亚斯德教圣火而闻名。这座圣火在穆斯林征服中留存下来，直到十三世纪仍在使用，据说当时它拥有两座"可以追溯到雄壮者鲁斯塔姆那个时代的"穹顶。圣火位于穹顶的保护之下，以保障永不熄灭。一

群祭司负责供奉圣火。这些供奉圣火的祭司戴着面纱以遮住口鼻，避免自己的呼吸污染圣火。他们以荆枝作为圣火的燃料，用银钳送入火中。我们并不清楚这座火庙是何时被毁的，但它很有可能毁于十四世纪末帖木儿入侵时代伊朗地区的割据混战。

锡斯坦同样也是一小支基督徒的家乡。在这里，萨珊帝国的东部地区，基督徒都是聂斯托利教会信徒，也就是说他们受东方叙利亚教会的管辖，并被君士坦丁堡的希腊正统教会认为是异端。关于这个基督教社区，现存的大部分信息都起于 544 年的主教选举争端，当时泰西封的牧首采取了折中措施，将一位主教留在了首府扎兰季，另一位主教则派往更东部的博斯特，这座城市如今位于阿富汗南部。一份约 850 年编写的基督教文献也记录了锡斯坦的圣司提反修道院，但这座修道院的具体历史与确切位置仍旧不得而知。

阿卜杜拉·本·阿米尔挥军东进追击逃亡的伊嗣俟三世的过程中，阿拉伯军顺理成章地侵入了锡斯坦。[30] 从克尔曼通往锡斯坦的路途一直十分艰险，它穿越了卢特大盐漠（Dashti-Lut）的一角。这条道路漫长而艰难，穆斯林最初的进攻在这里无疾而终，不是因为高温酷热，而是因为猛烈的暴风雪。651 年至 652 年，阿卜杜拉派遣一支远征军进入了锡斯坦省。与往常一样，许多城镇望风而降，与侵略军订立和约以避免战争和破坏。但当地首府扎兰季则是一座城防坚固的城市，城中有一座固若金汤的堡垒，据说是由亚历山大大帝主持修建的。守军在这里进行了激烈的抵抗之后，当地太守才决定议和。他召集了包括穆贝德（Mobadh，即琐罗亚斯德教地方领袖）在内的当地贵族进行商议，最终一致同意献城投降，以避免更多无谓的流血。和约的条件是当地每年

上交一百万迪拉姆银币作为贡礼，还要献出一千名奴隶男孩，每人手中托着一盏金杯。攻下扎兰季后，侵略军决定进攻阿富汗南部大城市博斯特，但他们在那里遭遇了激烈的抵抗。

萨珊末代皇帝伊嗣俟三世此时仍在逃亡，企图找到一个能够供他集合起四处流亡的波斯残军的避难地。[31] 塔巴里斯坦山区的王公愿意收留他。他可能从此性命无忧，但他在塔巴里斯坦不可能有效利用足够的资源来恢复自己的统治。也有传说描述他曾向中国的统治者求助。他转而去往锡斯坦，有可能是为了到达呼罗珊。根据后来的传说描述，即使情况极其困苦难堪，伊嗣俟三世也要带着排场豪奢的宫廷一同流亡。据说他的随行人员多达四千人，其中包括奴隶、厨师、仆从、马夫、书记官、皇后、嫔妃以及其他女眷、老幼亲眷——但没有一个战士。对于那些并不乐意接待皇帝的人来说，更糟糕的是，伊嗣俟三世已经没钱供养这么多人了——也就是说他们想要勤王，不仅要英勇善战，还要慷慨大方才行。[32] 伊嗣俟三世在锡斯坦努力求援，却碰了一鼻子灰——毕竟他在位时间尚短，在此地也并没有可以依赖的忠诚势力。当地领主似乎认为，比起效忠一个屡战屡败的皇帝，不如自行与侵略者议和更保险些。

接着，伊嗣俟三世从锡斯坦进入了呼罗珊。呼罗珊是萨珊帝国的东北边境，他可能此前从未到访过这里，就在这里，萨珊帝国的命运迎来了落幕。这出宏大的故事最终迎来了悲惨的结局，在这里，最终皇帝也没有像英雄一般反抗命运的变故。流亡的皇帝似乎被当地人当成了负担，在人们眼中，与其说他像一个落难英雄，倒不如说他更像是一个不受欢迎的客人，在阿拉伯侵略军面前，分裂割据的局面直到最后仍在大大削弱着萨珊帝国的抵抗

实力。图斯的当地领主为皇帝献上了贡礼，却以自己的城堡不够宽敞为由，拒绝收留皇帝的随从。于是皇帝被迫再次启程流亡。

于是，伊嗣俟三世最终来到了著名的边境城市梅尔夫。梅尔夫一直以来都是萨珊帝国东部前哨，用以抵御草原上的突厥人侵袭。这座城市十分宏大，且历史悠久。在城市中心坐落着一座古老的堡垒（ark），这座巨大的堡垒由泥砖建造而成，布局大致呈圆形，拥有中亚特色的倾斜城墙。它的建立可以追溯到阿契美尼德王朝时期，甚至可能还要更加古老。塞琉古王朝时期，围绕着这座堡垒又建造了一座规模颇大的矩形围墙，将城市的生活区围护了起来。这里有高大的城墙保护，其上每隔一段便建有一座砖造塔楼。在穆斯林征服前夕，该城的城墙顶端还加筑了开有射箭孔的城垛。这座坚城足以长期抵御阿拉伯侵略军的进攻。在城墙内，城区中分布着迷宫般的狭窄街道和单层的泥砖房屋。在这座城中曾发现过佛教寺庙遗迹，一定也有琐罗亚斯德教的火庙存在。这里还有一个基督教社区，它将在接下来的悲剧中扮演重要角色。

听闻流亡皇帝到来的消息后，梅尔夫太守却恨不能将其除之而后快。他与自古以来的老对手，邻近地区的突厥人首领订立同盟，共同对付伊嗣俟三世。皇帝听说太守正在兴兵抓捕他，便趁夜悄悄溜出城外。精疲力竭的皇帝逃入穆尔加布河畔的一座磨坊避难，这条河流滋润了梅尔夫绿洲的土地，最终就是在这里，萨珊帝国的末代皇帝死去了。至于那一夜到底发生了什么，人们早已不得而知，[33] 但伟大的伊朗史诗《列王纪》叙述了当夜发生的事情，诗人菲尔多西将这个故事作为了他的波斯帝王史诗的结局。[34]

根据《列王纪》的叙述，鲁斯塔姆在卡迪西亚战败身死后，伊嗣俟三世召集波斯群臣询问对策。他的谋臣法鲁赫扎德

（Farrukhzād）建议他逃往里海南岸纳尔万（Narvan）的森林中，准备进行游击作战，但皇帝并没有采纳这个建议。第二天，他坐在皇座上，将皇冠戴在头上，并询问贵族与祭司如何对敌。他们也都不同意这个对策，皇帝认同道："我怎能只为保全自己的头颅，而抛弃波斯的贵族、大军、国土、皇座与皇冠？……既然帝王的臣子们无论时局凶吉，仍旧忠心相随，那么天下之王也绝不应弃子民于苦难之中，自行逃亡苟全，沉湎奢靡。"

然后，皇帝要求他们前往呼罗珊："在那里有许多健儿准备着为我们而战。那里还有许多忠于中国皇帝的贵族和突厥人，他们也会与我们并肩作战。"而且呼罗珊军队的统帅麻胡伊（Mahuy）是由伊嗣俟三世亲手提拔的重臣，此前他曾经不过是一个身份低贱的牧人。但智慧的大臣法鲁赫扎德却不以为然，他争辩说他们不应当信任这样一个"天性痞贱"的人，这个典型描写体现了萨珊贵族的优越感。最后，在波斯人和中国人的哀歌声中，皇帝出发向呼罗珊而去。他们走走停停，到达了雷伊城，在这里"他们休息了一段时间，饮酒奏乐以舒缓心情"，然后继续"如疾风一般"行进。

当他们到达梅尔夫时，皇帝修书致信当地总督麻胡伊，麻胡伊亲自出城恭迎，表现得似乎忠诚无比。于是，忠臣法鲁赫扎德将保护皇帝的重任交给了麻胡伊，自己则去往雷伊，他心头被不祥的预兆所笼罩，哀叹着鲁斯塔姆，这位"世界上最卓越的武士"竟被"那群裹着黑头巾的乌鸦中的一只"所杀。与此同时，麻胡伊逐渐显露了叛逆之心。他致信撒马尔罕的领主塔尔浑（Tarkhūn），提议合谋除掉伊嗣俟三世。塔尔浑于是同意派遣他的突厥大军前去攻打梅尔夫。当伊嗣俟得知敌军攻来的消息时，他

急忙披盔戴甲准备迎敌。但过了一会儿，他才意识到自己身边一个手下都没有，原来麻胡伊早已带着全部军队从战斗中撤离，抛弃了孤身一人的皇帝。他奋力拼杀，但还是寡不敌众，被迫逃离，抛弃了配有金鞍的宝马、战锤和金鞘的佩剑。最后，他在梅尔夫的某条河畔找到了一座磨坊藏身。

诗人菲尔多西以一种悲观厌世的情怀描述了这位皇帝所遭遇的悲惨命运，正是这种悲观情绪塑造了日后波斯诗人欧玛尔·海亚姆的作品基调，他也在作品中用类似的感情叹息着命运的苛刻。

这就是诡诈万变的世道，既能将人托上云霄，也会把人狠狠摔下。当命运青睐他时，他坐在宝座上，犹如高在云间；但如今，他却被迫在磨坊藏身。世界上幸运的宠儿千千万万，但他们最终都被命运所毒害。为何你要将心托付给这个世界，既然为你鸣丧的鼓声不绝耳边，马队头领们也在高呼"准备远行"？你所能寻求的唯一安眠之所只有坟茔。于是皇帝坐了下来，不吃不喝，他以泪洗面，直至黎明。

这时，磨坊主打开了门，他背上背着一捆稻草。他名叫胡思劳，是一个低贱的人，既无地位，也无财富，既无冠冕，也无权势。这座磨坊就是他唯一的谋生之所。他看到一个如松柏般挺拔的武士坐在石板地面上，满心忧伤绝望。他头上戴着皇冠，身披闪亮耀眼的中国锦袍。胡思劳惊讶地望着他，口中不禁喃喃自语，念叨着真主的圣名。他说道："大人，您的面目如同太阳般耀眼——请您告诉我，为何您会屈尊来到我的磨坊里来呢？这样一座满是禾麦、灰尘和稻草的磨坊，怎能供您安坐？您是何许人也？您拥有如此的体格与容

貌，且荣光辉耀，终我一生也没见过您这样的人物。"

皇帝回答说："我是一个在图兰（即突厥）军队追杀下逃脱的波斯人。"磨坊主困惑地说："我生活贫困，见识不多。但若您想要吃点大麦饼，再来点在河畔生长的寻常草药，我可以帮您带些回来，顺便带回点别的东西。穷人总得瞻前顾后，考虑自己所拥有的财产是多么微薄拮据。"皇帝说："随便带回来点什么，顺便给我一株圣束*吧。"于是磨坊主很快便带回了一篮面饼与草药，然后又急忙跑去河边的一座宅院寻找圣束。在那里，他遇到了扎尔格（Zarq）村的村长，并向他索求一株圣束。此时麻胡伊正派人四处追捕皇帝，于是村长问他："那么，朋友，是谁想要圣束呢？"胡思劳回答说："在我磨坊地面的稻草上坐着一个武士。他如同松柏一般高大挺拔，他的容貌如同太阳般光鲜耀眼。他的蛾眉如弓，因悲伤而低垂的眼眸则犹如水仙一般，他的口中满是叹息，他的额头布满颦纹。想要圣束的就是这样一个人。"于是，村长便立即将他送到了麻胡伊面前，麻胡伊命他返回磨坊杀掉皇帝，并且威胁他说，如果他不这么做就会被处以极刑，他还补充说，皇帝的皇冠、耳环、印戒和衣物都不得被染脏。磨坊主不情愿地回去了，并且照麻胡伊所说，用匕首刺死了皇帝。麻胡伊的部下很快便赶到了，他们剥下了皇室的徽记，并将皇帝的尸体扔进了河里。

这则故事的结尾十分有趣，诗人描述道，邻近修道院的基督

---

* 圣束（barsom）通常由一束细棍或豪麻（haoma）枝组成，信徒往往将其捆成一束持在手中，在餐前念诵琐罗亚斯德教圣词。这则故事很有可能是以此暗示，只有贵族成员才有资格索取圣束。

教修士发现了皇帝的尸体，于是他们纷纷脱下长袍来到河边，将其从河水中拖了出来。他们在庭院中为皇帝搭了一座天葬台*。他们擦干了匕首刺伤的伤口，并用油膏、沥青、樟脑和麝香处理了尸体。然后给他穿上了黄色绸缎制成的寿衣，将他平放在一层薄纱上，又将一层蓝布盖在了他身上。最后，一个司铎在皇帝最终安息的地方洒上了葡萄酒、麝香、樟脑和玫瑰露。

麻胡伊显然对此大为震怒，他宣称基督徒从来不是伊朗人的朋友，所有与这场葬礼有关联的人都该被杀掉。然而他本人很快便遭到了恶报。如同莎士比亚笔下的麦克白一般，他在大难临头之时也对自己的弑君大罪痛悔无比："智者贤人无一认我为王，军队亦不尊我的皇印权威……我究竟为何要弑杀世界之王？每夜我都在煎熬中度过，只有真主才深知我的痛苦处境。"马尔康**的复仇之师很快到来了，只不过领军的是撒马尔罕的塔尔浑。谋篡的麻胡伊和他的儿子们都战败被俘，然后他们被砍下手脚活活烧死。

"从此以后"，诗人简短地写下了结局，"欧麦尔的时代来临了，他带来了新的信仰（即伊斯兰教），圣坛取代了御座。"

伊嗣俟三世死后不久，阿拉伯军便占领了梅尔夫，似乎占领过程较为和平，但完全没有详细的史料记载。

梅尔夫的陷落与萨珊末代皇帝的死亡，标志着穆斯林征服伊朗的第一阶段业已完成。事实上，现代伊朗的全部领土范围，以及高加索和土库曼斯坦的部分地区，都已接受了穆斯林政权不同形式的统治。庞大的萨珊帝国迅速而彻底地崩溃了。尽管它的皇

---

* 又称"寂静塔"，琐罗亚斯德教信徒传统丧葬场所。——译者注

** 莎剧《麦克白》人物，苏格兰王子，为复国起兵攻打暴君麦克白，并最终将其击败。——译者注

室家族历史悠久且名声远扬，却很少有人试图重振帝国的统治，少数几次尝试也十分无力。旧帝国的政治秩序灰飞烟灭了，但伊朗的大部分传统文化却在征服中幸存了下来。阿拉伯人击败了萨珊帝国的军队。他们确保了大部分主要城市的税收，并且控制了大多数要道，然而他们做到的也就仅此而已。唯一拥有大规模穆斯林驻军的城市似乎是东北边境地区的梅尔夫，即使在这里，穆斯林驻军也是几年一批地从伊拉克调派轮换，而非长期驻扎。在穆斯林统治的最初一个半世纪中，伊朗地区既没有大量穆斯林人口存在，也没有建立新城，更没有兴建宏大的清真寺。"征服"的形式往往是穆斯林统治者与当地伊朗贵族相互合作，比如在库姆和雷伊就是这样。许多地区，比如伊朗北部山区的诸侯国，实际上完全不受穆斯林的控制，通往雷伊和梅尔夫的主要道路也在他们的威胁下难以通行。

梅尔夫的陷落可能标志着穆斯林军对萨珊帝国征伐的结束以及穆斯林政权统治在现代伊朗领土范围内的建立。但在阿拉伯人对伊朗的许多地区真正建立统治之前，他们还有许多仗要打。贯穿整个七世纪后半叶和八世纪的前几十年，阿拉伯军一直在对伊朗世界边缘的未知地区发动进攻。

这些二次征服运动的典型事例可以见诸戈尔甘和塔巴里斯坦地区。这些事例十分复杂，但它的确描述了究竟有多少不同的因素影响了穆斯林对某一地区的征服，以及最重要的，当地统治者和阿拉伯入侵者之间的相互影响。塔巴里斯坦是里海南岸的一片山区，戈尔甘则位于东部地势较低的地区，在这里伊朗高原逐渐下降，渐渐被草原和沙漠所取代。在第一次征服期间，这些地区的领主，即戈尔甘的苏勒和塔巴里斯坦的将军（Ispahbādh），都

曾与阿拉伯军将领订立和约，这使他们保留了对自己领地的有效统治。到八世纪初，当穆斯林政权在伊朗其他地区的统治加强时，这两个地区的独立地位便成了不合时宜的存在。他们对穆斯林在梅尔夫的军事基地及其与西部地区的沟通造成了显著威胁，直到705 年，阿拉伯人才得以通过大道从雷伊直达梅尔夫，而不是走更漫长的南方大道，通过克尔曼和锡斯坦绕道抵达梅尔夫。[35] 同时，由于沙漠边缘地区大益斯坦（Dihistān）的苏勒率领突厥人与戈尔甘的定居居民频发冲突，当地抵抗力量也被大大削弱了。

717 年，新任呼罗珊总督叶齐德·本·穆哈拉布（Yazīd b. al-Muhallab）决心对这些地区发起一场大规模军事进攻。叶齐德的前任总督屈底波·本·穆斯林（Qutayba b. Muslim）曾在河中地区的征服中立下了赫赫战功，显然叶齐德想要努力赶超他，以表现自己也有能力率军战胜不信者，并将大量战利品散发给将士们。据说他从呼罗珊以及军事重镇库法和巴士拉召集了十万人。[36] 他的第一个攻略目标似乎是大益斯坦城，这是土库曼斯坦的沙漠中一座孤零零的边境堡垒城市。他将这座城层层围困，以阻止城外的粮草补给运入，占守军绝大部分的突厥人因此军心渐跌。守军指挥官只好致信叶齐德求和。他只求阿拉伯军保障他和他的家属以及牲畜的安全。叶齐德同意了，他率军进城大肆掠夺财物，抢掠人口，一万四千名手无寸铁的突厥人由于没有获得特赦而被他处死。[37]

在这则故事的另一个版本中，大益斯坦的苏勒撤到了里海东南角一座岛屿上的堡垒中。在经历了六个月的围城战之后，守军由于饮用了不干净的水而纷纷生病失去战斗力，于是苏勒只好开始和谈，并决定订立和约开城投降。像往常一样，史料中详细描

述了阿拉伯军房获的大量令人眼馋的战利品，其中包括许多粮草和衣物。叶齐德本人获得了一顶冠冕，但他当即就送给了自己的部下。伊朗贵族往往会头戴冠冕，但虔诚朴素的穆斯林则对这种行为十分抵触，因为他们认为这是波斯人爱慕浮夸虚荣的典型表现。可能正因如此，那位部下抗议说自己并不想要这顶冠冕，并把它给了一个乞丐。叶齐德听说这事之后，又从一个商人手里把它买了回来。

击败当地苏勒后，叶齐德攻占了戈尔甘的大部分定居地区，并未遭遇任何强烈抵抗，尤其是一部分伊朗民众还非常热心地欢迎阿拉伯军前来保护他们，帮他们抵御突厥人的袭掠。然后，叶齐德的目标转向了塔巴里斯坦，当地的领主，即将军，从山区省份吉兰和西边更远的德莱木调集起盟军。

塔巴里斯坦的当地人之前就曾屡屡击退企图通过山道进犯山区的穆斯林军，[38] 这次他们也决心赶出外敌。当两军在平原上作战时，穆斯林军占据优势，但当军队进入山区时，当地军队就能够依靠地形优势组织有效防御："当穆斯林军开始攀登山坡时，敌军便居高临下地投石射箭。穆斯林军没有遭遇多大伤亡就撤退了，因为敌人的军力不足以追杀他们，然而穆斯林军自相拥挤推搡，许多人都掉进了峡谷之中。"[39] 这场胜利使当地人大受鼓舞，他们在戈尔甘发起了一场叛乱以对抗留守后方的阿拉伯驻军。[40] 一时间，叶齐德军陷入了被前后夹击的危险之中。他只好通过精明的外交手段向当地人求和，这在日后的史料中也被描绘成了一场胜利。塔巴里斯坦的将军同意支付一大笔金额，除此之外，他还要献出四百头满载藏红花的驴和四百个奴隶。每个奴隶穿着斗篷披着围巾，携带着一尊银杯和一批上好的白色丝绸。

然而，丝绸与银杯并不能掩饰穆斯林军在此地发动的大规模战役最终部分失败的事实。地势较低的戈尔甘地区被穆斯林纳入统治之下，但塔巴里斯坦人依靠群山天险的保护，击退了穆斯林的威胁。根据编纂于数个世纪后但仍保存了许多古老传说的当地史料记载，叶齐德在戈尔甘开始着手推进城市建设，因为到当时为止戈尔甘地区还没有一座真正的城市。他据说在当地建造了二十七座小型清真寺，每一个阿拉伯部族分配一座，这些清真寺中的大部分一直到作者所在的时代仍能辨认出来。[41] 这证明在阿拉伯最初征服伊朗的七十年后，穆斯林终于在戈尔甘地区开始了真正的统治。但即使在这一时期，这些穆斯林社区的范围也仅限于新建的首府城市之中。还需要更长的一段时间，伊斯兰教才逐渐进入乡村和游牧民族的营寨。[42]

阿拉伯军在萨珊帝国的国土上遭遇的最为坚决的抵抗来自锡斯坦东部，即现代阿富汗境内的赫尔曼德省和坎大哈省。这一地区的征服行动十分引人注意，因为在这里的艰苦战斗引发了大征服期间阿拉伯军中的唯一一场大规模兵变。阿富汗南部的荒漠地区对于任何意图入侵的军队来说都是难以跨越的天险。酷热的气候使人萎靡不振，崎岖的丘陵也为熟悉地形的守军提供了大量掩护和隐蔽所。在这片地区居住的既不是琐罗亚斯德教信徒，也不是佛教徒，而是日神尊（Zun）的信徒，其拥有红宝石作为双眼的金色尊神像在整个地区广受崇拜。这里的国王被称为"尊必勒"（Zunbīl），这一头衔表明了他们对尊神的忠诚，他们冬季会居住在赫尔曼德河畔平原的冬宫，夏季则会移居位于北部扎布列斯坦（Zābulistān）山区中的夏宫避暑乘凉。

653 年到 654 年，一支穆斯林军袭掠了这里，据说当时阿拉

伯将领对尊神像大骂不止，上前折断了它的一只手臂，并挖出了红宝石雕成的眼睛。他将它们退还给当地总督，还说自己只是想证明这尊偶像并没有行善或作恶的能力。然而这次羞辱并没有影响当地人对尊神的崇拜，直到十一世纪它还广受当地人的尊崇，成了这片荒山恶岭的居民强烈抵抗外界入侵的象征。早期穆斯林早已注意到，这片地区是通往印度这片富饶土地的潜在捷径。但当地尊必勒和他们的亲戚，统治喀布尔的喀布尔沙及其臣民，都对阿拉伯人发起了坚决且持久的抵抗，使穆斯林军无法进入印度北部地区。

就是在这种冲突激烈的环境下，在 698 年，乌拜杜拉·本·艾比·拜克拉（Ubayd Allāh b. Abī Bakra）率领一支"毁灭之师"到来了。[43] 乌拜杜拉本人出身寒微，却是个穆斯林征服时期飞黄腾达的典型成功人物。他的父亲曾居住在邻近麦加的塔伊夫，是一个埃塞俄比亚奴隶。在先知归真的两年前，穆斯林军围困塔伊夫时，穆罕默德曾宣称跟随他的奴隶都将获得自由。他父亲用一组滑轮将自己悬吊出城墙外放下，因此他得到了"滑轮老爹"这一诨名。他后来迎娶了一位阿拉伯女自由民，他的儿子乌拜杜拉也遗传了他的深色皮肤。他的奴隶出身往往被讽刺作家拿来大做文章。当新城巴士拉建成时，他们一家迁居到了那里，并通过修建公共浴场加强城区建设而发了大财。乌拜杜拉因此为他自己建造了一座奢华的豪宅，还养了八百头水牛，他的领地位于伊拉克南部的沼泽之中。穆斯林对法尔斯的征服为他提供了敛财的新机遇，我们在上文中曾提到，在那里他通过查封火庙牟取了巨额利益。简单来说，他是一个出身寒微、不谙刀兵，但在大征服过程中大发横财的人。

此时，伊拉克与东方总督哈查吉·本·优素福（Hajjāj b. Yūsuf）指派乌拜杜拉率一支穆斯林军前去进攻尊必勒，以惩罚其拒绝纳贡的行为。他下令要乌拜杜拉将这片地区化为焦土，将尊必勒的一切要塞壁垒夷为平地，并将他的所有臣民充作奴隶。大军集结在穆斯林军的前进基地博斯特。他们向东部和北部追逐尊必勒军，尊必勒军则不断后撤，愈发深入地将他们引入了崎岖的群山中。尊必勒军要么运走，要么摧毁了当地的食物补给，酷热的气温也为追军带来了极大困扰。乌拜杜拉很快便发现自己陷入了危险境地，于是只好着手与敌人议和。这位以"征服者"自诩的将军被迫赔偿了大量金钱，还送出了自己的三个儿子作为人质，郑重发誓不再入侵尊必勒的土地。然后，尊必勒设下了盛大的宴会，用美女和美酒招待了乌拜杜拉。[44] 并非所有穆斯林将士都甘愿忍受这种羞辱，一些人下定决心要血战到底，以身殉道，他们抗议说穆斯林不应该停止对不信者的征伐，而且还有更加实际的原因是，哈查吉将会把赔偿金从他们的俸禄中扣除，届时他们将得不到任何奖赏，之前在战斗中忍受的艰难困苦都将无法获得任何回报。

他们推选出了一些真正的勇士力战至死，以身殉道。而大部分将士则在乌拜杜拉的率领下绝望地撤往博斯特。其中只有少数人真正回到了博斯特，剩下的大多数人都在途中死于饥饿与干渴。当初有两万人"骑着披甲的战马，全副武装地"开拔而去，但如今只剩五千人归来。很多人相信乌拜杜拉本人在这一悲惨现状中也曾趁机牟利，据说他强征暴敛当地的粮食，并以极高的价格向自己的将士售卖。当衣衫褴褛的残兵到达博斯特时，一支运输粮食的辎重队正好与他们会合，但许多饥饿的败兵由于吃得太猛而暴死了，于是辎重队只好给幸存者分配少量口粮，一点一点喂饱

第五章　对伊朗的征服　243

他们。乌拜杜拉也撤回了安全的后方，但他在此后不久就去世了。后来的诗人用尖酸无情的笔触讽刺了他的无能，以及更要命的，他贪得无厌的品性和剥削自己士兵牟利的恶行。

> 你被委以首长的重任
> 但在激战正酣时，你却一手把将士们毁灭
> 他们说，你与他们并肩前进，如同父亲一般
> 你的愚行却伤透了他们的心
> 一卡菲兹*粮食你卖一整迪拉姆
> 当我们追问谁应为此受惩时
> 你将他们的牛奶和大麦收入私囊之中
> 又向他们售卖未成熟的葡萄。[45]

　　这或许是自大征服运动开始以来，穆斯林军队遭遇的最严重的一次挫败。镇守伊拉克的哈查吉决定复仇，他此时似乎对尊必勒的威胁忧心忡忡，因为他很可能会进攻那些已经处于穆斯林统治下的地区——如果他与伊朗当地民众的叛乱相互策应，那么整个伊朗地区可能不保。他急忙致信大马士革的阿卜杜·马利克哈里发，解释说："您的军队在锡斯坦遭遇了灭顶之灾，只有少数人得以逃脱。敌人因击败了伊斯兰的军队而心高气躁，他们已经侵入了穆斯林的土地，攻取了所有要塞和堡垒。"[46] 然后他表示自己有意从库法和巴士拉派出一支大军前去征伐，并向哈里发寻求意见。哈里发则将全权委托于他，命他自行定夺。

---

* 一卡菲兹相当于四升，在这里用来表示粮食价格十分昂贵。

于是哈查吉便开始着手召集军队，他分别从巴士拉和库法各募集了两万大军。他发足了全额军饷，以便他们能配齐战马和盔甲，他亲自检阅了军队，为那些以勇猛著称的将士发放了额外奖金。他在军营周边设立起集市，以便士兵能够购买补给，他还发起了一场讲道，以激励战士们为圣战献出自己的一分力量。[47]这支远征军被称为"孔雀军"，因为他们的衣着装备十分高贵华丽。

尽管战前准备非常充分，但这场远征最终却酿成了早期穆斯林征服史上唯一一次大规模兵变，这是阿拉伯军唯一一次拒绝作战并倒戈反抗穆斯林政权统治者。而这场变故远比表面看起来要复杂。在此之前，哈查吉为强迫伊拉克城镇中的民兵听命于他和大马士革的哈里发已经操心了许多年。将他们派往遥远的地方艰苦作战可能是十分冒险的行为——因为假如他们成功，他们就会变得富足，甚至就地定居下来。但假如他们没有获得成功，他们的战斗力就会崩溃瓦解。他任命了一个名叫伊本·艾什阿斯（Ibn al-Ashcath）的人统率全军。与不幸的乌拜杜拉不同，艾什阿斯出身于阿拉伯南部的大贵族世家，他是前伊斯兰时代王族，坚达（Kinda）家族的直系后裔。他同时也是一个高傲的人，不愿任人发号施令，他是哈查吉在伊拉克的首要政敌之一。哈查吉任命他为远征军主将，这无异于向他递出了金杯毒酒。

起初战事顺利。尊必勒似乎早已得知穆斯林正加紧备战，于是他向伊本·艾什阿斯致信求和。然而他并没有收到回信，随后穆斯林军便开始按部就班地占领他的国土，他们一片地区接一片地区地稳步推进，在占领区安排税官，在道路上设立哨卡，还建立了一套军用邮驿线路。然后，伊本·艾什阿斯务实地决定暂停进攻并巩固占领区，待到明年再继续推进。他致信哈查吉禀报了

自己合理的军事行动，却受到了哈查吉的猛烈抨击。哈查吉谴责他胆小软弱、行事不决，根本就没想要为之前牺牲的穆斯林将士复仇。并命令他立即开拔继续进攻。于是伊本·艾什阿斯询问属下如何应对。大家一致认为哈查吉的做法不可理喻，就是存心羞辱这支军队和他们的主帅。其中一人如是说："他根本不在乎你的死活，而只是强迫你深入这片山崖险峻、隘路狭窄的地方。如果你大获全胜，满载而归，他就会独吞这片土地，把这里的财富掠夺一空……如果你输了，他就会折辱你，而你的失败于他无伤。"[48] 另一个人则说，哈查吉的意图是要将他们赶出伊拉克，并强逼他们在这片荒芜之地定居。所有人一致同意将士们应当解除对哈查吉的效忠。于是，伊本·艾什阿斯决定置尊必勒和在此牺牲的穆斯林烈士于不顾，率领部下回军向西进攻伍麦叶王朝统治下的伊拉克，并进而反抗整个伍麦叶王朝。

这场叛变并没能成功。伊本·艾什阿斯和他的伊拉克军队被来自叙利亚的伍麦叶军击败并消灭了。但这则事例在大征服的历史记载中仍旧占有一席之地——因为这是第一次有穆斯林军队认为维护自身权利、反抗穆斯林政权要比为伊斯兰教扩张国土更为重要，这也是第一次有穆斯林军队认为维护他们的稳定俸禄要比获取新的战利品更有价值。从这一事例中我们能够看出，此时的大征服运动已经开始逐渐失去动力了。

穆斯林军在阿富汗南部的失败标志着对伊朗征服的结束。只有在东北方阿姆河以外的地区，战争仍在继续。穆斯林对伊朗的征服是不彻底且不连续的，这些性质对后世的文化产生了重要影响。在叙利亚、伊拉克和埃及，穆斯林征服运动促成了阿拉伯语的兴盛，阿拉伯语在这些地区不仅成了贵族文化的载体，还成了

人们日常生活中的常用语言。但在伊朗却并非如此。大征服之后的两个世纪中，或者在某些地区更长的时间内，阿拉伯语都是帝国的行政语言，同时它也是宗教或哲学语言，但它却并不在日常生活中被人们所应用。当九世纪到十世纪，伊朗的独立王朝脱离哈里发的统治时，波斯语是他们的宫廷语言。这种"新波斯语"由阿拉伯文字母写成，并包含了大量阿拉伯语借词，但它的语法和基础词汇则完全来源于波斯语。波斯语是一种印欧语言，与闪米特语族的阿拉伯语有着显著差别。与埃及的情况相比，两国差别十分值得思考。在 600 年，埃及没有人说阿拉伯语，但最晚到十二世纪，所有人都已会说阿拉伯语，到现代埃及已经成了主要的阿拉伯文化中心。同样在 600 年，伊朗没有人说阿拉伯语，而到了十二世纪，他们依然不说阿拉伯语。阿拉伯语在伊朗成了特定的知识分子语言，地位和中世纪欧洲的拉丁语十分类似。到现代，伊朗仍旧明显不是阿拉伯国家。

伴随着波斯语言的留存，波斯的政治文化形态也幸存了下来。在伊朗北部和东北部地区，由于第一波阿拉伯入侵难以进犯这里，当地的王公仍旧崇拜着古代伊朗的英雄模范，并且自称是萨珊皇帝和其他高贵家族的后裔。这些诸侯国的宫廷几乎就是一个个伊朗传统文化的宝库，从这里兴起了十世纪伟大的波斯文艺复兴，涌现了诸如菲尔多西的《列王纪》等名著。

非阿拉伯文化在伊朗的幸存应当部分归因于初期阿拉伯征服的特性：因为阿拉伯人定居的步伐十分缓慢，而且征服者并不介意将当地固有的权力结构完整保留下来。当地数不清的王公贵族日后大多改信了伊斯兰教，非穆斯林在其中难觅踪迹，但与此同时，波斯的语言和民族认同也一直保留到了二十一世纪。

第六章

死人复活的事

如果沿海岸前行，从亚历山大到罗马的阿非利加行省首府迦太基有两千公里距离，自迦太基至直布罗陀海峡还有一千五百公里。[1]如果保持每天平均前进二十公里，需要将近半年才能走完这段旅程，这还没有算上休息、马匹生病、地方官员阻碍、敌人袭击等情况。这场旅程途经许多各不相同的地理环境和景观。在旅途的东半程，旅者需要时刻靠近海岸，沿着埃及的沿海平原地区前进。在昔兰尼加，杰贝阿里阿赫达尔山脉（Jabal Akhdar），或称"绿山"，几乎一路延伸到了海边，这条山脉吸引了足够降水，不仅沿海地区适宜人们长期定居，在山脉南部的山谷中也是如此。在这里地中海农业十分兴盛，盛产小麦、葡萄及橄榄等作物。

继续向西，绕过苏尔特湾，这是一段漫漫长途。茫茫沙漠一直延伸到海边，旅者可能在整整一个月的旅程中都几乎见不到任何树园、田野、村庄或城镇。直到的黎波里塔尼亚地区，定居土地才再次出现，这里分布着大片耕地和牧场，的黎波里就坐落在这里，"这是一座庞大的海滨城市，城墙由灰岩和岩石筑成，此城盛产水果，比如苹果和梨，还盛产乳制品和蜂蜜"。[2]的黎波里以西有一条道路通往一片定居地区，即如今的突尼斯。南方的省份名叫阿非利加的拜扎凯纳（Africa Byzacena），北方的则叫作阿非利加行省（Africa Proconsularis）或泽吉塔尼亚（Zeugitania），这

些行省被阿拉伯人统称为阿非利加，他们更喜欢写作"伊弗利基亚"（Ifrīqīya）。拜扎凯纳和泽吉塔尼亚这两个曾经的罗马行省是帝国在北非的统治核心。这里出产的小麦、葡萄酒、橄榄和陶器是主要出口品，这里分布着最多且最密集的城市和乡镇。位于阿非利加行省东北角的迦太基城不仅仅是突尼斯，也是整个罗马统治下的北非地区真正的首府。迦太基曾是汉尼拔的国都，这座迦太基人的古都后来成了罗马人的首府，并且直到古典时代后期仍旧是重要的政治中心。

迦太基城以西有一条大道，沿着高原向遥远的内陆延伸开去，这条大道的北部是海滨山区，南部则是撒哈拉沙漠的边缘，中间形成了一条东西向天然通道。许多小型港口坐落在沿海的山口和避风锚地周围。内陆的高原地区则是游牧民族活动的土地。最终，旅者将会到达休达和丹吉尔这一对双子城市，这两座城市都拥有完善的城防，隔直布罗陀海峡与富饶的西班牙相望。丹吉尔以南更远的地方，是大西洋沿岸地势平坦、水源充足的摩洛哥滨海平原，再往南则是阿特拉斯山脉，与撒哈拉沙漠的北部边缘相邻接。

北非曾是罗马世界最为富裕的地区之一。时至今日，在摩洛哥的瓦卢比利斯（Volubilis）、阿尔及利亚的提姆加德（Timgad）和利比亚的大莱普提斯（Leptis Magna）等宏伟的古城遗迹中仍旧能够依稀看出当年富裕繁华的残余，这些古城是在古罗马帝国境内发现的最令人震撼的遗迹。精耕细作的繁盛农业基础支撑着这些庞大华丽的城市。人们不仅耕作了肥沃的土地，就连那些荒无人烟的土地，比如昔兰尼加地区原先荒芜的山谷，人们也对其进行了精心灌溉和长期照料。这里种植了许多谷物作物，但橄榄才是这一地区最为著名的作物，向罗马城和地中海沿岸各地区出

口的橄榄油是北非地区的主要财富来源。橄榄油被装在一种圆柱形油罐中运出北非，这种油罐是专门为了在货船的船舱中储存而设计的。北非的制陶工坊还盛产一种精美的陶器——非洲红陶，与橄榄油罐一样，这种陶器也被整齐地储存在货船的船舱里。这些闪亮的红色碗碟是古典时代后期地中海沿岸最为常见流行的高品质陶器。

到五世纪初之前，北非一直是罗马帝国最繁荣的领土之一，这片地区完全处于帝国体制的统治之下，当地的大部分剩余农产品都被帝国政府以税收的形式征收。这片地区与地中海的密切联系促成了当地的繁荣，因为地中海沿岸其他地区是它的主要出口市场。就像在意大利、高卢或西班牙的其他城市一样，这里的城市拥有显著的罗马风格，它们都拥有广场、神庙、浴场和剧院。这里发展出了发达的拉丁贵族文化，并且拥有悠久的基督教传统。在五世纪初，北非地区与罗马帝国的其他地区一样，也是根深蒂固的基督教地区。这里的城市与乡村以宏伟的教堂和圣奥古斯丁（于 430 年去世）著称，他是北非小城希波（Hippo）的主教，也是当时最伟大的思想家之一。

在五世纪，就像西罗马帝国的许多其他地区一样，北非也脱离了帝国的统治。一群被统称为"汪达尔人"的日耳曼部落民从西班牙渡海而来，并在 429 年至 440 年间征服了北非的所有罗马省份。臭名昭著的汪达尔人为英语贡献了一个用于描述暴力和毁灭的常用词*。但事实上，似乎汪达尔人造成的破坏并不比其他入侵罗马世界的日耳曼人更加严重，在很多方面他们还主动利用罗

---

* 即 vandalism，意为"故意破坏行为"。——译者注

马的建筑设施和行事原则来为自己的目的服务。汪达尔王国延续到了 533 年，最终查士丁尼大帝发起了一场远征，成功地推翻了汪达尔人，将北非地区再次收归罗马帝国统治。然而，在六世纪后半叶到七世纪初，北非的情况在很大程度上发生了剧变，与三至四世纪那个大城市纷起、农耕地区规模达到鼎盛的时代并不相同。最主要的分歧之一是，中兴的罗马帝国行政语言是希腊语，这种陌生的语言在此之前从未在当地流行过——这很可能使帝国政府更像是外国入侵者，而非恢复旧日辉煌的正义之师。北非基督教会和君士坦丁堡的正统教会之间也一向关系紧张，六世纪的查士丁尼和七世纪的希拉克略都曾推行过迫害政策，以逼迫当地教会服从帝国正统教会的神学观点。[3] 和新月沃地的情况一样，许多北非基督徒一定十分憎恨且不信任拜占庭帝国的权威。

除城防坚固的休达城（查士丁尼大帝在这里重建了城墙，并新建了一座新的教堂）以外，如今的摩洛哥和阿尔及利亚西部大部分地区在三世纪就已经脱离了罗马帝国的统治。至于那些仍旧处于帝国统治之下的地区，城镇和乡村的情况也与从前大不相同。当时，许多大城市的中心都被废弃了。提姆加德位于阿尔及利亚的内陆地区，这座熙攘的都市拥有许多宏伟的古典建筑，最终却毁于当地部落人之手，"这样的话，罗马人就会失去再来侵扰我们的借口"。[4] 各城镇中最具标志性的建筑是拜占庭的堡垒，它们大多建在罗马广场的废墟之上，以及一座或几座四世纪至五世纪建成的教堂，往往建在远离原城市中心区的郊区。许多城市衰退成了乡村，它们拥有一个教区教堂和一小支驻军，有时会有税官和收租人，却既没有地方统治者，也没有公共服务或行政部门存在。七世纪初，即使在首府迦太基，尽管拜占庭帝国光复此城后新建

了一些建筑，新的城区仍旧被垃圾和棚户所填塞。自七世纪中叶起，迦太基城遭遇了一场所谓的"大崩溃"——拥挤的棚户甚至挤满了赛车场，靠近城区的圆形军港也被废弃了。[5]

北非比罗马帝国的其他任何行省都要更加依赖地中海沿岸的贸易与税收体系。北非为罗马城提供了粮食和橄榄油。这些物资中的大部分都是以税收形式上交的，但无疑运送这些税赋的船只也输送了许多北非的商品。439 年，汪达尔人对迦太基的征服破坏了这套征粮体系，于是北非商品的出口量不可逆转地大幅下跌，从此逐渐淡出了地中海市场。拜占庭帝国 533 年收复北非，也没能逆转这一衰退势头。因为此时西地中海市场过于贫困，无力承担大宗进口商品，而东地中海市场即使没有北非商品也足以维持。到 700 年，非洲红陶已经停产。北非成了拜占庭帝国的边缘地区。[6]这比任何证据都更能证明北非的拜占庭军为何会无力抵抗阿拉伯军的入侵——毕竟帝国政府本来就不是很在乎这里。

政治动乱也削弱了拜占庭帝国统治下的北非。610 年，阿非利加总督希拉克略率领本省军队前往推翻了福卡斯皇帝并取而代之。后来他又参与了反击波斯入侵的战争，这场战争攸关帝国的存亡。希拉克略从北非带走的或许是当地最精锐的军队，没有证据表明他们曾经回来过。

乡村聚落也遭遇了与城市相似的命运。考古研究表明，当地有大量聚落遭到了废弃。比如塞杰尔米斯（Segermes）古城（位于今日哈马马特市附近）周边地区，在六世纪中叶曾有八十三座聚落。一百五十年后，半数聚落遭到了遗弃。到 600 年，塞杰尔米斯城本身也被大规模废弃了，而到了七世纪初，在阿拉伯入侵前夕，在这片地区只剩下三座聚落仍然留存下来，这三座聚落都

位于易守难攻的防御要地。这种聚落缩减衰退的情况不仅仅出现在偏远的边境地区，而且在仅距首府和政治中心迦太基城五十公里远的阿非利加行省的农耕中心地区也多有出现。[7]

在阿非利加行省，聚落似乎在六世纪中叶陷入了萧条，但在其他地区，衰退的发生还要更早一些。在的黎波里塔尼亚，自五世纪末起日趋动荡不安的局势使得大批聚落遭到了废弃，而且有证据表明，在拜扎凯纳地区定居农业衰落的同一时期内，半游牧产业有所增长。在那些幸存下来的聚落，原来的开放乡镇逐渐演变成依赖于加斯尔（gsūr，单数为 gasr，古典阿拉伯语词 qasr/qusūr 的方言变体）的社区，加斯尔是一种有筑垒保护的农庄，这种建筑形式从三世纪起，一直到穆斯林征服之后很长时间内还广泛存在，并经历了多种变化。[8]

显然，现今并没有人口数据和准确可信的经济数据留存下来，但考古研究和部分发掘结果显示，第一批穆斯林征服军到来时，这片土地的人口——至少是定居人口已经十分稀少，他们所居住的城市曾一度宏大华丽，此时大部分已经沦为废墟，或者在规模和外观上衰退成了乡村堡寨。

有至少三种人群居住在这片土地上。毫无疑问，在迦太基城和其他驻军地居住着说希腊语的士兵和官员，但他们的数量不太可能很多。在这片如今被称为突尼斯的土地上，与他们一同生活的还有阿法利卡人（或欧法利卡人），他们是迦太基人的后裔，除拉丁语外他们可能还在使用一种古迦太基语方言。在穆斯林征服时期，他们是定居的基督徒，并没有军事传统。伊本·阿卜杜·哈卡姆将他们描述为"罗马人的奴仆（khādim），无论谁征服他们的国家，他们都会乖乖向其纳税"。[9]

然而，占人口绝大多数的则是柏柏尔人。显然，"柏柏尔人"这个名字来自拉丁语单词"barbari"（异族），罗马人用这个词称呼他们，这个名字又传承到阿拉伯语中，成了"Barbar"。柏柏尔人的居住地区自东方的尼罗河谷边缘一直延伸到西方的摩洛哥。他们并没有在政治上联合起来，而是各自生活在无数各不相同的部落之中，但他们使用共通的语言，或至少是同一语系内的语言，这种语言与拉丁语和阿拉伯语都截然不同。在十二世纪之前，叙事文本或行政文书中都很少使用这种语言，柏柏尔人如果想要进入政府部门任职或接受教育，在罗马时代就需要学习拉丁语或希腊语，在穆斯林征服之后则需要学习阿拉伯语。

可以说柏柏尔人的社会是一种部落社会，但柏柏尔人的生活方式也各有不同。一些柏柏尔人居住在部落村庄中，以农耕生产为主，这些人大多居住在山区。另一些则是季节性迁移的牧民，夏季他们将畜群赶到山上，到冬季再赶下来。还有一些是"纯粹的游牧民"，他们在撒哈拉沙漠北部的广大荒漠中游荡。古典文献和几个世纪后的阿拉伯文史料都记载了无数北非柏柏尔部落的名字。即使考虑到了语言和文字的差异，我们也很难在其中发现明显的传承关系，似乎在六世纪至八世纪间，柏柏尔人中间发生了一场广泛的变故，在此期间，一些部落就此消失了，而另一些部落就此出现。总体上说，柏柏尔人在阿拉伯大征服之前的一个世纪中，似乎在从东向西迁徙。这种情况或许印证了很久之后的阿拉伯文史料中的有关记载，即柏柏尔部族来自阿拉伯半岛或巴勒斯坦地区[10]，然而并没有切实的证据。诚然，柏柏尔语并非闪族语言，这表明这些记载是不准确的，但它们的确反映了人们对这场西进移民的记忆。六世纪，拉万塔部族（Luwāta）从拜尔加地

区（即昔兰尼加）出发，向西进入的黎波里塔尼亚[11]并于543年赶走了大莱普提斯的拜占庭总督。[12]在他们之后则是豪瓦拉部族（Hawāra），这是另一支从昔兰尼加出发的柏柏尔部族。"塔格里布"，即"西进运动"，是十一世纪的阿拉伯部落移民运动，但这种运动似乎在六世纪到七世纪初的柏柏尔人中间就已有先驱。

似乎穆斯林对埃及的征服完成后，对北非的征服便顺理成章地开始了。目前我们拥有的关于第一次进攻的记载，全部来自埃及编年史家伊本·阿卜杜·哈卡姆，他的记叙被所有后世文献所引用。可能在642年夏季，亚历山大城终于向穆斯林军投降之后，阿慕尔便率领他的军队向西方进发。[13]这场远征似乎并不十分艰难，穆斯林军进军迅速，他们一路上并未遇到任何真正的抵抗，很快便到达了拜尔加地区。拜占庭驻军和当地的一些地主在他们到来之前就已经撤离，逃往了沿海港口托克拉（Tokra，古称陶齐拉），后来他们又从那里出海逃走。这座城市的大部分人口似乎都是拉万塔部族的柏柏尔人，[14]最终阿慕尔与这些居民，而不是拜占庭帝国政府议和，并收取了一万三千迪拉姆的贡税（齐兹亚税）。据说和约中有一项离奇的条款，即居民可以出卖自己的子女以筹得税金。这可能意味着阿拉伯人从此开始大规模掠夺柏柏尔人为奴，这是穆斯林统治北非第一个世纪中的标志性事件之一。同时，和约中还规定穆斯林税官不应进入该地区，而应由拜尔加本地居民将所收集的税款送往埃及上缴。然后，阿慕尔率军沿苏尔特湾前进，绕过托克拉港，来到了的黎波里。在这里他遭遇了更激烈的抵抗，拜占庭军据城固守了一个月时间。伊本·阿卜杜·哈卡姆在一则逸事中记叙了围城战是如何结束的，这些逸事为阿拉伯人的历史叙事做出了生动有趣的点缀，但在可信度上

难以服人。这则故事这样讲述道：一天，阿拉伯围城军队中的一人与他的七位伙伴一同外出狩猎。他们闲逛到了城市的西边，渐渐远离了大部队，天气酷热，令他们难以忍受，于是他们决定沿海岸回去。此时恰逢涨潮，海水涌至的黎波里的城墙边，一艘罗马船只直接停泊在了避风港内罗马人的房屋墙边。这时，那阿拉伯人和他的伙伴注意到潮水稍稍从城墙边后退了，海水和城墙中间出现了一道通道。于是他们快马加鞭地冲了过去，一直冲到了城内的大教堂前，大吼："真主至大！"罗马人闻声色变，急忙带上了所有能拿的行李逃上了船，升起船帆逃走了。阿慕尔此时发现了城中的混乱，于是率军开入该城，并洗劫了这里。[15] 然而并没有证据表明阿拉伯军在这段时期内占领了的黎波里，而且这座城市可能在穆斯林军离开后又恢复了拜占庭帝国的统治。

不久后阿慕尔又再次开拔，来到了西边的萨布拉（Sabra，或称塞卜拉泰）。这里的当地人以为阿慕尔距离尚远且正忙于围攻的黎波里，便疏于防备。于是阿慕尔攻陷并洗劫了这座城市。在此之后不久，大莱普提斯（或称莱布拉）也落入阿拉伯军手中。随后阿慕尔便返回了埃及，他显然对自己和属下夺取的大批战利品十分满意。这是一场规模巨大的袭掠，但称不上是征服。只有在拜尔加地区，阿慕尔建立了一定程度上的统治，他在这里征收赋税，并任命乌格巴·本·纳菲（Uqba b. Nāfi）作为总督，此人后来在穆斯林对北非的征服中大放异彩，就像哈立德·本·瓦立德在伊拉克和叙利亚的功业一样，乌格巴·本·纳菲的名字也在历史和传奇中作为将领和勇士的典型而代代传扬。

645 年，阿慕尔卸任埃及总督，这标志着阿拉伯军在北非军事行动暂时告一段落。但这并没有持续太长时间。647 年，奥斯

曼哈里发又向埃及派遣了一支军队，以支援对北非的征服。一份军队组成清单显示，这支军队总数约在五千至一万人之间，同最初征服埃及的大部分士兵一样，他们大多征募自南阿拉伯各部族。[16] 他们由埃及新任总督阿卜杜拉·本·萨阿德·本·艾比·萨尔赫（Abd Allāh b. Sacd b. Abī Sarh）统帅指挥。这场远征行军迅速，穆斯林军沿北非海岸很快进入了如今的突尼斯南部。他们似乎并没有将时间浪费在重新攻占的黎波里上。该地区的拜占庭军由阿非利加总督格里高利率领。他似乎决定迁出传统首府迦太基城，转而在突尼斯南部的斯贝特拉建立基地，或许通过这样做，他可以和柏柏尔盟友建立联系以更加有力地抵抗侵略者。两军在这座城外相遇。拜占庭军遭遇了惨败，根据阿拉伯文史料记载，格里高利本人也战死沙场，然而根据狄奥法尼斯和其他基督徒的记载，他从战场上逃脱了，并且后来受到了皇帝的奖赏。

这是穆斯林军和拜占庭军在北非的唯一一次大规模交锋。有趣的是，格里高利并没有试图据守当地的拜占庭堡垒，而是选择与敌人在开阔地带交战。这场战败之后，拜占庭残军似乎撤到了迦太基城，任由阿拉伯军和当地柏柏尔人作战，争夺乡村地区。

阿拉伯军获得的战利品数量极为庞大，与往常一样，阿拉伯文史料也花费了大量篇幅清点了战利品数量，并记述了穆斯林是如何分配这些战利品的，就像他们在整场征服的其他阶段中所做的那样。（举例来说，当时骑兵获得了三千迪拉姆金币，其中一千五百迪拉姆用于马匹保养，另外一千五百迪拉姆则供人使用。步兵则获得了一千五百迪拉姆。）

在此之后有将近二十年，穆斯林都没有试图在北非进行更加彻底的大规模征服活动。拜尔加（昔兰尼加地区）可能此时已在

穆斯林的统治之下，但这片地区似乎成了扩张的终点。埃及的阿拉伯将领还会组织埃及军队前往的黎波里塔尼亚和费赞地区进行袭掠，但这些军队只是在当地大肆掠夺之后便载着战利品回到了埃及的基地。

在这很长一段时间内，乌格巴·本·纳菲似乎一直野心勃勃，想要进行一场比短期掠夺更有价值的行动。在阿尔及利亚中部，北方的山脉渐渐平缓下来，并与撒哈拉沙漠边缘相接的地方，坐落着一座名叫西迪·乌克巴（Sidi Okba）的小镇，这座城镇中央有一座圣陵，至今还有朝圣者前来拜谒圣徒，以求获得真主的赐福（baraka）。"西迪"（Sidi）一词来自古典阿拉伯语中的"赛义迪"（sayyidī），即"阁下、大人"之意——卡斯蒂利亚的英雄熙德（El Cid）的称号，也来自这个阿拉伯语词语。乌克巴（Okba）是乌格巴·本·纳菲·菲赫里的名字，他因在马格里布地区开创了穆斯林政权的统治，而在历史记载和民间传说中广为人知。正是因为这一功绩，在早期穆斯林将领中，只有他的陵墓至今仍备受人们纪念。同时，据说他还是一位圣门弟子，尽管他在见到穆罕默德时还只是个小孩子。在后人眼中，这为他带来了无上的荣誉。先知晚年时，乌格巴在麦加出生，他与先知同样出身于古莱氏部族，但与先知的支族不同，他来自费赫尔（Fihr）支族。他出身于麦加的城市贵族，这一阶层是早期伊斯兰政权精英群体和军事将领的主要组成部分。乌格巴是唯一一位在对阿尔及利亚和摩洛哥的征服中大展身手的圣门弟子，据说他亲自为北非的这些地区带来了先知的祝福（baraka）。另外，他还是唯一一个在此地征战的古莱氏贵族成员，这也大大提升了他的地位和名望。而最重要的是，683年，乌格巴带着一小队战士与一支柏柏尔大军作

战，最终战死沙场，成了殉道烈士。

乌格巴之所以能够手掌大权，是因为他的舅舅不是别人，而是埃及的征服者阿慕尔·本·阿斯。阿慕尔自然乐意给自己野心勃勃、能力出色的年轻外甥委以重任。很快，乌格巴便表现出了强烈的冒险热情。642年，他参与了阿慕尔对昔兰尼加的第一次征服，并率领一支袭掠军在的黎波里以南的祖韦拉（Zuwayla）绿洲中立下战功。据说他最远奔袭到了利比亚沙漠深处的古达米斯（Ghadāmis），而且更重要的是，他还与的黎波里地区的拉万塔部族柏柏尔人建立了联系。[17]根据阿拉伯地理学家雅库特的记载，"在阿慕尔·本·阿斯执政的时代，乌格巴留在了拜尔加和祖韦拉地区，他周围往往聚集着一群皈依伊斯兰教的柏柏尔人"。[18]

670年，穆阿维叶哈里发任命乌格巴为穆斯林统治的北非总督，位于埃及总督的全权统辖之下。[19]他决心发起一场征服伊弗利基亚（大致相当于今日突尼斯国土范围）的行动，并将其纳入穆斯林政权的稳固统治。由于乌格巴在此地的经验丰富，他深知此刻正是极佳的战机。此时拜占庭帝国的统治正江河日下，与日俱衰。阿拉伯军正在猛攻君士坦丁堡，而拜占庭帝国已将全部资源用于坚守都城。与此同时，帝国内部也爆发了一场危险的争端，又一次削弱了帝国的国力。在西西里，一位皇位的觊觎者正威胁着君士坦丁四世（668年至688年在位）的统治，皇帝不得不调离兵力与其作战。罗马人并不构成主要威胁，对乌格巴而言，是征服柏柏尔人还是与他们合作，才是问题关键。

乌格巴率军来到突尼斯南部，他的军队中大多是埃及阿拉伯人。据说他率领了一万名阿拉伯骑兵，还有大量皈依了伊斯兰教的柏柏尔人，这些人可能大部分都是拉万塔部族的成员。他的首

要目标是在伊弗利基亚的核心地带建立自己的基地。十三世纪的地理学家雅库特记述了凯鲁万城（Qayrawān）的建立，他所依据的史料年代更为古老，但现今已经失传。

> 他前往伊弗利基亚攻城略地，以武力攻破城池，大肆杀戮。许多柏柏尔人因他的缘故皈依了伊斯兰教，伊斯兰教从此在当地人中传播，一直传扬到苏丹地区。* 然后，乌格巴召集了他的伙伴（ashāb）并对他们说："这片土地上的人民只是一群无用之人。如果你拿剑威胁他们，他们会成为穆斯林，但只要你稍稍不注意，他们便又会恢复原来的习性和宗教。我认为让穆斯林居住在他们中间是不可取的，而为穆斯林专门建立一座新城以供定居才是良策。"

穆斯林认为这个计划合理可行，于是他们来到了凯鲁万所在的位置。这片场地位于一片开阔地带的边缘，覆盖着一大片灌木丛，由于灌木十分密集，盘虬交缠，甚至连蛇都无法在其中穿梭。

乌格巴继续说道："我唯独选定这里作为城址，因为这里距海遥远，这样罗马人的船只便无法到达这里，摧毁城市。这座城市将安处内陆。"于是，他便命令部下开始建城，然而部下却抱怨说灌木丛里有许多狮子和强盗藏身，他们害怕性命不保，便不敢清理灌木丛。于是，乌格巴把军中圣门弟子集合起来，高喊道："你们这些毒蛇猛兽！我们是真主所降先知的友伴，你们速速离开，否则我们见一个杀一个！"随后，人们目睹了一场极不可思议的

---

* 这里指撒哈拉以南的非洲，这显然是一种夸张写法。

景象——狮群、狼群和毒蛇纷纷带领着它们的幼崽钻出灌木丛离开了。因为这一奇迹，许多柏柏尔人都皈依了伊斯兰教。

> 然后，他建起了官府，并在周围建立了民居，自此之后，居民在此地生活的四十年中，城中都没有出现过蝎子或毒蛇。乌格巴建起了一座清真寺，但因为无法确定朝拜麦加的方位而烦心不已。晚上他睡觉时，突然听到一个声音对他说："明天，去清真寺时你将听到一个声音呼喊'真主至大'，循着声音的方向，你就会找到真主为这片土地上的穆斯林设定的方向。"第二天早上他果真听到了声音，于是他随即定下了该寺的礼拜朝向，后来的所有清真寺也都依照这一惯例设定朝向。[20]

尽管像这样的神迹描写很多，但凯鲁万的建城神话仍旧揭示了其建成的主要原因，那就是穆斯林将在这一地区长期驻军。之所以选定这一地点建城，是因为此地之前并没有建筑物存在。另一些不同的记载也强调了该地区拥有十分重要的牧场。[21]而且这个地点远离海岸。当时的罗马人尽管在陆上已被大大削弱，但在海上仍旧是一大威胁。这座城市初建时十分朴素，它只有一座清真寺、一座官府和几片供人修建民房居住的居民区。并没有证据表明当时阿拉伯统治者修建了集市、浴场、旅店（funduq）或其他任何公共设施。尽管一开始凯鲁万十分简朴，但它很快便发展繁荣起来。与阿拉伯人在征服后立即落成的其他驻军城市不同，凯鲁万是唯一一座至今仍有人定居，且维持在原址不变的城市——伊拉克的巴士拉古城区已经成了沙漠边缘难以辨认的丘

墟，库法古城已经无迹可寻，埃及的福斯塔特成了无人居住的考古遗迹和垃圾场，呼罗珊的梅尔夫也已经成了一大片荒凉的废墟，然而凯鲁万则与之相反，它至今仍是一座富有魅力的古城，氤氲着习习穆斯林古风。

凯鲁万的建成是穆斯林在伊弗利基亚建立统治的决定性一步，但这并不意味着征服就此结束。此时迦太基城仍旧在罗马人的统治之下，穆斯林军尚未深入今日突尼斯和阿尔及利亚国界线以西的地区。

就像在他之前阿慕尔·本·阿斯在埃及，以及他之后穆萨·本·努赛尔在西班牙所遭遇的那样，乌格巴刚刚征服这片地区不久，便被撤下了总督职位。675 年，他被继任者逮捕，被锁链锁起来以示羞辱，并将他押往大马士革，面见穆阿维叶哈里发。但他后来又在欢声雷动中归来了。

新任总督名叫艾布勒·穆哈吉尔（Abū'l-Muhājir），他并不是阿拉伯人，而是乌格巴的上司埃及总督手下的释奴（mawlā）。他可能原本出身科普特人、希腊人抑或柏柏尔人。他从埃及又率领了一支军队来到这里，这支军队可能也是由非阿拉伯人组成的。当他到达伊弗利基亚时，他在凯鲁万城外扎下营来，或许这是因为他深知当地大多数居民仍然爱戴他的前任。[22] 新任总督的首要任务便是拉拢马格里布地区最为强大的柏柏尔人领袖。库塞拉（Kusayla，或称"卡西拉"）是"敖拉巴柏柏尔人之王"，他统治的领土从阿尔及利亚西部的奥雷斯（Aurès）一路延伸到了摩洛哥平原上的瓦卢比利斯。库塞拉信仰基督教，他的许多部众可能也是基督徒，与罗马人保持着良好的关系。艾布勒·穆哈吉尔前往他在特莱姆森（Tlemcen）的权力中心与他会面，并成功地劝

服他皈依了伊斯兰教，将他转化成了穆斯林政权的盟友。库塞拉前来与总督一同居住在凯鲁万城外的大本营中。组建了强大的战略同盟后，艾布勒·穆哈吉尔便得以轻而易举地对迦太基城发起进攻。678 年，他围困了迦太基城，但该城并没有在这段时间内被攻陷，此时罗马对北非的统治已经只剩下迦太基城与其周边地区了。

就像阿拉伯征服史上常常发生的那样，历史事件不仅仅受征服过程中发生的事件影响，而且受哈里发政权更迭的影响。680 年，穆阿维叶哈里发去世，他的儿子与继承者叶齐德一世决定任命乌格巴重返旧职。于是，随着乌格巴趾高气扬地归来，现在轮到艾布勒·穆哈吉尔被锁在铁链中受辱了。他的归来标志着一场重大政治变革就此展开。艾布勒·穆哈吉尔针对柏柏尔人实行的怀柔政策被他强硬地废止了。库塞拉也和他的资助人和盟友艾布勒·穆哈吉尔一同被打入囹圄，乌格巴则开始动身准备他人生中的最后一场冒险。

根据阿拉伯语编年史，乌格巴几乎未在凯鲁万稍事停留，便马不停蹄地出发了。[23] 他将自己的儿子留在该城负责指挥军队，并说"我已将自己售与至高真主"，还表示自己可能再也见不到部众了，然后他便挥军西向，去往穆斯林军从未造访过的土地。他率领一小支部队迅速穿过了沿海山脉以南的高原地区。他的第一场遭遇战发生在奥雷斯山脉脚下的巴卡亚（Bāghāya），在这场战斗中他击败了一支罗马军队并俘虏了大量战马。然后他继续向西进发，来到了莫纳斯提尔城（Monastir）。这里的守军主动出城迎击，战斗异常激烈，但"真主注定了他的胜利"。穆斯林军似乎并没有攻下这座城市，只是大肆掠夺了一番，便继续向提亚雷特

（Tahert）进发了，在那里柏柏尔人和拜占庭军正等着与他作战。这次战斗同样激烈，而且穆斯林又一次获得了大胜。

这支远征军继续向西推进。这支军队可能只有数千人，就这样迅速穿越了一大片空阔的地带。他们最终到达了丹吉尔，并没有史料记载他们一路上遭遇了任何抵抗。丹吉尔是现代摩洛哥的少数城市聚落之一。根据十三世纪的历史学家伊本·依扎里（Ibn Idhārī）记载，它是马格里布地区最为古老的城市之一，他还写道："在有关乌格巴劫掠的史料中记载的那座古城如今已经被掩埋在了黄沙下，如今的这座城市正矗立在古城的旧址上——如果在古城的遗址上发掘，你能找到各种各样的宝石。"[24] 当时丹吉尔由一位名叫尤里安（Julian）的神秘人物统治着，他后来在穆斯林对西班牙的入侵中也扮演着重要角色。尤里安似乎一心想要尽快甩开乌格巴这个威胁，于是他劝告乌格巴不要渡过海峡入侵西班牙，而应当沿着大西洋海岸南下摩洛哥。

接下来，乌格巴来到了瓦利拉城（Walīla）。与丹吉尔的情况完全不同，我们对这一时期的瓦利拉城所知甚多。这座城市当时被称作瓦卢比利斯，是罗马帝国时代毛里塔尼亚地区最为重要的城市之一。尽管在乌格巴劫掠此城的四百年前，罗马帝国的政府就已经不再控制这里，但它还是保持了城镇的形态，至少一部分老城区仍有人居住。尽管这里的大部分居民是柏柏尔人，而且他们居住在柏柏尔风格的住房中，但六世纪的墓碑显示，他们都拥有罗马式的名称和头衔。[25] 在这里，乌克巴据说又一次击败了当地的柏柏尔人，但这次他没有停留多久便很快继续进发了。他向南穿越摩洛哥平原，向着阿特拉斯山脉前进。据说他曾深入山中，来到德拉河谷追击败逃的柏柏尔人，随后又挥军返回，兵

围阿格马特城（Aghmāt），这座城镇的位置靠近今日的马拉喀什（Marrakesh）。这座城市中居住着信仰基督教的柏柏尔人，似乎这里是少数几个被乌格巴以武力攻陷的地方之一。

然后，他又一次率军深入了阿特拉斯山区，并沿着山道来到了苏斯河谷中的沃土，这条河谷位于高阿特拉斯山脉和更加荒凉的小阿特拉斯山脉中间，最终延伸到了沿海的阿加迪尔（Agadir）。这片地区被阿拉伯人称为苏斯·艾卡萨（Sūs al-Aqsā），即"极远的苏斯"。这里从未被罗马人征服过，而且在之后的几个世纪中，这里都是穆斯林统治的最远边界。与乌格巴曾经途经的许多地区不同的是，苏斯地区人口十分密集，因为同今日相似，当时有许多柏柏尔部落居住在这里的山村中。当地人对这支袭掠军发起了坚决的抵抗。乌格巴的作战有所进展，在他攻占小镇纳菲斯（Naffīs）后，据说他在这里建起了一座清真寺，与其说是为了用作当地穆斯林社区的礼拜场所，不如说是为了祝愿自己能够百战百胜。在另一些地区，他就没那么顺利了，一座"烈士之所"（mawdīc al-shuhadā）和另一座"烈士公墓"（maqbarat al-shuhadā）分别在他的伙伴牺牲的地方落成，被后人所铭记。

乌格巴最终来到了大西洋沿岸，他在苏斯的袭掠就此告一段落。这段时间发生的故事后来成了传奇。据说[26]当时他曾纵马跃入海中，直到海水没过马肚才停下来，并高喊道："真主啊！若不是大海阻挡了我，我定要像那亚历山大大帝（Dhū'l-Qarnayn）一般，越过万水千山，捍卫您的信仰，与不信者奋战到底。"这位以真主之名征战，征途只为大海所阻的阿拉伯勇士，成了整个阿拉伯征服史上最为引人入胜，且令人难忘的人物形象之一。

从非洲大陆的西端出发，他又沿着奥雷斯山脉向东返回。在这里，他划分了自己的军队，允许大部分士兵返回家乡。而他自己则只率领一小支部队，前往征服扎布地区的图布纳。在那里他遭遇了一支大军，这支军队的统帅正是在凯鲁万逃脱监牢的库塞拉。如今他抛弃了曾与穆斯林订立的盟约，再次成为柏柏尔抵抗者的领袖。这场一边倒的战斗并没持续多长时间，乌格巴战死沙场，实现了据说他所渴望的殉道理想。

乌格巴对西方的远征为马格里布穆斯林政权的建立留下了最为重要的创立神话之一。但在现实层面上，他所带来的影响却微乎其微。据说他并不愿意围攻拥有驻防的要塞，而是更热衷于深入袭击远方的荒芜之地。[27]当他挥军回归时，他并没有在他所"征服"的地区留下驻军，也没有订立条约征收任何贡品或税赋。除凯鲁万的清真寺之外，只有分别位于苏斯和德拉河谷的两座清真寺是由他建成的，[28]也并没有证据表明这两座清真寺都是永久性建筑。然而与此同时，他的奔袭掠夺也存在着更加罪恶的一面。据说他掳掠了许多年轻的柏柏尔女孩作为战利品，"她们个个都是前所未有的人间尤物"。[29]在中东的奴隶市场上，这些女孩能卖到一千第纳尔金币的高价，她们深受达官贵人的宠爱——伟大的阿拔斯王朝哈里发曼苏尔（754年至775年在位）的母亲就是一位大致在这段时间被掠取的柏柏尔女奴。这种奴隶贸易行径在穆斯林统治北非最初半个世纪里的大部分时间中一直持续存在，在逐渐伊斯兰化的柏柏尔人中引起了极深的憎恨。

乌格巴的战死标志着阿拉伯人退出了马格里布地区。他发动的侵袭促使大部分主要柏柏尔部族联合起来，反抗阿拉伯人的侵略。他们纷纷团结在库塞拉的领导之下，决心向凯鲁万进

军。顿时，凯鲁万城中居民陷入了惊惶与绝望之中。男人们都来到清真寺里聚集起来商讨对策。有些人，比如祖海尔·本·盖斯（Zuhayr b. Qays），决定坚守到底，并鼓励大家以身殉道："你们的亲友已被真主拣选成为烈士，他们进入了永恒的天园。我们也要追随他们的榜样！"但另一些人则不为所动，坚持要撤回安全的东方。尽管激励众人以身殉道的话语确实感动人心，但大多数人还是决定撤离该城，而祖海尔发现只有自己的家人支持他的主张留守这里，便也跟其他人一起撤离了，最终他回到了自己位于拜尔加的府邸。[30]

随后，得胜的库塞拉率军占领了这座由乌格巴建立的城市。他在这里自称"伊弗利基亚和马格里布之主"，承诺保护那些想要留居该城的穆斯林居民，并且可能向他们收取税赋，就这样，征服者和被征服者的地位被巧妙地对调了。库塞拉在凯鲁万统治了约四年时间（684年至688年），在内陆地区称雄一时，而与此同时，拜占庭军仍在坚守迦太基城，他们的舰队也在沿海岸线巡航，以支援他们所剩无多的前线堡垒，以防穆斯林军对西西里发动进攻。

当地阿拉伯人之所以如此不堪一击，部分可以归因于683年叶齐德一世去世后席卷阿拉伯帝国的政治动乱。甚至在685年阿卜杜·马利克哈里发即位后的几年中，突尼斯的穆斯林也还没有发起过任何重夺领土的尝试。688年，叙利亚的阿卜杜·马利克终于任命祖海尔这位满怀理想主义的神圣战士为主将，从的黎波里发起了一场收复凯鲁万的远征。据某份史料记载，他的军队只有四千阿拉伯人和两千柏柏尔人，[31]似乎一路上未遭遇任何抵抗便到达了凯鲁万。当他们来到这座城市时，库塞拉得知了消息，

并决定撤离。此时，这座城市并没有城墙保护，因此防御十分薄弱。另外库塞拉也忧虑仍旧在此定居的穆斯林会自发组织反抗，因此他打算撤往山区附近，以备战局不利时自保。他在奥雷斯山脉边缘一个名叫弥姆斯（Mims）的地方扎下营来。祖海尔后来率军来到此地，战胜并杀死了库塞拉。像往常一样，我们很难知道这次穆斯林军是如何击败一支可能规模要大得多且熟悉地形的敌军的。我们只能了解到，穆斯林军又一次在关键战役中获得了胜利。

与此同时，在库塞拉的最后一战中，拜占庭军似乎并没有为他提供任何军事援助，这段时期拜占庭海军仍旧是地中海沿岸一支不可小视的力量。在库塞拉被击败后，拜占庭军终于发起了进攻，这场进攻的目的似乎是为了诱使阿拉伯军分兵昔兰尼加，于是祖海尔这位厌恶一切大国与统治者的苦行者临危受命，率部东归应对威胁。他发现拜占庭军已经攻占了拜尔加，这片地区在半个世纪前就由阿慕尔·本·阿斯征服下来，自此以后一直在穆斯林的统治之下。他试图率军驱逐他们，但他所率的小部队被敌人击败，他也战死沙场，以身殉道。

祖海尔在拜尔加战死，标志着穆斯林在北非的征服行动达到了低谷，但形势终将再次逆转。694年，野心勃勃且执政有方的伍麦叶王朝哈里发阿卜杜·马利克击败了他在伊斯兰帝国境内的所有敌人。此时他终于能够腾出手来指挥那些闲置的军队，这些将士们大概也是满心期待在战争中掠取财富，从而维持忠诚。除此之外，重启对北非的征服还有更加重要的原因。因为如果昔兰尼加落入敌人手中，那么埃及将在敌人面前不堪一击。另外，穆斯林此前还从未丢失过他们所征服并统治的土地，任何一位自称

"信士的首长"的统治者，都不会任由此等奇耻大辱发生而不发起强烈的反击。

于是哈里发任命哈桑·本·努阿曼·加萨尼（Hassān b. al-Nucmān al-Ghassānī）为主将前往征讨。哈桑出身于加萨尼家族，这一家族在穆斯林征服前曾统治着叙利亚沙漠中的阿拉伯人。加萨尼家族有一些成员穿越边界迁徙到了拜占庭帝国境内，但其他人留在了叙利亚，并融入了伍麦叶帝国的精英之中，包括这一家族在内的叙利亚阿拉伯各部族可以说是帝国的主心骨。他有一个绰号"可靠长者"（shaykh amīn）。他是一位善战的将领和可靠的管理者，在很大程度可称得上是北非穆斯林政权的真正奠基者。哈里发还为他调派了四万人的军队，这是在北非出现的规模最大的穆斯林军队。于是，一场大规模远征开始了。

在哈桑沿着北非海岸长途跋涉，终于来到伊弗利基亚后，他决定首先攻打迦太基城，这座城市是罗马帝国在北非仅存的统治中心。很奇怪的是，穆斯林军之前从没有攻打过这座城市。穆斯林军之所以遗漏了这座重要城市，很可能是因为当时穆斯林军认为柏柏尔人才是更为危险的敌人，应当首先击败他们，或者至少与他们达成和解才行。面对进攻，拜占庭军躲在城墙后进行防御。拜占庭军前不久在昔兰尼加的登陆作战证明了他们依然对穆斯林构成严重威胁，因此哈桑决定一劳永逸地拔除这根眼中钉。

迦太基的陷落是一个重大的历史事件，因为它意味着罗马帝国在非洲的统治最终无可逆转地结束了。从军事上说，比起其他大规模围城战，这场围城最终迎来了更加和平的结果。这座城市坐落在北非沿海一个完美的地点，俯瞰着突尼斯湾，在过去近八百年中，它都是罗马帝国在北非的中枢城市。迦太基城曾一度

拥有无数宏伟的古典建筑，在古典时代后期，城中坐落着许多雄伟的教堂。在二世纪，城中人口据说多达五十万，至今仍有部分遗迹尚存的安东尼浴场曾是罗马帝国境内最大的公共浴场。据阿拉伯编年史家伊本·依扎里记载，在他所处的时代（即十四世纪），迦太基城依旧以其宏大的遗迹、巨大的建筑和高大的立柱闻名，这些记载表明这些遗迹对于过去的人们来说十分具有意义。他还写道，邻近突尼斯城的居民，就像现代的游客一样，仍旧会来此观光，并思索这些经历了时间摧残考验的宏伟建筑和奇迹背后的故事。[32] 然而在 698 年，迦太基这座早在罗马入侵之前就已矗立的古城仅仅剩下了过去辉煌的残影而已。根据伊本·阿卜杜·哈卡姆的记载，当时城中只居住着一些饥贫虚弱的居民。[33] 这座城市似乎大部分都被废弃了，在至少半个世纪中都没有新的大型建筑落成。随着地中海商贸的崩溃，迦太基城也失去了存在的价值，城中仅剩少数居民和一小支驻军在大片废墟中苟活求生。

　　毫无意外，这座城市并未做出有效抵抗。根据某些史料记载，当地居民在阿拉伯军到来之前就已经提前连夜打包细软，乘船逃之夭夭了，因此阿拉伯军入城时，迦太基城实际上已是一座空城。[34] 我们并没有关于真正攻城过程的记载，也没有关于破城后掳掠战利品的记录，这进一步表明这座城市可能在阿拉伯军入城之前就几乎已经废弃了。穆斯林巩固在这里的统治后，他们并没有在迦太基城驻军，也没有建造清真寺。事实上，就像埃及的人口密集区从沿海的亚历山大迁移到内陆的福斯塔特那样，北非的人口密集区也由沿海的迦太基城迁移到了内陆的凯鲁万。

　　迦太基城的陷落可能标志着拜占庭帝国从此退出了北非，但许多柏柏尔部族仍旧在顽强地抵抗着穆斯林的入侵。柏柏尔人的

反抗势力此时被一位名叫卡希娜（Kāhina，即"女巫"）的神秘人物领导着。这位柏柏尔版本的布迪卡女王*声名远扬，据说她留着一头狂乱的长发，满口疯狂的预言，她的形象在之后几个世纪的史书和传奇中流传至今，成了柏柏尔人反抗阿拉伯征服的标志，也成了穆斯林传统生活规范中常常提及的标志性形象。当代文化圈大多盛赞她为女性解放的先驱和倡导女权的先锋、领导柏柏尔反抗军争取自由的女英雄，或一位"从未放弃自己信仰的"犹太公主和伟大的非洲女王。她确实是一位柏柏尔人，来自著名的泽纳塔（Zanāta）部族的支族，但据说她嫁给了一个拜占庭人，而且她既不信仰犹太教，也不信仰基督教。

对于卡希娜其人的传统观点，在十八世纪由爱德华·吉本总结而成，他的学识广博程度直至今日仍能令世人震撼。他如是描写了"混乱无序"的柏柏尔人是怎样团结起来的：

> 在卡希娜女王订立的政策之下，那些各自独立的部族接受了纪律的约束，进行了一定程度上的整合。同时，由于摩尔人拥有尊崇女性先知的传统，他们在进攻侵略者时拥有着与敌人不相上下的宗教热情。在她的猛攻下，哈桑手下身经百战的部队没能守住北非，一代人的征服成果就这样毁于一旦。阿拉伯主将（即哈桑）抵御不住柏柏尔人潮水般的进击，只得撤回了埃及，此后五年中一直在固守埃及，企求哈里发的援助。

---

* 61 年率领不列颠凯尔特人反抗罗马帝国的女性领袖。——译者注

第六章　进入马格里布　273

然后他继续写了卡希娜如何决心阻止阿拉伯人重返北非。

　　获胜的女先知召集起摩尔各部落酋长，并提出了一条怪异而野蛮的策略。她如是说："我们的城市和其中的金银财物一直在引诱着阿拉伯人对我们刀兵相向。而我们并不希求这些毫无价值的金属，我们只需要大地上产出的作物便足以过活。就让我们摧毁这些城市，把那些招来灾厄的财物统统掩埋在废墟之下吧。如果贪婪的仇敌无法在这里得到满足，或许他们就不会再来打搅咱们这个尚武民族的安宁了。"

　　大家一致接受了提议，掌声经久不息。于是，从丹吉尔到的黎波里的所有城市，或至少是堡垒，都被柏柏尔人摧毁了，他们大片砍伐果树，一片土地肥沃、人丁兴旺的乐土就这样渐渐变成了荒漠，生活在较近时代的历史学家仍能够依稀识别出许多这一地区往日繁荣的痕迹，以及他们的祖先曾经遭受的破坏。这个传说仍在被现今的阿拉伯人所传扬。[35]

然而，传说背后的历史现实则难以查证。卡希娜的权力中心在奥雷斯山区中。奥雷斯山区位于阿尔及利亚西部，最高点为海拔两千三百米。山区的中心地带从西向东不到一百公里，从北向南则不到五十公里。山区北方是一片肥沃的高原，南方的坡地则陡峭地插入了撒哈拉沙漠的边缘。这片山区崎岖多岩，山中遍布的深谷里坐落着与世隔绝的村庄和棕榈林。这些村庄的战略位置十分重要。尽管这里是一片难以进入的蛮荒之地，但这些村庄距离突尼斯的平原和阿拉伯人的城市仅有几天路程。另外，从突尼斯通往阿尔及利亚其他地区和摩洛哥的主要道路都位于这片山区

之中——这意味着除非征服奥雷斯山区，或至少与其居民保持友好关系，否则阿拉伯军不可能安全无忧地对阿尔及利亚和摩洛哥发起征服。这片地区对于抵抗外来侵略来说是理想的天然壁垒，它一向是柏柏尔人的抵抗外敌的中心——1954年阿尔及利亚反抗法国殖民统治的起义最初也是在这里发起的。

目前关于卡希娜其人最为详尽的记载来自伊本·依扎里的作品。据记载，当哈桑来到凯鲁万时，他询问谁是伊弗利基亚最为强大的君主，人们回答是奥雷斯山区中的卡希娜，罗马人都畏避她，柏柏尔人都甘愿服从她。人们还说，如果杀死她，整个马格里布将唾手可得。于是哈桑便挥军前去讨伐。而卡希娜在他之前便拿下了巴卡亚，她驱逐了当地的罗马人并摧毁了这座城市，因为她顾虑哈桑会来到这里，将这座城用作他的驻军基地。哈桑进入了山区，并在马斯齐亚纳山谷（Wadi Maskiyāna）中扎营，卡希娜也前来此地迎击。当时哈桑的军队驻扎在山谷两侧的高地上，而卡希娜则在下方的山谷深处。一天晚上，山谷两侧的骑兵相互联络，企图夹击敌军，但哈桑却拒绝在这天开战，于是这两支部队只好骑在马上过夜。第二天，一场漫长艰苦的战斗爆发了，但最终哈桑战败逃走。卡希娜乘胜追击，一路上杀死了许多敌人，虏获了许多俘虏，甚至将哈桑赶到了加贝斯以东的地区。似乎哈桑后来逃到了昔兰尼加，在那里他致信哈里发请求援军，并解释说，马格里布人既没有政治纲领，也没有固定目标，他们就像追逐水草的牧群一样，只是一群乌合之众而已。哈里发则回信要求他就地待命。哈桑和他的部下当时在拜尔加附近栖身的城堡，直到六个世纪后，在伊本·依扎里的时代仍旧存在，并被称为"古苏尔·哈桑"（Qusūr Hassān），即"哈桑的府邸"。

然后，伊本·依扎里记录下了一篇据说由卡希娜发表的演说，吉本的描述就是以此为蓝本改编的。根据记载，卡希娜对柏柏尔人如是宣称道：

> "阿拉伯人只想要伊弗利基亚的城市和金银，而我们只需要耕地和牧群。只有摧毁（kharāb）整个伊弗利基亚才能让阿拉伯人断了入侵的念头，不再回来侵扰我们！"大家一致同意她的提议，于是他们便各自出发去砍伐树木，摧毁要塞。据说从的黎波里到丹吉尔的整个阿非利加曾经乡陌相连、城镇遍地，在世界上再无其他地方比这里更加富饶可爱——除阿非利加和马格里布之外，世界上再没其他地方在连绵两千英里的地带中拥有更多的城市和要塞（husūn）。然而卡希娜毁灭了这一切。由于卡希娜的暴行，许多基督徒和阿非利加人被迫逃离，他们逃往了安达卢斯（即西班牙）和其他海岛。

这段记载十分有趣。因为它体现了中世纪阿拉伯文史料对于北非的环境和城市衰退有着清醒的认识，这种可怕的衰退曾令许多现代考古学家和其他评论者大为震惊。记载本身十分不同寻常。诚然，就如爱德华·吉本所提到的那样，这些记载将两三个世纪的变化压缩加工到了数年之中。但它也的确阐明了一些基本史实。在六世纪到七世纪，北非的城市聚落和定居农业的确遭受了衰退，与此相伴的则是游牧业的发展。而且，这段叙述将阿拉伯大征服置于一个为我们所陌生的视角之下。在这段论述中，阿拉伯人恰恰是城市聚落和文明的保护者，而并非现代文学常描述的破坏者。

此时卡希娜看上去赢得了完全的胜利，而哈桑基本上失去了对伊弗利基亚的控制。不久后，哈桑从哈里发那里得到了更多的兵力支援。他还召集了大量可能不愿服从卡希娜统治的柏柏尔人。据说这些参与圣战的柏柏尔人有一万两千人之多。率领着这支大军他开进了加贝斯，并在那里击败了卡希娜的军队。然后他一路追击，来到了她在奥雷斯的要塞。大约是在698年，他们之间的最后一战在今日的图布纳镇以北的地方爆发了。在这场战斗中，哈桑最终击败并杀死了卡希娜。我们对这场战斗的细节知之甚少，但据说她在战前就预见到了自己即将大难临头。据说当时她头发飞扬着，口中念念有词地念叨着疯狂的话语，预言着即将到来的灾难，与此同时，她还把自己的两个儿子送至阿拉伯军营，以保证他们的安全。[36]

战争结束后，哈桑再次回到凯鲁万建立了统治。他在这里着手建立起了伍麦叶帝国政府的规章制度，为军队设立了文书官（dīwān）并开始对基督徒征收土地税（kharāj）。根据一些史料，他还在迦太基城附近建立了新城突尼斯。突尼斯城将成为一座海军基地，用以防御拜占庭帝国的海上侵袭，有一千名科普特工匠被从埃及运抵这里参与建城工作。[37]这标志着穆斯林政权对伊弗利基亚的长期统治进入了下一个阶段，即转化当地柏柏尔人和征募他们进入穆斯林军队的阶段，这一进程为后来穆斯林征服西班牙奠定了基础。

704年，哈桑被革除了职务。他的去职是大马士革的阿卜杜·马利克哈里发和他的兄弟，埃及总督阿卜杜·阿齐兹·本·马尔万（Abd al-Azīz b. Marwān）关系恶化的结果。阿卜杜·阿齐兹企图将自己的统治范围扩大到整个北非，将北非纳

入埃及总督的统治之下。另外，他还想要将自己的亲信任命为北非总督。他心目中的合适人选便是穆萨·本·努赛尔。此人出身十分低微，显然并非出自伍麦叶王朝的某个显赫贵族。但他是一个精明强干的人才，由于能力出众且深得主子的信任，他渐渐飞黄腾达，攀上高位。其事业最初在叙利亚开始，当时他在伍麦叶王朝的政府中任职，684 年，他初次来到埃及。可能就是在这段时间里，他逐渐受到了阿卜杜·阿齐兹·本·马尔万的重视，他开始提拔穆萨，为他的前途铺路。到 704 年，阿卜杜·阿齐兹和穆萨已经共事了二十年。阿卜杜·阿齐兹一方面想对他予以嘉奖，另一方面也深知穆萨正是能够将伊弗利基亚这个桀骜不驯但发展潜力巨大的省份收归他的统治之下的理想人选。

当穆萨到达北非时，发现这里的局面十分混乱。哈桑之前从柏柏尔人手中夺回了北非，并驱逐了拜占庭帝国的势力。阿拉伯帝国的统治范围最远达到了如今的突尼斯－阿尔及利亚边界地区。二十多年前，乌格巴·本·纳菲发起的急速奔袭直达北非的最西端，但并没有留下任何长期聚落。在奥雷斯山区居住和在西部地区散居的柏柏尔人仍旧在坚定反抗阿拉伯人的统治。

穆萨决心改变这里的现状。哈桑此时离开了北非，正在返回大马士革的路上，当他到达埃及时，阿卜杜·阿齐兹截留了他的所有财产，甚至连他送给新任哈里发瓦立德一世的贡礼也被克扣了。与此同时，穆萨则计划发兵向西推进，对马格里布地区发起一场大规模远征。首先，他对柏柏尔人的要塞宰格万（Zaghwān）发起了进攻，这座要塞距离凯鲁万仅数公里远。穆萨很快便拿下了这里，并将第一批战俘运往首府。虏获战俘可以说是他发起战役的主要目的。在有关阿拉伯人征服中东城市和地区的记载中，

经常可见对战利品数量的记录——比如货物、奴隶，以及最重要的，金钱。这些文献中还会记载这些战利品是如何在征服者中间精心分配的。然而在穆萨征服马格里布的战利品记载中，其虏获并运往东方的俘虏数量却占了大头。作者怀着无比的热情，肆意夸大描写俘虏的数量，使得这场伊斯兰圣战看起来更像一场令人不安的大规模猎奴运动。几乎一到凯鲁万，穆萨便派出了两个儿子，分别率两批部队前去袭掠马格里布，他们各带回了十万名俘虏。当穆萨致信他的主子阿卜杜·阿齐兹，称他将送上三万名奴隶作为帝国政府享有的战利品份额时，阿卜杜·阿齐兹还以为信里的内容搞错了，因为数字之大实在令人难以置信。事实上，文书的确搞错了数字，但并无夸大，而是相反——实际数字应该是六万人。[38]

不久后，穆萨便亲自率军开拔向西部进发。在萨朱马（Sajūma），他允许乌格巴·本·纳菲的儿子们为父报仇，处决了当地六百个老人。随后，他继续进军，征服了豪瓦拉（Huwwāra）、泽纳塔和库塔玛（Kutāma），他虏获了大量俘虏，并另立了忠于穆斯林征服者的酋长。当地定居居民对入侵并没有做多大抵抗，因为据编年史家记载，"由于柏柏尔人的恶意破坏，阿非利加的大部分城市都已经成了空城（khālī）"。[39] 追随乌格巴·本·纳菲的足迹，穆萨一路向西进军，不断地追击逃窜的柏柏尔部落。但与乌格巴不同的是，他并没有放弃丹吉尔。据说他攻占了这座城市，并将他手下的一位柏柏尔释奴塔里格·本·齐亚德（Tāriq b. Ziyād）任命为该城总督，据我们所知，这还是首次有一个皈依伊斯兰教的柏柏尔人成为穆斯林军队的统帅。他为塔里格安排了一支驻军，这支部队中的士兵大部分是新近皈依的

柏柏尔人，也有一些是阿拉伯人，并且"他要求阿拉伯人为柏柏尔人讲解古兰经，并教导他们信仰伊斯兰教"。塔里格·本·齐亚德还在丹吉尔城内为穆斯林驻军划分出了专门的区域以供修建建筑（ikhtatta li'l-muslimīn）。这座穆斯林前哨据点与富饶诱人的西班牙南部平原仅隔一条直布罗陀海峡，它的建立标志着穆斯林对西班牙的入侵自此揭开了序幕，在丹吉尔驻扎的这支军队正是后来侵入伊比利亚半岛的主力军。穆萨之后继续向西方和南方侵攻，最终到达了苏斯和德拉河谷，从阿特拉斯山脉中的麦斯穆达（Masmūda）部落扣留了人质作为臣服担保。随后他便挥军回到了凯鲁万。

穆斯林对北非的征服和在丹吉尔的定居，可能最终完成于708年。此时距离穆斯林军首次从埃及出发进入昔兰尼加不到七十年时间。在这段时间里，北非的战乱频繁，冲突连绵不绝。整体上说，征服的关键在于穆斯林控制了突尼斯地区和新建的首府凯鲁万。到708年，阿拉伯人已经在现代的突尼斯境内大部分地区建立起了稳固的统治机构。东部的昔兰尼加和的黎波里塔尼亚都在穆斯林政权的统治之下。而现代的阿尔及利亚和摩洛哥境内，在当时则仍旧是一片不折不扣的"狂野西部"。这片地区唯一一个规模较大的穆斯林群体似乎就是丹吉尔的驻军。在其他地区，穆斯林的统治则依赖于和柏柏尔部族酋长维持良好的关系，这些酋长可能至少在名义上皈依了伊斯兰教。日后穆斯林的统治还将遭受更多威胁，比如740年至741年的柏柏尔人大起义，但穆斯林的统治从未被推翻过。

験足与抛掷

第七章

对伊朗的最初征服于 651 年完成。追击伊嗣俟三世的穆斯林军最远抵达了梅尔夫。[1] 这里距离东北方的乌浒河（今称阿姆河）仅有数天的路程。在乌浒河另一岸则是河中地区，这里的环境与伊朗截然不同。尽管这里有许多居民说波斯语，并定居在城镇和乡村中，但萨珊帝国的统治者从来没有真正在这里建立过统治。这里并没有萨珊帝国的中央政府，取而代之的是分布在城镇府邸和乡村城堡中的王公宫廷，以及突厥大汗们统治的游牧部落。东方更远的地方则是中国的边境，在那里，中国唐王朝的皇帝是这片地区诸位王公的宗主。这是一片富饶的土地，遍地都是机遇和财富，却被一群好战且热爱自由的人们守护着。对阿拉伯的勇士们来说，财富的诱惑和战斗的刺激是无法抵抗的。

在早期穆斯林征服的所有行动中，在河中的作战是最为漫长而艰苦的。从征服梅尔夫（650 年至 651 年），跨过乌浒河开始，直到 751 年的怛罗斯决战终结了中国对河中地区的介入为止，这场征服持续了一整个世纪。征服的第一阶段在七世纪五十年代到 705 年间断断续续地展开，当时阿拉伯总督不时派遣部队跨过乌浒河袭掠对岸，但他们总会在冬季即将到来前回来，并不会在河中地区长期驻扎。第二阶段则是在 705 年至 715 年，屈底波·本·穆斯林任总督期间，他试图发起有组织的军事行动

征服吐火罗斯坦（Tukhāristan）、粟特（Soghdia）和花剌子模地区（Khwārazm），这一时期中，在布哈拉和撒马尔罕等大城市都进驻了阿拉伯军。第三阶段在716年到737年左右展开，在这段时期，阿拉伯军遭遇了恢复元气的突厥人和他们在当地的王公盟友的强力回击，战局发生了重大转折。第四阶段也是最终阶段（737年至751年），这段时期迎来了两位阿拉伯总督，先是阿萨德·本·阿卜杜拉（Asad b. Abd Allāh），然后是纳斯尔·本·赛亚尔（Nasr b. Sayyār），他们与河中地区的王公达成了协议，迫使他们向阿拉伯帝国称臣，但保留了大部分原本的权势和地位。

阿拉伯在中亚的征服史之所以地位重要，还有其他原因。那就是关于这些战役的记录至今为止远比有关早期伊斯兰征服期间其他所有远征的记载要更加翔实。与更早的征服以及同时代对西班牙的征服中模糊不清且传奇色彩浓重的记载截然不同，八世纪征服河中的战斗叙述十分质朴真实，充满了史实细节。只有在这些叙述中我们才有希望对当时征伐的艰辛，破坏的严重，以及战败或战胜的具体情况有所认识。这份史料由艾布勒·哈桑·马达因尼编纂而成。753年，他出生在巴士拉，此时正是阿拉伯大征服落幕的时代，但他一生中的大部分时间在马达因（即泰西封，他的姓氏因此而来）和巴格达度过，最终在830年后，他在巴格达去世。[2] 据说他收藏了大量历史书籍，其中包括有关阿拉伯军入侵呼罗珊的历史和历任总督的生平传记，其中就包括屈底波·本·穆斯林和纳斯尔·本·赛亚尔的传记。900年左右，塔巴里编纂了这些历史材料，并以这些历史叙述为基础写成了他自己的《历史》一书，于是这些历史材料得以流传到我们的时代。

与对叙利亚、伊拉克和伊朗早期征服的记载相比，年表更

加真实可靠一些，但其叙述内容仍旧混合了不同的作者出于不同目的而编纂的内容。[3]其中一些记载的编成是出于部族传统，这些内容显然是为了赞颂一些伟大的酋长并纪念他们在这些激动人心的历史事件中所起到的作用而流传的。艾兹德部族就纪念着他们伟大的首领穆哈拉布（Muhallab）及其儿子叶齐德的事迹和美德，至于对河中的征服战中功绩最为显赫的屈底波·本·穆斯林，他的名望也被他在巴希拉（Bāhila）部族中的追随者们所铭记。另外，河中地区本地独有的历史传说也被记载在了纳尔沙西（Narshakhī）所著的《布哈拉史》中，这部史书详尽地为我们描述了征服运动对布哈拉城及其周边乡村造成的影响。

乌浒河是一条令人震撼的大河。如果旅者从梅尔夫出发，沿着东方的古道穿过地势平坦的萧瑟荒原，到达恰尔朱伊（Charjui）* 这座古老的交通枢纽时，他将发现这条大河突然出现在了自己面前。这条河的西岸是喀拉库姆沙漠（Kara Kum，即"黑色沙漠"），东岸则是克孜勒库姆沙漠（Kizil Kum，即"红色沙漠"），河岸上坐落着低矮的峭壁。在这里罕有水利灌溉，也少有聚落分布。阿姆河曲折蜿蜒，穿过了一大片荒无人烟的土地——与埃及尼罗河沿岸的悦目景色截然不同的是，这条河沿岸既没有棕榈林，也没有田野或村庄分布。这条河宽广且水流量颇大，与两岸的荒漠景观相比显得格格不入。

维多利亚时代的诗人马修·阿诺德在他改编自《列王纪》中著名故事的《苏赫拉布与鲁斯塔姆》一诗中，运用顿呼的修辞手法对这条河流做出了抒情描写。诗中的鲁斯塔姆悲惨地误杀了自

———————————

* 即阿姆古城。

己唯一的儿子苏赫拉布后，波斯军和突厥军各自返回了营垒，升起营火准备伙食，将这位英雄独自留在战场上陪伴爱子的遗体。在这首诗中，诗人凭靠想象描绘了这条大河的全景：

> 但这条雄壮的大河依旧滚滚流逝，
> 冲破迷雾，在这片低地上隆隆回响，
> 河水闪烁着群星的寒光，涌流着，
> 轰鸣着，穿越寂寥的花剌子模荒原，
> 在孤零零的月亮之下，他涌流着，
> 跟随北极星的方向，穿越奥尔贡杰，
> 这条河泛滥、晶莹而宽广：然后，沙地出现了，
> 包夹了他的水道，阻塞了他的水流，
> 分散了他的流向；绵延许多里格，
> 支离分流的乌浒河延伸开去，
> 沙岸为床，芦苇密布的小洲为褥——
> 乌浒河，已忘记了他曾经的急流激荡，
> 在那帕米尔高原的群山中央，
> 他就像一个漫步者，萎靡不振，疲惫不堪——但到了最后，
> 期盼已久的浪声激荡在耳边，面前展开了
> 宽广光辉的归宿，波光粼粼，宁静安和，从水底，新夜的群星
> 沐浴着水色升起，照耀在咸海之上。

乌浒河是阿拉伯帝国的边界。阿拉伯人简单地将乌浒河对岸

的地区称为"河外地区"（māwarā al-nahr），这一名称一直流传到了今天，尽管这一地区居民早已不再使用阿拉伯语。西方学者和旅行家则长期使用"河中地区"（Transoxania）一词来称呼这片地区。在穆斯林时代早期，这片土地被划为呼罗珊的一部分，呼罗珊是一个面积广大的省份，它还囊括了伊朗东北部地区，省份首府位于梅尔夫，总督往往会坐镇这里管辖全省。

这片地区的环境分布复杂多样，这对阿拉伯军的进兵方略造成了决定性影响。在这里有富饶的河谷，城镇乡村在其中聚集。河谷附近则是广阔的沙漠，间或有城墙围护的绿洲零星点缀其中，这些沙漠夏季酷热难熬，冬季严寒难忍，只有最坚韧的游牧民才能在其中生存。这里还有高大的山脉，这些山脉往往是从平原上突然崛起的绝壁，它们一直守护着这里的古老文化与生活方式，甚至在平原地区被外来入侵者占领的数个世纪后，它们还一直发挥着这种作用。这里还存在着一片完全不同的世界，在一些偏僻的山村，当地的居民说着一种与外界不通的语言，并将他们的王公当作神来崇拜。

在这些环境对比强烈的地区居民之间，基本区别在于他们中一些人说伊朗语族的方言，而另一些则说的是截然不同的突厥语言。时至今日，这种区分依然在说波斯语的塔吉克人和说突厥语的乌兹别克人之间存在。当阿拉伯人于七世纪初次到来时，当地不仅语言差异显著，文化差异也同样明显，说波斯语的居民大多居住在定居地的城乡之中，而说突厥语的居民则多是游牧民。

从政治及社会方面来说，乌浒河沿岸可分为四个互不相同的地区。[4] 乌浒河谷中部坐落着吐火罗斯坦，北部是吉萨尔山脉和其他山区，南部则是高大的兴都库什山脉，它形成了一道天然屏障，

阻拦了阿富汗南部和印度平原。自十九世纪开始，这条河隔开了南方的阿富汗和北方由俄罗斯统治的塔吉克斯坦地区，但在七至八世纪，这一分界还并不存在，河流两岸的居民都同属一个族群与文化。

吐火罗斯坦地区遍布着古老的聚落。其中最为重要的是巴尔赫（Balkh），在这座古城高大的泥砖城墙上，人们至今仍能越过平坦的原野，远眺南方的群山。巴尔赫城自从于 1220 年被成吉思汗的大军摧毁后便废弃了，在此之前它曾一度是中亚最宏伟的城市之一。这座城市曾被亚历山大大帝征服，后来成了希腊化王国巴克特里亚的首都。就是在这里，乌浒河畔的中亚中心地带，亚历山大大帝的军队和他们的后代建立了一座希腊文化的前沿城市。他们铸造钱币，在其上以希腊风格铭刻了君主的肖像，如同希腊世界的其他工艺品一样精致。阿伊·哈奴姆城（Ai Khanum）的王宫俯瞰着乌浒河，这座宫殿的建筑形态直接源自马其顿风格，城中遍布宽阔笔直的街道，矗立着一座附带柱廊庭院的宫殿和一座大运动场。

在 650 年后，穆斯林首次对该地区发动进攻时，吐火罗斯坦正被无数诸侯国割据统治着，其中一位王公拥有叶护（Jabghū）的头衔，对整个地区保持着较弱的控制。这些诸侯国的君主都是伊朗或突厥后裔，信仰琐罗亚斯德教或佛教。它们中最为偏远的小国位于东方遥远的乌浒河上游，是群山之中的巴达赫尚（Badakhshān），这里盛产红宝石和青金石，除此之外还有珂咄罗（Khutal）、鞠和衍那（Kubadhiyan）和石汗那（Saghānān）。在南方崎岖的兴都库什深山中则坐落着巴米扬（Bamiyan），在这里，巨大的佛像慈祥地注视着山谷底部繁茂的绿草地，更往南的地方

则是遥远的喀布尔。

城防坚固的城镇提尔米兹（Tirmidh，今铁尔梅兹）是少数真正坐落在乌浒河岸上的聚落之一，在流经这座城镇后，乌浒河转而流向北方。最终它流入了一片名为花剌子模（Khwārazm，"w"不发音）的平原，这里在今日被称为花拉子模（Khorezm），被乌兹别克斯坦和土库曼斯坦两国一分为二。[5] 在这里，乌浒河分流开来，延伸出不同的支流和水道，形成了一片三角洲。这片肥沃的土地四面都被沙漠包围封锁，定居居民在公元前四千年左右就已在此地定居，并发展出了独特的文化。他们说着自己独特的伊朗语言，据某个外地人描述，听起来就像"椋鸟的啁啾声，或青蛙的呱呱叫声"，[6] 他们书写时使用一种古老的阿拉米文字。这片沃土由阿夫里格王朝（Afrīghid）的历代沙阿（shah）统治着，这一王朝在阿拉伯人入侵前就已统治该地长达三个世纪，他们在这里建造了防守严密的宫殿，并在国境陈兵防御，以抗击敌对游牧部族的袭掠。

最终河流汇入了，或者说曾经汇入了咸海。万分可惜的是，诗人想象的"激荡的浪声"如今早已不复回响，因为由于人们为了灌溉土库曼斯坦的棉花田而抽取了太多的淡水，现在的咸海几乎已经干涸了。如今渔船停靠的地方曾经是海岸线，但现在却只剩下了一片遍布尘埃的荒凉盐漠。

在乌浒河以东及吉萨尔山脉以北的地区，现在的乌兹别克斯坦境内，则是粟特（Sughd）的土地，一条如今被称为扎拉夫尚河（Zarafshan，即"碎金河"）的河流横贯其间，但在阿拉伯征服者口中，这条河有个平凡无奇的名字，叫作"粟特河"。这条河发源于突厥斯坦山脉，自东向西穿过一片低地，流经撒马尔罕和

布哈拉两城，最终还没汇入乌浒河，便在克孜勒库姆沙漠中干涸了。就像乌浒河成就了花剌子模、尼罗河成就了埃及那样，这条河流成就了粟特。

比起其他地区，我们对粟特的了解要全面得多。粟特地区是一个古老文明的中心地带，粟特人也拥有自己的伊朗语言，同花剌子模的语言一样，粟特语在书写时也使用一种阿拉米字母的变体。大量的粟特语文献留存了下来。粟特地区也见证了阿拉伯征服中最为漫长艰苦的战事，阿拉伯人的历史叙述为我们描述了当地王公，比如机智顽强的撒马尔罕王公乌勒伽（Ghūrak）的英勇事迹。

粟特是一片由许多王公统治的土地，其中最为重要的王公分别坐镇布哈拉和撒马尔罕两座大型中心城市中。这些王公崇尚一种尚武的宫廷文化，他们的形象至今仍存留在撒马尔罕和彭吉肯特古城中发现的壁画上。对于这些王公的宫廷生活，我们可以从布哈拉当地历史学家纳尔沙西的记载中查知一二，纳尔沙西记载了[7]阿拉伯入侵之前不久，可敦（680 年至 700 年在位）统治她的家乡布哈拉的时期。关于这位可敦（Khātūn），据说"在她统治的时代，没人比她更具能力。她明智地治理国家，人民无不臣服于她"。早期阿拉伯历史文献大多对阿拉伯军所遭遇的女性统治者持敌视态度，但这段描述却与其他文献形成了鲜明对比，这尤其使人感到惊奇。她每天都会骑马出城，来到雷吉斯坦（Registan）的开阔沙地上。然后她就在这里主持宫廷，坐在王座上，身边围拢着廷臣和宦官。可敦曾下令当地的地主和王公（dehqānān ve malikzādegān）每天派来两百名身佩金腰带，肩扛佩剑的少年。当她出行时，他们便站成两排夹道列队，当可敦商讨国是、下达

命令时，就由他们为有功者颁发代表荣誉的长袍，或对有罪者施以惩罚。到午餐时间她便会回到城堡，为她的扈从发放大盘盛放的食物。到了傍晚她再度出城升朝，她坐在王座上，诸位王公和地主则在下面排成两列静候。然后，她又骑马回宫，而宾客们也纷纷返回各自的村庄。到了第二天，另一批宾客又会到来，每一批宾客都会依次前来觐见，他们每年会来四次。

粟特同时也是一片商人熙攘的土地。自五世纪至八世纪间，从中国通往西方的陆上丝绸之路迎来了第一次大繁荣。"丝绸之路"一词深受满怀浪漫情怀的历史学家和旅游公司青睐，他们将其描绘成一个满是奢侈宝藏的世界，装饰着天蓝色瓷砖的城市浸蕴着香料的气息，如在画中一般的绵长商队缓缓行进，穿过地球上最为荒芜的地区。但现实就很平淡乏味了。这条中国与西方之间横穿整个大陆的道路仅仅断断续续地用于贸易往来，而在中世纪的大部分时间里，从中东地区穿越印度洋通往中国的海上商路才是更加重要的商业通道。在两个历史时期中，这条大陆商道达到了鼎盛，丝绸之路成了世界贸易的主要焦点。第一个时期是穆斯林大征服之前及其期间，第二个时期则是蒙古帝国统治时期，蒙古帝国为商路的安全提供了保障措施，激励了包括马可·波罗在内的许多商人前往贸易。

"丝绸之路"一词之所以要强调丝绸，可不仅仅是约定俗成的修辞，它同时还反映了一个重要的史实：尽管古代中国大量使用铜钱，却十分缺乏金银等高价值货币。于是，丝绸和以斗计量的小麦便被用作某种代替货币使用。大量的这种"货币"流通到了中亚地区。七世纪，中国的统治者试图巩固他们在新疆的统治，花费了大量资源为当地的驻军官兵发放军饷。从敦煌石窟附近的

戈壁滩中出土的古代文献里，这一政策的运作情况可见一斑。其中一个事例描述了745年，一位军官被中央政府拖欠了半年的军饷，即一百六十千克铜钱*。[8]这样的话，只有用轻薄而便于运输的丝绸来支付薪水，才能使这套驻军制度得以平稳运行。于是，军官便可以将丝绸卖给商人，以换取银币或西方的商品。之后，粟特人将把这些丝绸运往伊朗和拜占庭的市场上售卖。显然，控制这里繁盛的商业，是阿拉伯人之所以如此执着地在这一偏远地区开疆拓土的原因之一。

河中地区的第四个部分，也是最偏远的地带，是药杀水（Jaxartes，即今日的锡尔河）沿岸地区，现在处于乌兹别克斯坦和哈萨克斯坦的领土范围内。此地位于粟特以北 160 公里处，中间横隔着一片平原，这片平原有一个可怕的名字，叫作"饥饿荒原"，穿越荒原的道路上遍布着横死道旁的人畜留下的森森白骨。药杀水比乌浒河小，并且在许多地方有支流汇入，它灌溉了石国（Shāsh，或称莎什、赭石、柘枝等，今塔什干）的土地，再往东是宽阔的费尔干纳河谷平原。越过群山，东方更远的地方则是唐代中国的领土。

内亚地区的游牧民族被阿拉伯人笼统地称为突厥人，在阿拉伯入侵时期，阿拉伯人初次遭遇了这些民族，他们后来对伊斯兰文化的发展产生了深远的影响。[9]这些突厥人与今日土耳其的国民并没有直接关系。在穆斯林征服时期，如今的土耳其是拜占庭帝国的一部分，并且在此后的四个世纪中一直如此。据我们所知，当时在那里完全没有突厥人居住。突厥人起源于更远的东方。

---

* 依唐制约为四万三千文或四千三百两铜钱。——译者注

第七章　跨过乌浒河　293

六世纪中叶，中国的史书中初次提到了一支名叫"突厥"的民族，他们在长城以北的广大草原上建立了自己的帝国，后来的蒙古人也在这片大草原上崛起。根据中国史料，这个帝国的奠基人似乎名叫土门（Bumin），他于553年去世，他与他的弟弟室点密（Ishtemi）共同建立了突厥汗国。在一份著名的古突厥语碑文中，史书的内容得到了印证，这些碑文被发现于蒙古鄂尔浑河谷草地上坐落的几座石碑上。后来的一位君主在这些石碑上记录了突厥汗国初建时的光荣时代：

> 当上方蓝天、下方褐土初创之时，人类亦在二者之间生成。在众人之上，我的祖先土门可汗 * 与室点密可汗成为君主。他们成为君主之后，便组织和治理着突厥人的国家与体制。天下四方之人均对他们怀有敌意。他们率军远征，讨伐了天下四方的所有民族，从而征服他们。他们使高傲的敌人俯首，强大的敌人屈膝。贤明的可汗就是他们，英勇的可汗就是他们。诸位贵族都贤明英勇，他们与普通民众都循规蹈矩。由于这一原因，他们才能牢固地统治整个国家。他们建立了国家的统治与法规。[10]

然而，突厥人的帝国并不仅仅建立在法度和个人荣誉的基础上。这些顽强勇猛的游牧民精湛的武艺，尤其是骑射技艺，也为他们登上权力舞台打下了基础。他们在马背上生活，他们喝马奶，吃马肉，到了迫不得已的关头，他们甚至会割开坐骑的血管畅饮

---

* 可汗（khagan），或称汗（khan）是突厥人的传统头衔，即君主或酋长。

马血。突厥人小时候往往在会走路之前便已学会了骑马。他们不仅骑术卓越，而且生命力无比顽强。他们从小便饱受内亚地区的酷热与严寒之苦，因此他们能够承受他人所无法忍受的艰险。

七世纪初，《军略》的作者拜占庭皇帝莫里斯描述了突厥人的战术。他如是写道：

> 突厥民族人口众多且独立性强。对于人类的事业，他们既不是多面手，也不专精一项，除勇猛对敌之外，他们也不会训练其他的技巧……他们的政府是君主制的，他们的统治者往往对犯下过错的人实施残酷的刑罚。他们并非在关爱，而是在恐惧之下被君主统治，因此能够坚韧忍受苦劳和艰险。他们耐寒耐热，可以在缺乏很多生活必需品的情况下生存，因为他们是游牧民。他们还十分迷信、奸诈、背信，且对财富拥有从不餍足的贪欲。他们背信弃义，不守约定，且贪图礼物，从不满足。即使在他们尚未接受礼物时，他们心中就已在谋划背叛和弃约的阴谋了。他们善于把握战机并迅速取得优势。他们擅长利用欺诈、突袭和破坏补给线来赢得胜利，而不是靠正面对抗获胜。
>
> 他们身穿锁甲，佩带剑、弓和骑枪。他们的骑枪挎在肩上，而弓则拿在手中，在战事需要的情况下，两者他们都能够使用。不仅他们自己身穿铠甲，他们的首领所骑的马也在前面披上了铁甲或毛皮。他们对弓术和骑术的训练格外上心。
>
> 他们在行军时会把一大群公马和母马带在身后，因为这样既可以提供食物给养，也能够给人造成军势壮大的假象。

与罗马人和波斯人不同，他们并不会筑土垒扎营，而是在开战前，以部落和氏族为单位分散开来，他们不论冬夏都会喂养他们的马匹。然后，他们将马匹牵到他们认为必要的地方，把它们拴到自己帐篷边上看守它们，直到他们出战组成阵型时才牵出来，他们往往依靠夜幕的掩护组阵。他们每隔一段距离设一个哨兵，并让他们得以相互联络，因此对他们发动突袭很难得手。

与罗马人和波斯人不同，突厥人在战斗中并不会把阵型分为三部分，而是分为规模各不相同的单位，这些单位都相距很近，看起来就像一条长长的阵线。除军队主力外，他们还有一支额外的部队，用以突袭缺乏防备的敌人，或作为后备队支援前方吃紧的部分。他们在主阵后方很近的地方安置了空余的马匹，阵线左方或右方一至两英里外的地方则是辎重车队，安排了一定兵力保护。他们常常将多余的马匹拴在一起，安置在战线后方，以此作为一种保护措施。

他们擅长长途作战、突击、包抄敌人、先佯退再杀回马枪，以及以分散的小队组成楔形阵。当他们逼退敌人时，像波斯人、罗马人或其他民族一样，他们会心无旁骛，不知餍足地追歼残敌，抢掠战利品，但他们在完全歼灭敌人之前不会善罢甘休，为了歼灭败军，他们会毫无保留地派出全部兵力追击。假若他们追击的部分残敌逃进了要塞，他们便会持续彻底地侦察敌军人马所需物资的短缺情况。然后，他们便会利用这种短缺的情况来拖垮敌军，逼迫敌人接受有利于己方的停战条件。他们首先会开出十分易于接受的价码，当对方接受时，他们便会进一步提出更严苛的条件。

草料不足时他们的军队会变得脆弱不堪，这是因为他们所携带的马匹数量太过庞大。另外在战斗中，当他们遭遇组成密集阵型的步兵时，他们仍旧会骑在马上作战，而不是下马组阵，因为他们并不能坚持很长时间的步行作战。他们从小便在马背上长大，由于缺乏锻炼，他们简直没法用自己的双脚走路。[11]

阿拉伯军跨过宽广的乌浒河时，遭遇的就是这样一群可畏的勇士，他们深深震撼了阿拉伯人。

557年至561年间，突厥人在土门的弟弟及继承人室点密的率领下，与萨珊帝国皇帝霍斯劳一世（531年至579年在位）结盟，歼灭了中亚一支名为嚈哒人（Hepthalites）的游牧民族，此前嚈哒人曾在河中草原上统治了一个世纪之久。这使得突厥人的势力达到了波斯帝国的边境地区。萨珊帝国的皇帝甚至迎娶了室点密可汗的女儿，与其结成了姻亲关系。与此同时，突厥人也与拜占庭帝国的统治者建立了直接的外交关系，目的在于建立一条将中亚丝绸经过草原贩运到黑海北岸的贸易通道。

第一个大突厥帝国的国祚并没有延续多长时间。统治者家族内部的纠纷最终引发了内战，583年，西突厥人从他们东方远亲的统治下分裂出来，在河中地区建立了另一个独立的突厥汗国。西突厥可汗统叶护（T'ung Yabghu）依旧是一位伟大的统治者，630年，一位名叫玄奘的中国佛教朝圣者经过他的领土，并觐见了他，但在这之后不久统叶护可汗便被杀了，西突厥汗国随之分崩离析。八世纪初阿拉伯军到来时，突厥人的首领是一位突骑施部族的可汗（Türgesh Khagan），是受中国皇帝册封的游牧部族酋

长。尽管突厥人的帝国已经四分五裂，但当他们与当地的伊朗王公联合时，可能爆发了早期穆斯林军所遭遇到的最为顽强激烈的抵抗。

七世纪五十年代初，第一批阿拉伯先遣军来到了这里，进入了这片宽广又多样的土地，遭遇了各色杂居于此的好战民族和文化。

阿拉伯军第一次跨过乌浒河对河中地区入侵仅仅是一次大规模袭掠行动，意图是掠夺贡赋。阿拉伯文史料往往将这种袭掠活动当作真正的征服行动来记载，而随后当地人对于正式进攻的抵抗则被描写为对穆斯林政权的叛乱。第一波袭掠最远到达了撒马尔罕，但阿拉伯军遭遇了顽强抵抗，最终在冬季到来之前撤退了。这次撤军让当地人赢得了喘息之机，据说当时"呼罗珊诸王公"在一起会盟并联合军力，达成了互不侵犯的协议，并且承诺相互交换情报，团结一致共抗外敌。[12] 这种规模的合作在此后的许多年中都很少出现。

在阿拉伯军跨过乌浒河入侵河中地区的最初几年中，一位阿拉伯人的死造成了令人意想不到却影响深远的结果。据说在对撒马尔罕的第一波袭掠中被杀的穆斯林里，有一个人名叫库斯姆（Quthm），他是穆罕默德的叔叔阿巴斯（al-Abbās）的儿子。[13] 库斯姆不仅身居圣门弟子的高位，而且他还是先知最为年长的表亲。除了他的高贵家系和显赫的人脉关系以外，他还因谦逊的品德而为人称赞，他曾拒绝接受自身和坐骑所需以外的战利品。他在中亚穆斯林中广受纪念与崇敬，尽管他的实际成就并不大，但他似乎为这片偏远的土地带来了先知身边亲友所拥有的某种魅力，促使穆罕默德与河中地区的穆斯林之间建立起某种直接的联系。据

传说描述，他并没有死去，而是仍旧生活在他的陵墓中，这座陵墓深居于撒马尔罕的泥砖城墙之内。他被人们称为"沙希津达"（Shāhi Zinda），即"永生王"，帖木儿时代（十四世纪后期到十五世纪初），他的陵墓成了一座墓葬群的中心，这里埋葬着帖木儿王朝的王公子弟，更多的则是帖木儿宫廷中的公主。这些拥有天青色和蓝色穹顶的陵墓至今仍是世界上波斯建筑与装饰艺术最为精致细腻的样本之一。

671 年，伊拉克与东方全境总督齐亚德·艾比·本·苏富扬在伊拉克组织起五万人，其中大部分来自巴士拉。齐亚德要求他们迁至梅尔夫，以缓解伊拉克的资源压力。在此之前，阿拉伯军每年都会开进呼罗珊地区，并于冬季返回伊拉克，只在梅尔夫城留下少量驻军守备。这一大批阿拉伯人来到梅尔夫城永久定居了下来，改变了这一地区的穆斯林人口构成。在梅尔夫及其周边乡镇定居下来的阿拉伯人可能比伊朗其他所有地区的阿拉伯人都要多。他们渴求着财富与冒险——正是这些人组成了入侵河中的穆斯林军的核心力量。

681 年，萨勒姆·本·齐亚德（Salm b. Ziyād）就任呼罗珊总督，从此以后阿拉伯军跨越乌浒河的入侵行动更加频繁，且更有组织和规划了。他开始有条不紊地从阿拉伯定居者中间征募了数千士兵组成军队。他们中许多人都是希望参与圣战而自愿参军的，但并非所有人都被激情冲昏了头脑——其中一个人 [14] 讲述了他的经历，他去找迪万（军队登记官）登记参加即将到来的远征，但当书记员问他是否要签下自己的名字，"因为这是一场圣战，一场积累善功的行动"时，他胆怯退缩了，并回答说他将等待真主的旨意，暂不登记姓名。当登记征兵结束时，他依然在等待着真主

的旨意，他的妻子问他究竟还要不要去参军。他便再次回答说自己还在等待真主的旨意，但当天夜里，他梦见一个人来到他面前，并说他应当参军，这样才能够获得富足与成功，而这比精神上的功德要更加诱人。于是第二天早上，他来到书记员那里，想方设法登记加入了军队。

这次远征所留下的细节寥寥，我们只知道萨勒姆是第一个率部下在乌浒河对岸，或许是在撒马尔罕过冬的人。这支部队先进攻了花剌子模地区，在那里收取了贡税，之后入侵了粟特，并在那里停战议和。根据布哈拉的传说，萨勒姆进攻了布哈拉城，并逼迫当地的女王可敦求和，但关于此事的细节记载十分混乱。[15]萨勒姆随军带着他的妻子，她在撒马尔罕生下了一个儿子，为了纪念孩子的出生地，她给其取名为"苏格迪"（Sughdī，即"粟特的"）。她遣使告知粟特领主（Sāhib）的妻子，请求她为新生儿赠送一件小礼物，于是对方便将自己的宝冠赠给了她。阿拉伯军撤退时，萨勒姆的妻子带走了这顶宝冠。[16]这表明当时阿拉伯和伊朗上层贵族之间的关系并不总是敌对的，而且敌对双方的妻子之间相互交往也是平等的，尽管历史并没有记载这位粟特王后在永远失去宝冠后究竟作何反应。

由于 683 年，叶齐德一世哈里发去世后，一场分裂帝国的内乱就此爆发，萨勒姆继续征服河中地区的一切计划不得不戛然而止。萨勒姆的家族曾是过世哈里发的首要支持者，如今他准备放弃呼罗珊重回西部，在继承乱局中分一杯羹。呼罗珊的阿拉伯人中并没有行政官员留任，于是之前被总督所压制的部族斗争以惊人的态势再次死灰复燃。三个主要部族在呼罗珊举足轻重——分别是穆达尔（Mudar）、拉比亚（Rabīca）和伯克尔·本·瓦伊勒

（Bakr b. Wā'il），如今它们为争夺对该省的统治权而大打出手。穆达尔部族的阿卜杜拉·本·哈齐姆（Abd Allāh b. Khāzim）夺取了梅尔夫的统治权。他下令处死了拉比亚部族的两位首领。于是部族之间结下了血仇，战争已不可避免。蒙昧时代的阿拉伯各部落所经历的部族斗争，又在这个穆斯林世界的偏远前哨再度上演，由于他们所争夺的是被征服地区的财富，斗争的烈度甚至比那时更强。就这样，这些七世纪的新大陆征服者 * 开始自相残杀起来。

在阿卜杜拉的追击下，拉比亚部族和伯克尔部族从梅尔夫逃亡赫拉特，并在这座古城建立了统治。这些流亡的部落民发誓称穆达尔将在呼罗珊永无立足之地。整整一年后，他们又一次迎战了阿卜杜拉的军队。阿卜杜拉最终突破了他们的军阵，之后便是一场大屠杀。阿卜杜拉发誓在日落之前处决所有被押上来的战俘，他也说到做到。据说当时拉比亚部族和伯克尔部族共有八千人被杀。呼罗珊的局面发生了永久性改变，[17] 阿拉伯部族之间爆发了持续不断的凶残斗争，甚至就连阿拉伯军在征服新的地域时，这些斗争也并未平息。当大屠杀的消息传到遥远的巴士拉，也就是他们中大部分人的故乡时，这座城市也掀起了新一轮部族间的暴力斗争。[18]

阿卜杜拉如今掌控了呼罗珊地区，他无须对任何人称臣，俨然一国之主，但在他身后，一场大难正在悄然降临。阿卜杜拉自认为有能力摒弃强大的塔米姆部族的支持，于是便羞辱对方部族成员及其盟友，甚至还将其中两人活活打死。为了复仇，塔米姆

---

* 原文为西班牙文，conquistador。——译者注

部族绑架了阿卜杜拉的儿子穆罕默德，他曾掌管赫拉特。某天夜里，塔米姆部族的人将他捆起来丢在他们的营地里，然后他们便设宴饮酒，每当有人想要小便，便在这位俘虏身上解决。塔米姆部族在黎明到来之前杀死了他。[19]

遭受如此奇耻大辱，满心复仇的阿卜杜拉发起了反击，一场更加惨烈的阿拉伯部族内战就此爆发。然而，在这场战争中仍然能够体现一定程度的古老骑士精神。阿卜杜拉是一个富有传奇色彩的人物。在其中一个故事中，他同意与一位名叫哈利什（Harīsh）的敌对领袖单打独斗。[20]"他们向对方猛冲而去，就像两匹强壮的公马一般"，后来阿卜杜拉被对手用头猛撞上来。结果对手的马镫崩断了，佩剑从手中松脱落地，这使阿卜杜拉有机会逃脱，于是他紧紧抱着马脖子，骑马奔回了本阵。[21]在之后的大战中，阿卜杜拉军大获全胜，后来他追上了他的对手哈利什，现在他的部下几乎都已经逃散，身边只剩下了十二人，他们在一座破败的堡垒中固守，决心据险自保。阿卜杜拉提出了和平条件，要求敌人从此离开呼罗珊，他将给他们提供四万第纳尔并替他们偿清欠款。正当他们商讨条件时，阿卜杜拉头上的绷带松落下来，这道绷带包扎的正是决斗中留下的伤口。于是哈利什弯下腰捡起绷带，重新为他包扎好。"你下手比昨天摸我的时候轻多了。"阿卜杜拉戏谑道，而哈利什则回击说，如果不是马镫断掉了，他就要挥剑把阿卜杜拉的牙齿击个粉碎。然后，他们大笑着分别了，就像任何一个贝都因勇士一样，哈利什后来为这次个人决斗作了一首诗。

我整日整夜手持长矛，

右手手骨已脱白变形。

两年来，我未曾在任何床榻阖眼休憩，

只在岩石上枕着拳头安眠，

我的铁甲即是睡袍，当夜深入梦时，

高头大马的马鞍便是我的被单。[22]

贝都因人就是这样纪念他们的英雄的——他们崇尚坚韧、独行、自强、勇猛的特质。正是这种精神支撑着阿拉伯军一路征服到了中国的边境。

然而对于那些杀死他儿子的凶手，阿卜杜拉可没心情开玩笑，他急攻猛进，不知疲惫地追击着仇敌。敌人则躲进了穆尔加布河畔小镇梅尔夫鲁德（Mervrūd）的泥砖堡垒里。守军由一个叫祖海尔的将领指挥，他十分勇猛且热爱冒险，祖海尔沿着干涸的河床布下伏兵，企图对阿卜杜拉军发起突击，他发誓说如果突破不了阿卜杜拉的军阵，他就与妻子离婚。阿卜杜拉曾一度命令部下在矛尖加装弯钩，以此来钩住祖海尔的锁甲，一举将他拖倒在地。作战时，四支钩矛结结实实地钩住了祖海尔的盔甲，但他膂力惊人，没人能够拖得动他。他一个人拖走了长矛，然后用力一扭，将长矛从敌人手中甩脱出来，就这样返回了城堡，长矛钩在他的铠甲上晃荡着，成了他的战利品。[23]

长达一年的围城战造成了一定伤亡，最终残余敌军不得不向阿卜杜拉投降。当时祖海尔催促将士们出城奋战突围，他声称他们的目的地是一千公里外的米尔巴德（Mirbad），即他们的家乡巴士拉城中心的大广场。然而守军中闻声应者寥寥，他们中大多数人选择献城投降，企求阿卜杜拉的宽恕。于是，他们打开城门，

撤下了武装。然后，他们被捆住双手，押到阿卜杜拉面前。根据故事描述，阿卜杜拉原本想要宽恕他们，但他幸存的儿子穆萨此时正站在他旁边，不满地告诉父亲："假如你宽恕他们，我就伏剑自杀，让剑锋从我的脊背穿出来！"于是，这些俘虏被依次以阿拉伯人传统的处刑方式处决了，即用利剑干净利落地从后颈斩首处决。由于阿卜杜拉的部下从中求情，只有三个人获得了宽恕。

当轮到祖海尔时，阿卜杜拉想要饶他一命，甚至还想给他封一块地供他居住。"我们岂能杀死一像祖海尔一样的人物？要是杀了他，谁来与穆斯林的敌人奋战呢？谁来保护阿拉伯人的妇女呢？"但穆萨又一次表现了他残酷无情的性格，他问父亲怎能杀死母鬣狗却放过公鬣狗，杀死母狮却放过雄狮？在这片偏远而险恶的土地上，复仇的需求要比阿拉伯人的安全更加重要。他还说如果祖海尔曾参与谋害他哥哥，那么他会为了复仇甚至不惜杀死自己的亲生父亲。于是阿卜杜拉的意志又一次被他固执复仇的儿子动摇了。祖海尔最后提出了一个遗愿，他希望自己被单独处决，而非与普通战俘一道处死。"我曾命令他们带着荣誉奋战至死，要他们抽出佩剑出城与你们搏斗。凭真主起誓，假如他们真的那样做了，他们可要把你的这个小儿子吓个够呛，担心自己的性命不保，也要别人来替他复仇呢。"于是，他被押到一边单独斩首了。

在此之前，内战正席卷着叙利亚与伊拉克地区，这里是阿拉伯帝国的中心地带，阿卜杜拉则在呼罗珊割据自立，然而到了691年，伍麦叶王朝哈里发阿卜杜·马利克（685年至705年在位）牢牢控制了大马士革的局势，并决心在帝国境内重建中央政府的统治。他计划在呼罗珊建立有效统治并掌控当地桀骜不驯的阿拉伯战士。一开始，他对阿卜杜拉发起了谈判，向他致信提出

了十分优厚的条件：此后七年内，他可以享受该省份的全部收入，以供"饮食"（tucma）。但阿卜杜拉过于自负狂妄，并没有把谈判条款看在眼里，他命令来使吞下哈里发的来信以示轻蔑。于是，哈里发开始拉拢阿卜杜拉在呼罗珊境内的潜在对手，怂恿他们起来反抗阿卜杜拉的暴政。阿卜杜拉终于开始惊慌失措，于是他撤离梅尔夫城，企图去往提尔米兹与他的儿子穆萨会合。但他在路上遭遇了敌人的截击。这场战斗于当天中午结束。最终阿卜杜拉被一支长矛钉在了地上，而一个敌人坐在他的胸口，准备结果他，为自己死去的兄弟复仇。阿卜杜拉此时尚未断气。他对敌人吐了一口痰，然后轻蔑地说，他的兄弟只是一介农夫，他的命还没一捧枣核值钱，而他自己，阿卜杜拉，则是穆达尔部族的族长。带着临终时的轻蔑，他被杀死并被割下了首级。据一个当地人报告，他看到阿卜杜拉的尸体被捆在了一头骡子的身侧，而另一侧捆了一块石头以保持平衡。阿卜杜拉的首级则被送去面呈哈里发。显然当时有很多人庆贺他的败死，但他自己部族的成员却因失去了一位勇猛慷慨的领袖而悲痛不已。"如今只余狗吠，"他们中的一位诗人哀叹道，"你死后，大地之上再无狮吼。"[24]

696年，阿卜杜·马利克为呼罗珊任命了一位新总督伍麦叶（Umayya）。他出身于统治阿拉伯帝国的伍麦叶家族，为人慷慨随和，爱好和平，而据他的敌人所述，他也十分爱慕虚荣，缺乏男子气概。他费了很大气力才将呼罗珊地区叛逆的阿拉伯人收归自己管辖之下。为了让他们服从命令，最有效的办法就是率领他们跨过乌浒河发起一场征战，让他们只顾圣战与掠夺，无心顾及部族之间的仇恨与复仇。于是伍麦叶开始筹备对布哈拉发起一场大规模进攻。伍麦叶花费了一大笔钱来购置军马和武器，这些军费

据说是他从粟特商人手中借来的。[25] 这一事例反映了阿拉伯人与当地人之间的关系十分复杂。令人难以置信的是，布哈拉城就位于粟特地区，而至少有一部分粟特人竟准备借钱给企图征服他们自己家乡土地的阿拉伯人！对于许多阿拉伯人来说，这场远征也是一场豪赌：在历史记载中，有一个人借钱购置装备武装自己，但他最终决定不上战场，结果被债主送进了监狱，后来才被一位富裕的朋友赎了出来。[26] 事实上，许多阿拉伯人似乎都陷入了财务困境，他们时常抱怨收税权落入了当地地主手中，这反倒使被征服者统治了征服者。[27] 对于日渐贫困，心生不满的阿拉伯人来说，渡过乌浒河去对岸袭掠以掠夺大量战利品，无疑是脱贫的好办法。

然而，伍麦叶似乎并没有赢得部队的尊重和信任，最终这场远征以惨败收场。他率军搭建浮桥渡过乌浒河，在阿穆尔登陆后，他的副将拒绝听从他的下一步指令，带领一些部下渡河回到对岸并烧掉了浮桥，然后回军直取梅尔夫，在那里自立为呼罗珊总督。穆斯林提倡的团结精神被他抛诸脑后，至于河对岸被切断退路的，由伍麦叶率领的穆斯林军命运如何，他也毫不关心，他只说这支军队数量庞大、武器精良且作战勇敢，假如他们愿意，一路打到中国也不难。[28] 然而伍麦叶军最终被敌人包围，陷入窘境，只好与布哈拉人议和，并"付出了小小的代价"，[29] 然后他便撤军回去重夺对呼罗珊的统治。此时，强权政治和阿拉伯人内部的斗争，显然已逐渐变得比圣战和传播伊斯兰教的高尚目的更加重要。历史事件也清楚地表明，阿拉伯帝国的东北边疆对于生性随和、爱好和平的统治者而言绝非安居之所——因为不久之后，伍麦叶便被赶出了呼罗珊。

呼罗珊的管辖权及东北边境的部队指挥权如今被哈里发的得力干将，以残酷无情和办事高效著称的哈查吉·本·优素福（Hajjāj b. Yūsuf）一手掌控，他是伊拉克及东方全境总督，同时也是伊斯兰政权早期的优秀建筑师之一。他任命了一个名叫穆哈拉布的人统辖呼罗珊地区。穆哈拉布其人在战场上战功卓著，其本人作为将领也声名赫赫。他来自艾兹德部族，是东方最为重要且人口最多的部族之一，这一部族将他尊为最伟大的领袖，并世世代代在传说与歌谣中保存着有关他生前经历的记忆。他曾在伊朗南部与神出鬼没的阿拉伯叛军作战，他在环境恶劣的地区艰苦战斗，并因此声名鹊起。同时，他还因在穆斯林军中引进金属马镫而著名。

穆哈拉布带上了他的儿子叶齐德。显然新任总督将对河中地区发起又一次远征，为大家提供掠夺财富的良机——无论是他从伊拉克带来的艾兹德族人还是在这一省份定居已久的阿拉伯人，都无比期待这次机遇。他选择竭石（Kish）作为攻略目标。竭石，自十五世纪以来被称为沙赫里萨布兹，即"绿城"，日后因其是大征服者帖木儿大帝的出生地而闻名遐迩。它坐落在东方和北方的山脉脚下一片肥沃的平原上。竭石并不是河中地区最重要的城市，但依然拥有十分重大的意义。穆哈拉布的行动似乎十分谨慎。他围困竭石长达两年，并拒绝了部下绕道深入粟特的提议。最终，他以缴纳贡税为条件议和撤围。[30] 看起来要想攻陷粟特地区的城市绝非易事。

混乱的局势与陌生的地理环境为那些热爱冒险且放荡不羁的人提供了机遇，而前总督阿卜杜拉·本·哈齐姆的儿子穆萨就是这样的一个人。他在穆斯林帝国的边界上割据自立，正处在阿拉

伯征服者与本地古老王公的领土之间。某种意义上穆萨与西班牙十一世纪的英雄熙德很类似，他在夹缝中生存，乐意与任何有心帮助他的势力结盟，他贪求金钱，同时对部下慷慨大方。像熙德一样，也有人为穆萨立传，或者与其说是传记不如说是英雄传说，因此，他的名声得以流传后世，直至今日。

我们如今所看到的穆萨·本·阿卜杜拉·本·哈齐姆的英雄传奇是由伟大的历史学家马达因尼在这些历史事件发生的一个多世纪后编纂完成的。显然他参考了一些早期史料，但他并没有给出这些权威史料的名字。[31] 很明显这些历史故事基于史实事件，但其中也有很多似乎很离奇，甚至可以说富有神话色彩的元素存在，尽管如此，这些史料还是让我们得以对当时河中地区阿拉伯人的开拓精神探究一番。与许多其他早期阿拉伯文历史文献不同的是，穆萨的故事是以线性叙事方式讲述的，其中并没有插入相关逸事（isnād）或故事的其他版本。这个故事讲述了穆萨的冒险、穆萨对提尔米兹城的统治，他与阿拉伯人和非阿拉伯人之间的关系以及他最终的败亡。尽管这些记载并没有对穆萨犯下的过错加以掩饰，尤其是他迫于阿拉伯部下的压力撤回自己正确决断的行为，但穆萨在整篇叙述中明显被描绘成了一个不羁豪侠的形象。这篇传奇清晰地描述了穆萨其人被阿拉伯人和非阿拉伯人、穆斯林和非穆斯林广泛拥护，而与此同时，他最为凶猛的仇敌大多是阿拉伯人。在他昙花一现的统治生涯中，他的政治取向都能够以民族认同（阿拉伯人、非阿拉伯人、突厥人）和部族冲突的需要来解释。但宗教因素却从未被提及。穆萨参与的战事并非圣战，穆萨本人也从未如此宣称过。他可能确实在提尔米兹城内建造了一座清真寺，并在里面礼拜过，然而史料中却从来没有提及

这件事。与许多有关早期穆斯林征服的历史叙述相反的是，在这里，宗教热情与来世的善功从未出现在记载中。而那些英勇作战的人和忠诚于族人和战友的人，那些坚忍不懈的人和机智精明的人才会受到高度评价。这片边境地区环境异常复杂，同盟与从属关系变幻莫测，穆斯林常与非穆斯林结成同盟，以应对另一股穆斯林与非穆斯林的同盟势力，于是，圣战理想便让位给了追求财富和权势的个人野心。

穆萨在他父亲还在世时便已夺下了提尔米兹这座要塞城镇。在提尔米兹城边，湍急的乌浒河水围绕着低矮的悬崖和黄褐色泥砖堡墙回流激荡，城对面的河中央有一座河洲，使得这条河段较容易横渡。在宏伟的矩形要塞[32]之外则是一座拥有城墙的城镇（rabad）。希腊人称其为"乌浒河上的亚历山大城"，后来在贵霜王朝（Kushans）时期，提尔米兹城周边又落成了数座佛塔。自十三世纪二十年代的蒙古人侵之后，这座古镇便被废弃了。

可能正是因为这座要塞的坚固与乌浒河渡口的战略价值吸引穆萨攻占了这里。他在这里建立了稳固统治，并击退了所有企图来犯的敌人。在故事中，穆萨被描绘成了一个衣着华丽、雄伟过人的形象，他进入战场时头戴着一顶镶有蓝宝石的头盔，头盔的周围裹着红色丝绸头巾。[33]

他一开始来到提尔米兹时几乎是出于意外。当他父亲大难临头，不再受梅尔夫的阿拉伯人支持时，他叮嘱穆萨带上所有行李，找一个安全的地方避难。他准备渡过乌浒河找一位当地王公避难，或找一座合适的城堡并占领下来。于是他带着两百名骑兵出发了，但在他行军途中，他的队伍也不断壮大起来。当他到达阿穆尔的渡口时，已经有一队强盗（sacālīk，无法确定这些人是阿拉伯人

还是伊朗人）和一些他自己部族的族人加入了。他的队伍到此时已达到了四百余人。现在他需要一个基地，将自己和部下安置下来。

一开始他试图进入布哈拉城，但统治此城的王公对他到来的真正目的满腹狐疑，事实证明他的怀疑是正确的。"他是个杀手，"王公如是说道，"他的伙伴们和他一样，都是惯于争斗和作恶的人。和他们在一块可不安全。"于是他给了穆萨一些钱财，几头坐骑和一件长袍，然后便送他上路离开了。然后，穆萨试图寻求布哈拉附近一座小村镇的领主（德赫干）收留。但他又一次遭到了冷遇，领主解释说当地人都害怕他，不愿接受他在此久留。但这次他还是留下来居住了几个月，然后便再度出发，继续寻找愿意收留自己的王公或适宜自己驻扎的堡垒。

在撒马尔罕，他终于时来运转，当地国王塔尔浑（Tarkhūn）欢迎了他，并邀请他留居，塔尔浑可能想要利用穆萨的军事实力应对敌人。但他们的宾主之谊并没能持续太久。故事接着记叙道，在粟特有一个风俗，那就是在每年的某个特定日子，人们会设下宴席，摆上肉、面饼和大杯的某种饮料。这些饭菜是专供"粟特勇士"的宴席，只有这位勇士才有资格享用。如果有谁敢取食宴席上任何一份食物，他就必须要与粟特勇士决斗，谁杀死了对手，谁才能享用这桌宴席，并获得"粟特勇士"的头衔。不消说，对于善战好斗、莽撞无畏的阿拉伯人来说，这是一个无法抗拒的诱惑，于是穆萨的一位伙伴走上前去，在桌前坐了下来，并声称他要与粟特勇士决斗，自己取而代之。然后勇士走上前来挑战道："喂，阿拉伯人，来和我决斗吧！"阿拉伯人痛快地应下了挑战，在决斗中杀死了那位勇士。但就在这时，规则发生了改变——似

乎阿拉伯人是不能成为粟特勇士的。国王见状大发雷霆，要穆萨和他的部下滚出去，还说要不是之前担保了他们的安全，他会把他们全部处死。[34]

穆萨和他的部下此时境遇窘迫，无异于一群流寇，俨然过街老鼠人人喊打。他们穿过山区，向南方的竭石进发。在这里，当地的国王率军抵抗他的入侵，还向撒马尔罕的塔尔浑求援。穆萨率领着七百位伙伴与当地王公激战了一整天，他手下许多人都负了伤。于是，当天傍晚他们开始了谈判。穆萨的一位部下对塔尔浑争辩说，杀死穆萨对他而言毫无好处。因为在战斗中他将不可避免地失去许多最优秀的战士，而且，穆萨在阿拉伯人之中威望甚高（这一点值得争论），假如他被杀，阿拉伯人一定会起来为他复仇。塔尔浑则说他并不想让穆萨留居竭石，因为这里距离他的领地太近，使他感到不安。于是最终他们达成协议，放穆萨和他的部下再次启程，继续向远方行进。[35]

689 年，穆萨向南进军，来到了乌浒河畔的提尔米兹城，这座城成了他此后余生中的大本营。他在这里遇到了提尔米兹沙阿手下的一位领主，由于他与主子的关系十分恶劣，便向穆萨献策以便其接近沙阿。他告诉穆萨说，这位沙阿是一个慷慨大方但为人极为羞怯孤僻的君主，假如和善对待他并献上礼品，他就会让穆萨进入他的城堡。"这是因为，"他继续说道，"他很软弱。"起初当穆萨刚刚来到城堡时，他并没有听从这些劝告，而是直接来到门前要求进入，请求被拒后，他才决定使用计策巧取。他先是邀请这位毫无戒心的沙阿与他一同外出打猎，他们游玩了很长时间，穆萨对待沙阿十分友善。他们回城后，沙阿举办了一场宴席，并邀请穆萨和他的一百名部下来享用午餐（ghadā）。当穆萨和他

的部下骑马入城时，他们所骑的马开始嘶鸣，城中居民见状失色，认为这是一个噩兆，于是他们忧心忡忡地要求穆萨等人下马。然后，他们进入宫殿用餐。当他们用餐完毕时，穆萨斜躺下来休息，而沙阿及其部下此时已疑心渐重，便要求他们离开。穆萨果断地拒绝了，并说他不会再找到另一座如此舒适的宫殿（manzil），他要么在这里安家，要么死在这里。于是，一场战斗在城市中爆发了。战斗中一些居民被杀，还有一些逃离了。最后，穆萨控制了城市，并告诉沙阿他可以离开该城，且他绝不会阻碍他逃离。于是，沙阿逃离提尔米兹并投奔了突厥游牧民。然而突厥人却轻蔑地拒绝帮助他，还嘲讽他任由一百人进城推翻自己，结果沦落至此，故土难回。他们如是说道："况且，我们在竭石已经和这些人打过一仗了，我们不想再和他们作战。"史料并未记载这位沙阿沦落异乡之后命运如何，但八世纪的河中地区对于这种天真实诚的统治者来说，显然绝非安居之所。

穆萨自立为这座要塞和整个城市的统治者，他割据一方，不向任何人效忠。此时他已经拥有了七百名部下，当他的父亲阿卜杜拉屈辱地战死时，穆萨正试图去与其会合，于是阿卜杜拉所部的四百名残兵也加入了穆萨。凭借这一小支部队，他开始着手吸引其他追随者加入，同时抵御敌人的侵犯。

在对抗突厥人时，据说穆萨常常使用半欺诈，半恐吓的机智策略来避免冲突，化险为夷。与此相关的故事可谓不胜枚举。其中一些故事似乎属于某种固定模式的民间传说，它们刻意将某一民族描绘得极端聪明，而另一民族则极端愚蠢，比如在这些故事中，固定形象就是"聪明阿拉伯，突厥大笨蛋"。这些故事可能的确反映了那个时代常常流传的民间笑话。其中一则很可能是虚

构的逸事讲述道，一支突厥使团在盛夏时分到来（盛夏的提尔米兹气温可达 50 摄氏度），却发现穆萨与他的伙伴们正穿着冬装，围着篝火取暖。当被问到在干什么时，他们便解释说他们觉得夏天很冷，冬天很热。于是突厥人断定他们绝非常人，而是精尼（jinn），即精灵，便放弃了与阿拉伯人作战的念头，离开了他们。[36]在另一则故事中，突厥人的首领们送给穆萨几支箭（象征战争）和一份昂贵的麝香（象征和平），要他自行选择收下哪一份礼物。穆萨其人一向不按常理出牌，这次也不例外，他折断了箭支，还把麝香扔了出去。于是突厥人断定这个人完全不可理喻，与他为敌没有好处。

691 年，伍麦叶就任呼罗珊总督，他决心派遣一支远征军，将穆萨的势力连根拔除。与此同时，提尔米兹的民众也受够了穆萨和他手下暴徒的统治，他们暗中与突厥人联络，并订立盟约共同对抗穆萨。穆萨发现自己已被阿拉伯人和突厥人两面夹击，形势十分窘迫。史书记载了这一时期的一场军事会议，当阿拉伯作者想要探讨军事策略时，他们就会将当时的会议情况描绘出来。军议最后，大家决定穆萨应当在夜间对突厥人发起进攻，因为比起突厥人，阿拉伯人更擅长夜战。这场突袭十分顺利，他们击溃了突厥军，并洗劫了他们的营帐，还虏获了许多武器和金钱。接着，穆萨决定利用苦肉计来对付阿拉伯军。穆萨手下的一位军官自告奋勇，自愿上前被主子痛打一顿，然后假装叛逃投奔阿拉伯军统帅。穆萨事先警告他说，他将被狠狠责打，甚至有可能危及性命，但他却回答说自己每天都有丢掉性命的危险，这点风险不算什么，况且被暴打还只是计划中最简单的一环。这位军官背上的累累伤痕使他赢得了敌人的信任，他作为一位叛逃者加入了敌

军，并被允许进入其统帅的亲信圈子。一天，这位间谍发现敌军将领正一人独处，并没有携带武装。他便上前警告说像这样缺乏防护太不明智，但将领却掀开被褥（farāsh），露出了一把出鞘的佩剑——于是穆萨的部下即刻夺剑杀死了他。趁尚未有人发觉此事，他骑上快马逃回了穆萨的军中。统帅死后，来攻的阿拉伯军也随之土崩瓦解，一些部队逃回了乌浒河对岸，而另一些则投奔穆萨寻求保护，穆萨也很乐意为他们提供庇护。[37]

挫败阿拉伯军与突厥军的联合进攻后，穆萨的统治地位更加巩固了。伍麦叶之后的阿拉伯总督都没有再尝试过将他逐出在乌浒河畔的领地。而另一方面，他受到了那些憎恨河中地区阿拉伯人的人的重视。

这些人中有一对兄弟，分别名叫胡莱斯·本·古特巴（Hurayth b. Qutba）和萨比特·本·古特巴（Thābit b. Qutba）。他们是当地人，很可能出身于伊朗贵族，他们皈依了伊斯兰教，并成为阿拉伯胡扎阿（Khuzāca）部族的委托人（mawāli）。这层关系为他们赢得了许多阿拉伯盟友。由于古特巴兄弟熟知当地语言与环境，他们为阿拉伯总督、征税人和调解人提供了很大帮助。萨比特在非阿拉伯人（ajam）中尤其受欢迎，他名望颇重，广受尊敬。据说如果有人想要发誓立约，他们就会以萨比特的性命作保，这样他们便绝不敢食言破约。[38] 这对兄弟富有且有权有势，但他们始终得不到阿拉伯人平等相待。胡莱斯曾给竭石国王卖了个人情，因为他在那里收取贡赋后，释放了扣押的人质。但这一举动违背了呼罗珊总督叶齐德·本·穆哈拉布（Yazīd b. al-Muhallab）的明确命令，他显然怀疑胡莱斯与竭石国王有所勾结。另外由于胡莱斯似乎曾对叶齐德的血统表示质疑，他们之间的嫌

隙又更加恶化。有一次，一群突厥人截住胡莱斯，向他勒索赎金，他们还吹嘘自己已经从叶齐德那里捞了一笔。胡莱斯却对他们表示蔑视，然后打败了他们，并说："你们以为我和叶齐德是一个娘生的？"要知道，激怒一个阿拉伯人最有效的方法，就是冒犯他的母亲。胡莱斯的无心之言后来传到了叶齐德耳中，于是叶齐德逮捕了他，然后脱光他的衣服当众鞭笞三十下。鞭笞之刑本身就已经足够痛苦，然而更令人难堪的是被人扒光衣服，暴露在众目睽睽之下的屈辱——胡莱斯后来自称宁愿受鞭笞三百下，也不愿遭受羞辱。[39]

在此之后，胡莱斯便与他的兄弟决定尽快逃离总督的统治。他们还带走了三百名随从 * 和一些阿拉伯人。他们先是投奔了塔尔浑，这位撒马尔罕王之前曾放了穆萨一马。于是他为他们提供了庇护，并从布哈拉人、萨加尼安人以及其他两位王公，奈扎克（Nayzak）和胡塔勒（Khuttal）那里寻求支援。然后，他们一起动身前去与穆萨会合。

与此同时，穆萨也接受了一大批流亡的阿拉伯部落人。此时在南方遥远的锡斯坦，阿拉伯军正发起一场叛乱，因为他们受够了在这片贫瘠恶劣的土地上长期艰苦作战。于是，他们在阿卜杜·拉赫曼·本·艾什阿斯（Abd al-Rahmān b. al-Ashcath）的率领下向西方的伊拉克进军，准备推翻伍麦叶王朝的统治。然而，由于阿卜杜·马利克哈里发和他的得力干将哈查吉势力太过强大，叛军最终被击败了，一些幸存者后来逃到了东方。他们中的八千

---

* 这些随从（shākiriya）是当时中亚贵族的私兵和家仆。他们是一群年轻人，和平时期操持家务琐事，战时则会成为一群战士。

人来到提尔米兹城投奔穆萨。

此时，穆萨的军力更加强盛了许多，但这支军队之所以团结一致，仅仅是因为他们都痛恨伍麦叶王朝的统治。当时阿拉伯人与非阿拉伯人之间可能关系十分紧张，穆萨似乎已经意识到，他需要十分谨慎且巧妙地调解他手下士兵的关系。胡莱斯和其他伊朗王公野心勃勃，他们建议穆萨跨过乌浒河，驱逐伍麦叶王朝的总督，进而攻占整个呼罗珊。他们自认为穆萨将会被他们玩弄于股掌之间，而阿拉伯人长达半个世纪的征服将被逆转。然而，穆萨军中的阿拉伯人却表示异议，因为他们并不觉得这一计划对他们而言有何好处——一方面，伍麦叶王朝一定会发起反攻，因为他们不可能坐视呼罗珊全境沦陷；另一方面，伊朗王公接管后，也只会出于他们自己的利益而进行统治。他们便说服穆萨采取更有限的目标，那就是将河中地区的伍麦叶总督尽数驱逐，这样的话，正如他们所说的，"这片地区就会成为我们的囊中之物"。[40]

似乎穆萨并没有遭遇太大困难就实现了这一目标，河中王公们心满意足地回家了，他们希望这一次阿拉伯人对他们家乡的威胁已被彻底地解决了。穆萨任命胡莱斯和萨比特兄弟作为他的首席大臣，帮助他一同治理提尔米兹。但穆萨的许多阿拉伯追随者憎恨伊朗官员带来的影响，他们便对穆萨说这两人无信无义，并竭力要求处死他们。一开始穆萨驳回了这些谗言，并说他不会背叛他们的，毕竟他们为他付出了这么多努力，但那些阿拉伯人还是慢慢地说服了他。

而与此同时，穆萨还面临着另一个更加急迫的威胁。那就是，当地的伊朗王公可能视他为盟友，但突厥游牧民并不这样认为。此时，突厥人集结起了一支大军，据阿拉伯史料记载，他们的兵

力达到了七万人，这一数据无疑有所夸大，这些士兵都"戴着圆锥形的头盔（bayda dhāt qunis）"，[41]这种独具特色的中亚尖顶盔与阿拉伯人偏爱的圆顶盔外观区别十分明显。这次突厥人的大规模进攻，假如在历史上真的发生过，那么这又为英雄传奇的作者提供了一份素材，以赞颂穆萨的善战和机智。与许多同时代的人一样，穆萨坐在一副座椅（kursī）上指挥战斗，身边有三百名重甲骑兵保护。穆萨任由突厥人攻破提尔米兹城郊的城墙，而他自己只是冷静地坐镇军中，把玩着手中的战斧，直到战机来临的那一刻他才率军迎击，将突厥军一举击溃，驱逐了出去。他亲身加入了战斗，获胜后又回到了自己的座椅上安坐。根据史料记载，当时恐慌的突厥人将他比作伊朗的大英雄（以及传说中突厥人的强敌）鲁斯塔姆，然后便撤退了。

后来，突厥人抓走了穆萨的一些牧群。穆萨对这一羞辱感到恼怒无比。他整天茶饭不思，只是"捋着胡子"，谋划着如何复仇。于是，他决定再对突厥人发起一场夜袭。他率领七百人沿着一条干河床，以两岸的植被为掩护前进，最终到达了突厥人的营垒外。在这里，他们悄悄等到早上突厥人把牲畜赶出来放牧，然后包围了他们。他们杀掉了所有反抗的人，并将牲畜夺了回来。

第二天一早，突厥人又发起了攻击。他们的国王站在一座山上，身边围护着一万名武装完备的士兵（当然，对于这一数据的可靠性我们仍旧持怀疑态度）。穆萨见状便激励他的部下说，如果他们击败了这支大军，剩下的人就容易对付了。胡莱斯领军进攻，却被一箭射中头部。他两天后就死了，被安葬在他的帐篷（qubba）中。而在另一场夜袭中，穆萨的兄弟击伤了突厥王和他的战马，突厥王急忙骑马跃入河中逃走。但由于被锁甲的重量拖

累，突厥王掉进河里淹死了。[42]战后敌人的首级被带回了提尔米兹，在那里堆成了两座京观。*

这次胜利后，阿拉伯人与胡莱斯幸存的兄弟萨比特之间的紧张关系再一次激化了。阿拉伯人一直对穆萨施压要求他除掉萨比特，但穆萨一直坚定反对他们，于是他们决定自己出手解决萨比特。然而萨比特提前得知了风声。他从他所属的胡扎阿部族中找到了一个年轻的阿拉伯人，并说服那人做他的线人。于是这个年轻人扮成了一个地位卑贱的奴仆，假装自己来自兴都库什山区深处偏远的巴米扬，俘虏出身。他还假装自己听不懂阿拉伯语。然后，萨比特时刻保持警惕，每夜让随从守卫自己。与此同时，穆萨仍旧坚决不允许杀死萨比特，因为这不合法度，而且他认为他的死一定会给他们所有人带来灾难。最后，穆萨的一个兄弟与一群阿拉伯朋友伙同起来，决心先发制人。他们用疲劳战术累垮了穆萨，于是他在困倦恍惚中同意了他们的阴谋，等到明天萨比特前来觐见时，便一举擒下，然后把他押到附近的房屋中处死。但穆萨十分不情愿，并警告他们说，这可能会是他们的死期。

当然，萨比特的小间谍偷听到了一切情报，立刻回去禀报了他的主子，于是萨比特召集了二十名骑兵，一起连夜逃离了提尔米兹。到了第二天早上，阿拉伯人才发现萨比特消失了，一开始他们并不知道自己是怎么被要的，但直到他们发现那个年轻人也不见了的时候，他们才意识到对方技高一筹。

萨比特和他的部下在附近一座城镇中固守，[43]他在这里与塔

---

* 在阿拉伯语中叫作"卓萨盖因"（jawsaqayn）。

尔浑和竭石、纳萨夫和布哈拉的居民会合，当他最初抵达提尔米兹时，这些人就曾支持过他。于是矛盾演变成了阿拉伯人与当地人之间的直接对抗。既然公开的战争已不可避免，穆萨便决心要速战速决，于是他率军直取萨比特。然而他的军队很快就被包围，陷入了危急境地。于是穆萨再一次试图使出诡计，起死回生。穆萨的阿拉伯支持者之一叶齐德认为即使被杀也比饿死强，于是他假装叛逃，投奔了萨比特。但不幸的是，他有一个名叫祖海尔的远亲在萨比特身边担任谋臣，他对叶齐德的为人再清楚不过了——毕竟河中地区的政治从属关系总是跨越了种族甚至家族的界限。于是他警告萨比特说叶齐德不可信。然而叶齐德却争辩说自己只是一个受够苦难的人，他是被伍麦叶王朝的暴君所逼迫，带着家族从伊拉克迁徙来到呼罗珊的，但无论他如何哀求，祖海尔都对他嗤之以鼻。于是，他在留下两个年幼的儿子作为人质后，才被允许留下。

于是叶齐德耐心等待时机的到来。一天，梅尔夫传来消息称萨比特手下一位阿拉伯支持者的儿子去世了，于是萨比特带着一小队随从前去吊唁死者。当他们回来时，天色已暗，萨比特恰好离开了他的随从们一段时间，叶齐德便抓住时机，拔剑猛砍萨比特的头部。萨比特强撑了几个星期才死去。叶齐德带着两个帮凶逃走了，但他的两个不幸的孩子却为父亲的罪行做了替罪羊。祖海尔将他们交给了塔尔浑，塔尔浑似乎在萨比特死后执掌了这里的大权。其中一个孩子立即便被处死了，他的尸体和首级被丢进了河里。而另一个由于在被砍杀时躲闪了一下而被砍伤了胸口，身受重伤的他也被扔进河里淹死了。

萨比特死后，他的部下和盟友便作鸟兽散。军队的领导权落

到了塔尔浑手中。当时有人警告他说穆萨将会夜袭他的营地，但他却满不在乎地咒骂起来。"要没人扶着，穆萨连个厕所都没法上。"他这样对部下说道。然而，低估穆萨的实力并不是明智的行为。夜袭果然如期而至，两军在营地内外展开了激烈混战。有一段时间，穆萨手下的阿拉伯将士一路杀到了塔尔浑的大帐，发现他正坐在随从所点的篝火前，原本应负责保护他的随从此时已经逃跑，但塔尔浑还是以一人之力杀退了阿拉伯人，在反击中，他还杀死了穆萨的一位亲兄弟。塔尔浑显然对穆萨知根知底，他致信穆萨，要求他不再进攻，自己将会自行撤军。第二天，非阿拉伯人便打好行囊，返回家乡了。[44]

表面上看来，穆萨赢得了一场大胜，但事实上这场胜利标志着穆萨的统治正开始走向终点。他之前之所以能够保持独立，是因为他既受阿拉伯人支持，也得到了胡莱斯和后来萨比特率领的非阿拉伯人的拥护。当穆萨手下只有一千多名阿拉伯部下时，大家似乎还能够保持精诚团结，但在越来越多落败的阿拉伯叛军士兵加入后，他们带来的压力就逐渐变得过于巨大了。失去了非阿拉伯人的支持，穆萨的独立梦也就破碎了。他自己似乎深知这一点，也付出了很多努力来维护同盟的团结。但作为一个阿拉伯人，他还是与同胞的感情更为深厚，最终选择了与非阿拉伯人为敌。

最终在704年，伍麦叶王朝的呼罗珊总督[45]与当地的伊朗王公联合起来，派遣了一支大军来到提尔米兹攻打穆萨，最后，穆萨在试图逃走时战马失蹄，死于非命。他在河中地区的独立统治长达十五年，他坐镇乌浒河畔的要塞之中，俨然一国之主，像一块磁石一般吸引着周边对他怨愤不安的阿拉伯人和伊朗人无休无

止地前来进犯。穆萨是一个声名远播的人。在提尔米兹城八百公里外，伊朗北部的偏远小城古米斯，有一个名叫阿卜杜拉的人，在他家中总是聚集着一群当地的年轻人，整日无外乎讲故事或者扯闲话。阿卜杜拉的热情好客使他花销巨大，当他债台高筑时，他便设法前去找到穆萨，请求他的帮助。穆萨果然没有让他失望，赏给了阿卜杜拉四万迪拉姆。就是在阿卜杜拉这样的人中间，关于穆萨的记忆被鲜明地保存了下来，并在诗歌中被加以颂扬，一定也是这些记录故事的人为穆萨流传至今日的英雄传奇打下了基础。

理性權力者之路

第八章

705 年至 715 年，屈底波·本·穆斯林的成果

到 705 年初，阿拉伯军几乎征服了以乌浒河为界的呼罗珊全境，只有一些偏远山区地带仍在据险抵抗。这并不意味着整个呼罗珊省已经被安稳地掌握在从温和顺民那里征税的阿拉伯总督手中，但阿拉伯帝国的统治者的确控制着这里。从阿拉伯人在梅尔夫和巴尔赫的基地，他们能够对任何一支叛军发起征伐并洗劫他们的土地和财产。但在乌浒河对岸，情况就大不相同了。在那里，除了穆萨在提尔米兹的前沿堡垒之外，一处阿拉伯穆斯林聚落都没有，而且据我们所知，也未曾兴建过清真寺。当地的王公和突厥游牧民仍在牢牢掌控着这片地区。

然而到了 705 年，这一切即将迎来改变。在这一年，伊拉克与东方全境总督哈查吉新任命了一位呼罗珊总督，屈底波·本·穆斯林，他来自一个名叫巴希拉的小部族，这一部族与其他任何大部族都毫无联系，而这些大部族的纠纷正使呼罗珊的阿拉伯人四分五裂。为了平定这混乱的局势，屈底波成了当仁不让的人选，因为他不仅能在部族仇恨中保持不偏不倚，而且绝不会屈服于部下为达成自己利益而持续施加的压力，而很多大部族的族长都不得不忍受这种压力的逼迫。与此同时，机智果断的哈查吉也为他撑

腰。在屈底波麾下并没有大部族追随他，这意味着他要依赖于哈查吉的权威来统治呼罗珊，也就是说哈查吉尽可以放手信赖他，不必担心他会发起叛乱。与其说屈底波受人爱戴，不如说他广受敬畏。史料强调了他作为军队组织者和统帅的出众能力，却并没有关于他如何慷慨大方或他如何赞助诗人的故事流传下来。对待敌人时，他残酷无情，处决犯人时，他毫无怜悯，尽管犯人之前已经得到了他的安全担保，假如他认为有必要，也会不顾情面地将其处死。另一方面，假如他认为符合穆斯林利益，屈底波也会乐意与当地王公合作。而且他还受自己的直系亲属支持，他的家庭庞大且能人辈出，其中他的兄弟阿卜杜·拉赫曼尤其是他最为信赖的副手和臂膀。

屈底波一到任便颁布了一条明确的政策：他意图团结起呼罗珊的阿拉伯人，以伊斯兰教和圣战的名义率领他们征服乌浒河对岸那片他的前任都未曾成功征服的富庶土地。每年春季他都会在梅尔夫召集一支穆斯林军，动身出发跨过乌浒河，然后在秋季回到首府梅尔夫，军队回到呼罗珊后，士兵便会解散并回到他们各自所在的乡村或城镇，等待下一次远征季的到来。而即将开始的征服行动，将会是阿拉伯大征服的所有征伐中最为艰苦血腥且破坏力巨大的一场。

根据一份据说是一手资料的文献记载，屈底波从伊拉克来到呼罗珊首府梅尔夫时，刚好赶上他的前任正在检阅军队，准备率军跨河袭掠。于是他立刻接管了指挥，并向士兵发表演讲，号召他们积极参与圣战。"真主引领你们来到这里，就是为了壮大正信，真主通过你们的奋战来守护神圣的事物，通过你们的奋战来增盈财富，并且狠狠惩罚敌人。"他还强调称，在圣战中牺牲的人

将虽死犹生，并引用了《古兰经》中的经文：[1]"为主道而阵亡的人，你绝不要认为他们是死的，其实，他们是活着的，他们在真主那里享受给养。"最后，他用轻松的语气劝勉道："你们要完成真主的意愿，要适应长途跋涉，忍受艰难困苦，也要小心谨慎，不可松懈。"这次演讲的目的很明确。在演讲中，屈底波并没有提到有关部族团结和民族团结的内容——因为这场征伐将会由全体穆斯林共同参与，无论是阿拉伯人还是非阿拉伯人都将加入这场战役。像以往的阿拉伯征服者一样，他许诺参与这场征服将会取悦真主并为自己赢得财富。我们永远不知道当时究竟有多少听众回以兴奋的喝彩，满心期待着发家致富的机遇和获得精神功修的机会，也不知道有多少人听到他的演讲后心情低落，为即将面临的苦难与危险心生恐惧。[2]

在 715 年初，即他在任的最后一年，[3]我们得以对他的军队情况做出清晰详细的了解。在这段时间，据说屈底波麾下有四万名来自伊拉克南部巴士拉的士兵。他们分别以各自的主要部族为编制，这样能够为他们带来部族团结感，在战场作战中大有裨益，但与此同时，部族之间的暴力斗争也可能会在军中爆发。另外军中还有来自伊拉克中部库法的七千士兵以及七千名释奴，即非阿拉伯皈依者。这些军队由一个名叫哈扬·本·纳巴蒂（Hayyān al-Nabatī）的将领指挥。屈底波最终能够成功的原因之一，就是他赢得了这些非阿拉伯人士兵军队的忠诚，如果数据可信，他们占到了总兵力的百分之十二左右。他们作战时似乎与阿拉伯军队同样勇猛顽强，而且由于熟知当地环境，他们在作战中发挥了尤其显著的作用，然而并非所有阿拉伯人都愿意平等对待他们，在合作的表面之下仍涌动着种族冲突的暗潮。屈底波之所以能够成功，

326 大征服

或许最为重要的原因还是，在他大势已去、身陷囹圄之前，他总能够成功调解手下各不相同的集体，并为他们设立共同的目标：在河中甚至可能远达中国的地区扩张伊斯兰的土地。

屈底波即刻开始了行动，他率部下沿乌浒河进入了吐火罗斯坦。在这里，他的主要目标是和解而非征服。他先是对巴尔赫进行了一次国事访问，并受到了当地地主的欢迎。然后他渡过乌浒河接见了石汗那王，石汗那王献上了礼物，并送给他一把金钥匙以象征臣服。作为回报，屈底波为他提供了保护，帮助他抵御邻近的愉漫（Shūmān）王，而这位国王则是屈底波的下一个访问对象。和之前几位王公一样，愉漫王也急忙议和，乖乖缴纳了贡赋。通过展示武力和外交手段保障了南翼安全后，屈底波便回到梅尔夫过冬了。

次年，即 706 年，在解决了南方的冗余事务后，屈底波正式开始了征服。当时实力最为强大的当地王公是奈扎克，他是一个佛教徒，在赫拉特西北的巴德吉斯（Badghīs）山区割据一方。他曾俘虏了一些穆斯林，并将他们监禁在牢里。于是屈底波遣使警告他不要激怒新任总督。奈扎克见状只好释放俘虏，并亲自动身去梅尔夫拜访这位总督。最终，巴德吉斯人以屈底波不得进入其领土为条件与其订立了和约。[4] 这种双方相安无事的和约体现了阿拉伯人对河中许多偏远地区的征服手段。

随后，屈底波转向了他真正的征服目标，即扎拉夫尚河谷内富庶的粟特城市。这年开春他便渡河来到了贝伊罕（Paykand），这座城市距离阿拉伯人的领土最近，且是渡过阿穆尔渡口后前进道路上的第一座城市。这座城市如今早已荒废，其遗址坐落在布哈拉以西约六十公里的地方，但在八世纪初这座城市是著名的贸

易中心，商人常常从这里出发，定期沿陆上丝绸之路前往中国。贝伊罕坐落于扎拉夫尚河谷肥沃土地的尽头，被沙漠包围。这座富饶的城市十分诱人，但它被高大的泥砖城墙保护，城内还有一座要塞，其上只设有一座大门。[5]这座城市难以攻克，因此被人称为"要塞"或"铜堡"，而城内居民也并不甘愿屈服于阿拉伯人索取金钱的要求。最初征服此城似乎并没有花费多大功夫，守军很快便被逼退入城并被迫议和。在敲定贡赋后，他们订立了和约，然后屈底波便启程赶回乌浒河，因为此时他得知了后方市民反叛，自己在呼罗珊委任的总督被叛军所杀的消息。然后，就像在阿拉伯史料中经常出现的一样，作者讲述了一个有关阿拉伯人如何试图利用当地统治者的女儿来达成和解目的，结果却被对方暗算背叛的故事，[6]但事实也有可能是当地人认为既然阿拉伯人已经撤军，他们便不再需要缴纳强加的贡赋了。

于是，屈底波决定好好教训他们一顿，以警示粟特的所有民众。在长达一个月的围城之后，他派遣劳工挖空了城墙下的地基，然后在里面架上木头作为支撑。然后他只需一声令下烧毁支撑物，城墙便会轰然倒塌。但事情进展并不像计划中那样顺利，当他们正在架设木材支撑地基时，城墙便已经垮塌了，四十名不幸的劳工被当场压死。这种挖掘攻城地道的技术自十字军东征之后便在中世纪西欧的战争中被广泛应用，但在早期穆斯林征服中这还是有据可查的第一次，这种攻城技术可能是屈底波从军中自中亚征募的兵员中学习到的。尽管不幸的劳工没能逃过厄运，但掘塌城墙的策略获得了预期的成功——穆斯林军因此并未遭遇多大困难得以通过倒塌的城墙强攻入城。一旦城池被武力攻下，城中居民及他们的财产能否得到宽赦就只能看征服者的心情而定了。于

是，贝伊罕所有反抗的男人都被屠杀了，妇女和孩子则被掳走，整座城镇就这样荒废了。据说当时大多数商人早已离开该城，远行去中国经商了。等他们回来时，便四处寻找自己的妻子儿女，把他们从阿拉伯人手中赎回，然后开始重建自己的城镇。[7]但事实上，贝伊罕自此次洗劫以后便再也没有恢复元气，不久之后它便被邻近不断发展的布哈拉城吞并了。

然而，阿拉伯文史料着重强调的并非人的苦难，而是战利品的丰厚。其中有一位俘虏试图用五千匹中国丝绸为自己赎身，这些丝绸值一百万迪拉姆。[8]他们还在一座佛龛（butkhāna）中发现了一座价值四千迪拉姆的银质佛像，还有两颗鸽子蛋一般大小的珍珠。屈底波曾问这两颗珍珠是哪里来的，有人告诉他是两只鸟用喙衔来放在这里的。据穆斯林作者看来，这个有趣的传说印证了佛教徒的愚蠢。[9]这两颗珍珠和另一些精选的战利品被献给了伊拉克的哈查吉，他后来致信屈底波，大大赞赏了一番他的慷慨。其他缴获的银器则被熔掉，重铸成银币发放给了穆斯林士兵——这一行径使得许多古代中亚艺术品遭受了不可弥补的损失。由于掠夺了大量金钱，穆斯林军得以装备上了最为精良的盔甲与武器，像往常一样，穆斯林士兵要自费购买装备。但尽管如此，那些缴获的武器也都上交并配备给了穆斯林军队。屈底波在贝伊罕赢得胜利后，便挥军向布哈拉绿洲进发，他在那里攻下了一些村庄并强迫其缴纳赋税。

次年，即707年，屈底波又一次发起了进军，这一次他的目标仍旧是布哈拉绿洲。这一年，他与奈扎克成了盟友，奈扎克似乎加入了他的部队，半是作为战士，半是作为人质。这场征伐并不是很顺利。粟特人此时已对阿拉伯军的威胁做好了充足准备，

他们与突厥人和遥远的费尔干纳（Farghāna）居民结成了同盟。这支同盟军在草原上游荡，时刻寻觅着进攻的良机。当阿拉伯军沿道路向布哈拉行进时，他们的队形十分松散，在屈底波率领的前军和他的兄弟及副将阿卜杜·拉赫曼率领的后军之间相隔了一千五百多米的距离。于是，突厥人抓住机遇从军队后方发起了袭击。阿卜杜·拉赫曼见状急忙遣使向兄弟告急。屈底波便与奈扎克回军来救，刚开始穆斯林军差点被击败，但屈底波的出现扭转了战局，于是突厥人被击退了，穆斯林军化险为夷。然而接下来屈底波决定停止前进，转而回军向南，在提尔米兹渡过乌浒河，然后途经巴尔赫回到梅尔夫过冬。

708 年的远征季同样没有获得成功。这一次，屈底波遭遇了一支军队的顽强抗击，这支军队由布哈拉地区一位名叫瓦尔当·胡达（Wardān-Khudā）的地方领主率领，屈底波既没有打败他，也没能从他手中征收贡赋。最后他空手而归，带着战败的难堪，他所得到的只有哈查吉的一顿挖苦非难。[10]

次年，即 709 年，屈底波决心再次对布哈拉发起进攻。由于他的对手瓦尔当·胡达已在一年前去世，这次他的进展十分顺利。有关这场征伐的记载并不明确，但似乎当穆斯林军到达这座城市时，城中居民曾向其他粟特人和突厥人求救，于是，大战在穆斯林军和援军之间爆发了。我们目前所拥有的最完整的记载来自塔米姆部族，与穆斯林征服的最初阶段一样，这些记载中满是英雄主义言论与个人的英勇事迹，但对事件整体的描写却十分模糊。文中屈底波坐在座椅上指挥军队，他穿着一件黄色短袍，遮盖着身上佩带的武器。据说敌人曾一度冲进屈底波的营帐，在里面横冲直撞，肆意破坏，直到女人们哭喊着冲上去击打这些敌军坐骑

的脸颊，这才将他们击退。这鼓舞了营地里的男人们投入战斗击退了这次敌袭。这是唯一一份提到屈底波军中有女人的记载，尽管这段记载有可能完全是伪造的，但还是表明了女性有可能在这场征服中，尤其是在军营的组织中的确起到了重要的作用。

毫不奇怪地，根据塔米姆部族的记载，这场战役的胜利实际上是由他们自己赢得的。当时突厥人在一条河流对岸的山丘上列阵，而穆斯林军并不愿渡河接战。于是屈底波便激发起他们的部族荣誉感，声称他们就像"刀枪不入的甲胄"一般，然后他又回到前伊斯兰时代的老话题，称他需要他们在今日奋战，就如同他们的祖辈曾在战场上表现的那样英勇。[11]塔米姆部族的首领名叫瓦基（Wakī）*，他是一个坚忍、粗蛮、满口脏话的贝都因人，他后来成了屈底波的仇敌，此时他领会了精神并率步兵向敌军进攻。瓦基催促骑兵前进，但骑兵指挥官到达河边时却拒绝继续前进。当瓦基催促他渡河时，这个骑兵指挥官"看起来就像一头发威的骆驼"，拒绝让步。于是，以残暴粗鲁著称的瓦基便开始辱骂他，并拿铁制硬头锤殴打起他来，骑兵指挥官被打得狼狈不堪，不得不开始行动，率领部下登上了山丘。一开始瓦基率领步兵作战，不久后骑兵突击突厥人侧翼，使其注意力分散，步兵于是得以将突厥人赶下山丘。

此次战斗结束后，穆斯林军首次攻下了布哈拉城。很可能当时援军一被击败，城内居民见状便与穆斯林军议和了，合约条件中他们可能允许了一支穆斯林军进驻城内要塞。对布哈拉的征服

---

* 全名为艾布·穆塔里夫·瓦基·本·哈桑·塔敏米（Abū Mutarrif Wakīc b. Hassān al-Tamīmī）。

延续了至少四个远征季，每年当地居民都要被迫称臣并缴纳贡赋。但只有在第四次远征季之后，屈底波才真正在这座城市建立了稳定的穆斯林统治。

这一时期，布哈拉可分为三片各不相同的区域。其中最古老的是阿克要塞（Ark），在这片古老的丘墟中，曾经居住着当地的国王，他们拥有"布哈拉胡达"（Bukhara-khudā，即"布哈拉国主"）的称号。略微往东被空地分隔开的地方，则是一座拥有围墙的城市，被称为沙赫里斯坦，商人和市民就居住在这里。最后，在绿洲中的田地和树园中则零散分布着许多拥有筑垒加固的房屋，当地人称之为"库什克"（kushk）。屈底波决心无论通过说服、贿赂还是武力威胁，都要在沙赫里斯坦中心地带建立起一个稳固的穆斯林社区。于是他拆毁火庙，建起清真寺，并推行伊斯兰教法。他强迫市民上交半数住房与田地给阿拉伯人，这样他们就能一同生活，并为阿拉伯人提供马匹的草料以及烧火用的木柴。大部分富裕的市民都选择永远离开这座城市，迁到乡村居所中居住。这座有城墙围护的城市被划分为不同的区域，由不同部族分区而居。不久后，不同的部族也在他们的居住区附近建成了清真寺，其中一座清真寺在基督教堂的旧址上建成。似乎在一代人之内，这座城市中的阿拉伯穆斯林居民就占据了主导地位，而当地伊朗人则居住在城郊和乡村之中。[12] 阿拉伯的埃米尔居住在有城墙保护的城市中，而当地的布哈拉胡达则像往常一样，仍旧居住在要塞中。阿拉伯总督与当地国王的关系通常不错，比如向穆斯林称臣的国王笃萨波提（Tughshāda）就为自己的儿子起名为屈底波，以纪念这位阿拉伯征服者，但阿拉伯总督有时也会和当地国王发生龃龉。

713 年，屈底波在要塞中火庙的旧址上建造了一座大清真寺。

此时，新的宗教正式在这座城市原来的权威中心立足了。然而，为伊斯兰教吸引足够的信徒并非易事。为了鼓励当地人皈依，他发布规定，每位来到清真寺参加周五礼拜的当地人都能够得到两迪拉姆作为奖励。由于当地人并不知道如何进行礼拜仪式，清真寺中还安排了一位说波斯语的指导人来教导他们何时应该鞠躬，何时应该跪拜。由于当地人不懂阿拉伯语，清真寺便用波斯语讲解《古兰经》。在布哈拉，并非所有民众都欢迎伊斯兰教。穷人们由于先前所述的两迪拉姆奖赏而踊跃皈依，但许多富人则顽固地留在他们的乡间住所中。一个星期五，穆斯林们出城来到了这些乡间宅邸，招呼这里的居民一同去清真寺礼拜，但他们却迎来了一顿乱石，于是穆斯林便愤而攻入宅邸。为了羞辱这些居民，他们拆下了房屋的门板，扛走加装在清真寺中。由于这些门板上绘制着门神像，穆斯林便在将其运到清真寺时，磨去了上面的画像，这既可能是为了实行伊斯兰教禁止偶像的规定，也可能仅仅是为了羞辱旧宗教及其信徒。多年之后，布哈拉本地一位名叫纳尔沙西的历史学家注意到了门板上被磨去的偶像痕迹，于是便着手查证其背后的历史，正是通过他的努力，这段故事才得以流传至今。[13] 屈底波还在要塞脚下的雷吉斯坦广场（Registan）开拓一片场地以供节日会礼使用。当穆斯林最初来到这里聚礼时，他们必须携带武器，因为"此时伊斯兰教尚不普及，穆斯林仍旧受不信者威胁"。[14]

尽管他们的信仰、仪式和节日改变了，布哈拉的国王仍旧在这座城市和周边绿洲中手握大权，他们漫长古老的统治传统在伍麦叶王朝和阿拔斯王朝时期仍旧延续下来，直到萨曼王朝统治时期才迎来改变。因此，和河中的其他许多地方一样，这里的穆斯林政府实际上是一个保护领，穆斯林统治者与当地贵族共同统治，

并通过他们来治理当地。布哈拉被穆斯林军夺取后，粟特王塔尔浑闻讯便从首都撒马尔罕前来议和。他带着两个部下来到屈底波的营地，与穆斯林隔布哈拉河相望，就这样开始了谈判。粟特王最终同意缴纳赋税，条件是阿拉伯人保证不再入侵。

709 年秋季，屈底波对布哈拉的第一次征服结束，心满意足地回到梅尔夫后，急报又一次传来，破坏了他的好心情。当地王公奈扎克曾被召到梅尔夫，并参与了屈底波对布哈拉的远征，但如今他似乎发觉，如果想重夺独立地位就必须马上动手，稍有迟疑便再无机会。"和那个人共事时，"据说他对自己部下的士兵如是说，"我并没有安全感。那个阿拉伯人就像条狗，你打了他，他就朝你狂吠，你喂他东西吃，他就朝你摇尾示好。如果你曾与他对抗，然后又送给他些礼物，他就会高高兴兴地捐弃前嫌。塔尔浑曾与那个阿拉伯人作战过几次，后来又向他献上贡税，他就心满意足地接受了。那个阿拉伯人不过是个残暴而自以为是的人。"奈扎克发表这番言论可能是为了表示自己有能力发起叛乱，而且即使失败了，也还有机会重新与屈底波议和。当屈底波军到达乌浒河西岸的阿穆尔时，奈扎克要求屈底波允许他回乡，屈底波答应了。

奈扎克急速赶到巴尔赫。他之前就已经谋划好要串联起乌浒河谷中部吐火罗斯坦地区的所有王公，一同对阿拉伯人的统治发起反抗。当他到达巴尔赫时，他所做的第一件事就是来到著名的瑙巴哈尔佛寺（Nawbahār），祈求在即将到来的斗争中赢得胜利。奈扎克知道屈底波不久后会反悔准许他返乡的决定，并会下令当地的阿拉伯总督拘捕他，于是他马不停蹄地继续赶路。他向许多当地王公致信，怂恿他们加入他的反抗，这些王公分别是巴尔赫

的将军（Ispahbādh）、梅尔夫鲁德的国王巴达姆（Bādhām）、塔卢坎（Tāliqān）的国王舒赫拉克（Shuhrak）、法里亚布（Faryāb）的国王图锡克（Tūsik），以及朱兹詹（Jūzjān）的国王。他得到了他们的积极回应，于是他安排这些王公于 710 年春季前来与他会合。同时，奈扎克也做好了万一起事不成的准备。他向遥远的喀布尔王致信求助，因为喀布尔远在阿拉伯人势力范围之外的安全地带。奈扎克将自己的大部分家当都迁往了喀布尔，并得到了国王的保证，在他需要避难时可随时动身逃亡喀布尔。[15] 于是，奈扎克驱逐了屈底波任命的总督，厉兵秣马准备与他的盟友在春季会合。他采取了十足的战前准备，然而百密一疏的是，他低估了自己对手的实力。

屈底波此时正居住在梅尔夫的冬季住所中过冬，他的军队大部分都已经解散回乡了，但他还是立刻派遣他的兄弟率领一万两千士兵前往巴尔赫，并下令要他坚持作战到春季来临。次年（710年）年初，趁敌人尚未完成动员，屈底波便从梅尔夫和呼罗珊西部的阿拉伯人聚落召集起一支大军，向吐火罗斯坦进发。他首先攻下了梅尔夫鲁德，这座小城坐落在穆尔加布河上游，其城主曾承诺为奈扎克提供支持。这位城主自顾逃命，但屈底波俘虏了他的两个儿子，并下令钉死了他们。下一个目标则是塔卢坎，根据一些记载，他屠杀及钉死了许多人，以此来震慑当地民众。[16] 之后，法里亚布的国王谦卑地表示臣服，他与他的臣民便被宽赦了。不久后，朱兹詹的国王也随之效仿，屈底波于是便继续进发，前去迫使巴尔赫的民众屈服。

奈扎克只得眼睁睁看着自己的计划毁于一旦。屈底波迅速果决的行动打乱了他的步调，最后几乎所有之前与他结盟的王公都

倒戈投降了屈底波。此时，吐火罗斯坦的所有城镇中都进驻了阿拉伯总督。于是奈扎克只好向南方的兴都库什山脉逃窜，以期到达喀布尔。他分派了一队手下留守在霍勒姆（Khulm，今塔什库尔干），这些人可能驻扎在了城中要塞里，这座要塞的遗迹至今仍旧在这座城镇中被留存，[17] 从此处出发，道路向南离开了乌浒河平原，进入了狭窄的隘口。屈底波一开始无法夺下这一据点，但一位当地地主以获得安全担保作为条件，告知了他还有一条后路可以包抄城堡。当地人内部的分歧与内斗又一次让阿拉伯人得以获益。于是屈底波趁夜突击了守军，夺下了这座要塞。而与此同时，奈扎克则正在沿着从乌浒河谷通往萨朗山口和喀布尔的路线逃亡。他在巴格兰省（Baghlān）境内的山中某个地点躲藏起来，这一地点在今日早已湮没无存。屈底波则紧追其后。不久后他便追上了奈扎克，并围困了他的避难所长达两个月时间。奈扎克的补给在围困下渐渐耗竭，但屈底波也有自己的难处。因为冬季即将到来，而屈底波并不想被大雪困在山里。

于是，和谈开始了。屈底波派遣了一位名叫苏莱姆（Sulaym）的谋臣前去谈判，他去时满载食物，其中包括一盘名为"哈比斯"（khabīs）的食品，由椰枣和纯净牛油制作而成。这群饥肠辘辘的逃亡者无法抵御食物的诱惑，纷纷扑了上来，奈扎克见状，深知在目前的处境下他只能谈判或等死，尤其是苏莱姆还强调，如果有必要，屈底波将不惮在此地过冬。当苏莱姆对奈扎克提出安全保证时，奈扎克对此满腹狐疑："即使他担保了我的安全，我也预感他会杀掉我，但至少这份安全担保多少能够宽赦我，给我一些希望。"[18]

于是他们便从避难处的台阶走下来，来到平原骑上他们的坐

骑,一路上苏莱姆都试图安抚奈扎克的情绪,让他安下心来。当他们到达山口时,苏莱姆的卫队悄悄绕到了奈扎克身后,以防他改变主意,设法逃回山中。奈扎克认为这不是什么好兆头。当他被带到屈底波面前时,他最糟糕的梦魇果然成真了。当总督屈底波讯问时,奈扎克说他已经从苏莱姆处获得了安全担保,但屈底波却反驳他,说他在撒谎。屈底波此时则正为是该处死他还是放他一条生路而左右为难。一方面,奈扎克是叛军的领袖,而且是一个极端危险的人物,再次煽动一场暴动对他来说轻而易举。而另一方面,安全保证是一个十分严肃的约定,假如轻易背弃,以后与其他叛军及流亡者的谈判将会变得更加困难。总督手下的谋臣也意见不一,彼此分歧很大。最后,一个谋臣声称他曾听总督对真主发誓称,只要奈扎克落在他手里,就一定要杀了他,若不杀他,自己从此以后就再也不向真主祈求庇佑。总督坐下来思考良久,最终还是下达了命令:处死犯人。他背信弃义,残忍地处死了奈扎克,这件事为屈底波的名誉留下了永久的污点,但尽管如此,剩下的那些王公还是深受震慑,纷纷臣服来降了。奈扎克之死标志着此次起义的结束,至少到此时为止,吐火罗斯坦的大部分王公都已经被纳入了阿拉伯人的牢牢掌控之下。

然而屈底波的统治仍面临着虽微弱但不容小视的威胁。诸侯国愉漫坐落在乌浒河北岸。其首都是一座设防严密的城市,位于今日塔吉克斯坦首都杜尚别,或离此地不远。愉漫王曾与屈底波议和,据说他还曾与屈底波的兄弟萨利赫(Sālih)结交为友,这又是一个阿拉伯人与当地贵族间复杂关系的鲜明事例。屈底波还在他的国内设立了一位政治代理人。但现在国王却撕毁了条约,并驱逐了境内的政治代理人。愉漫王之所以如此轻易地脱离了阿

拉伯人的统治，说明阿拉伯人对此地的征服仅仅停留在形式上，他们并没有指派阿拉伯军队驻守这里。屈底波则试图通过外交手段来回应他。屈底波选任了一位据称是"呼罗珊苦修者"的人，他可能是一位伊斯兰教教士，或许曾经是个托钵僧，以及一个名叫阿亚什·加纳维（Ayyāsh al-Ghanawī）的人一同出使。当他们到达时，当地人向他们射箭以示敌视。于是苦修士掉头离开了，而阿亚什则是个异常坚定勇敢的人，他大声招呼，问城中是否有穆斯林。有一个人表示自己正是。此人走出城来，问阿亚什他究竟想要什么，阿亚什便回答说，他想要帮助当地穆斯林对不信者发起圣战。于是那人与他一拍即合，不顾他们仅有两人的事实，一同冲向敌人大杀特杀。然而那个当地的穆斯林显然认为他对当地市民的忠诚要比新皈依的信仰更加重要，于是他绕到阿亚什背后将其杀死。最后，在阿亚什的遗体上发现了六十处伤口，愉漫人见状痛悔他们的所作所为，并说他们杀死了一位勇敢的人。

尽管如此，两国之间的裂痕已然就此产生。在击败最近的奈扎克叛乱后，屈底波已无法忍受当地王公蔑视他的统治，他决心迫使当地统治者服从并缴纳贡税，如果有必要就动用武力逼服。然而愉漫王则对他持顽强抗拒的态度。他并不害怕屈底波的威势，因为他坐拥一座坚固的城堡，比其他王公所拥有的堡垒都要更加坚不可破。"当我引弓射击城堡顶端时——我，作为弓手中最强壮的一位，也是他们中弓术最精湛的一位——我的箭矢竟无法够到堡垒城墙的一半高度。所以屈底波不足为惧。"[19]

屈底波也同样志在必得。他进军巴尔赫，渡过乌浒河，不久后便到达了愉漫的要塞。他在这里设置了投石机，开始击破城墙。其中一台投石机名为"内八字脚"，它抛掷出的石块准确地落入城

中，并杀死了一个王廷中的宫人。[20] 似乎从这之后，攻城战的进展便十分迅速。当国王意识到他们已经撑不了多久时，他便收集起自己的所有珠宝，将它们抛入城堡内最深的深井中，从此以后再也没人找得到这些财宝。然后愉漫国王冲出去与敌人决一死战。最终屈底波用武力夺下了要塞，守军也付出了惨重的代价。所有反抗者都被屠杀殆尽，而没参加战斗的人则被掳掠成为俘虏。愉漫被攻占了，国王也被杀了，但这个王国似乎还是幸存了下来，并保留了它的地位，因为据说继任的愉漫王之前正作为穆斯林军的盟友与其并肩作战。

屈底波回到梅尔夫的途中，他派遣兄弟阿卜杜·拉赫曼前往拜访撒马尔罕国王塔尔浑，以防他谋划不义之举，并向他征收赋税。当天午后，他与塔尔浑军在一片草地相会。粟特士兵以小队为单位分散开来，开始饮酒作乐，"然后他们变得愚蠢，开始无理取闹"，阿拉伯史书作者轻蔑地写道。阿卜杜·拉赫曼则采取了果断措施，以防穆斯林效仿他们的坏榜样。最终阿卜杜·拉赫曼如约收取了贡赋，并回到了梅尔夫与他的兄弟会面。

屈底波的铁腕政策招致了许多当地人的憎恨。在撒马尔罕，塔尔浑的不抵抗政策激起了人们越来越深的不满。他被人蔑称为一个热衷于受虐的老人，而且当地人深恨他同意向穆斯林缴纳贡税的行为。最后，他被一个名叫乌勒伽（Ghūrak）的人推翻了。据一些人称，这位乌勒伽是他的兄弟。[21] 塔尔浑将退位视为奇耻大辱，他宁可自尽也不愿身死人手，于是伏剑自杀。[22] 像这样因政治失势而自决的事例在阿拉伯世界并不常见，尽管这种行为在罗马帝国很常见，但似乎在中亚也有这种传统。塔尔浑之死为撒马尔罕带来了危险的后果，因为这给屈底波留下了为塔尔浑复仇

的口实，以便他下一次率军侵入粟特，然而乌勒伽也绝非等闲之辈，他是一个精明可靠的统治者，依靠不断地运筹游走从而在强邻环伺中维护着自己的独立。

711 年，又一个远征季到来了。屈底波这次向遥远的南方进军，对抗锡斯坦的尊必勒，可能他是穆斯林军所遭遇的所有敌对王公中最难以对付的一个。但这一次却并没有爆发激烈的战斗，尊必勒很快便乖乖议和了。假如此时屈底波得知同一年内，距此地六千公里以西的地方，有一位名叫塔里格·本·齐亚德的阿拉伯将领正横渡直布罗陀海峡开始对西班牙发起征服，不知他会作何感想？这真是件趣事。[23]

次年，即 712 年，征服开始之前，有人警告屈底波称他手下有许多士兵在从锡斯坦长途跋涉归来后已经疲惫不堪，希望能够准许他们休整一年而不去打仗，[24] 然而意想不到的事件发生了，迫使他们不得不继续发起征服。此时，花剌子模国王向屈底波求助，以对抗他强大的兄弟胡拉扎兹（Khurrazādh）。胡拉扎兹惯于将自己看上的奴隶、坐骑以及财物据为己有，有时甚至连臣属的女儿和姐妹都不放过。国王表面上声称自己无力反对自己的兄弟，但暗中遣使向屈底波求助，邀请屈底波来到自己的国家，帮他抓捕自己的兄弟，将其绳之以法。为了证明诚意，他给屈底波献上了与花剌子模境内城市大门相配的三把金钥匙。对于屈底波来说这是一个不容错失的机遇，于是，已在筹划对粟特进一步远征的屈底波决定专程绕道去花剌子模一趟。

花剌子模王则告知他手下的贵族，屈底波正往粟特进发，因此花剌子模今年年内将免于刀兵，于是，据说他们便开始宴饮作乐。接下来，花剌子模贵族们才发现屈底波已经率军出现在了哈

扎拉斯普（Hazārasp，在波斯语中意为"千马"），这座城位于乌浒河西岸，三角洲的顶端。花剌子模王和他的宫廷则位于河对岸的国都柯斯（Kāth）城中。他劝说自己的部下不要与屈底波开战，于是议和开始了，最终花剌子模方面同意献上一万名俘虏和一些黄金以换取和平。就在谈判期间，屈底波的兄弟与得力助手阿卜杜·拉赫曼找到并杀死了花剌子模王的兄弟，还冷血地处决了许多支持他的人。此后穆斯林对这个古老的三角洲平原王国的统治又踏入了一个新阶段，但尽管如此，阿夫里格王朝的君主仍旧作为花剌子模王继续统治了两百年，这片地区独特的文化与身份认同仍旧留存了下来。

然而，712 年远征的真正目的地是撒马尔罕。撒马尔罕是河中地区面积最大和最为强大的城市，是粟特实际上的首都。今日我们所见的这座城市是在 1220 年被蒙古军破坏后重建，并在十四世纪末至十五世纪期间被帖木儿及其家族改建美化过的，他们建造的蓝色贴砖穹顶和林立的宣礼塔使得这座城市举世闻名。后来的乌兹别克统治者又增建了多座伊斯兰教神学院，并建成了雷吉斯坦广场，再后来，在 1880 年俄罗斯帝国征服该城后，沙皇时代的俄罗斯人在这座城镇中兴建了美观大方的林荫街道。而中世纪早期的旧城则位于高大的泥砖城墙后面，帖木儿的城区和扎拉夫尚河之间。这座孤零零的遗址早已被人废弃了。[25] 人们很容易能够分辨出古时城墙的轮廓，以及卧在深深的护城壕后俯瞰扎拉夫尚河的要塞废墟。在这些遗迹中间有一座古老的宫殿，它的墙壁上绘制着高贵的粟特王公及其宾客的形象，鲜明地描绘了这个被阿拉伯人毁灭的世界。

撒马尔罕此时处于新王乌勒伽的统治之下，他决心顽强抵抗

阿拉伯人的入侵。屈底波所率军队据说兵力多达两万人，这是有史以来穆斯林在河中部署兵力最多的部队之一。军中有很大一部分是从花剌子模和布哈拉征募的当地兵员，但我们并不清楚他们是否皈依了伊斯兰教，也不清楚他们是参与圣战、受雇作战，还是违背自己的意愿被迫作战。

刚开始，屈底波似乎试图趁其不备突袭守军，他将自己的兄弟遣回梅尔夫，以造成这一年内的征服已经结束的假象，但守军并未上当。与此同时，撒马尔罕人向石国（Shāsh，今塔什干）国王和费尔干纳王求援，说服他们前来协助作战，他们还警告说，如果阿拉伯人征服了撒马尔罕，那么他们的末日也不远了。于是河中的所有贵族组织起了一支骑兵部队，启程前去对阿拉伯军营地发起一场夜袭。但不幸的是，屈底波事先得知了他们的计划——他的情报能力似乎总是十分强大。他派遣他的兄弟萨利赫率一小支部队伏击敌军。当夜的战斗十分惨烈。尽管河中贵族个个英勇善战，但他们最终还是被击败了。许多士兵都战死了，被俘的只是少数，在这一战中，许多显赫的贵族家庭失去了儿子和马匹。而穆斯林军则缴获了精良的装备和卓越的坐骑，屈底波特别允许了这支突击队可以自行保留这次夜袭所获得的战利品，而无须像往常那样上交全军进行分配。

这支援军的战败看来使守军士气大降。之后屈底波围困该城长达一月，他在城墙外设立起了攻城器械，在城墙上打出了一个缺口，被守军用粮食袋草草堵了起来。穆斯林军从城墙的缺口冲进城中，手举盾牌遮住面部以阻挡粟特士兵倾泻的箭雨。他们刚刚在城墙上站稳脚跟，乌勒伽便遣使前来议和了。屈底波同意了他的条件。[26] 和约规定撒马尔罕人每年向阿拉伯人支付大量贡税

并献上一大批优质奴隶，其中不得包括老人或小男孩。屈底波统治撒马尔罕时，显然下了大力整顿当地的宗教信仰。他力排众议，建成了一座设有讲经台的清真寺，并下令拆毁了古老的火庙和其中的"偶像"。撒马尔罕所有的神像都被剥去了金银和丝绸饰物，堆积如山。屈底波下令全部烧毁。乌勒伽和他手下的士兵力劝他不要这么做，警告说谁摧毁这些神像，谁就会遭到报应，但屈底波却毫不畏惧，他亲自点燃了火焰。阿拉伯人从余烬里收集了大量神像的金银指甲，借此大赚了一笔。这种蓄意清除旧宗教的行为在穆斯林征服中并不常见。屈底波总是声称自己所领导的征服是一场圣战，但他也很少造成过如此大的破坏。可能他之所以这样做，也是因为他想要借此举一劳永逸地彻底镇压粟特人的反抗。从他将旧宗教的象征物付之一炬的那一刻起，他的胜利便成了有目共睹的事实。

尽管如此，他并没有完全破坏此地原有的秩序。乌勒伽仍旧是粟特王，他坐镇伊什蒂杭（Ishtīkhān）进行统治，此地距离撒马尔罕四十公里左右，屈底波命他的兄弟阿卜杜·拉赫曼率四千士兵在城市中驻守，之后便心满意足地回去了。拥有城墙的老城区成了一座专供穆斯林居住的要塞城市。当地的非穆斯林必须在手上盖了泥制印信才被准许入城，如果在他们出城时泥印信干了，他们就会被处决，因为这表示他们在城中逗留过久。任何非穆斯林携带刀具或武器进城，也会被处决，而且他们不被允许在城墙内过夜。[27]

征服撒马尔罕是决定性的一着，但同时也带来了不确定的风险。此时乌勒伽和许多粟特人仍旧定居在这片地区，[28] 而阿拉伯驻军则被孤立在了一大片敌对者中间。毫无疑问，驻守此地的许

多阿拉伯士兵一定认为，假如赢得机会，乌勒伽将会把他们统统驱逐出去。

屈底波见状并没有加强阿拉伯人对撒马尔罕的控制，而是继续率领他的军队向着更远更偏僻的地域进军征服。像往常一样，713 年，屈底波又一次跨过了乌浒河。除了他率领的阿拉伯军之外，他还组建了一支兵力两万人的征召军（faradacalā），这支部队的兵员从布哈拉、竭石、纳萨夫和花剌子模的人口中征募而出。他们在粟特境内行军时并未遭遇过任何抵抗。然后，当地征召军向北进军到达了石国，而屈底波则率领自己的部队东达费尔干纳。有关这些劫掠活动有何成果的可靠资料寥寥，仅有少数诗歌和无足轻重的故事留存。我们可以确定这些劫掠并没有遭遇惨败，但也没有成功征服任何新的土地。[29]

次年，屈底波又一次回到了贾哈尔提斯河沿岸地区，他可能试图建立对丝绸之路的控制。甚至有些史料提到他曾远达唐王朝境内的喀什噶尔。[30] 在这段时期阿拉伯人的狂野想象中，中国显然是一个重要话题。在遥远的库法，据说哈查吉曾许诺称，他安排在东方的将领中无论是谁第一个抵达中国，他便会为其授予中国（Sīn）总督的封号。[31] 阿拉伯军队从未像现在这样接近过中国边境，此时，无论是阿拉伯人还是粟特人都开始向中国派遣使节，希望赢得中国人的支持。713 年，一支阿拉伯使团抵达了中国皇帝的宫廷。从中国史料中我们得知，由于拒绝依照中国传统礼仪向皇帝下跪磕头，这支使团造成了一场外交事故，但这次外交任务还是获得了成果。显然在这次外交任务中，有关军事和商贸方面的事宜都在商讨范围之内。[32] 与此同时，石国国王迫于屈底波的威慑，也来向中国皇帝请求军事援助，但他并没有获得预期的

回报。

这次外交往来既在中国史料中有所记载，也被阿拉伯文史料用一种非比寻常的口吻记载了下来。就流传至今的阿拉伯文史料而言，其中的许多幻想元素被今日的评论者不屑一顾。在这些史料中，中国"国王"没有名字，也不知坐镇何方。我们也不清楚这支阿拉伯人到底是抵达了帝都长安，还是仅仅在新疆与某位中国将军或地方官员进行了会谈。尽管如此，这些史料的确是自八世纪流传下来的记载，且为我们提供了大量有关阿拉伯人对自己的印象及对其他民族的看法的资料。

这则故事讲述道，中国"国王"请求屈底波派遣一些使节前去访问，以便他更加深入地了解阿拉伯人与他们的宗教。于是，阿拉伯人便选出了十至十二个强壮英俊的年轻人，让他们动身出发了。当这些使者到达中国宫廷时，他们先去浴室沐浴更衣，换上了白色的长袍，并用香水打扮了一番。然后，他们进入了皇宫。觐见时，直到他们最后退下，双方都没有说一句话。等使者走后，中国"国王"问群臣有何想法，他们都回答说："我们认为这是一个除了女人一无所有的民族，看着他们的外貌，闻着他们的脂粉气，我们中没有一个不勃起的。"[33]第二天，他们则换上了华丽的刺绣长袍，戴上了裹头巾，当他们离开时，中国群臣不得不承认他们与其他男人并无不同。到了第三天，他们戴着护面锁甲和头盔，全副武装地前来觐见中国国王——"他们佩剑持矛，肩背弓箭，身骑大马"，群臣顿时深受震撼。

当天晚上，"国王"会见了使团的首领。首领向"国王"解释说，第一天他们穿的是居家时的服装，第二天穿的是在贵族宫廷中的礼服，第三天则是上阵临敌时的装备。然后"国王"说，他

锡斯坦。这里景观遥远荒凉，穆斯林受到的几次最为猛烈的反抗爆发于此，他们受尽了苦头。

伊朗中部景观。山脉被宽阔的平原分开，这让军队可以在平原上快速长途奔袭。

撒马尔罕老城的巨大砖土城墙。在精明又严格的粟特王公的统治下，撒马尔罕成为坚决抵抗入侵的穆斯林的中心。

布哈拉城。布哈拉的统治者世袭统治这里，在阿拉伯人征服之后亦然。

兴都库什山。它是中亚河流的主要水源地之一，山中的一些隘口也是交通要道。

西班牙科尔多瓦。穆斯林没费多大力气就攻下了这座罗马时代的古老城市，将其作为穆斯林
西班牙的首府。大清真寺修建于穆斯林征服的六十年以后。

西班牙托雷多。如果没有塔古斯河拐弯处的这座具有天险的堡垒，这座西哥特王国的都城似乎只能对穆斯林军队进行很轻微的抵抗。

突尼斯的里巴特城堡。这座9世纪的堡垒护卫着苏塞的港口，穆斯林海军从苏塞出发，可以攻击西西里、意大利和法国南部。

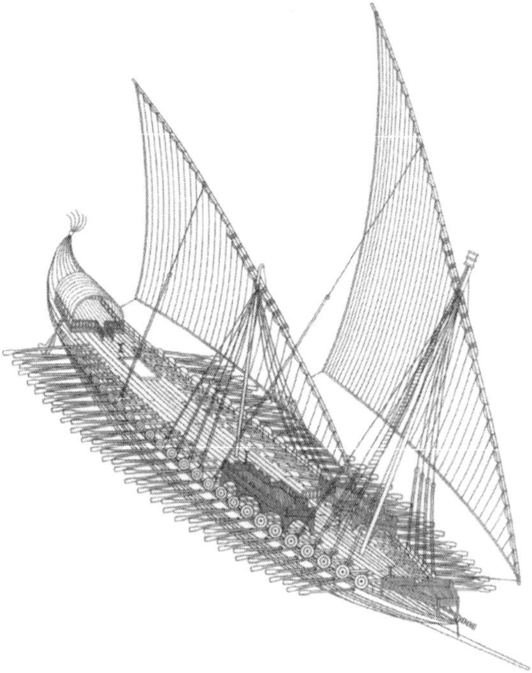

现代绘制的拜占庭的德罗蒙战船。它是阿拉伯人征服时拜占庭帝国的典型战船，配备有桨和两面帆。似乎穆斯林的海军战舰同它在设计上极为相似。

黎巴嫩的提尔港。提尔的老港口，是穆斯林在 730—861 年在地中海东岸的主要海军基地。

巴米扬石窟群。这里曾是往来东西商队的必经之地，东西两座石窟中各有一尊巨大的佛像。

先知穆罕默德（图中间骑白马者）准备白德尔之战。这幅十四世纪早期的波斯画中，表现当时的穆斯林军队并未身着甲胄，仅有最简单的装备。

这幅十五世纪的波斯细密画，表现了萨珊王朝国王科斯罗伊斯二世被随从谋杀的事件。此事引发了一系列政治动荡，让穆斯林得以趁乱入侵。

雅穆克战役。此役中穆斯林打败拜占庭帝国军队，得以将罗马人赶出叙利亚。

穆斯林军队离开纳博讷迎战法兰克军队。普瓦捷战役后，穆斯林军队的控制范围局限在了纳博讷周边。埃米尔－安东尼·巴亚尔（Emile-Antoine Bayard）于 1880 年作。

希拉克略皇帝打败霍斯劳二世。此战后希拉克略将真十字架送回耶路撒冷。同一年穆罕默德同麦加的古莱氏部族达成协议，这成为大征服的序曲。皮耶罗·德拉·弗朗西斯卡（Piero della Franesca）作。

已听说穆斯林的领袖贫苦困窘无比，且缺乏盟友，既然如此，他愿意慷慨大方地提供帮助。但假如情况并非如此，他便会派人进攻并消灭他们。穆斯林使者则愤怒地驳斥说，他主子的军队势力强大，若领军主将在中国，殿军就能排到"橄榄树生长的地方"，至于是否贫苦困窘，他身后的整个世界都处于他的股掌之中，绝无可能缺乏财富。然后他接着说，屈底波曾立下誓言，他将绝不放弃征服，直到"踏上你们的土地，封印你们的诸王（这句话的意思是说，在他们的脖子上盖下印戳，以此表示他们必须缴纳屈辱性的人头税）并征收贡税"。于是，中国"国王"说他想到了一个解决办法：他赠送了几碟盛放在金碟中的泥土，并派遣了四位贵族青年携带礼物前往阿拉伯人那边。于是，屈底波站在泥土上，在中国贵族的脖子上盖印，并把礼物作为贡赋收下了。结局皆大欢喜，穆斯林领袖又一次被早已存在的统治者以平等地位相待。

715 年，屈底波的征伐迎来了最终阶段。他的征服大业最终画下了句点，但这并不是由于中国军队的阻挡，而是因为穆斯林政权内部的权力倾轧。屈底波的征服之所以如此成功，不仅仅因为他的个人能力出众，还因为他受到了伍麦叶王朝统治者，即坐镇新建首府瓦西特（Wasit）的伊拉克及东方全境总督哈查吉和哈里发瓦立德·本·阿卜杜·拉赫曼的大力支持。然而到这段时间，他所依赖的后台都消失了：哈查吉于 714 年夏季去世，瓦立德则于 715 年春季去世。众所周知，新任哈里发苏莱曼与穆哈拉布家族交好，而这一家族曾经被屈底波赶出了呼罗珊。于是屈底波十分顾忌新任哈里发，害怕自己会失去地位，甚至迎来更糟的命运。新任哈里发登基伊始，屈底波似乎仍旧深受宠信，哈里发致信屈底波，鼓励他在征服中再创佳绩，但屈底波则仍旧满腹疑惧，事

先特地将自己的家人从梅尔夫迁往撒马尔罕，那是他的敌人很难到达的地方。他在乌浒河的渡口设兵防守，并下令如果没有通关凭证，不允许任何来自西方的人通过。[34] 有趣的是，他委此重任的人并不是一个阿拉伯人，而是他手下的一个来自呼罗珊的非阿拉伯穆斯林，他是一个新皈依伊斯兰教的人。由于阿拉伯人内部的世仇带来了酷烈的冲突，屈底波认为即使在新征服的撒马尔罕，生活在心怀怨恨的粟特人中间，也要比在穆斯林已稳固统治了六十五年的首府梅尔夫更加安全。

屈底波似乎已经对在新任上司的统治下他将丢掉总督职位确定无疑，于是他下定决心，依靠忠心耿耿的部下为他提供军事支持，反叛苏莱曼的统治。他可能想要率领身经百战的呼罗珊军向西挺进伊拉克，最终开进叙利亚，扶植起一位他自己所中意的傀儡哈里发，就像三十五年后艾布·穆斯林与他的支持者想要做的那样。

于是，屈底波向将士们发表了一场演说，[35] 在演讲中他历数了他们获得的成就，并要求他们支持他的行动。屈底波回顾了自己如何带领他们从伊拉克来到这里，如何给他们分配战利品，并且从不逾期地给他们全额发放薪水。将士们只需将自己与前几任总督相比，就可知他有多么出众了。如今，他们处境安全，生活富足。真主赐予了他们征服的机遇，而且道路安全保障十足，就算一个女人坐着驼轿从梅尔夫出发去往巴尔赫，也不必担心遭遇流氓骚扰。[36]

他的演讲却只迎来了一阵冰冷的沉默。这可能是因为他事先并没有做好准备，也没有和部下商量妥当。人人都知道他是一个卓越的将领，但人们也强烈反对他发动内战的企图。在抗击非穆

斯林时，屈底波或许是一位伟大的穆斯林领袖，但他却不能指望强大的阿拉伯部族军跟随他对抗穆斯林同胞。屈底波费了很大力气才获得了呼罗珊的非阿拉伯新皈依者支持，并将他们纳入了自己的军队，但他们也同样不愿介入阿拉伯人的内战。非阿拉伯人的首领哈扬·纳巴蒂（Hayyān al-Nabatī）对他的部下如是说："这些阿拉伯人并不是为了伊斯兰的目的而战斗，咱们坐看他们自相残杀就好。"[37]

事到如今，屈底波已经没有回头路可走。屈底波将一切赌注都押在了部众对自己的忠诚上，然而部下却毫无回应。此时他似乎完全丧失了往日的冷静，开始极尽阿拉伯文修辞中冷嘲热讽之能事，恶毒咒骂起阿拉伯部族人来。他把他们骂作被库法和巴士拉驱逐的废物贱民。声称要不是他把他们从沙漠中召集起来，他们还在"遍生着苦艾、青蒿和野豆藤的荒野上"骑驴放牛。他们明明是伊拉克人，却甘愿任由叙利亚人在他们的房檐下和庭院中安居。每一个大部族都被他骂了个遍：伯克尔（Bakr）部族是一群奸诈虚伪且好撒谎的骗子，最糟糕的是，他们为人吝啬刻薄；阿卜杜·盖斯（Abd al-Qays）部族是一群满嘴放屁的蠢材，与其让他们去驾驭骏马，还不如叫他们去给橄榄树授粉；艾兹德（Azd）部族则拿船上的缆绳凑合用作骏马的缰绳。他的意图很明显，就是表明这些人只是一群农民和渔民，而不是骄傲的阿拉伯勇士。仅仅几分钟内，他就得罪了所有可能会被他说服支持他的人。他回家以后，向家人解释了今天他所做的事情："我讲完之后没有一个人回应我，于是我气昏了头，自己也不知自己在说些什么。"然后他又继续咒骂起了那些部族：伯克尔部族就像一群女奴，谁想跟她们发生性关系都来者不拒，塔米姆部族就像一群生

了疥癣的骆驼，阿卜杜·盖斯部族就像野驴屁股一样，而艾兹德部族就是一群野驴，"真主最糟糕的造物"。

于是，屈底波陷入了绝望的险境。反对派则团结在了瓦基·塔敏米（Wakī al-Tamīmī）的身边，他是一个暴脾气的老贝都因人。阿拉伯史料生动详细地描写了他的形象，他是一个满口污言秽语、出口必成脏的家伙。另一方面，他的敌人还指责他是一个酒鬼，整日和酒友坐在一起寻欢作乐，直到将大便直接拉在内裤里。[38] 瓦基的支持者声称他有资格坐上大位，"为之抛头颅、洒热血"，因为"他是一个勇敢的人，既不在意自己面临的困难，也不会在乎行为的后果"。[39] 瓦基·塔敏米已做好了进攻屈底波的准备。他事先与非阿拉伯人的首领哈扬·纳巴蒂立下了约定，约好与他一同平分呼罗珊的税收。如今屈底波已成了孤家寡人，支持他的只剩下了他的直系亲属。屈底波叫人取来了母亲送给他的裹头巾，这条裹头巾他总是在危急时刻才佩戴，并牵来了一匹他认为会在战争中为他带来好运的战马。当人们牵来战马时，这匹马惊慌不已，使得屈底波无法上马。屈底波看见这一凶兆，自觉大限已至，于是便自暴自弃地躺在床上说道："就这样吧，真主已决定了我的命运。"[40]

叛乱持续了下去。屈底波派遣他的兄弟，曾与愉漫王交好的萨利赫，试图与叛军谈判，但叛军却向萨利赫放箭，射伤了他的头部。他被人抬到了屈底波的礼拜间，屈底波赶来坐下陪了他一会儿，然后便回到了自己的榻（sarīr）上。他的另一个兄弟，曾多次率领穆斯林军度过最艰难境遇的阿卜杜·拉赫曼，则遭到商人（ahl al-sūq）和暴民（ghawghā）的袭击，被乱石击死。当叛军进逼屈底波本人的所在时，他们放火烧掉了屈底波饲养骆驼和

其他坐骑的马厩。没过多久，叛军就砍断了支撑帐篷的绳索，一拥而入杀死了屈底波。就像以往一样，大家为究竟谁杀死了屈底波，以及谁有权利将其首级献给瓦基而争论不休，瓦基下令处死了他的所有直系亲属，并将其尸体钉在木架上示众。

攻击者如此凶残恶毒地发泄复仇怒火，在当时河中的穆斯林军中间引起了轩然大波。穆斯林军中的波斯人对阿拉伯人竟如此凶残地对待一个立下大功的人感到震惊。"如果他是我们波斯人，而且死在我们中间，"一个波斯人如是说道，"我们会把他用棺材装殓起来，并带着他的遗体与我们一起远征。在呼罗珊从未有像屈底波一样立下如此大功的人物。"[41] 不消多说，许多诗人借这个主题写成了很多诗作，其中有许多是为了赞美那些杀死他的部族人的事迹而作的。还有一些则是为了哀悼一位伊斯兰勇士的死亡，比如某位诗人[42] 就曾献诗给大马士革的新任哈里发，他在诗句中描绘了在未知世界中的兴奋之情与冒险之旅，屈底波的许多部众一定对此深有体会：

> 苏莱曼啊，我们将无数勇敢的士兵召集在您身旁，
> 我们个个骑马持矛，奔跃直前。
> 我们攻陷了许多要塞，
> 许多平原、崎岖的山脉、
> 和城镇此前都无人涉足，
> 却被我们洗劫扫荡，我们驱使战马，连月不停，
> 它们便能适应长途奔袭，遇变不惊。
> 直面敌人的冲锋时，
> 就算他们点燃大火，我们的战马也毫不畏惧，听令勇往

直前

　　直冲向那刀剑喧嚣，火光灼灼

　　多亏它们，我们才能践踏不信者的城市

　　直至它们离去，奔往天色破晓的远方。

　　如若命运允准，它们将带着我们跨过

　　那亚历山大大帝用巨石与黄铜筑成的高墙。

715年至737年，突厥人的反攻

　　屈底波之死标志着穆斯林在中亚的征服暂告一段落。到此时为止，阿拉伯军在越来越多的当地盟友帮助下已取得了巨大成就。诚然，穆斯林军也遭遇过阻挠，但总体上穆斯林的势力与影响还是在不断扩张的。但这一现状即将发生扭转。这一变故应当部分归因于伊斯兰世界内部的政治事件。715年瓦立德一世去世后，苏莱曼（715年至717年在位）、欧麦尔二世（717年至720年在位）和叶齐德二世（720年至724年在位）相继登基，统治时间十分短暂。每一位哈里发手下都有不同的谋臣对东北边境事务提出了不同的政策。当地总督的频繁更迭，意味着当地阿拉伯人内部的部族冲突，及阿拉伯人与非阿拉伯穆斯林之间的敌视正愈发公开化，暴力程度也与日俱增。直到希沙姆（724年至743年在位）继位时，穆斯林的政策才又一次稳定持续地贯彻下来。

　　但在更加遥远的东方，还存在着另一股压力。我们从中国史料中得知，粟特王公常常派遣使节前去中国宫廷，试图说服中国

人介入以援助他们抗击穆斯林。比如在 718 年，布哈拉（古称安国）国王笃萨波提、撒马尔罕（古称康国）国王乌勒伽和库玛季（古称俱蜜）国王那罗延（Narayāna）就都曾前来请求中国皇帝协助对抗阿拉伯人，尽管当时布哈拉和撒马尔罕已经被阿拉伯军所"征服"，且其国王已经与阿拉伯帝国签订了合约。结果中国人并不愿直接干预这片距离自身权力中心过于遥远的地区，但他们对突厥的突骑施部族给予了一定支持，鼓励他们入侵陷入阿拉伯人之手的粟特故地以支援当地王公。

阿拉伯史料提及了两位突厥首领。[43] 其中首要的领袖是可汗，当时的阿拉伯历史学家所提到的这位可汗在中国史料中被称为"苏禄"。有时他在河中似乎是统领所有突厥人的领袖。他有一位下属，在阿拉伯文史料中被称为"库苏勒"（Kūrsūl），而在突厥语中则被称为"柯勒·楚尔"*（Köl-chur）。

在关于征服河中的阿拉伯文叙述中，有名有姓的突厥人几乎唯独只有他们两个。当描述阿拉伯军与他们的英雄（以及不那么符合英雄标准的）事迹时，作者往往会直接提到主人公的名字，因为对作者来说，他们首要关心的是将某些个人的形象保存下来。然而相比而言，突厥人则完全是某种"异类"，他们是一大群武士，没有明显的宗教信仰、道德观念或行为动机，仅仅对穆斯林充满了纯粹的敌视，并且对战利品贪求不满。而突厥人的领袖，可汗和库苏勒，如同拜占庭帝国皇帝希拉克略和在卡迪西亚之战中被击败的萨珊帝国将军鲁斯坦一样，被阿拉伯人描绘成了值得

---

* 此人在中国史料中被称为"莫贺达干阙律啜"，"莫贺达干"乃其头衔"Baga Tarkhan"的音译。——译者注

一战的对手。他们都英勇善战且值得尊敬，但与阿拉伯人所描述的拜占庭和萨珊将领不同，他们并没有表现出自我怀疑，也没有深感穆斯林必将在真主的庇佑下获得胜利。

从715年屈底波去世到739年苏禄去世，突骑施部族灭亡这段时间的战争十分令人疑惑，在下文中我们将不会拘泥于每场战斗的细节，而是对战争与冲突的激烈与残酷做出大致的描述。突厥人和阿拉伯人是一对死敌，他们为争夺这片充满潜力与财富的土地的统治权而死斗不休。而当地王公则被夹在了在他们中间，其中最著名的便是撒马尔罕国王乌勒伽，他一直在努力维护着自己的独立地位和文化不受侵害。这些王公一开始满怀希望，相信突厥人和中国人能够把他们从穆斯林的枷锁下解放出来，然而一段时间之后，他们才意识到突厥人同样也是苛刻而贪婪的统治者。

曾一手促成屈底波败亡的瓦基并不像他的前任那样拥有团结穆斯林的能力。于是军队四分五裂，之后的历任总督也如同走马灯一般迅速更替。721年春季，突厥首领库苏勒率部进入了粟特。现在正是发动袭击的良机。新任总督萨义德（Sacīd）被所部士兵称为"胡扎伊纳"（Khudhayna），这个词可被翻译为"卖弄风情者"——这可不是什么赞美之词。诗人就曾痛斥他在军事方面的无能：

> 你夜袭敌军，如同与女伴嬉闹
> 你掏出鸡巴，剑却还未出鞘。
> 在敌人眼里，你是风情万种的新娘
> 在我们看来，你是刺向我们的尖刀。[44]

他来到呼罗珊之前并没有任何对这一省份的直接了解，甫一抵达，他便卷入了纠缠不清的财政纠纷之中，因此他罢免了一批经验丰富的官员。就在穆斯林的行政机构陷入失序的同时，突厥军围困了一座名叫卡斯尔·巴希里（Qasr al-Bāhilī）的穆斯林小型前哨堡垒，其确切位置如今已不得而知。在这座要塞中仅有一百户穆斯林驻守，他们见状便与突厥军商议投降条件。与此同时，撒马尔罕的穆斯林总督则号召志愿军前去解围。一开始有四千人应召入伍，但在他们前去进攻敌军的途中，大部分士兵都走散了，只剩下指挥官穆塞亚布（Musayyab）*仍率领着一千名左右部众，最终到达了被围困的堡垒。一天深夜，穆塞亚布派出了两个斥候，试图与守军建立联络。然而这并非易事，因为周边地区漫山遍野都是突厥人。最后，斥候找到了一位守城的哨兵，他将守城将领带来与他们会面。信使告知他援军距离此地只有十二千米（两帕勒桑）了，然后询问守军能否再坚守一夜。守城将领则回答说，他们已经立下誓言要保护自己的女人，他们都做好了明天一同战死于此的准备。信使回禀穆塞亚布之后，他下令全军即刻开拔。第二天黎明拂晓时分，穆斯林军对突厥军发起了进攻。战斗十分艰苦惨烈，有许多穆斯林将士以身殉道，但最终突厥人被击退了。援军开进要塞，将幸存的穆斯林召集起来。援军中的一人后来回忆说，他遇到一个女人恳求他看在真主的份上帮帮她。于是这位援军士兵便让她上马，骑在他身后，这位援军一把抓起她的儿子抱在怀里，而让那女人执掌缰绳。当他们纵马离去时，这位救援者由衷地称赞那女人"骑术比男人还要娴熟"。

---

* 即穆塞亚布·本·比什尔·里亚希（Al-Musayyab b. Bishr al-Riyāhī）。

最终援军和被援救者都安全撤回了撒马尔罕城内，但卡斯尔·巴希里城堡还是失陷了。第二天突厥人回来时，他们能找到的只有自己同袍的遍地横尸。[45]

对卡斯尔·巴希里守军的救援行动是一个激动人心的故事，它讲述了穆斯林保卫自身的英勇事迹，这个故事在诗作和歌曲中被广为传唱，表现了这些定居者在凶险陌生的土地上团结一致的特质，但它无法掩饰的是，穆斯林正身处困境。总督萨义德对河中地区发起了一场征伐，但令其部下那些更为好战的将领们厌恶的是，萨义德并没有突入撒马尔罕以东更远的地区。而可能令将士们更为顾虑的是，萨义德允许他们劫掠粟特人，还声称粟特是"哈里发的后花园"。也就是说，他认为粟特应当作为长期的税源地存在，而不应在冲突中被毁掉。[46]

到 722 年春季，对阿拉伯人而言，河中地区的局势据称是"灾难性"的。胡扎伊纳被一位新任总督取代，他的名字也叫萨义德，被人称为萨义德·哈拉西（Sacīd al-Harashī）。与他的前任不同，他十分凶残好战，下定决心要巩固穆斯林在粟特的统治。其后发生的事件尤其引人注意，这些记载几乎是穆斯林征服相关史料中独一无二的范例，因为我们拥有一系列确凿的同时代文献来印证这些阿拉伯文叙事材料。1933 年，一个牧羊人在今塔吉克斯坦，但当时位于苏联境内的穆格山上发现了一箱粟特文献。穆格山是粟特人的一座要塞所在地，这里是彭吉肯特最后一个独立的粟特王公迪瓦什提奇（Dīwashtīch）[47]的根据地和最终避难所。这些文献可能是在 722 年阿拉伯军攻陷此地时被遗弃的，其中包括政治信件和行政及法律文件。迪瓦什提奇显然是一个野心勃勃的人物，他一直在与撒马尔罕的乌勒伽争夺对粟特诸王的统治权，

并且试图联合当地贵族一同抗击阿拉伯人侵。但不幸的是，大多数粟特人选择逃往东北方的费尔干纳避难，而不愿与他联合起来对抗外敌。另外，迪瓦什提奇曾寄予重望的突厥突骑施部族的首领库苏勒也不知所踪，并未前来支援他。这些信件十分值得注意，因为它们对于当地王公在试图对穆斯林人侵做出回应时所发生的内部斗争提供了深刻见解，同时也因为它们大体上能够支持马达因尼所记载的版本，这一版本的历史事件叙述后来被塔巴里所引用。[48]这十分不同寻常，对于历史学家来说，这种直接的印证能够省去很多麻烦，确保我们基于这些叙述而对事件建立起来的认识确实能够反映历史事实。

722 年，阿拉伯军攻克彭吉肯特。彭吉肯特遗址是整个粟特地区发掘工作最为全面的考古遗址。这座古城坐落于一座高原上，俯瞰着扎拉夫尚河上游的河谷平原。越过平坦的河岸平原向北远眺，突厥斯坦山脉光秃的山峰在视野中清晰可见。这座城市由砖块和泥砖筑成，到 722 年，它已成为许多粟特贵族逃难者和流亡者的居所。[49]城里落成的大宅中装饰着壁画，其上描绘了粟特领主们战斗、出猎及宴饮的景象。但这座城市的辉煌时代随着阿拉伯人的人侵而结束了，城镇大部都在战乱中被毁。740 年后，一些城区经历了较小规模的重建，当时阿拉伯人在这片地区的统治已更为巩固，且贸易已开始重新焕发生机，但这座城镇此后再也没有恢复早年的繁荣。

尽管阿拉伯军时有胜利，但在这段时间，没有一位总督能够赶上屈底波所取得的成就，在河中地区重新建立总领地位。粟特军和突厥军的联合使得穆斯林对乌浒河以外地区的控制再度变得像以往一样不稳定。到 728 年，扎拉夫尚河谷仍在穆斯林控制之

356 大征服

下的地点就只剩下了宏伟的要塞撒马尔罕和达布西亚及卡玛尔贾（Karmarja）两座较小的驻防城镇，这两座城镇都有穆斯林驻军看守主要道路。甚至就连布哈拉城实际上也已失陷。为了坚守剩余据点而进行的战斗，成为穆斯林在河中地区的行动能否持续的关键，在这场战争中，突厥军兵围卡玛尔贾城这一事件被浓墨重彩地记录了下来。这场战斗刚开始几乎是出人意料。当时突厥人的首领可汗正沿着从撒马尔罕通往布哈拉的道路进军，驻守在这座路边小城的穆斯林并没有发现可汗的动向，直到他们带着畜群前去水源地时，他们翻过一座山丘，才发现"一座铁山"正缓缓压来，这支大军由突厥军和他们的伊朗盟军组成。阿拉伯人见状不得不加快动作，以争取能够逃回城中避难。他们先是放出一些牲畜去河边饮水，以作为诱饵引开突厥人，然后他们快马加鞭，急速向卡玛尔贾城逃去，同时，突厥人此时也发现了他们，于是在他们后面紧紧追逐。由于阿拉伯人更为熟悉地形，因此他们首先逃入了城内，然后开始在土木城墙后布兵把守，并点燃荆枝烧毁了护城壕上的木桥。

当天晚上，突厥人暂时放弃了进攻的企图，他们先后派出了两个使者向守军提出降服条件。其中一个不是别人，恰恰是萨珊帝国的亡国之君伊嗣俟三世的孙子，他与突厥人同谋为伍，企求恢复自己祖先的帝国。他提出自己可以替他们与可汗斡旋，帮他们争取到安全担保。与一群阿拉伯战士交好，对他来说无疑十分有利。然而这群阿拉伯人却对他轻蔑不已，将他嘲骂一通，拒绝了他的提议。[50]

第二个提议表面看上去更有说服力。这个提议是一个名叫巴扎加利（Bāzagharī）的人提出的。他是一个当地人，似乎是深受

可汗信任的说客。他将一些在之前的战斗中被俘的阿拉伯俘虏一同带到了城墙下。然后他招呼守军，要他们派下来一个人与他谈判。守军派出的第一个人完全不懂突厥语，于是他们又找到了另一个会说突厥语的阿拉伯人，这个人来自屈底波出身的巴希拉部族。巴扎加利将可汗提出的薪酬价码转告了他们：他将提升阿拉伯士兵的军饷，将他们收归自己军中。那些原来领取六百迪拉姆的士兵，如今可领取一千迪拉姆，原来领取三百迪拉姆的，则会涨至六百迪拉姆。阿拉伯方面的代表则对此回以讽刺挖苦。"你这是白费口舌，"他说道，"狼一般的阿拉伯人岂能与羊一般的突厥人为伍？你们和我们之间不可能有和平可言。"一些突厥人大发雷霆，想要当场杀掉阿拉伯使者，但巴扎加利制止了他们。使者愈发担忧自身的安全，于是他提议说可放一半阿拉伯人撤离，让另一半为可汗效忠。然后他回到了城墙下，攀上绳索，让城上的人将他拉了上去。在他进入安全的城内后，他的态度陡然一变。他先是对卡玛尔贾的居民问道，既然结局可以预料，投奔不信者如何？然后他进一步煽起穆斯林的斗志："他们会叫你们与不信者并肩作战。"于是穆斯林回应道："我们将宁死不屈！"

"那就让他们知道。"

于是，城上的人们齐声高呼，拒绝了可汗的提议。

与此同时，可汗下令手下用嫩枝（不能燃烧）填平护城壕，而守军则将枯枝（易于燃烧）投入护城壕。当壕沟被填满时穆斯林军点起火焰，幸得真主扶助，一阵强风吹起助长了火势。一个小时之内，大火就烧毁了突厥军六天的辛苦成果。城墙上的弓兵同样功劳不小——许多敌人都被他们射伤或杀死，其中巴扎加利被弓箭射伤后于当夜死去。到这时，双方的手段开始变得残酷

恶劣起来。突厥人残忍地处决了他们抓到的将近一百名阿拉伯俘虏,将其中几个著名人物的首级掷向守军。阿拉伯人则屠杀了两百个不信者的儿子作为回应,"尽管他们拼死抗争"。突厥人开始猛攻土木城门,有五名士兵成功爬上了城墙顶端,但后来又被赶了下来。

在之后的叙述中,个别突发事件被详尽地记录了下来。其中有一次,可汗的盟友,石国(塔什干)王公向可汗请求准许进攻。但可汗拒绝了,并说敌人太难以攻克。王公则回应说,如果能够受赏两位阿拉伯女奴,他愿意前去进攻,可汗允准了他的请求。于是他和战友们通过城墙的一个缺口攻入城中,城墙旁有一座房屋,其上有一个大洞正开在这个缺口附近。这座房子里有一个人正卧病在床,但他见状不顾病痛,急中生智用力掷出一个钩子,钩住了王公的锁甲。然后他叫来家中的女人和男孩,合力将王公拖了进来。这位王公最后被乱石砸击、乱剑刺杀而死。一个年轻的突厥人赶来杀死了那个刺杀王公的人并取回了他的剑,但王公的尸体还在阿拉伯人手中。[51]

在另一个事件中,穆斯林军把用以拦挡灌溉渠的木板拿来安置在土木城墙顶端当作门板,用以保护城上士兵,并为弓兵提供掩护。一天,当可汗亲自来侦察军情时,他们把握良机向他攒射。其中一个弓兵射中了他的面门,但由于他头戴着配有护鼻的吐蕃头盔(可能类似于贝叶挂毯上描绘的诺曼头盔),这一箭被挡了下来,没有造成任何伤害。另外他的胸口也受了皮外伤,但并没受什么重伤便逃了回去。

围城战继续僵持了下去,可汗也愈发忧虑不安。他指责粟特盟军之前声称这座城里只有五十头驴子,只需五天就能拿下,然

而经历了两个月的围城，抵抗依旧如往常一样激烈。于是他开始了谈判。可汗声称突厥人没有不攻克城市或驱逐守军便撤围离去的习惯。这表明他即将开拔前往撒马尔罕或达布西亚，攻克此地区尚在穆斯林掌握中的最后两座城镇。穆斯林军则派出了一位信使去往撒马尔罕请求对策。这位信使出发后，在半路上遇到他的一个波斯贵族朋友（据我们所见，这又是一个在此地区出现的跨民族友谊范例）。他设法从附近的草场上帮他借到了几匹可汗的马。当天他便抵达了撒马尔罕。撒马尔罕人建议卡玛尔贾的驻军应当撤往距离此地更近的达布西亚。这场围城战持续了五十八天，在其中的后三十五天里，穆斯林军从未给他们的骆驼饮过水。

最终穆斯林同意献城投降，但由于之前惨烈的攻城战与相互处决人质的行为，双方互不信任的氛围已十分浓厚，达成协议实属不易。于是双方都交给对方五名人质。除非可汗撤围离去并解散大军，否则穆斯林守军拒绝撤离。而且到此时他们还不忘密切监视突厥人送来的人质：每一个突厥人都只穿一件长袍，不披铠甲，在他背后则有一个阿拉伯人手持匕首与他同骑一匹马。同时，与部队一同远行的伊朗人害怕达布西亚的守军会出城攻击他们，这支守军据称兵力有一万人。结果当达布西亚守军远远望见骑兵、旌旗和大军正在逼近时，他们还以为卡玛尔贾已经失陷，到来的是可汗的大军。于是他们急忙备战。但当军中信使到来告诉他们实情时，大家的情绪便完全不同了，骑兵们急奔出城扶助老弱伤员进城。突厥人质也一个接一个地被释放了，但只有突厥人那边的阿拉伯人质被释放时，这边的突厥人质才能相应重获自由。最后双方都只剩下了一个人质，但两方都不愿首先释放自己这边的人质。最终，突厥人那边的阿拉伯人质[52]对突厥统帅库苏勒说，

360 大征服

他很高兴其他人质能首先获得自由。然后库苏勒反问他为什么愿意冒着生命危险留在这里，对此阿拉伯人回应说："我相信你对我的认识不会有错，而且你的精神高尚，不会背叛他人。"于是突厥人重赏了他，赠予了他一匹马和一副甲胄，放他回去与伙伴相会了。就像在中世纪战争中常常出现的那样，野蛮的暴行中也交织着个别的骑士精神义举，而且至少有一些突厥人也被阿拉伯人认为是值得一战的可敬对手。

撒马尔罕由于拥有宏伟的城墙保护，因此成了阿拉伯人在乌浒河以东的主要要塞，征服这座城市也是屈底波所获得的最为影响深远的成果之一。由于粟特人和他们的突厥盟友持续施加强大的军事压力，且卡玛尔贾城已经失陷，撒马尔罕的处境也随之愈发孤立：当地的阿拉伯驻军并不期望能够长时间坚守此城。730年初，新任总督祝奈德（Junayd）[53] 被指派到呼罗珊接任。根据大马士革的宫廷流言，他只是因为给哈里发的妻子送了一条价值连城的项链，才得以攀上如此高位。他年纪尚轻且缺乏阅历，先前从未来过这个省份。甫一抵达呼罗珊，他便即刻开始渡河远征。

祝奈德的第一个目标是吐火罗斯坦，因此他先去往巴尔赫，这座城市此时仍在阿拉伯人的控制之下。他分派军队向不同方向分兵而进，此时，撒马尔罕的指挥官萨乌拉·本·胡尔（Sawra b. al-Hurr）传来急报，称他们正在遭受攻击，外城墙已被攻破，急需救援。经验丰富的谋臣们告诫祝奈德应当先等待部队集结完毕再出击，因为突厥军十分强大，且"总督不应率领少于五万军队跨过乌浒河作战"。但祝奈德无比在意撒马尔罕穆斯林的安危，而且他也忧虑假如援救失利，丢掉撒马尔罕，他的名声也会一落千丈。于是他宣称，就算他只带领着与他从叙利亚一同前来的少量

本部族人马，也要前往撒马尔罕解围。

祝奈德抵达的第一个地点是竭石。到达这里后，他发现当地的许多水井都已被下了毒，并且一支突厥军正在向他们逼近。如果他想要前去救援撒马尔罕，就必须击败这支军队，或者想办法绕过他们。从竭石到撒马尔罕有两条道路可走。其中一条道路绕远穿过平原向西延伸开去，然后沿着山脉的尽头调头返回，通向扎拉夫尚河谷。另一条道路则直接可达，但需要登上陡峭崎岖的塔什塔卡拉恰（Tashtakaracha）山口。当祝奈德询问谋臣应当选择哪条道路时，大多数人都建议选择路途平坦的那条。但他手下资历最高的军官之一，也是先前建议他未集结大军前不要渡河的那位军官，则建议他们应当走山口："被刀剑杀死总比被火烧死要好。途径平原的道路边树木和荒草丛生，那片地区已经数年没有人耕种了。如果我们在那里遭遇可汗的军队，他们就会在那里放火，让我们被火烧死，被烟熏死。"

于是，第二天军队开始登上山口。这支军队的士气十分低下：有许多将士公开质疑祝奈德的军事能力，而且他们像往常一样，宣称祝奈德格外偏袒某些部族。最终他们在距离城市二十四千米左右（六帕勒桑）的地方遭遇了敌军。士兵们刚刚停止野炊，敌军便出现了，祝奈德见状急忙排兵布阵，将他的军阵布在了山道中间，每一支部族单独成建制作战，由他们本部族的指挥官率领，聚集在他们自己部族的战旗下。祝奈德命令指挥官在阵前挖出土堑。[54] 祝奈德一开始在中军指挥大军，但过了一会儿他便赶去了右翼，这里的艾兹德部族正遭受敌军的猛烈攻击。祝奈德赶到右翼，站在战旗下以示支持。然而他的举动并没有打动部下。掌旗官直言不讳地说道："如果我们赢了，得利的是你。如果我们死

了，你也不会为我们哭泣。我拿我这条命发誓，要是我们赢了，而且我活了下来，我决不再和你说一句话！"将这些部队维持在战旗下并肩作战的是部族的团结感，而非对将领的忠诚，更非对远在大马士革的哈里发的忠心。这场近距离接战十分残酷激烈，士兵的刀剑都被砍钝，艾兹德部族的奴隶甚至砍下树枝作为木棒用以作战。这场战斗持续了很久，直到双方筋疲力尽，各自退兵才结束。掌旗官的誓言并未实现，因为他在与八十名艾兹德族人并肩作战时，很快便力战而死了。

在有关早期伊斯兰征服的战斗叙述中，常常会出现许多简短的小故事，而非对战斗的全景描述。这些小故事中有一些是以殉道为主题的，这些故事显然是保存下来用以激励后世战争中的穆斯林战士。它们全都以传统（以及现在仍在沿用）的阿拉伯语词"舍希德"（Shahīd）来称呼烈士，并且展现了时人获取这一殊荣的不同途径。

其中一篇故事提到了一个非常富有的人[55]，他当时刚刚从麦加朝圣回来，在这次朝圣中他共花费了十八万迪拉姆巨款，其中大部分可能都用以缴纳了济贫税。他参军时还带来了一支私人补给队，这支驼队有一百头骆驼，满载着塞维格（sawīq，一种大麦粥）以供将士们食用。出征前他请求母亲向真主祈祷赐予他体面的殉道，而母亲的祈祷得到了回报。在他战死时，他的身边有两位奴隶。他命令两个奴隶各自逃命，但他们拒绝了，坚持与主人并肩作战，最终三人一同战死沙场，因此他们三个都成了殉道烈士。

在另一篇故事中，主人公[56]则身披华服，胯下骑着覆有甲胄的栗色战马。他在敌军军阵中杀了个七进七出，每次突入敌军

都杀掉一个敌兵，这使得这场战斗中每个人都被他深深震撼，就连敌军也不例外。一位翻译官（tarjumān）对他高呼，如果他愿意前来投奔他们这边，那么他们愿意放弃偶像崇拜，转而敬他为神！不消多说，作为一个虔诚的穆斯林，他轻蔑地回绝了一切这样的提议，因为正如他所言："我之所以战斗，就是为了让你们抛弃偶像，信仰独一的真主。"然后他继续奋战，直至战死殉道。而在另一篇故事中，这位烈士[57]在尚未殉道前曾询问自己的妻子，假如战斗结束后，他被人用鞍毡运回来，浑身沾满鲜血，她会如何应对。意料之中地，这个可怜的女人顿时悲痛欲绝，一边撕破衣服一边痛哭起来。但这位殉道者则是个坚毅强横，可能还有点不通情理的男人。"够了！"他说道，"即使人间有哪个女人这样为我失声痛哭，我还是要抛弃她，去追求天园中的黑眼睛仙女！"丢下这句话，他便投入战场，力战殉道了。

战斗到高潮时，突厥军对阿拉伯军的军阵发起了致命的冲击。祝奈德则以伍麦叶军队常用的策略应对。他命令部下下马步战。士兵们跪地结阵，长矛斜向上指向敌军，用矛尖组成一道长墙。由于面前有他们挖掘的壕沟作为掩护，士兵们在面对敌人时多了几分自信。

然而祝奈德仍然没有起到有效的领导作用。他的部队在冲击中损失惨重，他也没能率军突破敌人抵达撒马尔罕，就这样被困在了凶险的山口中。有一些记载表明，突厥军抄了他的后路，截断了他在竭石附近的补给线。[58]情急之下，祝奈德听从了谋臣的建议，致信撒马尔罕总督萨乌拉，命他离开安全的城市前来支援自己。这并不是一个负责任的决定。他手下的将官们告诉他，他与萨乌拉之间只能选择一人求活，而祝奈德则回应说，假如萨乌

拉去死，他会"好受"些。[59] 当萨乌拉接到与祝奈德会合的命令时，一开始他断然拒绝从命，他的将官也提醒他将步入一个死亡陷阱，但祝奈德随之又发来了一条侮辱性的消息，骂他是个肮脏的女人所生的儿子，还威胁说要派来他的一个政敌接管他的职位。最终萨乌拉别无选择，只好出战。他的将官再次劝他谨慎三思，建议他沿河行进。但萨乌拉则回答说，如果那样则需要两天才能到达。于是他并没有采纳建议，而是下令夜间急行军，企图第二天早上与祝奈德军会合。突厥军即刻便注意到了他的行动，在黎明时分截住他。这场截击战十分激烈，突厥军在草地上放火并阻止穆斯林军接近水源。于是萨乌拉再次询问将官如何是好。其中一人指出，突厥人想要的无非是牲畜和战利品：假如他们屠宰牲畜、烧毁辎重再拔剑迎战，突厥人自会退却。另一人则建议他们下马步战，手持长矛向前挺进，形成一道移动的矛墙。萨乌拉驳回了所有建议，最终决定直接进攻敌军。此时形势十分危急，突厥军和穆斯林军同样都因烟尘障目而不辨方向，许多人都失足跌进火中。萨乌拉也摔下马来，他的大腿被碾得粉碎。在高温和烟尘中，穆斯林军散乱开来，突厥军则将他们逐个猎杀。最后，撒马尔罕派出的一万两千人中，只有一千人幸存了下来。

与此同时，祝奈德则利用突厥军分兵的间隙向撒马尔罕进发，但此时他还远未摆脱困境。他听从了手下最为经验老到的一位将官的建议[60]先就地扎营，而非直接开往城市。幸好他采纳了这个策略，不然一旦他们在开阔地带被突厥军追上，很可能会被全数歼灭。第二天早上，他们与突厥军又爆发了一场激烈的战斗。祝奈德下令，任何为穆斯林而战的奴隶都将获得自由。命令一下，正规军对奴隶们的勇猛作战大为震惊，他们甚至把鞍毡割出洞来

套在头上作为临时的盔甲使用。最终突厥军被击退了，祝奈德率军抵达撒马尔罕，在这座城市的巨墙内苟全性命。突厥军则放弃了获得全面胜利的机会，开始撤退，于是粟特的穆斯林势力得以幸存下来，但这只是暂时而已。

人们对于祝奈德的评价大多较为负面，诗人也对他进行了猛烈的抨击。

> 你因战斗而悲泣哀鸣
> 身为统帅，你真该被大卸八块
> 你将我们抛弃，我们就像
> 被宰牲畜身上的肉块一样四散分离
> 被呈给了一位乳房浑圆的女孩。
> 利剑出鞘，手起剑落
> 双臂被齐肘斩断
> 而你却如同女婴般缩在女人的帐篷里
> 丝毫不知战场情况
> 唯愿交战那天，你摔入深坑
> 再被干硬的泥巴活活埋葬！
> 战争和它的子嗣戏弄你
> 就如雄鹰戏弄鹌鹑一般。
> 你的心因恐惧而飞离战场
> 它盘桓彷徨，再不会回来
> 我厌恶你那双又大又亮的眼睛
> 和你的脸，生在一副腐烂的身躯上
> 祝奈德，你生来不配做真正的阿拉伯人

你的先祖定然也鄙陋无光

五万将士战死疆场，魂归土灰

而你为他们痛哭失声，就像头失群的绵羊

在这样尖刻的攻击下，没有谁还能保全自己的名誉。因此，祝奈德失去了作为将领的信誉，此后一直为此而羞愧不已。而同时，萨乌拉和他的将士们埋骨的战场，则被人笼罩上了一层殉道的神圣氛围。有些人声称在那里看到了天地之间立着营帐，用以迎接那些即将殉道的烈士；还有些人则断言称在萨乌拉等人牺牲的地方散发着一股麝香的香气。[61]

734 年，祝奈德在任上去世后，呼罗珊的阿拉伯人中间爆发了公开的动乱，一个名叫哈利斯·本·苏莱季（Hārith b. Surayj）的叛军领袖威胁着伍麦叶王朝总督的统治。远征代价巨大且进程艰巨，人们本就对此满怀怨恨，饥荒和连绵不断的战乱又加剧了人们的不满。734 年至 736 年，哈利斯揭竿而起，标志着阿拉伯人在河中地区的统治达到了低谷。此时除竭石外，似乎乌浒河以东阿拉伯人所控制的领土都已全部失陷。而粟特王乌勒伽似乎趁机恢复了他对粟特古都撒马尔罕的统治。[62] 这是阿拉伯征服者在所有征伐行动中遭遇的最为严重的一次挫折，值得注意的是，在此不久前，欧洲境内的阿拉伯军于 731 年在普瓦捷战役中战败。但这两场失败之间存在着重大的差异。在西方，普瓦捷战役确实标志着阿拉伯征服的结束，但在东方，塔什塔卡拉恰山口战败后的动荡，仅仅标志着阿拉伯征服暂时遭遇了阻碍。

737年至751年，阿萨德·本·阿卜杜拉、纳斯尔·本·赛亚尔与伊斯兰的胜利

737年，局势开始逐渐倾向阿拉伯人一方。撒马尔罕国王乌勒伽这个老奸巨猾的幸存者最终因自然原因去世，他的王国由几个儿子分治。这年秋季，与阿拉伯叛军首领哈利斯·本·苏莱季结盟的突厥可汗率军入侵吐火罗斯坦。当时的阿拉伯总督［阿萨德（即"狮子"）·本·阿卜杜拉］已将首府从梅尔夫迁到了巴尔赫，他可能是想要躲避旧首府中长期世仇的阿拉伯部族，但不论是萨珊帝国还是阿拉伯帝国，梅尔夫一直都是来自西方的入侵者首选的首府，总督可能也希望借迁至古都巴尔赫来给当地王公传递某种不同的信息。阿萨德与很多中亚王公关系密切，有许多位高权重的人物借助他的帮助皈依了伊斯兰教，据说其中就包括巴尔马克（Barmak），他是日后世代出任维齐尔的望族巴尔马克家族的开创者，以及萨曼胡达（Sāmān-khudā），他的后代在十世纪建立了统治大部分呼罗珊和河中地区的萨曼王朝。阿萨德的外交政策和调解政策起到了决定性作用，并为后世穆斯林在这一地区的统治打下了基础。

737年12月，可汗开始劫掠巴尔赫周边地区。他犯了一个致命的错误，即分兵袭掠吐火罗斯坦的城镇和村庄，他可能是试图在这一年最荒凉萧瑟的日子中抢掠些补给以度时日。不知一些当地王公是被阿萨德的示好所打动，还是因厌恶可汗部众的贪得无厌而与其疏远，他们决定与阿萨德和他率领的穆斯林结为同盟。阿萨德似乎率领了三万军队进军迎击可汗，他们在一个名叫哈里斯坦（Khāristān）的地方突击了可汗的军队，而当时可汗身边只

有四千人。战斗十分激烈，但最终阿萨德的盟友朱兹詹国王从可汗军的背后发起了致命一击。突厥军战败逃窜，而阿萨德紧随其后火速追击，刚好一场暴风雪袭来，突厥人才侥幸逃脱了遭受屠灭的命运。

哈里斯坦之战不过只是一场小规模遭遇战，但它却标志着可汗和突骑施汗国强盛时代的结束。此后，可汗向遥远的东方撤离，回到了他在伊犁河谷的根据地。由于战事惨败，可汗身败名裂，后来他被自己的下属库苏勒刺杀。但库苏勒接任后并没有能力将突厥人联合起来应对中国人的计谋，到739年，突骑施汗国分崩离析了。再过两个世纪之后，突厥人才重新出现在中亚地区。

次年，即738年，阿萨德因自然原因去世。过了一段时间，希沙姆哈里发任命纳斯尔·本·赛亚尔（Nasr b. Sayyār）为新任总督。某种意义上说，他是一个非同寻常的人选。之前几乎所有治理呼罗珊的总督都出身西部。这些人中有很多人之前从未来到过这个省份。一些人的确可靠，也有一些人似乎是通过在大马士革的政治或个人方面的人脉关系赢得这一职位的，而并非因为他们足以胜任这一要求最为严苛的省份总督职位。与他们相反，纳斯尔在这个省份生活了三十年之久，几乎他的整个成年时光都是在这里度过的。他曾经与前任总督手下的一小群技术官员一同共事，但他是这群官员中第一个受任这一高位的人。就像之前的屈底波一样，由于他出身于一个名叫齐纳奈（Kināna）的小部族，较低的出身给了他一定的便利。他并没有参与任何阿拉伯部族的纠纷，这些根深蒂固的激烈纷争卷挟了呼罗珊的大部分阿拉伯人。但同样也和屈底波一样，他的出身也有不利的一面：那就是纳斯尔需要依赖大马士革的权威，假如他失去了大马士革方面的支持，

那么他也无法指望得到当地各部族的拥护。

他的上任来得正是时候。他的前任，已故的阿萨德，已与许多当地王公建立起了密切的关系。同时，突骑施汗国也不再强大到形成威胁。但一些王公仍然希望中国能够干涉这片地区。741年，中国朝廷接见了一位来自石国的使节，这位使节申诉说："如今突厥人已成了中国的臣民，只剩下阿拉伯人仍是我们诸国的大患。"然而尽管遥远的中国宗主会封赐给他们高调唬人的头衔，但中国皇帝显然并不愿意派出军队有效地支援这些王公。大部分王公一定已经发现，此时阿拉伯人已经成为唯一不可抗拒的力量：他们不得不与阿拉伯人谈和，否则就只能被阿拉伯人灭亡。

就像之前的屈底波一样，纳斯尔实行了一套软硬兼施的政策。就如吉布所言："他深知单靠蛮力维持国家的团结是不可靠的，而试图摒弃暴力来维护团结同样也是不可靠的。"[63] 他上任后不久，便在省份首府梅尔夫的清真寺中发表了一场布道演说，* 这次演说实质上是一场政治宣言。[64] 表面看来，其内容大多与金钱有关。他声称自己是穆斯林的保护者，因此从今往后，所有穆斯林（应当注意，不仅仅是阿拉伯人）都能够享受到税收方面的优待。所有土地都应依法征收土地税（kharāj），但穆斯林可以免除齐兹亚税（jizya），在这里他所指的是人头税。他的意图十分明显：所有穆斯林，无论是阿拉伯移民还是本地皈依者，都将在经济上享有相同的特权地位。而所有不信者，无论他们阶级高低、民族背景如何，都必须额外缴纳赋税。据说有三万曾经需要缴纳人头税的

---

* 在每周五的布道演说中，总督都要向城市中的穆斯林首长以及全体民众通告最近的政治动态。

穆斯林，从此以后不再需要缴税，而与此同时，有八万不信者开始额外缴税。显然，纳斯尔颁布的法令，或者不如说他为克服之前混乱局势而立下的规定有着更广泛的意义。从此以后，皈依伊斯兰教便意味着一个人成了统治团体中平等的一员。对于人们来说，这是一个显而易见且富有吸引力的鼓励措施，这一措施为塑造呼罗珊及河中地区的统治阶层起到了重大作用，这一统治阶层以宗教（即伊斯兰教）为认同，而非以民族（即阿拉伯民族）为认同。就是这批呼罗珊穆斯林后来于 747 年发起了针对纳斯尔和伍麦叶王朝的叛乱，并于 750 年将阿拔斯家族扶立为伊斯兰世界的统治者。[65]

纳斯尔发动的唯一一次大规模入侵行动是于 739 年对石国和费尔干纳的远征。有关这些征服行动的记载十分生动形象，但也混乱不堪，事件的发展过程也并不明晰。当纳斯尔的军队到达遥远的费尔干纳时，他们先围攻了库巴城（Qubā），并最终与当地统治者的儿子达成了和议。这场谈判由年轻王公的母亲通过一位翻译来主持进行。据说她还借此机会对王公简短地就统治问题进行了训诫，这让我们得以对这些东伊朗统治者的心理状态有一定的了解。

"一个国王不会成为真正的国王，"她说：

除非他拥有六个要素：一个能够与之密谈，且能提出可靠建议的维齐尔；一个就算国王不想吃饭，也能设法诱使国王用膳的厨师；一个当国王心中烦躁不安时，一旦看到她的面庞便能消除满心疑虑的妻子；一座国王能够藏身其中的坚固要塞、一把在国王奋战疆场时不会辜负他的宝剑；以及一

批财产，以供他在世界的任何角落都能生存。[66]

当她看到前总督屈底波的一个儿子受到的待遇时，她十分震惊，因为他在阿拉伯人的营帐中居于下座。她说道："你们阿拉伯人啊，既不遵守诚信，也不知如何体面待人。依我所见，你们阿拉伯人能得势，全靠屈底波打下基础。这是他的儿子，你却让他坐在下座。你该和他交换座位才对！"这有力地证明了，屈底波的声望即使在他死于非命的二十年后仍旧十分盛行，而且这番话也表明了当地人浓厚的家族继承意识。

这次征伐似乎标志着阿拉伯人大规模远征的最终结束。纳斯尔可能下了很大功夫来安抚粟特王公，但745年之后，他便开始在梅尔夫和呼罗珊全力镇压叛军，这场叛乱后来促成了阿拔斯大起义。这段时期，阿拉伯人开始向中国派遣使节，缓和与中国的关系，突厥人也不再足以构成两大帝国之间的障碍。744年，一支阿拉伯使团抵达中国，他们似乎意在发展商贸交流关系，这支使团中包括有吐火罗斯坦、石国，甚至是远至扎布列斯坦（位于阿富汗南部）的各城市代表。后来在745年及747年，阿拉伯人也向中国派遣了使团。[67]

到750年，对河中的征服实际上已经完成，此后穆斯林世界的东北边境线直到三个世纪后的塞尔柱入侵之前都不再有大的变化。聚落的边界也同样如此。此时，穆斯林的统治已在当地的古城和定居村庄中巩固下来。而在更远的东方，哈萨克斯坦和吉尔吉斯斯坦的草原上，古老的信仰和生活方式则大多仍旧延续着，并未发生改变。对河中的征服是穆斯林军所发起的最为艰巨的征服战。他们的敌人战意坚定，不屈不挠，穆斯林军在他们面

前屡屡遭受挫折。最后，只有当像阿萨德·本·阿卜杜拉和纳斯尔·本·赛亚尔这样的总督与当地贵族合作，并积极促进他们之间的联合时，阿拉伯人的征服才成为可能。伊斯兰教固然战胜了本地区内原有的宗教，然而河中诸侯仍旧对整个东部伊斯兰世界的文化以及其中伊朗文化的存续造成了深远的影响。

然而，在对中亚征服的最终阶段，还发生了最后一场决定性的战役。在阿拉伯史料中我们对此几乎一无所知，但中国史书的记载填补了一些空白。[68] 在 747 年到 749 年，吐火罗斯坦王公曾向中国皇帝求援，请求帮助征讨吉尔吉特的劫掠者，他们的根据地靠近印度河的源头，坐落在一条通往中国的商路上，这条商路偶尔有粟特商人通过，穆斯林军从未突入到这片地区。于是，龟兹（Kucha）的都护派遣一位高句丽族将领 * 前去平定。经过一系列艰险磅礴的远征后，他沿着如今是喀喇昆仑公路的崎岖路线翻山越岭，最终击败了叛乱者。然后，他又应费尔干纳（古称拔汗那）国王的请求，帮助他介入当地与邻近的石国国王之间的争斗。最终中国军队攻占了石国，石国国王则逃往阿拔斯王朝总督阿布·穆斯林（Abū Muslim）处寻求支援，此时阿布·穆斯林已在撒马尔罕设立了自己的首府。他派出自己的副将齐亚德·本·萨利赫（Ziyād b. Sālih）率军出击。751 年 7 月，中国军队与他们的费尔干纳盟军以及部分突厥部队在怛罗斯（今塔拉兹）与穆斯林军相遇。这是阿拉伯军与中国军队的第一次，也是最后一次正面对战。最终阿拉伯军取得了胜利，但遗憾的是，对于这次战役并没有更多的细节记载留存下来。

---

* 即高仙芝。——译者注

这场遭遇战标志着一个时代的结束。自此之后，阿拉伯军再也没有侵入东北方的费尔干纳或东方的石国，更没能沿着丝绸之路进入新疆，穿越戈壁沙漠。同时，这也是中国军队最后一次向西进军到如此遥远的地区。他们可能本想重整旗鼓，以雪先前战败之耻，但四年后，即755年，安史之乱撕裂了中亚与中国的联结，自此直至一千年后，中国军队才再次出现在喀什噶尔地区。粟特王公想要借助中国人的支持对抗阿拉伯帝国的希望就此永远破灭了。怛罗斯战役，或称塔拉兹战役，与732年在西方爆发的普瓦捷战役一样，在阿拉伯史料中提及甚少。尽管阿拉伯军在普瓦捷战役中失利，而在怛罗斯战役中获胜，但这两场战役都标志着阿拉伯帝国的领土扩张到达了极限。

出于另一个完全不同的原因，怛罗斯战役也在阿拉伯人的传说中流传了下来。许多人相信，这场战役中被阿拉伯军俘获的中国工匠为阿拉伯世界带来了造纸技术。诚然，在此之前中国确实早已发明了纸张，但纸张似乎到八世纪下半叶才在伊斯兰世界取代皮纸和纸莎草纸成为主要书写材料。这些关于怛罗斯战役中被俘的中国工匠的记载背后究竟掩藏着什么样的史实，我们已无从得知。但很有可能的是，中国与中亚的沟通促进了这种新的书写材料的输入。由于其廉价、轻便且易于生产，纸张为穆斯林世界及之后欧洲的文学乃至文化带来了重大影响。

极坐标与柱坐标

第九章

七世纪末，穆斯林军已在西方的整个北非和东方的呼罗珊及大部分河中地区实现了一定程度的控制。很大程度上，穆斯林创造的领土边界在地理逻辑上已经足以为这次征服画下句点——西方直达直布罗陀海峡，东方直至阿富汗东部荒凉山区及莫克兰。结果，即使这些天堑也未能成为永久的障碍，在阿拉伯大征服的最后一次扩张中，穆斯林军征服了伊比利亚半岛大部及今巴基斯坦南部的信德地区。

信德距离阿拉伯地区和早期伊斯兰政权的核心领土十分遥远。[1]莫克兰地区险恶无情的沙漠中横贯着一条陆上通道，这条道路在沙漠中贯穿起一个又一个炎热的绿洲，在这片沙漠上，旅者几乎不可能寻求到给养。亚历山大大帝是少数试图率军穿越这片地区的人之一，在这里进军是他所面临的最为艰巨的一项挑战。另有一条道路沿海而行，顺着荒芜的伊朗南部和莫克兰海岸直至印度河口的港口。不管是哪条道路，遥远的距离和地形的艰险都为旅途带来了很大困难。

我们对八世纪早期阿拉伯人征服信德的了解十分有限。这片地区往往被阿拉伯传统史料所忽视。只有拜拉祖里提供了较为系统的记述，但其记载也仅占文献的十几页而已。[2]同时也并没有任何证据表明他或其他任何来自伊拉克的史书作者曾到达过这

个穆斯林帝国的遥远边境地区，他们为数不多的细节记载也并未给我们提供多少有关这片地区及这场征服战的信息。更不用提更加直接的当地史料了。唯一一部记载了征服过程的信德本地史书《恰奇史记》[3]（Chāchnāmah）于 1216 年被阿里·本·哈米德·库非（Alī b. Hāmid al-Kūfī）翻译成书，但其阿拉伯文原本早已失传，这部史书的原本据说是由鲁尔城（Al-Rūr，今巴基斯坦阿洛尔）的一位伊斯兰法官（qādī）整理编纂的，他据称是赛其夫部族的后代，这一部族就是此地第一批征服者的领袖穆罕默德·本·卡西姆（Muhammad b. Qāsim）所出身的部族。这部史书的后半部分实际上是对征服第一阶段的记录。[4]《恰奇史记》在历史学家中评价不高，而且书中包含了太多的传奇性内容，但大部分核心叙事内容似乎是从早期阿拉伯文史料中提取的：本书的作者提及了历史学家马达因尼的名字，且叙事的梗概内容和其中记载的某些特定事件都是紧密地基于拜拉祖里的文献。这篇文献强调了两个重点。其一是位于遥远的伊拉克的哈查吉在征服进程中所扮演的重要角色。据记载描述，他对征服行动中的日常事务拥有绝对的控制权。如果未经信件请示上司哈查吉并得到批复，穆罕默德·本·卡西姆很少贸然行动，而哈查吉的回信总是会以难以置信的速度送达。文献中就曾描述过，某次哈查吉下令穆罕默德·本·卡西姆画一幅印度河地区的地图草图，以便他指示应当从哪个恰当位置渡河。[5] 很显然文献所表达的是，哈查吉在战场上拥有直接指挥他麾下将领的权威。第二个重点则是说客与智者所起到的重要作用，他们不断游说信德王公，声称阿拉伯人必将征服这里，其力量无可阻挡。《恰奇史记》还包含了许多据说是第一批阿拉伯征服者的后代所保存的资料——这些资料可能并非伪

造，以及一些并未与前后文一同被翻译成波斯文的阿拉伯文诗歌。这些可能也都是八世纪的原始资料。

考古研究并没有为我们提供更多证据，即使是一些关键地点的遗址，比如到十三世纪仍然繁荣的提飓*（Daybul），也颇为可疑。除木尔坦（Multān）和尼仑（Nīrūn）外，早期文献中所记载的城市名都没有流传到今日，因此对遗址的鉴别认证也十分困难。

在伊斯兰教传播之前，阿拉伯人就已经与信德地区建立了联系。萨珊王朝后期，波斯湾与信德地区之间的贸易持续发展，一支阿拉伯部族在其中起到了尤其重要的作用。阿曼的艾兹德部族可能距离早期穆斯林政权在希贾兹的权力中心十分遥远，但他们在印度洋的远洋贸易中所占的地位不容小视。他们皈依伊斯兰教后，在对法尔斯和伊朗其他地区的征服战中扮演了重要角色。此时，这支势力强大的部族四处游说，企图劝说穆斯林政权入侵信德以期扩张他们的商贸帝国。

这一时代的信德地区被人描述为"印度文明的蛮荒边境"，[6]但对早期穆斯林来说，这是一片"遍布黄金，商务繁多，盛产药品药材、香甜的肉食和各类资源，且盛产稻米、香蕉和无数新奇玩意儿的土地"。[7]这片地区的名字来源于梵文河流名"Sindhu"，这条河被西方人称为"印度河"，阿拉伯人则称其为"米赫兰河"。正如埃及依托尼罗河而生，信德仰赖印度河水系而活。十世纪的阿拉伯地理学家就意识到了它们之间的相似之处："这是条非常宽阔的大河，河水清甜。"伊本·豪卡勒（Ibn Hawqal）如是写道：

---

* 飓，读音 yù。——译者注

"像尼罗河一样，这条河里也有鳄鱼生活。同样像尼罗河一样，这条河也十分漫长宽阔，且水位同样随夏季降雨而变化。就像埃及的尼罗河那样，这条河洪涝时会淹没陆地，然后在退去时肥沃沿岸的土壤。"[8]

穆斯林入侵时期，这片地区的定居区域由一支出身婆罗门种姓的王族统治。这个王朝的开创者名叫恰奇（Chāch，632 年至 671 年在位），八世纪初由达希尔（Dāhir，679 年至 712 年在位）统治，他领导当地人抗击穆斯林的入侵。[9]这位国王似乎居住在被阿拉伯人称为鲁尔的城市中，提飀城是他领土内的主要港口。尽管印度河三角洲多年来的演变使得人们很难对提飀城的遗址进行鉴别认证，但它可能就是班波尔（Banbhore）遗迹，这片古迹位于一片平坦荒凉的盐漠中，距离卡拉奇以东的海岸约四十公里远。这座城市最早于五世纪出现在历史记载中，当时它是萨珊帝国的一个偏远前哨。在恰奇王和他的儿子达希尔王统治时期，这座城市似乎是一座海盗据点，海盗依托此地袭掠波斯湾和印度之间的商路，而镇压这些海盗也是穆斯林进攻此地的原因之一。[10]

信德的大部分地区被半游牧部族占领，如密德（Mīds）和杰特（Jats），后者在穆斯林文献中被称为"祖特"（Zutt）。密德部族依靠他们在贫瘠的土地上的所得和劫掠商船的战利品勉强过活。祖特部族则以农耕生产为主，他们利用水牛耕作印度河沿岸的沼泽地，并种植甘蔗。根据穆斯林史料记载，有一些祖特部族人曾被萨珊帝国皇帝巴赫拉姆·古尔（420 年至 438 年在位）迁移至伊拉克地区，利用他们的奏乐天赋来为当地民众提供娱乐。[11]

根据阿拉伯传说，早在 644 年，当穆斯林军首次进攻邻近的莫克兰地区时，就已经有人提议入侵信德，在这段时间内穆斯林

军可能曾发起过对信德的海上远征。但也有传说称早期的欧麦尔和奥斯曼两位哈里发并不准许在遥远险恶的地区劫掠，有关七世纪发生的征服行动的记载可能大部分充满了神话色彩。

至于710年到712年的征服行动，我们则拥有更加可靠的历史证据。据拜拉祖里记载，发起此次远征的直接起因是，当时"红宝石岛（即斯里兰卡）之王"将一些女人遣往伊拉克与东方全境总督哈查吉处，而她们是死在当地的穆斯林商人的女儿。作者还提到，这个国家之所以被称为"红宝石岛"，"是因为当地女人长得十分美丽"。[12] 遇难商船当时在航海途中被从提飓出发的密德部族海盗袭击，海盗俘获了船上的所有乘客。其中据说有一个女人在呼救时喊出了哈查吉的名字，在哈查吉得知这次袭击后，他决定对此采取行动。

哈查吉先致信达希尔王，命令他释放俘虏，但达希尔却回答说他无力控制那些打劫穆斯林商人的海盗，因此爱莫能助。于是哈查吉对其发动了两次小规模远征，但这两次入侵都失败了，其统帅也都兵败身死。因此，哈查吉决心发起一场大规模征服战。他选定了自己年轻的表亲穆罕默德·本·卡西姆·萨伽非（他来自赛其夫部族，这一部族发源于塔伊夫）作为统帅。穆罕默德·本·卡西姆可说少年得志，曾被描述为"在他的时代最高贵显赫的赛其夫族人"。[13] 据说他在十七岁时就被授予重任统率大军，他的确是一位可靠的将帅，也是一位智谋过人且为人大度的总督。他昙花一现的统治生涯与悲剧的结局在信德和伊斯兰世界中部地区留下了令人唏嘘不已的回忆。哈查吉命令他在伊朗西南部新建的设拉子城集结军队，六千名从叙利亚派遣的职业士兵组成了这支军队的核心力量，哈查吉还将所有穆罕默德·本·卡西姆所需

的装备运送过去，"其中甚至还包括针线"。万事俱备后，他们便开拔穿越伊朗南部漫长的陆上通道，进入了莫克兰地区，顺路攻下了法纳兹布尔（Fannazbūr）城。与此同时，运载士兵、武器和补给的航船也受命出发。

最终，大军在提飑城外集结。穆罕默德·本·卡西姆即刻便开始挖掘壕沟，投身围城战的准备工作中。他下令每个部落都要用长枪挑起本部落的旗帜，每支部队都在各自的旗帜下扎营。他们还建起了一台需要五百人操作的重型投石机（manjanīq），绰号叫作"新娘"。这是一台巨大的人力杠杆投石机，此番也是穆斯林军在征服进程中使用投射攻城武器的极少数事例之一。这座城市最显著的特征之一是一座寺庙，据描述它是一座像高大的宣礼塔一般矗立在城市中央的佛寺（budd）。这可能是一座佛塔，顶端有一根旗杆（daqal），上面挂着一面红色幡旗在风中猎猎飘扬。此时这根旗杆成了投石机的目标，当它轰然倒下时，城内人们的斗志也随之分崩离析。穆罕默德·本·卡西姆下令竖起云梯，他的部下很快便开始攀登城墙，就这样，提飑城被强攻下来。[14] 达希尔王的总督逃跑了，穆斯林军在城内展开了为期三天的大屠杀，寺庙中的所有僧人以及城中许多人都被杀死。然后，穆罕默德·本·卡西姆下令建造一座清真寺，并为四千穆斯林划分居住区以供定居。

接着，穆罕默德·本·卡西姆率军抵达了印度河沿岸附近重兵把守的尼仑城。在这里，两个佛教僧侣（原文为 Samani，即"沙弥"）[15] 前来与他展开了和谈。于是他们达成了和议，当地人欢迎穆罕默德·本·卡西姆进城，并为他补充了给养。[16] 在他向河边推进时，类似的事件又一再发生，其中佛教僧侣往往扮演着

议和者的角色。据《恰奇史记》[17]记载，希维斯坦（Sīwīstān）城因当地人内部的分歧而陷落。其中一方是当地的佛教徒群体，而另一方则是城堡中信仰印度教的总督。佛教徒劝说堡垒的指挥官停止抵抗，他们如是说："我们的宗教倡导和平，我们的信条是众生向善。根据我们的信仰，征战杀戮是使不得的。流血对我们来说没有好处。"他们还说，如果反抗，阿拉伯人恐怕会把他们当成当地总督的支持者，并对他们发起进攻。佛教徒恳求指挥官与阿拉伯人议和，因为"据说阿拉伯人诚实守信，恪守诺言，说到就一定能做到"。但总督拒绝听从他们的建议，于是他们便致信阿拉伯人称所有农民、工匠和平民百姓都已抛弃了总督，他如今已经无力强撑抵抗。城堡后来又坚守了一个星期，然后指挥官便趁夜逃走了。穆斯林军进城后依照惯例进行掠夺，但唯独保护了佛教徒的财产不受侵犯。就像在《恰奇史记》一书里常见的那样，叙述中史实与虚构故事纠缠不清，但这段叙述的确阐明了佛教倡导的和平主义可能也是穆斯林军成功的因素之一，而且当地平民百姓和印度教军事种姓贵族之间的矛盾也为穆斯林军攻占某些城镇提供了方便。

在这次进军中，有四千多祖特部族人加入了穆罕默德·本·卡西姆的军队，大大扩充了他的实力。

此时达希尔仍然是抵抗势力的领袖。穆罕默德·本·卡西姆在印度河西岸布阵，与他隔河对峙。[18]《恰奇史记》详细地记载了穆罕默德·本·卡西姆渡河进攻达希尔的情形。[19]穆罕默德·本·卡西姆决定搭建一座浮桥，他将船只收集起来，在其中载满沙石用以压舱，然后将这些船只用木板相互连接起来。与此同时，达希尔的部众则集结在东岸，阻止他们登陆。穆罕默

德·本·卡西姆下令将所有船只集结在西岸，沿岸布设，直到浮桥的长度与河流宽度相等为止。然后派出胆魄出众的士兵身披甲胄来到船上，将整列船只在河流中摆荡起来，最终荡到对岸。穆斯林军射出箭雨，骑兵与步兵登陆并进，即刻便击退了不信者的军队。

穆罕默德·本·卡西姆与达希尔之间的最终决战，在拜拉祖里的著作中只简短记载了寥寥数句，但在《恰奇史记》中却有着十分精彩的描写。信德军由五千名精英士兵（或两万名步兵）和六十头战象组成。达希尔身骑一头白象，手持一把拉紧弓弦的战弓，与他一同在象轿中的还有两位女仆，一个给他喂槟榔叶以供咀嚼，另一个则给他补充箭矢。两军都在阵前发布了多次演讲，其中提及了许多阿拉伯勇士的名字，这清晰地表明至少《恰奇史记》所记载的这一部分是有阿拉伯原始史料作为支撑的。另外据描述，先前投奔达希尔军的阿拉伯人也前来向穆罕默德·本·卡西姆通风报信，透露了有关达希尔军动向的关键军情。在之后的激烈战斗中，穆斯林军射出火箭点燃了达希尔所在的象轿，战象将他甩进了水中。然后达希尔被人抓住砍下了脑袋，和他一同在象轿中的两位女奴后来指认了他的遗体。马达因尼保存了一首歌颂胜利的短诗，这首诗据说就是由杀死达希尔的那个阿拉伯人创作的：

> 达希尔之役中的战马与长矛
> 与穆罕默德·本·卡西姆·本·穆罕默德
> 都曾见证我无畏冲散大军
> 最终我剑斩敌酋。

任他的首级滚落尘土之中。

毫无枕藉的面颊上满布尘埃。[20]

达希尔的战败身死标志着信德地区有组织抵抗的结束。达希尔的许多女眷都追随他自焚，并烧毁了她们的随身物品和全部家当，以免被敌人掳掠。《恰奇史记》叙述了达希尔王的姐妹所说的一小段话："我们的光辉荣耀已经不再，我们的命途也已走到尽头。既然安全与自由已无指望，就让我们收集起木柴、棉花和燃油吧。我认为，对于我们来说最好的结局便是将自己烧为灰烬，快快去来世与夫君团圆。"[21] 于是她们都进入一间房屋，点燃火焰活活烧死了自己。除了这些选择自我牺牲的女人之外，史书还记载称有许多貌美无比的高种姓妇女被送往伊拉克献给了哈查吉。他随之将她们献给了哈里发的宫廷，在那里，这些女人有的被售卖，有的则被赐给了哈里发宠信的亲属或臣下。达希尔的残军则被穆斯林军追击至婆罗门纳巴德（Brahmanābādh），此地靠近穆斯林后来建立的曼苏拉城，达希尔军在这里又被击败了。《恰奇史记》记载了穆罕默德·本·卡西姆与婆罗门纳巴德的居民交涉的情况，这可能反映了穆斯林征服中的许多类似情形。他即刻下令，放过城中的所有工匠、商人和平民，并处决了全部军事种姓阶层。[22]之后他开始意识到自己需要招募本地官员来运转行政系统。于是他的第一项政策便是与商人和工匠立约，要求他们要么皈依伊斯兰教，要么缴纳人头税。然后穆罕默德·本·卡西姆任命村庄长老收税。与此同时，婆罗门纷纷乞求在新政权统治下保全自己的地位。于是他们剃光自己的头发和胡子来到穆罕默德·本·卡西姆面前，以表示自己谦恭顺从，并向他递交了请愿。一开始，婆

罗门请求保证达希尔的所有幸存家族成员的安全，其中包括他的妻子拉蒂（Lādī），她之前被人从内室中抓了出去。她据说后来被穆罕默德·本·卡西姆买下，并被其娶为妻子。[23] 有趣的是，这一事例可以拿来与安达卢斯的征服者穆萨·本·努赛尔的儿子和西哥特国王罗德里戈的女儿之间的联姻作对比。在这两个事例中，阿拉伯征服者都试图与之前的统治者家族媾和，或许他们希望以此使他们的后代成为合法权威的世袭统治者，但两人后来都被大马士革的中央政府强力推翻。

然后，婆罗门解释说，他们曾在旧王国中享受荣华，广受尊敬。穆罕默德·本·卡西姆便回答说他们可以继续享受与在恰奇王，也就是达希尔的父亲的时代下相同的特权与地位，婆罗门的特权也可以由子孙继承。之后这些婆罗门分散至各地，成了税官。他们可以自己保留以往从商人和工匠那里收取的常规税款。

佛寺的住持们则怨声载道。[24] 他们之前依靠慈善捐款来维持生计，但如今捐款已渐渐枯竭，因为人们害怕穆斯林士兵会加以阻挠。"如今啊，"他们哀叹道，"我们的寺庙正逐渐荒废，我们失去了敬拜偶像的机会。只恳求公正的总督能够允许我们维护和重建佛寺，让我们能像以往那样礼拜。"于是穆罕默德致信哈查吉，后者回复道，只要他们缴纳了应缴的税款，穆斯林便无权干涉他们，因此佛教徒可以像往常一样经营维护他们的佛寺。在城外的一次会议中，穆罕默德召集了所有长老、头人和婆罗门，允许他们建造寺庙及继续与穆斯林进行贸易往来。穆罕默德·本·卡西姆还要求他们善待婆罗门，允许他们继续与父辈和祖辈一样庆祝宗教庆典，以及可能最重要的要求是，他们应当每收集一百迪拉姆税收，便从中拨出三迪拉姆付给婆罗门，剩下的则上缴国库。

同时，（可能指那些没有固定收入的）婆罗门也被准许挨家挨户托钵乞讨，他们获得的粮食可以自行支配。

另一个问题则是杰特部族的地位问题。[25] 穆罕默德·本·卡西姆的谋臣描述了在恰奇王统治时期他们低下的地位和他们遭受的歧视：他们只能穿粗劣的衣服；骑马时不能配鞍或缰绳，而只能用毡毯作为马鞍；他们必须随身带一条狗以表明自己的身份；他们被强令帮助旅人指引道路，昼夜无休；如果有任何一人犯下了盗窃罪，那么他的孩子和其他家庭成员就会被投入火中烧死。一言以蔽之："他们都是天性残忍的兽类。他们总是桀骜不驯，忤逆君王，而且常常劫道掠夺。"穆罕默德·本·卡西姆被轻易地说服了，他认为这是"一群凶恶之徒"，应当加以处置。

这些讨论值得注意，这并非因为它们是对实际事件过程的精确描述，而是因为它们描述了穆斯林的定居情况以及时人的观点。最明显的是，它们表明了穆斯林是如何接管旧有的行政部门与人员，并且大部分完好无损地将其保留在自己治下的。这些记载拥有双重目的，即向穆斯林读者解释婆罗门如何在一个表面上由穆斯林统治的政权下仍旧保持了重大影响力，以及穆斯林为何容忍了寺庙的存在。它们还表明了佛教徒受到的宽容，以及他们怎样被允许进行自己的宗教活动。对所有非穆斯林而言，它们表明了他们的地位是如何被信德伊斯兰政权的创立者，穆罕默德·本·卡西姆和他伟大的指导者哈查吉本人认可的。但对于不幸的杰特部族人而言，它们仅仅阐述了伊斯兰教的到来完全没有给他们带来益处。

穆罕默德·本·卡西姆的进军十分顺利，穆斯林军曾一度受到民众吹笛奏鼓，歌舞欢迎。当穆罕默德·本·卡西姆询问这是

何意时，人们告诉他这是当地民众欢迎新任统治者的传统。[26] 他的下一个主要攻略目标是鲁尔城，据描述，鲁尔城是信德地区最大的城镇。达希尔的儿子佛菲（Fofi）固守此城，坚决抵抗穆斯林军。根据《恰奇史记》记载，[27] 佛菲和鲁尔城居民还坚信达希尔王仍然活着，并且不久后便会率军来援。甚至当穆罕默德·本·卡西姆派达希尔的遗孀拉蒂向他们保证达希尔已死的时候，守军还责骂她与"食牛肉者"同流合污，并重申他们坚信达希尔会率领一支大军前来为他们解围。在这份虚构的描述中，最终一个当地女巫的证言说服了他们。当人们质问她时，她回到了自己的房间，几个小时后才出来，她说她为寻觅达希尔走遍了整个世界，并没有发现他的踪迹，并拿出了一颗锡兰（Ceylon，今斯里兰卡）产的肉豆蔻作为自己远航的证据。这条消息说服了大部分居民，他们认为是时候与穆罕默德·本·卡西姆议和了，穆罕默德·本·卡西姆的美德和公正已颇具盛名，广为人知。佛菲和他的随从当天趁夜逃跑了，第二天穆斯林军开始攻城时，城中的商人和工匠提出了和谈请求，他们声称自己已经放弃效忠婆罗门，并相信伊斯兰军队一定会获得胜利。穆罕默德·本·卡西姆在获得他们放弃一切军事行动的保证后接受了求和。当地人都聚集在一座名叫瑙巴哈尔的寺庙（与巴尔赫的大佛寺同名）前，在大理石和石膏偶像前俯伏跪拜。穆罕默德·本·卡西姆询问寺庙住持这里供奉的是哪座偶像，然后从偶像的手臂上取下了一个手镯。当住持发现手镯不翼而飞时，穆罕默德·本·卡西姆戏谑地问他为什么这位神灵不知道是谁取走了它的手镯。然后他哈哈大笑着拿出手镯，戴回了偶像的手臂上。

城落之后，穆罕默德下令处决一批敌军，但拉蒂介入求情，

说这座城中的人"都是优秀的建筑工和商人,他们善于耕作且总能维护国库的充盈",于是穆罕默德赦免了他们。史书的叙述再次着重描写了征服过程中的妥协和合作——寺庙的经营未受到打扰,大部分居民的日常生计仍旧如常,没有遭到破坏。这位穆斯林征服者受到了广泛欢迎,这并非因为他狂热固执地推行伊斯兰教信条,而是因为他为人宽大且随和幽默。同时,这些叙述也与同时期进行的、阿拉伯对河中地区的征服中对寺庙和宗教偶像的破坏行为形成了鲜明对比。我们很难得知,这是因为佛教徒的和平交涉所致,还是仅仅因为穆斯林的数量太少,难以动摇当地固有传统。当这座城镇彻底投降时,穆罕默德留下了两位阿拉伯部下管理这里,嘱咐他们要善待并关照当地人民。

另一座主要城市木尔坦也在不久后陷落。这次征服被胜利的阿拉伯人称作"金屋大开",标志着在这一阶段穆斯林军已抵达了他们在信德所能征服的最远地点。这座城镇十分富庶,城中的寺庙(佛寺)是一座大型朝圣中心。城中居民的抵抗十分顽强,围城的穆斯林军逐渐耗光了补给,不得不宰杀军中的驴子食用。最终他们发现了向城中供应饮用水的通道,并得以切断水源,围城战才告一段落。城中民众无条件投降。所有僧侣和满参军年龄的男人都被处死,妇女和儿童则被掳为奴隶。穆斯林军获得了大量金钱。[28] 有趣的是,一则古老的传说称,历史上赫赫有名的叙利亚征服者哈立德·本·瓦立德被葬在了木尔坦,城市中最古老的那座穆斯林建筑据称就是他的陵墓。

印度的穆斯林征服为胜利者带来了一个新的问题。在早期穆斯林所征服的大部分地区,多数人口都会被视为"有经人",这意味着只要他们接受穆斯林统治,并甘愿居于"受保护民"的地位,

就能够保证自己的生命、财产和宗教活动不受侵扰。征服伊朗后，琐罗亚斯德教徒也被逐渐接纳为"有经人"。然而在信德，当地人口大多是佛教徒和印度教徒。根据多数穆斯林的观念，由于佛教徒和印度教徒敬拜精致复杂的偶像，他们与偶像崇拜者无异，因此如果他们不皈依伊斯兰教，就应当遭到清除。但信德的阿拉伯征服者很快就以实用主义淡化了宗教狂热。穆罕默德攻下鲁尔城后，据说他曾向大家解释称，"佛寺就像基督徒的教堂一样，和犹太教徒的会堂、穆护的火庙都是同一回事"，而且它们都应该受到同等的尊重。这实质上说明佛教徒和印度教徒也被接纳成了"受保护民"。在很多事例中都可看出，当地的婆罗门和佛教僧侣继续为新来的穆斯林统治者效忠，维持行政运转。

由于穆斯林帝国中心地带的变故，在信德的初期征服戛然而止。715年，穆罕默德已在信德统治了三年半，此时伍麦叶帝国的政府发生了一场巨大变故。穆罕默德的亲戚和荫庇者哈查吉于714年去世，次年瓦立德哈里发也随之去世。苏莱曼登上伍麦叶王朝的宝座后，便开始大肆报复哈查吉及其部下官员。穆罕默德被突然召回伊拉克，被捕入狱并遭到了新任总督的虐待，不久后便死在牢狱中。他本不应遭此厄运。就像与他同时代的呼罗珊的屈底波·本·穆斯林和西班牙的穆萨·本·努赛尔一样，献身伊斯兰的丰功伟绩却没能保护他逃过政敌的凶残报复。

穆罕默德的倒台标志着早期穆斯林征服在实质上已经结束。在他短暂的统治时期内，穆罕默德为穆斯林进入印度次大陆奠定了基础。他建立了一套法制框架并开创了一系列先例，以便穆斯林能够与佛教徒及印度教徒和平共处。与后世的穆斯林入侵者，如伽色尼王朝的马哈茂德（Mahmūd）相对比，他为后世留下了

温和、人道和宽容的美名，信德当地人大多为他不幸的命运而悲伤。[29] 同时他也获得了大量财富。据记载，哈查吉曾为整场征服活动开列出了一份简明的收支单。据他估算，他为装备和供养穆罕默德·本·卡西姆的军队花费了六千万迪拉姆，但他获得的战利品份额则多达一亿两千万迪拉姆，对任何人来说，这都是一大笔净利润。[30] 与惯例一样，记载中的数字很有可能有所夸大，但这是整个早期穆斯林征服史中我们所拥有的唯一一份拥有如此明确数字结算的记录。如此巨大的总金额表明这样的远征行动对于增加收入大有促进。

穆斯林此时已占领了印度河下游河谷的大部分地区。从木尔坦向南直到印度河口的地区成了穆斯林在印度次大陆的定居范围。这片地区与印度（信德）的其他地区被沙漠分隔开来，这些沙漠地带如今分隔开了巴基斯坦与印度河以东的印度。在木尔坦以北的地区，旁遮普人仍然独立于穆斯林的统治之外，直到十一世纪初，伽色尼王朝从阿富汗东部向外扩张时，穆斯林的统治才到达信德地区的北部和东部。

在阿拉伯对信德的征服中，还有一个细节值得注意。上文中我们曾提到，在伊斯兰教传播之前就已经有一些祖特部族人定居在了伊拉克地区。还有更多人似乎是因为穆斯林入侵他们在印度河谷的故乡而迁移至此的。不久后，伍麦叶王朝的哈里发便将他们中的很多人迁徙到了叙利亚北部安条克周边气候炎热的平原上，并将他们的水牛带去饲养。他们中的一些人后来在拜占庭军对艾因·扎尔巴（Ain Zarba）的袭掠中被掳走，他们的女眷、孩童和宝贵的水牛也都被掳掠而去。十一世纪，吉卜赛人出现在了君士坦丁堡周边地区，他们在希腊语中被称为"阿金加诺人"

（Atsinganoi，即"不可接触者"）。在伊拉克，祖特人仍旧是当地人口中的一支不安定因素，但在 1000 年后，他们便从历史记载中消失了。1903 年，著名的荷兰东方学家米夏埃尔·扬·德·戈耶（M. J. de Goeje）在他出版的专著中阐述称，这些祖特人至少是近代欧洲部分吉卜赛人的祖先。[31] 吉卜赛语言显然发源于印度西北部，他们很可能从叙利亚开始迁徙，途经拜占庭帝国到达了巴尔干地区，在那里他们于十五世纪首次出现。但目前尚没有直接证据证明这一理论，这只是一则耐人寻味的猜想。

西班牙与葡萄牙

西班牙与葡萄牙在阿拉伯语文献中被称为安达卢斯（al-Andalus），这个词的来源至今尚不明确，穆斯林对此地的征服极为迅速。711 年，穆斯林大军渡过直布罗陀海峡，到 716 年，伊比利亚半岛大部就已在某种形式上成了穆斯林统治下的领土。在那些我们依据其建立对中东穆斯林政权结构的理解的著名史书中，伊比利业半岛发生的历史事件难觅踪迹。安达卢斯本地阿拉伯人的史学起步十分缓慢。从九世纪起，有一些内容较为破碎的史料留存至今，其中尤其著名的是埃及历史学家伊本·阿卜杜·哈卡姆的著作，但直到征服运动的两百年后，在十世纪，才有一位名叫拉齐（Rāzī）的波斯移民致力于收集传说、回忆录和传奇故事，并将它们整理编辑成史书。毫无疑问，这些史料都十分缺乏具体细节，并且混入了大量传说故事与混乱记载。还有一份名为《754 年编年史》的文献能够与这些阿拉伯文史料相互对照，这份文献

一定程度上也能查证阿拉伯文史料中的记载，它得名于书中最后一条记载所处的年份。这份简短的拉丁文史料叙述了历史事件的大致情况。此书可能写于科尔多瓦，由一位在当地穆斯林政府中担任公职的基督徒写成。有趣的是，有关穆斯林征服的记载十分平淡直接，且几乎全都是世俗事务。文中完全没有强调入侵者是穆斯林，或强调他们信仰与西班牙本土民众不同的宗教。

在穆罕默德·本·卡西姆攻下提飀，向印度河谷推进的同一年，丹吉尔的穆斯林前哨堡垒指挥官，柏柏尔人塔里格·本·齐亚德（Tāriq b. Ziyād）正筹备着率部渡过直布罗陀海峡，在西班牙南部登陆。他选择这个方向并不足为奇——因为从非洲海岸上人们就能够清楚地望见对岸的直布罗陀山[32]和塔里法之后的丘陵地区。这片土地的征服前景和战利品的诱惑无疑令人激动，而且许多新近皈依伊斯兰教的柏柏尔人渴望以征服者而非被征服者的地位争取他们的利益。

塔里格可能已经注意到了近期在西班牙西哥特王国发生的政局剧变。五世纪，西哥特人征服了伊比利亚半岛。他们的王国以托雷多为首都统治着这里，是日耳曼人夺取西罗马帝国领土后所建立的最为成功的王国之一。尽管西哥特王国已经持续存在了将近三个世纪，但并没有证据能证明此时它已经腐朽衰弱。诚然，王国境内的城市规模狭小且较不发达，乡村地区似乎也人口稀疏，但王权仍旧十分稳固强大，也并没有内部叛乱或分裂割据的传统。基督教会也十分稳固地在这里建立起来，在托雷多，复杂的议会体系仍旧保持着活力。

表面上看，一小队柏柏尔人在少数阿拉伯军官的带领下入侵并消灭了这样一个强大稳固的国家是不合情理的。但此时，西

哥特王国正经历着一场突发危机。710 年，西哥特国王维提萨（Witiza）去世。他有几个业已成年的儿子，但出于并不为人所知的原因，罗德里戈夺取了西哥特王位，他是一个贵族，可能与王室家族有亲缘关系，也可能毫无关系。维提萨的儿子和他们的盟友都颇具权势，且对罗德里戈深恶痛绝。罗德里戈还没来得及巩固自己的统治权威，便遭遇了穆斯林的入侵。而谋划入侵的塔里格也有着自己更加紧迫的理由。他所指挥的部下大多是几年前刚刚加入穆斯林军队的柏柏尔人。当时在这些柏柏尔军队中还没有稳定的薪酬体系来奖赏他们对新信仰的忠诚。如果塔里格想要维持他们的忠心，他就必须尽快筹集到可观的收入。显然，此时西班牙就是他的首选目标。

在描述这场征服的最早的阿拉伯文史料，即伊本·阿卜杜·哈卡姆的史书中，[33] 一位名叫"尤里安"的人物的故事占据了不小篇幅。这位神秘人物据说是休达的城主，这座港城位于丹吉尔以东，丹吉尔此时可能仍然处于拜占庭帝国统治之下。据史书记载："塔里格致信尤里安，表达了尊敬，并与其互相交换了礼物。尤里安曾将自己的女儿送往罗德里戈（西班牙的西哥特国王）处学习，但罗德里戈却搞大了她的肚子。在尤里安得知这一消息后，他说，'我真不知道该怎么惩罚他或者报答他，只好把阿拉伯人送去找他好了'。"然后，史书还接着叙述了尤里安在某天夜里运送了一些穆斯林军上岸，接着又把船只调回非洲海岸，运送了更多人登陆。西班牙一侧的当地人并没有对他们多加注意，因为这些船只看起来与经常来往的商船并无不同。塔里格乘坐最后一条船抵达了对岸，当穆斯林军向北开拔时，他们把舰队停泊在了阿尔赫西拉斯，以备战局不利时能够及时撤离。至于这则故事是

否属实，或者这位尤里安是否确有其人，我们不得而知。但这则故事并没有出现在阿拉伯征服的其他历史记录中，它可能确实体现了当时罗德里戈的统治招致广泛不满的历史事实。

大致在 711 年 5 月，塔里格率领着一小支部队登船渡过了直布罗陀海峡。这支部队的规模不可能多于七千人，其中只有一小部分是阿拉伯人。他们一开始的目的可能只是想要发起一场大规模掠夺。一渡过海峡，穆斯林军便设法占领了"绿岛"，即阿尔赫西拉斯港今日所处的地方。穆斯林军将这里作为他们的基地，而一旦战局不利，他们也可以从这里撤回非洲海岸。

此时罗德里戈正领兵在遥远的王国北部对抗巴斯克人的叛乱。当得知穆斯林军入侵的消息时，他急忙南下，在科尔多瓦的住所处暂时停留并召集了更多兵力。就像在 1066 年黑斯廷斯战役中的英格兰国王哈罗德及其所率的盎格鲁 - 撒克逊士兵一样，他的部队很可能由于长途调遣而疲惫不堪。塔里格则使用了谨慎的策略——他既没有向塞维利亚进军，也没有进攻瓜达尔基维尔河谷，而是与基地保持密切距离，并向非洲海岸请求援军。于是又有五千名柏柏尔士兵来援，此时他手下军力可能已达一万两千人。同时，据说还有一些忠诚于维提萨的王子们的武装加入了他，以共同对抗新国王。至于这些西哥特"反政府派"在征服中起到的作用则多有争议。根据现代西班牙人的观点，如果他们确实援助了穆斯林的入侵，那么他们显然就是叛国者。但另一方面，正如与他们同时代的许多事例一样，这些西哥特"反政府派"很可能仅仅将穆斯林的入侵看作是一场劫掠，可能最多只持续了一个夏季而已。他们可能根本不会想到，穆斯林将会在接下来的八百年中成为伊比利亚半岛大部分地区的统治者。

穆斯林入侵者可能受到了伊比利亚半岛上一些犹太人社区的协助。但这种说法在当代也有很大争议。事实上，我们完全没有有力的证据能够证明。据我们所知，西哥特国王曾愈发苛刻地推行反犹法案，并在最终出台了一条法令，强令所有犹太人改信基督教。因此，犹太人自然会欢迎穆斯林军的到来，并将他们视为潜在的解放者。但实际上并没有证据能够证明这条法令确实被推行过，而且也完全没有证据表明当地犹太人曾给予穆斯林任何积极帮助。

决定性的一战在小镇梅迪纳·西多尼亚附近展开。这场战斗的确切地点已不得而知，但人们普遍认为战斗在瓜达莱特河沿岸爆发。[34] 关于这场战斗的记载十分稀少。754 年拉丁文编年史仅有如下记录："罗德里克（即罗德里戈）向特兰斯杜克丁（Transductine）山区（位置不明）进发与敌人作战，在这场战斗中，因觊觎王位而与他素有恩怨的哥特人假意来援，后来他们全军撤退逃离了战场，而罗德里戈兵败被杀。因此罗德里戈耻辱地失败了，不仅仅失去了他的王位，而且失去了他的祖国，而他的政敌也都被杀了。"[35] 阿拉伯文史料称这场战斗发生于 711 年 7 月 19 日，与 754 年编年史的记载相同，也记载了西哥特军中的分歧不和，使得在维提萨之子阿希拉（Akhila）率领的部队倒戈撤离时，穆斯林军得以战胜敌人。[36]

尽管历史细节已不得而知，但大致情况十分明显：塔里格和他的军队大败了西哥特军，西哥特国王被杀，而剩余军队则陷入了溃败和混乱之中。

然后，塔里格率军向东沿瓜达尔基维尔河谷向着科尔多瓦进发。在埃西哈，罗马道路穿越赫尼尔河的地方，他遭遇了第一次

第九章　极东与极西　397

抵抗，然后他以猛攻夺占了该城。为了加速进军，他此后开始分兵而进。

有七百人在释奴穆齐斯的率领下被派往科尔多瓦，这些人全部骑马前进。科尔多瓦后来成了安达卢斯的首都，这座城市的陷落在阿拉伯文史料的记载中拥有着大量无法证实且可能是虚构的细节。[37] 当穆齐斯到达位于瓜达尔基维尔河南岸的科尔多瓦城时，他的部下抓到了一位正在看管牧群的牧人。他随后被带到营帐中，接受了审问。他说城中的头面人物们已经抛弃了那座城市，只有总督（bitrīq）和四百名卫兵以及一些非战斗人员（ducafa）仍在留守。当被问到城防情况时，他回答说城防情况良好，但在面对跨河的罗马桥梁的那座城门上方某处有一个缺口。当夜穆齐斯率军渡河，并试图利用绳钩攀上城墙，但没能成功。于是他们回去找那个牧人，牧人便将他们领到了缺口处。其中一个穆斯林士兵爬上城墙后，穆齐斯解下了他的裹头巾，并用它将其他人拉了上去。很快，许多穆斯林士兵便攀上了城墙。然后穆齐斯来到了正对桥梁的城门，此时这座城门已经荒废。穆齐斯命令部下包围了城墙上的卫兵，然后破坏了门锁。穆齐斯和其他部队很快便进入了城内。

当总督〔在这份记载中被称为"国王"（al-malik）〕听闻穆斯林军已经入城时，他便急忙带着部下四百名士兵向东逃往一座教堂，并在那里固守。穆齐斯又率军包围了那里。守军的抵抗持续了三个月，最后围攻战结束时，穆齐斯听闻总督已独自逃离，企图在城后的山区中建立根据地固守。于是穆齐斯便独自出发追赶他，总督所骑的马失蹄坠入深坑，将他甩了出去，穆齐斯这才追上他。最终穆齐斯发现他正坐在盾牌上，乖乖地等着被俘。史

书继续解释道："他是安达卢斯诸王中唯一一个被俘的，其他人要么议和自保，要么逃去了加利西亚之类的偏远地区。"然后穆齐斯回到了教堂。他处决了所有守军，但放过了总督，将他押去觐见大马士革的哈里发。

塔里格本人向首都托雷多进发。这里似乎大部分地区都已被当地居民废弃了。根据754年编年史的记载，当地大主教辛德里德（Sindred）"吓得失魂丢魄，与其说他是信徒的牧者，不如说更像个佣工，他丝毫不顾古老的宗教戒律，抛弃了基督的牧群，逃回了他的罗马故乡"。[38] 关于西哥特王国首都的陷落，伊本·阿卜杜·哈卡姆仅仅讲述了一个密室的故事，这则故事就像尤里安的那个故事一样，在史书和传奇中流传了下来。根据这则传说，（可能在托雷多）从前有一间密室，大门上加着许多门锁。每逢新王登基，国王都会在门上加一道锁，但从没有人打开过它。罗德里戈即位后执意打开了这间密室，结果他在墙上发现了画着阿拉伯人形象的图画，还有一条铭文写着：当这座房间被人打开，这些人就会征服这个国家。[39]

塔里格沿道路向埃布罗河谷挺进，在返回托雷多过冬之前，他可能攻占了瓜达拉哈拉。与此同时，他的上司，伊弗利基亚总督穆萨·本·努赛尔也决定加入这场看起来获利丰厚的远征。来年，也就是712年春季，他在直布罗陀对岸召集了一万八千军队。这支军队与塔里格去年率领的那支军队有很大不同。他们中的大部分人员是阿拉伯人。这支军队中还包含了一些再传弟子（tābi'ūn，原意为"弟子"，他们是圣门弟子的一代后裔）和阿拉伯大部族首领。712年6月，这支军队穿越了阿尔赫西拉斯。穆萨似乎决定先在南方巩固穆斯林的统治区，而并不急于加快步伐

与塔里格部在托雷多会合。穆萨先是来到了一些较小的城镇，如梅迪纳·西多尼亚和卡尔莫纳，然后他便前去攻取伊比利亚半岛最大的城市之一，塞维利亚。西哥特军的反抗并没有持续多久，当地驻军很快便撤出了城市，撤往西部地区。

然后，穆萨沿着罗马道路向北到达了梅里达城。梅里达如今是一座中等规模的城镇，在历史上它曾是罗马时代西班牙行省的主要城市之一，如今存留的古典时代遗迹引人入胜，仍旧能够显示当年的富庶与显赫。在基督教时代早期，圣尤拉莉亚的信徒在这里茁壮发展。穆斯林军在这里遭遇的抵抗要比在托雷多和塞维利亚激烈得多。似乎穆萨不得不在 712 年至 713 年冬季围攻该城，直到 713 年 6 月，这座城市都没有最终屈服。于是穆萨率军前去与塔里格会合，但在开拔之前，他先派自己的儿子阿卜杜·阿齐兹回到了塞维利亚，镇压那里爆发的反抗。穆萨沿塔霍河向东进军前往托雷多，这座城市此时由塔里格统辖。来到这里以后，穆萨强迫他的下属塔里格上交库金和从教堂查抄的财产。像往常一样，阿拉伯文史料非常偏好记录战利品及其分配情况，文献记载了穆萨与塔里格之间的冲突。两人冲突的焦点是收藏在托雷多城外堡垒内的"所罗门之桌"。这件无价之宝用黄金和珠宝制成。塔里格缴获了它，但穆萨却坚称自己应当拥有这件宝物。塔里格不情不愿地同意交出桌子，但自己取下了一条桌腿，并仿制了一条安装在原位。穆萨在古城托雷多成了名副其实的统治者，而塔里格则被贬至科尔多瓦，他对此极为愤慨。[40] 就像上文中尤里安的故事一样，这则明显是传说的史料也可能反映了当时紧张的政治局势，这则故事体现了塔里格和他的柏柏尔人部下与穆萨及其麾下的阿拉伯大军之间的矛盾摩擦。

来年（714年）春季，穆萨再度开拔向埃布罗河谷进军。同年的某一时刻，他攻取了萨拉戈萨，在该城驻军并修建了一座清真寺。同年夏季，他还夺取了列伊达，然后沿着罗马道路向巴塞罗那和纳博讷进军。

大马士革的哈里发对于成功的征服者往往心怀忌惮，他们恐惧这些征服者有朝一日将脱离他们的掌控，这种恐惧也许不无道理。715年，瓦立德一世哈里发去世，就像信德的穆罕默德·本·卡西姆所遭遇的一样，对于穆萨·本·努赛尔而言，这意味着他将被撤职并被押回伊拉克接受查办。穆萨和塔里格都被强令返回大马士革。在他们离职之前，这两位将领设法拿下了北部山区周边的地区。塔里格攻取了莱昂和阿斯托尔加，然后继续进军翻越坎塔布连山脉，向奥维耶多和希洪挺进。当地大部分居民都抛弃城市逃入了欧罗巴山区。

直到此时，两位征服者才决定服从哈里发的命令。穆萨任命其子阿卜杜·阿齐兹为安达卢斯总督，其他几个儿子则分别管辖苏斯和凯鲁万。这一举措开创了他的家族政权，某种意义上，比如类似墨洛温王朝统治下的法国，西部的穆斯林政权可能逐渐发展成了一个由穆萨·本·努赛尔的家族统治的独立王朝。在伊斯兰帝国早期，中央与偏远省份之间联系的纽带极为强大。信德的穆罕默德·本·卡西姆和安达卢斯的穆萨·本·努赛尔都接受了凶险的命运，服从命令返回了伊斯兰帝国的中枢地带。在那里，两位英雄征服者都遭受了凌辱虐待，被剥夺了所得的财富，并被囚禁起来。穆萨于716年至717年间去世，可能死于狱中。至于塔里格的结局我们不得而知，但他很可能也在中东地区死于非命。

穆萨的儿子阿卜杜·阿齐兹接手了父亲的事业，继续巩固安

达卢斯的征服成果。可能就是在他在任期间（714年至716年），现代的葡萄牙和加泰罗尼亚大部被纳入了穆斯林统治之下，但关于这种占领的性质与具体情形，我们掌握的相关资料十分稀少。

至于穆斯林军对西班牙东南部的穆尔西亚周边地区的征服，我们则拥有更多资料。当时这片地区由一个名叫迪奥德梅尔（或图德米尔）的西哥特贵族统治。他与阿卜杜·阿齐兹订立了和约，这份签署于713年4月的和约文本在许多阿拉伯文史料中都有记述。[41]

奉至仁至慈的真主之名。本和约由阿卜杜·阿齐兹·本·穆萨·本·努赛尔起草，在此为图德米尔·本·加杜什立下和平约定与真主及先知（愿主福安之）的安全担保。我们（阿卜杜·阿齐兹）不会设立额外条款以针对他或任何他的子民，亦不会侵扰他，或剥夺他的地位。他的臣民不会遭受杀戮或掠夺，亦不会被迫妻离子散。他们不会因宗教问题而遭受胁迫、他们的教堂不会遭受焚烧、圣物也不会被掠夺出境，只要迪奥德梅尔恪守诚信，并遵守我们设立的以下条款：

此和约对以下七个城镇生效：奥利维拉、瓦伦西亚、阿利坎特、穆拉、比加斯特罗、爱罗、洛尔卡。

他不得庇护逃犯及敌人，不得煽动受保护民惧怕我们，亦不得隐瞒有关敌人的任何信息。

迪奥德梅尔与他的子民每人每年应缴纳一第纳尔，以及四批量大麦、四批量浓果汁、四批量醋、四批量蜂蜜和四批量橄榄油。奴隶缴纳额度减半。

这份和约是一个典型事例，反映了阿拉伯帝国境内许多地区被阿拉伯人"征服"的实际情况。显然，比起发动艰苦卓绝、耗费巨大的战争，穆斯林统治者更乐意与当地人议和，以保证自己不会遭受敌对活动的侵扰，并得以收取贡税。在伊朗与河中的许多地区，这种征服模式也比比皆是。值得注意的是，大部分贡税是以实物形式征收的（比如小麦、大麦、醋、油，但显然没有葡萄酒）。以称臣纳贡作为条件，当地人几乎可以完全自治。显然，迪奥德梅尔仍旧统治着他的七座城镇与联结其间的乡村地区。在和约中并没有表明穆斯林曾派军驻守，他们也没有在此地建造清真寺。或许迪奥德梅尔和他的许多部下都以为穆斯林征服的持续时间将不会太长，只要能保住家产，静待西哥特王国复国，付出这点代价是可以忍受的。然而事实上，直到五个世纪之后，基督教势力才得以重建对这片地区的统治。至于这份和约的有效时间多长，我们不得而知。744 年，迪奥德梅尔寿终正寝。这份和约也许从没被正式废除，但随着八世纪后期到九世纪越来越多的穆斯林移民进入，以及皈依伊斯兰教的本地人愈发增多，这些条款也越来越不合时宜了。

阿卜杜·阿齐兹的统治戛然而止，不幸而终。根据伊本·阿卜杜·哈卡姆的记载，[42] 他迎娶了西哥特末代国王罗德里戈的女儿，这使他获得了大量财富与高贵的王室名望。阿卜杜·阿齐兹的妻子眼见丈夫一直保持着谦卑的姿态，且阿拉伯部下态度随意，不向他下跪，于是感到十分不满。根据这则故事，她劝说她的丈夫在会客厅开了一座低矮的小门，这样他的部下在进来时就都不得不向他鞠躬了。阿拉伯人深深地憎恶这一行为，其中一些人甚

至声称她已经说服丈夫转信了基督教。于是他们密谋杀死了总督阿卜杜·阿齐兹。很显然，与许多同类故事相同，这则故事将阿拉伯政权所拥有的朴素甚至民主的特质，与它所取代的帝国和王国所崇尚的等级制度和虚荣浮华做了对比。但同时它可能也反映了那些与当地贵胄后裔通婚的阿拉伯人和入侵的阿拉伯军中普通官兵之间存在的冲突。

西班牙的新任统治者几乎立刻就开始在行政系统打上了自己的印记。从铸币方面我们能明显看出这一影响。穆萨·本·努赛尔上任后实行的第一项标志性政策就是铸造新的金币，这种金币并非以西哥特王国金币，而是以北非金币为模板铸造而成。最早一批金币上铭刻着一句拉丁文箴言 "In Nomine Domini non Deus nisi Deus Solus"，即穆斯林格言 "万物非主，唯有真主"的直译，这种穆斯林与拉丁传统混杂的现象并不多见。这批金币可能是在随军铸币工坊中利用缴获的战利品作为原料重铸出来的，原料可能是从教堂劫掠的财宝，将这些战利品回炉重铸成为钱币，能够更方便地分发给军队供其消费。

西班牙的穆斯林征服者并没有在军事重镇中定居，在伊比利亚半岛并没有能与福斯塔特或凯鲁万等同的城市。在这里聚落分布似乎更为分散，某种程度上更类似五世纪西罗马帝国境内的日耳曼入侵者在高卢和西班牙地区的定居模式。似乎阿拉伯人大多选择定居在瓜达尔基维尔河沿岸和埃布罗河谷，以及科尔多瓦、塞维利亚和萨拉戈萨周边的城市和乡村中，这些阿拉伯人很可能大部分是福斯塔特和凯鲁万的城市出身。而大多拥有游牧背景的柏柏尔人则选择定居在西班牙中部的梅塞塔高原和南方的山区中。

对西班牙的征服获得了惊人的成功。入侵开始后仅仅五年，

穆斯林军就控制了几乎整个伊比利亚半岛。但也有一片重要地区仍然独立于穆斯林的统治之外，并且在日后成为穆斯林政权的致命威胁。正如在中东的某些地区一样，西班牙北部的一千米等高线标示了穆斯林统治区的边界。也就是说，在比利牛斯山区南部的高大山谷和阿斯图里亚斯地区的欧罗巴山脉中仍有小群难民和原住民聚居，抗拒穆斯林的统治。在欧罗巴山脉，反抗运动据说由一个名叫佩拉约（Pelayo）的人领导，他可能曾是一位罗德里戈宫廷中的贵族宫臣。从阿拉伯文史料中，我们对他掀起的反抗运动一无所知，但对于阿斯图里亚斯王国的基督徒而言，佩拉约叛乱的传说就是这一国家的建国神话。《阿方索三世编年史》可能编写于 900 年后，其中记载，[43] 阿拉伯人正准备抓捕佩拉约时，他及时得到了朋友的警告，逃入了欧罗巴山区。欧罗巴山脉的地形崎岖破碎，遍布陡峭的峡谷与高耸的山岩。由于降雨充沛，此地植被极为丰富，分布着灌溉良好的田野和茂密的森林，也有湍急的河流经过。此处的环境与南方梅塞塔高原的开阔原野大为不同，与北非和埃及的沙漠地带相比更是天差地别。这片地区从来没有真正被纳入罗马帝国的西班牙行省，在这里没有大城市分布，也没有罗马道路经过。

根据编年史记载，佩拉约逃到了一条湍急的河流岸边，纵马渡河而去，而他的敌人只得望河兴叹。他逃进了山区，并在一座山洞中建立了自己的根据地，之后这座山洞逐渐成为阿斯图里亚斯全境民众的反抗中心。阿拉伯总督对此大为震怒，派出了十八万七千大军（这一数字显然是编造的）前往镇压叛乱。这支军队由一位阿拉伯将领统率，此人在文献中被称为"阿尔加马"（Alqama），随军还有一位神秘的主教名叫奥帕（Oppa），在

编年史中他被描述为一个通敌者。穆斯林军与佩拉约的部队在高峻的山区中一个名叫科瓦东加（Covadonga）的地方决战。奥帕主教先对佩拉约喊话，问他为何他还要顽抗到底，既然阿拉伯人（"以实玛利人"）不久前已经令哥特人全军覆没。而佩拉约则回以几句简短的宗教口号："基督就是我们的希望，如你所见，就在这座小小的山峰上，西班牙的旧日荣光与哥特人的正义之师将会重建而起。"

交涉破裂后，穆斯林军发起了进攻，但遭遇失败，大部分穆斯林军都被杀死，残军逃离了战场。科瓦东加战役一般被认为发生在 717 年，这场神秘的战役成了西班牙基督徒抵抗运动的开始。镇压的失败，直接导致穆斯林政权失去了对包括希洪在内的北部聚落的控制，并促成了一个独立的小型基督教王国诞生。这个王国与比利牛斯山谷中许多相似的小集体和巴斯克人的国家共同构成了日后基督教再征服运动的基础。

在早期穆斯林世界的其他地区就已存在一些独立的诸侯国与穆斯林帝国较为和平地共存——比如伊朗北部的山区。亚美尼亚山区的基督教诸侯国也与西班牙北部的基督教国家稍有相似之处。但这些国家中没有一个能对南方穆斯林的统治地位构成致命威胁。到十世纪，当伊朗北部的德莱木山民征服了伊朗与伊拉克大部时，他们本身就是穆斯林，而且没过多久之后，他们自身的认同便被融入了更大规模的穆斯林群体之中。亚美尼亚人一直保持着自己的独立，但他们也从未试图走出自己的传统故土向外征服。西班牙北部诸国最与众不同的特点是他们将基督教拉丁贵族文化保留了下来。与此同时，他们也保存着对于西哥特王国的鲜明记忆，在他们的观念中，基督徒曾经统治着整个伊比利亚半岛，而他们

406 大征服

也必将重夺这片土地。另外，这些诸侯国也建立并联系起了广泛的基督教政权。这些因素表明，与伊朗和亚美尼亚的诸侯国不同，西班牙的基督教诸国将逐渐成为穆斯林政权长期的严重威胁，一直持续到八百年后，他们终于将穆斯林驱逐出了这片土地。

阿拉伯人的野心并没有止步于比利牛斯山脉。不久后，穆斯林军又侵袭了罗讷河谷，并深入了阿基坦地区富饶的土地。可惜的是，对于这些野心勃勃的袭掠行动，我们只有寥寥数语的历史记载。这些袭掠行动的具体过程并不明晰。阿拉伯文史料对其常常只以一言蔽之，在一些拉丁文修道院编年史中，我们则能找到简短的记载。这是西北欧人与穆斯林的第一次遭遇战，但被掩藏在了历史迷雾中。第一批袭掠行动据说由塔里格·本·齐亚德率领，最远到达了阿维尼翁和里昂，最终被查理·马特击退。[44] 穆斯林军袭掠队常常在比利牛斯山脉东端活动：巴塞罗那、赫罗纳和纳博讷都落入了他们的控制之下，尽管穆斯林在纳博讷的统治十分短暂且影响甚微。后来的阿拉伯文史料称，穆萨·本·努赛尔曾经构想过一套大胆且野心勃勃的计划，企图率军穿过整个欧洲和拜占庭帝国，最终回到叙利亚。[45] 当时他们一定自认为锐不可当。

但穆斯林军也并非总是一帆风顺。721 年夏季，安达卢斯总督 *率军侵袭阿基坦，但公爵欧德（Eudes）固守图卢兹。在 7 月 9 日的激战中，阿拉伯军被击退，总督也战死沙场。725 年，阿拉伯军发起了一场前所未有的大胆入侵。他们首先攻陷了西哥特人的卡尔卡松城堡，然后向东穿过法国南部，尼姆城投降，并将

---

* 即沙姆哈·本·马利克·豪兰尼（Samh b. Mālik al-Khawlānī）。

人质送往巴塞罗那。之后，安达卢斯总督*率军急速袭掠了罗讷河谷，途中少有激烈抵抗。这支军队深入勃艮第中心地带，攻下了欧坦，他们将这里劫掠一空后挥军返回南方。

随着阿拉伯人对法国的入侵迎来高峰，一场闻名遐迩的战役发生了，这场战役就是普瓦捷战役。[46] 自八世纪后期起，这场战役便拥有了一层象征色彩，它标志着阿拉伯人对西欧的入侵最终被加洛林家族的军阀查理·马特遏止。几年后，远在诺森伯兰的比德（Bede）听说这场战役时，满怀信心地写道："灭亡了高卢的撒拉森人为他们的无信无义遭受了报应。"爱德华·吉本则运用优雅的想象，假想出了如果战争结果不同，欧洲将会遭遇什么样的命运。[47]

阿拉伯军从直布罗陀山到卢瓦河岸一路胜利进军，路线长达一千英里，而如今这段路程还要再度延长。若再延长同等距离，或许撒拉森人就将到达波兰边境和苏格兰高地：莱茵河并不比尼罗河或幼发拉底河更难以跨越，而且阿拉伯舰队或许无须经历海战就能进入泰晤士河口。那样的话，也许今日的牛津大学里教授的就会是解读《古兰经》的学问，讲师们就会为一群受过割礼的学生讲解穆罕默德所传启示的神圣性与真意了。

然后他继续阐述了基督教是如何因为一个人的天才与好运而逃过"灭顶之灾"的，这个人就是查理·马特。

---

* 即安巴萨·本·苏莱曼·卡勒比（Anbasa b. Sulaym al-Kalbī）。

408 大征服

1915 年，爱德华·克里西在他的一部通俗历史著作中，将普瓦捷战役纳入了"15 场世界经典战役"之一。事实上，这场战役的确标志着一个转折点。到此时为止，穆斯林军在法国的广大地区大行劫掠，但他们还没有建立任何长期统治。和同一时代中亚居民所遭遇的情况类似的是，阿拉伯军的劫掠可能标志着长期征服行动的开始。在这场战役之后，阿拉伯人的军事行动便仅仅局限在了纳博讷周边地区，安达卢斯也由一个圣战政权逐渐转变成了更加稳定的政权。

在西方历史学家看来，普瓦捷战役的胜利还有更加深远的重要影响。他们认为查理·马特之所以能够成功，是因为他首次利用重装骑兵，也就是骑士，协同冲锋并击溃了敌人。根据这种说法，普瓦捷战役标志着重装骑兵主导战场的开始，骑士在此之后将成为中世纪西欧的重要特色。伴随着骑士的崛起，封建体系作为一种独具特色的经济与社会体系蓬勃发展了起来。

更加令人困扰的是，我们所拥有的关于这场战役实际过程的信息都短小且自相矛盾，甚至就连战斗的具体日期都不明确，根据传说记载，这场战役于 732 年 10 月 25 日发生，当天是一个周六，但这个日期也可能并不准确。[48] 有关普瓦捷战役最早的重要记录见于《754 年基督教编年史》中。这份材料写于战役发生的不到二十年后，编年史作者似乎对历史事件十分熟悉，返回科尔多瓦的穆斯林军败兵可能为作者提供了可观的资料。他记述了总督阿卜杜·拉赫曼·加非齐（Abd al-Rahmān al-Ghāfiqī）先是在比利牛斯山区击败了由蒙努撒（Munnuza）率领的叛军。蒙努撒逃往阿基坦公爵欧德处寻求援助，于是阿卜杜·拉赫曼继续前往追击。在加龙河畔，他追上并击败了阿基坦公爵。

然后阿卜杜·拉赫曼决定继续追击。他洗劫了波尔多，烧毁了著名的普瓦捷圣伊莱里教堂。然后决定沿罗马道路北上直至卢瓦尔河畔，劫掠图尔的圣马丁大教堂。他在从普瓦捷出发赶往图尔的途中遭遇了查理·马特，"这个人在年轻时就已是一员勇将，颇为精通军事，他受欧德召唤而来"。两军可能在一座小镇相遇，这座小镇今日被称为穆塞古战场（Moussais la Bataille）。

将近七天里，两军都在不停劫掠袭扰对方，最后他们终于排兵列阵，发起了凶猛的对决。北方人坚守不动，如同一道长墙，他们并肩作战，阵型如寒冷地带的冰川一般，转眼之间便有许多阿拉伯人被他们挥剑斩杀。奥斯特拉西亚人（这里指查理·马特的军队）军势更为强大，且装备极其精良，他们杀死了国王阿卜杜·拉赫曼——他们发现他时，便挥剑刺入他的胸膛，杀死了他。但突然之间，法兰克人发现了阿拉伯人留下的无数营帐，于是他们便卑怯地收起刀剑，等待第二天再继续战斗，因为在头场战斗中夜幕已经渐渐降临。第二天黎明，欧洲人从营地开拔，看到阿拉伯人的营帐各自围绕华盖布置，与他们之前在此地扎营时并无二致。他们不知道营地早已空无一人，还以为帐篷里挤满了成方阵的、全副武装的撒拉森人。他们派遣斥候前去侦察，才发现以实玛利人早已全军撤走，趁夜静静地以密集阵型撤退，逃回了自己的国家。但欧洲人由于担心撒拉森人是佯作撤退，实际上埋伏在隐蔽的小路上等待伏击，便放慢脚步在周边地区四处侦察，却一无所获。他们并没有追击撒拉森人的意图，而是掠夺了战利品和物资，公平分配之后，便欢喜地返

回了自己的国家。

法兰克方面的主要史料是《弗雷德加尔续篇》，其中的记载更为简略。作者如是记载道："查理公英勇无畏地率军击败了他们（阿拉伯军）。藉着基督的佑助，他掀翻了他们的营帐，急速压缩他们的军阵，并大肆杀戮他们。敌王阿布迪拉玛战死阵中。他击溃了他们，并率领胜利之师驱逐了他们。"[49]

这些记载的详细程度并不如我们所愿，但它们明确阐述了一些信息。首先我们可知这并不是一场骑兵战。《754年编年史》的作者以冰川作为比喻，形象地描述了法兰克士兵以某种步兵方阵的形式作战。他还清楚地阐述了法兰克军队纪律十分严明。战役当晚之所以没有乘胜追击残敌，并不能证明他们胆怯，而是出于维持纪律的需要，另外在未知地域趁夜追击敌人也是十分危险的行为。可能大部分阿拉伯军士兵都性命无妨，但显然他们抛弃了营帐和大部分兵器装备。

穆斯林军在普瓦捷的战败事实上标志着阿拉伯人在法国大规模劫掠的结束。显然，穆斯林军后来没能征服这个国家，甚至也没再发起过几次成功的劫掠。法兰克人如同"北地冰川"一般的军势仅仅是促使阿拉伯人停止扩张步伐的原因之一。当时的穆斯林政权可能十分缺少人手。在北非的征服之所以能够完成，是因为有大量柏柏尔人加入了穆斯林军。同样地，这些柏柏尔人在入侵安达卢斯的军队中也占很大一部分。并没有可靠记载表明有法兰克人或其他法国原住居民加入穆斯林侵略军。这可能是因为他们与穆斯林军格格不入、不易协同作战，也可能是因为他们在军中总是朝秦暮楚、士气不振，但无论是哪种原因，由于缺少当地

人的支持，穆斯林军变得孤立而脆弱。

穆斯林在安达卢斯地区的生活状况也逐渐发生了改变。到732 年，第一代征服者大多要么年老，要么已经去世。收取赋税的行政机构已经建成，而且至少据一份阿拉伯文史料记载，当地穆斯林已然成为这片富庶土地上富裕的少数居民，"个个生活得像国王一样"。他们不再需要通过劫掠战利品来维持生活，甚至他们可能也不再期待劫掠异地所带来的刺激快感。

但造成形势转折最为重要的原因，或许是 741 年发生在北非的柏柏尔人大起义。阿拉伯人残酷的奴隶贸易在整个马格里布的民众中间招致了强烈憎恨，在此次起义中柏柏尔人几乎将阿拉伯人全部驱逐出了北非。直至伍麦叶王朝从叙利亚派来一支大军镇压叛乱，才在北非重新建立了穆斯林政权的统治。这次大规模动乱使得无论是柏柏尔人还是阿拉伯人，都无法分派足够人力向北方寒冷贫瘠的土地和森林发起进一步征服。

第十章

海上行舟

626年夏季，整个古典世界陷入了剧烈动荡。拜占庭帝国似乎已命悬一线。游牧民族阿瓦尔人从西方而来围攻君士坦丁堡，而从迦克顿来的波斯人驻马博斯普鲁斯海峡对岸，对这座巨城虎视眈眈。在君士坦丁堡城墙之内，希拉克略皇帝指挥着城市防卫，他拯救了这座城市，或许在这个时候，他已经在规划后来于624至628年发起的一系列伟大战役了，在那些战役中，他率军深深插入波斯军战线后方，直接攻入了萨珊帝国的核心地带。与此同时，在遥远的阿拉伯半岛，先知穆罕默德还在艰苦守卫他在麦地那的基地，对抗着麦加的军势。此时无论是拜占庭军还是波斯军都不可能了解穆罕默德发起的这场新兴运动，也不可能知道他号称真主的先知。

在这年夏季，一艘小小的商船正向着小亚细亚西岸航行。当它驶过今日分隔希腊的科斯岛和土耳其大陆地区的那条狭窄且风暴迭起的海峡时，它在一座名叫叶西·阿迪（即"平岛"）的小岛旁触礁沉没。[1] 不知是因为船员没有发现暗礁存在，还是因为这艘小船正拼命躲避强烈的地中海风暴，总之，它沉入了三十米深的海底。当时这艘船一定沉得很快，因为船员没来得及带走他们存放在锁柜中的金币和铜币以及厨房里的厨具。除非他们个个身强体壮，能够游泳五十米到达海岸，否则他们可能也在船舱里随

之一同葬身大海了。

叶西·阿迪沉船对于我们理解古典时代末期地中海海运业有着关键性意义。它是 1961 年至 1964 年间一项大型水下考古项目发掘的目标，在这次发掘中，考古人员发现了大量有关这艘船以及所载货物的信息。它并不是一艘大船，长度不到二十一米，容量六十吨。它是一艘货船，运载着九百个大型双耳陶罐，可能里面盛装着葡萄酒。船员们可能十分重视旅途的舒适，因为我们发现在船尾部配备了一个布置精巧，并有瓷砖装饰的厨房，厨具和餐具一应俱全。

有人推测这艘不幸的商船可能属于某座教堂，被用于为拜占庭驻军提供补给，但事实上，这艘商船由何人驾驭，航行目的为何都已不得而知。这艘船所处时代是穆斯林征服开始的几年前，它为我们提供了大量有关古典时代最后几年中东地中海沿岸贸易的信息。诚然，它所经过的海域暴风多发，十分凶险，但在这些海域可以避开大部分海盗劫掠以及敌人袭击，数个世纪以来这片海域一直如此，那时地中海还是拜占庭帝国的"内海"（Mare Nostrum，直译为"我们的海"）。此后仅仅二十年内，局势即将改变，黎凡特沿岸的平静海域将会成为一片战场，一场激烈异常的毁灭性海军对决将要在这里展开。[2]

阿拉伯人拥有航海的传统。前伊斯兰时代的阿拉伯人就已在海上十分活跃，《古兰经》（第三十章第四十六节）告诫信徒称，真主派遣风"使船舶奉他的命令而航行，以便你们寻求他的恩惠"，以及"你们的主为你们而使船只在海上航行，以便你们寻求他的恩惠"（第十七章第六十六节）。这些经文和许多其他记载清楚地表明，至少一部分阿拉伯人是惯于航海贸易的。[3] 但同时在早

期穆斯林传统中，也存在着某种对海洋的不信任感。尤其欧麦尔哈里发据说对大海有着深深的疑惧，他坚称大海对穆斯林来说是危险的。但这种疑虑并没有持续多长时间。早期穆斯林征服最令人震惊的成就之一，就是穆斯林的海军舰队，或者准确来说，穆斯林指挥下的海军舰队，在极短的时间内获得了能与业已发展成熟的拜占庭帝国海军抗衡的能力。之所以如此，部分原因是穆斯林亟须防卫叙利亚和埃及海岸，以抵御拜占庭海军袭掠，拜占庭海军仍旧拥有很大吨位，能够在伊斯兰时代的头三个世纪中多次对海岸城镇发起登陆袭击。假如拜占庭帝国的制海权未受动摇，叙利亚、巴勒斯坦与埃及的海岸都将陷入危险境地。

很快，穆斯林军便开始考虑利用舰队对外进攻的可能性。距离叙利亚海岸仅一百公里的塞浦路斯岛便是一大显著目标。[4] 649年，叙利亚总督，日后伍麦叶王朝的首位哈里发穆阿维叶曾对塞浦路斯岛发起了一场海上远征。有趣的是，这场入侵的日期是由一份希腊铭文记录下来的，这份铭文由约翰主教于 655 年写下，作为对索里（Soli）的一座巴西利卡教堂重建完成的纪念，这座教堂曾在劫掠期间被摧毁。[5] 这可能是唯一一份记载了初期穆斯林征服中毁坏与重建的同时期资料。

根据穆斯林史料中所记载的传说，[6] 欧麦尔回绝了穆阿维叶出海作战的请求，但他的继任者奥斯曼则准许了穆阿维叶的请求，同时谨慎地提出了一个附加条件，那就是穆阿维叶应当带着妻子一同出征，这可能是为了阻止他冒不必要的风险。于是，穆阿维叶和其他一些负有盛名的穆斯林都带上了妻室。在第一次袭掠成功后，塞浦路斯人被迫向穆斯林缴纳年贡。而同时他们还要像以往那样给拜占庭帝国上交贡赋，因此这片岛屿某种意义上处于两

国共同统治之下，两国都从这里收取收入，但都没有长期驻兵。654 年，穆阿维叶再次入侵塞浦路斯，因为穆斯林声称塞浦路斯人曾为拜占庭帝国提供船只以对抗穆斯林统治，这种行为违反了和约的条款。穆斯林军舰队据说拥有五百艘舰船，搭载着一万两千名正规军士兵（即名字登记在册的士兵）。根据记载，穆阿维叶在岛上建立了一座清真寺，并建起一座城市，他将巴勒贝克的部队迁至此城作为驻军，并为他们发放薪水。这座穆斯林前沿据点一直持续存在到穆阿维叶的儿子叶齐德撤出驻军并摧毁城市为止，这可能是由于叶齐德认为给当地驻军筹饷并不划算。

从七世纪后期到八世纪，再到九世纪期间，塞浦路斯在穆斯林和基督教世界中间占有着独特的地位。但塞浦路斯的处境并不总是安全无忧。穆斯林法律学者并不乐意接受一份在许多方面都不遵守伊斯兰法律的和约。而同样地，从军事角度看，塞浦路斯人也总是有暗通拜占庭帝国的嫌疑。伍麦叶王朝的瓦立德二世哈里发就曾强制将许多塞浦路斯人驱逐至叙利亚，因为他怀疑这些塞浦路斯人暗中资助拜占庭帝国，但到了他的继任者叶齐德三世时代，这些塞浦路斯人又被允许返回故乡。这种问题一直持续到了阿拔斯王朝时期，806 年，哈伦·拉希德（Hārūn al-Rashīd）统治时期，塞浦路斯岛居民据说掀起了一场骚乱，哈伦发起一场远征平定了他们。据说当时有一万六千名俘虏被押送到了哈伦设在叙利亚北部的根据地拉卡（Raqqa），他们中有些人被赎回，有些则被贩卖为奴——其中有一位塞浦路斯主教被卖得两千第纳尔。[7]尽管遭受了这些灾难，但在邻近大陆逐渐消亡的希腊基督教文化还是在塞浦路斯坚强地存活了下来。在 787 年召开的第二次尼西亚（位于拜占庭境内）公会议中，尽管穆斯林统治下的几位教会

主教无法与会，塞浦路斯还是有不下五位主教到场参加，这表示塞浦路斯与基督教世界的联系依旧紧密。

对塞浦路斯的首次劫掠得手后，大约在654年，穆斯林军又对地中海的罗得岛与科斯岛进行了洗劫。[8] 655年，穆斯林军与拜占庭军在吕基亚海域爆发了第一场海上遭遇战，史称"桅林之战"（Dhāt al-sawārī）或菲尼克斯海战。[9] 此战在伊本·阿卜杜·哈卡姆的著作、狄奥法尼斯的希腊文编年史，以及后来由伊本·阿西尔（Ibn al-Athīr）编写的阿拉伯文编年史[10]中的描述都十分详尽，为我们提供的信息比同时期其他遭遇战都更多。根据阿拉伯文史料记载，这场战役起始于拜占庭皇帝君士坦斯二世（641年至668年在位）组织海军远征北非，以对抗穆斯林军的征服行动。他派出了一支由五百或六百艘船只组成的舰队，"军力更是比伊斯兰来临之后，拜占庭帝国所召集的任何一支军队都要壮大"。穆阿维叶则派遣埃及总督，同时也是"海上主帅"*的伊本·艾比·萨尔赫（Ibn Abī Sarh）前去截击。两军在吕基亚海域相遇。当穆斯林军刚刚发现拜占庭军时，他们正处于逆风，但不久后风势便平静下来，两军舰队纷纷抛锚扎稳阵脚。然后两军当夜商议暂时停战。穆斯林军诵读《古兰经》并礼拜祈祷，而拜占庭军则敲响他们的钟（nawāqīs）。第二天早上，两军舰队向对方靠拢，穆斯林战舰与拜占庭战舰展开了接舷战。士兵们用刀剑和匕首搏斗拼杀，双方都有许多人战死。最终穆斯林军幸得真主庇佑赢得了胜利，混战中拜占庭皇帝负伤逃离了战场，只有一小部分拜占庭军死里逃生。伊本·艾比·萨尔赫原地停留几天后，率军返回了叙利亚。

---

* 阿拉伯语原文为 calā al-bahr。

420 大征服

关于这场战役，篇幅最长的记载来自伊本·阿卜杜·哈卡姆的著作，他利用了许多埃及史料，这些史料可能是他在埃及当地收集的，因为阿拉伯舰队中有许多人都是从埃及出发，并在战后返回埃及的。然而这些记载大多是刻板堆砌的陈词滥调，而且令人失望的是，其中大部分篇幅都用来记叙在这场事件之后是谁娶了谁的女儿等琐事，对于其他话题的记述则难以为海军史学家提供帮助。根据这份文献中我们能够加以探究的部分，我们可以得知这场海战是一场联合行动的一部分，当时有半数船员（shihna）位于岸上。拜占庭军拥有一千艘船只，而穆斯林军则有两百艘。主帅伊本·艾比·萨尔赫召开了一场军事会议，会上一位将领气势激昂地声称，只要真主庇佑，就算一小支人马也能击败强大得多的敌军。于是穆斯林军士气大振，两军相交时他们用弓箭（nabl wa nushāb）互相射击。交战中，拜占庭皇帝[11]遣使询问战况如何。当他听说两军正用弓箭作战时，他说拜占庭军必将胜利。后来，当他听说两军正在抛石互击时，他又说拜占庭军正在赢得局面。但当他听说战舰相互纠缠，两军接舷展开白刃战时，他才预料到阿拉伯人将会是胜者。

狄奥法尼斯编写的希腊文史料对战役背景的描述则不尽相同。根据他的记载，当时穆阿维叶正在组织一支舰队，以进攻君士坦丁堡。这支舰队在的黎波里（位于黎巴嫩）尚未编成，有两位"军号手（Bucinator）的儿子，受基督恩宠的兄弟"闯进了的黎波里的监狱，释放了当地的大批拜占庭俘虏。然后他们洗劫城市，杀掉了总督，逃回了拜占庭帝国境内。但穆阿维叶并未因此而却步，这支舰队由一位名叫艾布·阿瓦尔（Abū'l-Awar）的将领指挥，奉命起锚出发了。君士坦斯皇帝闻讯仓促出战，在吕基亚的

菲尼克斯开始了战斗。很快海面便被拜占庭将士的鲜血染红，皇帝本人也不得不丢弃皇家紫袍，以免自己的行踪被敌军发现。他最后被其中一位军号手的儿子从水里救了上来，后来这位军号手之子为保护皇帝而代其战死。

所有文献都一致认为，穆斯林军在桅林之战中获得了重大胜利，这场战役是拜占庭海军在东地中海霸权的终结。遗憾的是，我们缺乏对于这场战役更加清晰具体的描述。近来研究这场战役的历史学家对参战双方都评价颇低：

> 参战双方都忽视了大部分最基本的海战规则，这部分是由于拜占庭军过于低估他们的对手。在两支舰队接战前，拜占庭军一整夜都没有制定任何可行作战方案。战斗中没有利用抛射武器，也没用上投射箭矢石头的特殊机械。双方任何一艘战舰都没有利用冲角撞击敌舰。由于登船战需要较高的技巧才能完成，阿拉伯人便采取了更便捷的方式。他们设法将自己的战舰与敌舰相互捆绑，以此将海战转变为陆战……双方完全没人考虑到风向。[12]

由于史料实在过于缺乏，我们无法确定上述批评是否属实。但很显然，此时的穆斯林海军总体上仍旧弱于拜占庭海军。这一点在进攻君士坦丁堡的战役中体现得尤为明显，这场战役起始于674年。穆斯林军从一开始就十分清楚，若不先拿下周边水域，君士坦丁堡是不可能被攻下的。于是，穆阿维叶的儿子和他后来的继承者叶齐德率领着一支庞大的阿拉伯舰队进入了马尔马拉海。四年间，这支舰队每年封锁该城持续整个夏季，然后撤往

马尔马拉海南岸的基齐库斯过冬。尽管遭受着阿拉伯军不断的压力，君士坦丁堡仍旧固若金汤。在这场战役中，拜占庭海军显然首次装备并运用了著名的"希腊火"，这种武器由卡利尼库斯（Calinicus）发明，他是一位叙利亚难民，从阿拉伯人统治下的巴勒贝克逃亡而来。希腊火由原油和一些便于其黏附在木材上的原料混合而成。在作战时，这种混合物被点燃，并通过虹吸管喷向敌舰。由于这种武器的设计方案是拜占庭人从一位巴勒贝克本地人手中得到的，显然这项技术很有可能起源于中东地区。也确实存在一些历史证据（见下诗）能够证明穆斯林军在围城战期间使用过火焰武器。[13]

一首同时代的诗歌纪念了君士坦丁堡守城战的胜利，这首诗由一位名叫狄奥多修斯·格拉马提库斯（Theodosius Grammaticus）的诗人所作。这类诗歌大部分会依照传统赞美神保佑基督徒赢得了胜利，但在这首诗中，有几行诗句似乎能够体现当时的某些历史事实。

被诅咒的人们啊，你们闪光的箭雨如今何在？弓弦阵阵悠扬的合鸣如今何在？你们的刀剑长矛曾闪闪发亮，你们曾身穿胸甲，头戴头盔，身佩弯刀和黑暗的盾牌，如今又都何在？

投射火焰的双层战船今何在？还有那些战斗中来去如飞的单层战船又去往何处？

你们还有什么好说呢，凶恶可悲的以实玛利人？基督是全能的救主，他行使着主的权能。他给予我们力量，援助我们赢得战争。他击碎敌人的弓箭，打倒了他们的大军……于

是，大海，你曝露着杀人者四分五裂的尸身，以此为主欢庆
谢恩！大地也返照了世间万物的主，欢庆他的降临。我们合
奏赞歌，赞美主的光荣与威能延续万世，直至无穷。[14]

678 年，穆斯林海军被击溃，围城陆军也被迫回撤。在返回
叙利亚的途中，阿拉伯舰队大部分都在潘菲利亚海域遭遇风暴而
沉没。最终拜占庭海军赢得了胜利，成功保卫了君士坦丁堡。

716 年至 718 年，穆斯林军发起了第二场针对君士坦丁堡的
海上远征。由于阿拉伯文史料十分简略，希腊编年史家狄奥法尼
斯又一次成为这次历史事件的首要见证者。根据这位希腊修士的
记载，这场冲突最早起因于两军对木材资源的争夺，因为木材
对于造船业有着关键性意义。当时拜占庭人注意到埃及的阿拉伯
人正考察黎巴嫩海岸，以征收木材。拜占庭皇帝阿尔提米奥斯
（Artemios）便决心阻截他们，他召集了一批轻快战舰来完成这次
任务。拜占庭舰队在罗得岛会合，这支舰队的指挥官名叫约翰，
是圣索菲亚大教堂的一位助祭，同时也是财政大臣。他们的任务
是前去袭掠黎巴嫩并烧毁木材。然而这次远征并没有依计划展开。
就如这段时期的拜占庭帝国经常遭遇的那样，舰队中爆发了一场
兵变，帝国指派的指挥官被杀，军队则起航开往首都去推翻阿尔
提米奥斯皇帝，因此阿拉伯人的造船工程并未受到影响。

716 年，马斯拉玛·本·阿卜杜·马利克（Maslama b. Abd
al-Malik）率领一支庞大的陆上军队进攻君士坦丁堡。与此同时，
一支舰队也集结完毕。这支舰队的主要任务似乎是为马斯拉玛率
领的攻城部队提供支援与补给。716 年至 717 年冬季，舰队在西
西里海岸过冬。到春季，舰队向东出发，然后向北航行。进入马

尔马拉海之前，他们先在赫勒斯滂的阿卑多斯停靠。8 月 15 日，马斯拉玛开始围城，9 月 1 日，一支据说拥有一千八百艘船只的庞大舰队在城墙下落锚，其中一些驻扎在博斯普鲁斯海峡亚洲一侧的城郊边，而另一些则在金角湾北部的欧洲海岸停留。狄奥法尼斯称阿拉伯舰队毫无战力，因为它们所载货物太重，拖累了船只。当时天气良好，阿拉伯舰队便向博斯普鲁斯海峡进发。然而这是一个致命的失误。拜占庭皇帝利奥三世此时正在卫城观察形势，指挥战斗，他派出火船冲入阿拉伯舰队，烧毁了许多敌船："当其他船沉入海底时，还有一些船只燃烧着直直撞碎在海堤上，船上的人和一切东西都在熊熊燃烧，这些船只最远开到了奥克西亚（Oxeia）和布拉提亚岛（Plateia，即今日的王子岛，位于马尔马拉海）。"市民见状大受鼓舞，而攻城者则惊惧不已，"见识到了液体火焰的厉害"。见一些阿拉伯船只从大火中幸存，皇帝便放下横贯城区与加拉塔区之间的锁链，试图将残余船只诱入金角湾。但阿拉伯将领害怕如果他们贸然进入，敌军会升起锁链将他们完全困在里面。于是他们转而向博斯普鲁斯进发，去往欧洲部分的一个海湾过冬，这里如今矗立着奥斯曼帝国宏伟的如梅利堡垒（Rumeli Hissar）。

这年冬季十分艰苦。地面积雪持续一百天未曾消融，穆斯林军饥寒交迫，痛苦不堪。来年春季，增援终于到来了，苏富扬率领了四百艘运载着食物的商船从埃及前来支援，之后从北非又有两百六十艘运载武器和补给的商船来援。两只船队的指挥官之前都已听说过希腊火的威力，他们并不靠近城墙，而是将船只停靠在马尔马拉海的亚洲部分海岸妥善隐蔽起来，以防遭受损失。

这两支穆斯林舰队的船员大部分是埃及的科普特派基督徒，

其中至少有一些人认为他们本应忠于基督教同胞和拜占庭帝国。于是某天夜里，他们从商船下来，乘轻快小船进入了城市，声称他们要向皇帝效忠。他们向皇帝透露舰队正停靠在马尔马拉海南岸，于是皇帝便准备好喷火武器，将它们装备在战舰和"双层战船"上。"感谢神的护佑，"这位虔诚的编年史家写道，"神回应了贞洁圣母的代祷，敌舰全部当场沉没。阿拉伯舰队的物资与财物都被我们缴获。"[15]

最终在 718 年 8 月 15 日，战役结束了。虔诚的欧麦尔二世哈里发对于大规模军事远征总是十分审慎，他遣使前来命令马斯拉玛撤军。神又一次出手佑助了拜占庭人：

> 当他们的远征军撤军回返时，一阵猛烈的风暴袭击了他们：这是神为了回应圣母的代祷而降下的风暴。神在普罗科涅索斯岛（Prokonessos，马尔马拉海的一座岛屿，以其上坐落着古老的大理石采石场而闻名）淹死了一些敌人，而其他人则溺死在阿波斯特勒菲岛（Apostrophoi）以及其他海岬附近。至于那些穿越爱琴海勉强逃命的残敌，神也对他们降下了可怖的威怒。一阵暴雨当头降下，使得海面泡沫翻滚（这一现象可能与同时期发生的叙利亚地震有关）。用来堵塞缝隙的沥青用光后，他们便纷纷连人带船葬身海底。最终只剩十人死里逃生，向我们和阿拉伯人讲述了神对他们降下的大灾。[16]

穆斯林海军在君士坦丁堡的坚墙和海军面前遭遇了失败，这标志着阿拉伯帝国和拜占庭帝国之间力量平衡发生了重大变化。

此次远征是十一世纪前，穆斯林舰队最后一次进入马尔马拉海。强大的海军拯救了君士坦丁堡，并阻止了穆斯林的最终胜利。

早期穆斯林征服中，海军行动活跃的另一片地区是北阿非利加海岸和西西里。652 年，远在真正征服北阿非利加之前，穆斯林军就对西西里发起了第一次海上远征。一支由两百艘船只组成的穆斯林舰队袭掠西西里岛海岸地带长达一个月，将教堂和修道院抢掠一空后返航回到了叙利亚。[17]

突尼斯城建立后，阿拉伯人便开始在北阿非利加建立海军基地。突尼斯城可能是在 700 年由总督哈桑始建的，当时迦太基城才刚刚陷落。至于为何要选择新址建城，而不是直接利用拜占庭帝国留下的迦太基海港，原因尚不得而知。这可能是因为当时现成的港口已经淤塞或者因其他原因而无法使用，但更有可能是因为突尼斯并不位于易受到拜占庭海军袭击的开阔海域，而是坐落在一片潟湖上，与海洋有一条短小的运河相连。这样的地形使得此城易于固守。突尼斯城发展成了阿非利加地区的主要海军基地，但政治中心仍在内陆的凯鲁万。

此后不久，穆斯林军便开始了首次对地中海岛屿的征服，他们大约于 700 年夺取了潘泰莱里亚。几年后，可能是 703 年，阿塔·本·拉菲（Atā b. Rāfi）率领着一支庞大的埃及舰队来到北阿非利加。[18] 当时已值秋季，正是多风暴的季节。总督穆萨·本·努赛尔警告他不该在这一年内发起行动，但阿塔只顾期待劫掠岛屿将带来的财富，并未准备在此长待。他们决心袭掠撒丁岛。此次袭掠直到返航之前都十分顺利。当他们马上就要到达突尼斯港口时，突然一阵风暴袭来，舰队中大部分船只沉没了。总督的儿子阿卜杜·阿齐兹在附近的海岸上收拢了溺死者的遗体和船只残骸

第十章 海上战争 427

及其搭载的货物。幸存的船只及船员则在突尼斯避难，穆萨收留接待了他们。可能为了报答穆萨对他们的好意，他们组成了九年后穆萨入侵西班牙时的海军主力。

此次海上灾难在埃及莎草纸史料中留下了有趣的记载。在一些阿拉伯总督寄给上埃及的阿芙洛蒂托（Aphrodito）区长（pagarch，当地地主与行政官员）的书信中，有一封的内容提到总督询问船员的遭遇，这些参加舰队的船员可能都是来自这座城镇的科普特人。带着铁腕官僚式的讯问口气，他要求得知这些船员中有多少人回到了家乡，多少人留在了马格里布。[19] 他还要求了解关于那些并未回来的船员以及遇难船员的更多具体信息，以及为什么部分船员留在阿非利加的原因。我们只发现了总督的信件，并没有发现区长的回信，但这份莎草纸信件明显体现了两点信息：其一是总督对远征舰队的严密监控程度之深；其二是就连距海岸五百公里外的阿芙洛蒂托，也受命要为远征提供人手。

突尼斯的武备库完成后，北阿非利加的舰队便在事实上独立于东地中海的穆斯林舰队之外，直接受北非总督的统辖了。实际上，这支海军是一支海盗团，由一群独立的海员组成，以海上劫掠行动为主，他们在地中海中部海域袭掠岛屿和薄弱的海岸线，以虏获财物及奴隶。如上文所述，718 年，北阿非利加舰队有能力提供三百六十艘全副武装的舰艇支援穆斯林军围攻君士坦丁堡。有时，这些海盗也会遭遇海上抵抗。733 年，他们在西西里海域被一支拜占庭小舰队偷袭击溃，拜占庭军用希腊火焚毁了许多阿拉伯舰船，[20] 第二年，另一支舰队遭遇了拜占庭战舰袭击，失去了运载的俘虏。740 年，穆斯林舰队发起了一场更大规模的征服行动。这次他们的攻略目标是拜占庭帝国在西西里的首府锡拉库

扎，阿拉伯舰队在这场战役中带来了战马。这次远征可能意味着阿拉伯军对西西里征服的正式开始，然而到了来年，即741年，为了反抗阿拉伯税官和贩奴商人，北非的柏柏尔人掀起了一场规模巨大的起义。这次起义期间，阿拉伯人被暂时赶出了北非的大部分地区，失去了对外袭掠的基地。

海军的组织

舰队维持困难且花销巨大，它们需要投入大量资源来维护保养船只，甚至就连它们本身并不创造收入的时候，也需要投入资源。在必要时，无须花费多少便能召集起一支由志愿者组成的陆军。这些人因战利品而参军，自费配备装备，自费购置粮草。诚然，在八世纪，正规军士兵领取固定薪水，但假如对抗不信道者的圣战（jihād）到来时，很多部队也会志愿参战。

海战则全然不同。在战役开始前，船只的建造必须要精良合格。即使是已经建成的船只，也要进行维修和翻新。士兵们可能会因渴望战利品而志愿参军，但技巧熟练的海员和桨手则需要强制力和酬劳来迫使他们效力。这表明当时穆斯林海军的组织形式，即使在现存最为破碎的早期伊斯兰政权行政记录中，也能够留下一定的痕迹。

穆斯林海军的组织以武备库（arsenal）为中心。这个英文单词来自意大利语，最早起源于阿拉伯语的 Dar al-Sināca，即工坊。这一术语可能在九世纪就已经被用以描述穆斯林舰队的海军基地了。叙利亚地区最早的武备库似乎位于阿克，但后来被希沙

姆哈里发（在位时间为 723 年至 741 年）迁到了提尔，因为阿克地区的地主拒绝变卖家产供哈里发征用——而哈里发也没有强买财产。希沙姆在提尔建立了一座旅馆（funduq），可能用以安置工人，以及一座谷仓（mustaghal）。[21] 大致就在这段时间，盎格鲁-撒克逊人圣威利博尔德到访了提尔两次，当时是 724 至 726 年间，他正在前往圣地朝圣的途中，后来他也是从提尔乘船返回了家乡。圣威利博尔德带着欣喜之情记载了自己偷偷带回一些昂贵而圣洁的耶利哥香膏的过程，他将其掩藏在一罐矿物油里面，瞒过了阿拉伯边检人员的检查。圣威利博尔德还提到，提尔港是一片戒严区，任何未经允许擅自进入的人都会被逮捕。[22] 从九世纪至十世纪阿拉伯地理学家的描述中，我们也能对提尔得知一二。一位地理学家将提尔描述为"海滨城市之首，城中坐落着武备库。帝国的舰船从这里起航，出海与希腊人对抗。这座城市十分美丽，且守备坚固"。[23] 还有人写道："提尔是一座拥有坚固守备的海滨城市，通过桥梁只有一座城门能够进入城中，这座城市被海环绕，剩下的一面则有三面城墙在海上矗立。每晚船只都会进入港口停泊，然后铁索升起封锁港湾……当地居住着许多工人，每个人都有自己专精的技能。"[24]

861 年，穆台瓦基勒哈里发将海军基地迁回了阿克，后来，可能在九世纪七十年代，埃及半独立的总督伊本·图伦对这座港口进行了大规模改建，加强了它的防御。阿拉伯地理学家穆卡达西（Muqaddasī）提供了现存最为完整的关于早期穆斯林海港建设的文献记载，其中就有关于此次港口改建的描述。[25] 他回顾了自己的祖父在这场工程中做出的贡献，笔下不乏自豪之情：

阿克城是一座海滨坚城……伊本·图伦来访此城后，大大加强了城防设施。他之前就曾见过提尔城的城防，那里的海港拥有围墙保护，因此他也希望将阿克城的城防按照同等标准加强。他召来了全省各地的工程师（sunāc），但当他向他们阐述工程计划时，工程师们纷纷回答说，没人能在水下打地基。这时，有人提起了我的祖父，建筑师（binā'）艾布·伯克尔，并说如果有可能，能完成这项工程的人非他莫属。于是，伊本·图伦派遣耶路撒冷总督将我祖父接来。当他到达时，人们纷纷询问他能否办到。"这小意思，"艾布·伯克尔回答说，"运来些结实的无花果木大梁！"然后他把那些大梁浮在水上，就像在陆地上修建堡垒那样布置起来，捆绑在一起。又建起一座开在西面的大门（向海的一面）。然后艾布·伯克尔开始在木筏上用石材和黏合剂（shayyid）搭建建筑结构，并每隔五段（dawāmis）立一座大柱以加固。之后由于承重，木筏渐渐下沉。当木筏下沉至海港的海底沙滩时，他便下令停止建造，休假一年，以便建筑能够稳固矗立。最后，他将这些防御建筑与城市原有的城墙相连，并修建了一座桥梁横跨海港入口。当港口中有船只停泊时，入口处就会升起铁索封锁海港，与提尔港的设计类似。在加装这项设施之前，敌舰（拜占庭舰队）曾重创港内停泊的许多舰船。我的祖父据说被赏赐了一千第纳尔金币，除此之外还奖励了一套象征荣誉的长袍、一些骏马和其他礼品，他的名字也被铭刻下来，以纪念这项工程。

今日这项建筑工程的水面部分早已无迹可寻，但我们仍然能

够清晰地想象出它曾经的样子。这些在水平面位置支撑建筑结构的古典石柱后来被重新利用，成为十字军占领时期黎巴嫩海岸的典型建筑之一，十分有趣的是，这座工程在此之前很早就已投入使用。

在 780 年左右，穆斯林军在奇里乞亚的塔尔苏斯新建了一座海军基地。塔尔苏斯曾是拜占庭帝国的重要城市，也是圣保罗的故乡。但在穆斯林征服结束后，这座城市似乎被破坏并废弃了，当时它正处于拜占庭帝国和阿拉伯帝国之间的无人区中。哈伦·拉希德哈里发下令加强该城守备，于是该城成了从伊斯兰世界各处志愿前来之圣战者的聚集地。当时船只可能停靠在河口港湾，这条河流流经塔尔苏斯城，汇入地中海，并没有任何历史记录显示这里曾兴建港口。900 年，哈里发下令烧毁所有船只，这似乎是因为他听说当地居民对帝国不忠。"约五十艘船被烧毁了，这些船只价值不菲，在当时无可替代。这一损失使穆斯林陷入危险，削弱了他们的力量，也使希腊人摆脱了遭遇海上入侵的威胁，增强他们的实力。"[26] 尽管遭遇了这次挫折，塔尔苏斯还是很快恢复了原本的地位，因为在 904 年，穆斯林舰队沿着安纳托利亚半岛的地中海沿岸一路袭掠，最终到达了安塔利亚。穆斯林军强攻下了这座城市，虏获了五千战俘，并解救了四千穆斯林战俘。穆斯林军还虏获了六十艘拜占庭舰船，满载着抢掠的战利品返航，其中包括金银、货物和奴隶。每一个参与此次袭掠的穆斯林都获得了约一千第纳尔的报酬。穆斯林军为此次大捷欢欣鼓舞。[27] 当时拜占庭军对付穆斯林军的登陆袭掠越来越得心应手，穆斯林军能获得如此丰厚的战利品一定会使他们对海上战斗重燃兴趣。

在穆斯林征服埃及之后不久，埃及便建立起了新的海军基地。

如上文所述，在八世纪初，科普特海员在马尔马拉海和北非海域的海战中都参与了行动。与叙利亚海岸的海军基地一样，埃及的海军基地也是在拜占庭海港的基础上兴建起来的。毫无疑问，在这些海港中最为著名的便是亚历山大城。在穆斯林征服埃及后的多年中，亚历山大城显然仍是一座重要港口。朝圣者阿尔库夫从巴勒斯坦的贾法乘船航行四十天后来到了这座城市。他眼中的亚历山大城宏大无比，城市被城墙和塔楼围绕，步行一整天才能穿越整个城区。他还描述了古老的亚历山大灯塔，此时仍在使用。[28] 可惜的是，阿拉伯文史料几乎对这座城市和海港完全没有记载。我们只能得知这座城市有军队驻守，但史料中并未提及是否有海军驻扎。[29] 另一座埃及地中海沿岸的重要海军基地是法拉玛。但史料同样对此提及甚少。此外在罗塞塔和达米埃塔也设有海军基地。一份写于710年的莎草纸信件记载了运往达米埃塔"以支援劫掠船队"的物资清单，但关于这座城市最为详尽的信息来自一份有关853年初夏某次拜占庭军海上袭掠的文献记载。当时斋月刚刚结束，正值开斋庆典，埃及总督大意地将守军召回首府福斯塔特一同庆祝节日。守军离开后，一支拜占庭舰队进攻了这座城市，这支舰队拥有一百艘沙兰迪亚战船（shalandiya），每艘战船搭载着五十到一百名士兵。拜占庭军烧毁了星期五清真寺和城中的教堂，他们抢掠了装饰用品、糖果（qand）和亚麻，这些原本是准备运往伊拉克的物资。拜占庭军在城中发现了各式武器装备和海军装备，其中包括一千支长枪，准备运往克里特以支援在那里作战的穆斯林军，存放船帆的库房也被烧毁。约有六百名妇女，包括穆斯林和科普特人，都被掠为俘虏，还有更多的妇女和儿童在试图跳进浅水湖逃跑时溺死。然后，袭掠者继续向岛上的廷尼斯

城进发，但他们发现湖泊太浅，无法承载他们已经负重的船只。于是他们便只好转向袭掠小城乌什图姆（Ushtum），这座城镇在此不久前曾依哈里发命令修建了城墙和铁制城门。他们在这里发现并烧毁了一座攻城军械库，摧毁了其中存储的轻重投石机。然后他们回军返航，一路上没有遭遇任何穆斯林陆军和海军的阻拦。在文献中我们可以得知城镇拥有城防设施，也有军用装备和海军装备存储，但似乎在这片区域并没有穆斯林舰船设防。

福斯塔特的罗达岛坐落在尼罗河中，是一座主要的造船中心，根据早期阿拉伯文史料记载，这座岛屿被称为"贾兹拉·西拿"（Jazirat al-Sinaca），即"武备库岛"。这座基地似乎是在673年，拜占庭军袭掠埃及沿海城镇布鲁琉斯（Burullus）之后建造的，之所以建造在这里，可能是因为这一地点位于河流靠近上游的位置，距离海岸较远，便于船只在这里建造维护，而无须顾虑袭掠。据709年的莎草纸文献记载，埃及总督曾下令将木匠和商人送往福斯塔特武备库的主管处协助建造船只。[30]

有关早期穆斯林武备库发展的更多信息在一份官方信函中有所提及，这封信函由哈里发（姓名不详）寄给一位边疆总督（同样姓名不详），被记录在了一份十世纪的史料中。[31] 就像大部分这类文献一样，这封书信的大部分内容是道德训诫与常识。信函开头是一长串宗教训令，诸如要求人们服从扬善惩恶的真主之类，但信件内容中也的确有一些直接与港口和船只有关的指令。信中哈里发敦促总督支出费用以维护舰船和装备，并在冬季将船只运上陆地。总督应当派出间谍，做到耳听八方。总督不得让任何希腊火专家（naffātīn）、船员、投手（qadhdhāfīn）或商人随意上船，除非他们的资历已获得认证且有能力胜任船上的工作。受

雇的士兵必须是顶尖的精锐。总督应当亲自视察造船厂，保证木材、铁、亚麻、沥青（zift）及其他物资的充足，以确保舰船能够顺利建成，并配备船桨和船帆（qulūc）。应当选拔可靠且经验丰富的水手。应当对商人加以监视，以防他们充当敌方间谍。总督还应严密关注海港情况，确保每一艘进出船只都记录在案。码头的一切物资都应保持整洁，维护良好，以备行动时使用。总督应当确保港口存有足量的油（naft）、树脂和绳子，且所有物资状态良好。

这封书信的内容应该颇受船员认同。和其他任何军事部门类似，穆斯林军武备库无疑也往往难以达到最理想的状态，但行政部门显然对于军需和备战有着良好的规划，知道应该把钱花在哪里。

战舰 [32]

阿拉伯帝国与其敌手拜占庭帝国在舰船设计上一脉相承。在这段时期，古希腊时期和岁马早期庞大的三列桨战船和五列桨战船早已消失在了地中海的海面上，取而代之的是更小更轻快的桨帆船。由于这一时期并没有可以辨认的战舰残骸留存至今，我们只好依赖文献史料中少得可怜的记载和稀少的绘画和壁画来重建这一时期战舰可能呈现的外形。有关这一时期的战舰，还有大量信息仍不明确。根据现存的文献资料和形象资料，我们对拜占庭舰船的了解略多于阿拉伯舰船，但仍然缺乏历史证据证明双方军舰有何重大不同。

这段时期拜占庭帝国配备的标准战舰名为"德罗蒙战船"（dromon）或"切兰迪翁战船"（chelandion），阿拉伯帝国也应用同样型号的战船，称其为"希尼战船"（shinī）或"沙兰迪战船"（shalandi）。这段时期的商船仅仅以风力作为动力，而战船则主要由桨驱动，只在天气良好的情况下巡航以及需要额外动力时才会使用船帆。在作战中若要加速或灵活机动，船桨是必不可少的。据估计，一艘中等尺寸的德罗蒙战船约有三十米长，根据一比八的长宽比，其宽度约为三至四米。穆斯林战船可能也与此相同。根据拜占庭史料，最大的德罗蒙战船能够承载二百三十名桨手和七十名士兵，但更有可能的承载量是一百至两百人。

在中世纪早期，战舰的设计与制造方式经历了数次变革。[33] 其一是船壳制造方面的革新。在古典时代，船壳由一块块木板从一侧到另一侧拼接起来，并以榫卯固定。而依照保存良好的木材复原出的 626 年的叶西·阿迪商船则利用一种更为先进的方式建成，这艘船先搭建了龙骨框架，然后将木板在框架上拼接起来。这使得船只更加轻快，造价更为低廉，但也不及以前那样坚固。我们并不清楚海军军舰在建造船壳时是否采用了我们在叶西·阿迪商船上发现的这项先进技术，但考虑到这能够使船只更加轻快且廉价，这项技术很可能获得了应用。其二则是船首的水下冲角被位于水面以上的尖刺所取代。古典时代的战船曾经使用水下冲角作为重要海战武器，但在古典时代后期，这种武器渐渐被淘汰了，而更轻量的船壳构造也难以禁受直接冲撞带来的冲击。[34] 第三项创新则是帆形和帆索的变革。罗马后期的船只使用的是利用帆索固定在横桁上的方形帆，但在中世纪早期，不知确切何时，方形帆被三角帆所取代，这种新船帆更加易于让船只借助风力转

向。阿拉伯船只似乎从一开始就配备了三角帆。在这段时期还有一项标志性创新，那就是甲板上加装了一座木制"堡垒"，以便船上士兵在近距离接战时能够占据制高点。古典时代后期的战船用船舵位置的两个大桨转向，这项设计似乎直到十世纪或十一世纪仍在使用，此后转向桨才被单尾舵取代。

当时的海战大多只是将陆战的战场转移到了船上。据拜占庭帝国的海战论著阐述，舰队应当呈新月队形排列，旗舰和最为强大的战船位于队形中央。其中一部论著还提到，假如海战发生在临近敌方海岸的海域，最好尽量靠近海岸作战，因为如此一来，就能诱使敌方海员弃船向岸边游去。除此之外，似乎有关战船部署策略的指导内容就寥寥无几了。海战往往以投射抛掷物、箭矢、石块和燃烧物开场。除一般在船头设置希腊火发射器外，战船上还会配备投石机以投射石块和希腊火罐。还有一项十分有趣的战术是向敌船甲板投掷装有蝎子和毒蛇的容器，这一想法可能在理论上更吸引人，但在实际海战中并不那么实用。[35] 海战的主要武器是弓弩，可能像在桅林之战中那样，海战的最终阶段将以士兵近距离接战决定胜负，与陆战没有太大不同。

船员由两部分人员组成，其一是桨手和海员，其二是士兵或海上步兵。有证据表明，在拜占庭战舰上这两部分人员的区分并不严格，海员在必要时也能成为战斗人员。但与之相反，在早期穆斯林海军中，似乎以阿拉伯穆斯林为主的士兵和以科普特基督徒或叙利亚基督徒为主的海员之间区分十分严格。但这种严格区分很可能在九世纪到十世纪期间，尤其在海盗船上，变得逐渐模糊了。

埃及莎草纸文献中的证据

七至八世纪的埃及莎草纸行政文献体现了对招募海员和补给船只的独特观点。这些文献中最为重要的是 709 年至 714 年在任的埃及总督古拉·本·沙力克（Qurra b. Sharīk）寄出的一系列信件，这些信件的目的地是上埃及小镇阿芙洛蒂托，即今日的库姆·伊什考（Kūm Ishqaw），其中一封书信的内容已经在上文中引用过一次，用以讨论 703 年穆斯林军对撒丁岛的袭掠。这些文献既有科普特文和希腊文，也有阿拉伯文，但在我们看来，其中最为重要的是希腊文部分，因为这说明在此时希腊文仍旧是埃及行省的主要行政语言，尽管福斯塔特的中央政府已经普遍使用阿拉伯文进行行政工作。

阿芙洛蒂托距离地中海十分遥远，尽管当地人在尼罗河中驾驭航船的经验十分丰富，我们仍旧很难想象他们拥有任何在大海上航行的经验。尽管如此，当地人还是需要为埃及舰队效力。埃及的每片地区都要为舰队提供一定数量的海员。根据记载，这些海员可能从澡堂工人、制毡工人或牧羊人中征募而出，他们原本从事的都是十分低贱的体力劳动，另外每座村庄都应将合格人选登记在册。当地地主负责提供人员并为其作出担保，这样，假如海员没有按时报到，政府可以及时雇佣替代人员。在一封当地地主寄给埃及总督的信中，他们如是保证道：

> 我们宣布，我们自愿服从安排，我们保证，我们为这些海员负责、为他们作保，并且切实证明他们来自我们的土地上，我们特将他们的名单在这份担保宣言底部为您呈上。我

们将在十五年期的第七年把他们送往北方上船服役，为第八年的阶段任务（此处指袭掠）做准备。* 这样，在埃及的户籍册上，他们将作为海员服役尽责，不得脱离岗位。但假如有任何一人逃离岗位，尊敬无比的总督大人所要求的任何罚款我们都会保证赔付。[36]

这份保证书最后附上了三位海员的姓名及地址，还有担保人的签名画押。

在另一份书信中，总督下令当地人遣送两个半（！）海员去参加穆萨·本·努赛尔在阿非利加组织的海军舰队。他们的薪水为一又六分之一索里迪（solidi），旅费为十一又六分之一索里迪，均从国库支付，这可能是从当地税收储备中支取的。

在船上划桨，尤其是为异族统治者的战船划桨，不可能是什么受欢迎的活计，然而根据书信记载，尽管理论上一旦登记在册就要强制服役，但至少桨手有薪水可领。这些桨手并非古罗马时代的船奴。此外，也有并不普遍的个别事例表明，通过支付金钱来代替亲身服役也是有可能的。甚至有一份莎草纸文献的内容提到征用一批软靠垫，尽管这样看可能有点过于乐观，但有人认为这批软垫是用于加垫桨手座位的。[37] 在上文中我们提到总督古拉曾致信阿芙洛蒂托当地官员，向他质询那些来自此地的、参与阿塔·本·拉菲那支不幸的袭掠舰队的海员结局如何。他得到的回答是一些人遇难身死，一些人返回了家乡，还有一些人留在了阿非利加，然后总督又质问为什么会这样。由此看来，在海军服役

---

* 即沿用拜占庭帝国后期的十五年期制。

会不会至少为某些人提供了逃离乡村生活拘束，追求新生活的机会呢？

海军不仅仅需要人员，它同样也需要造船材料。于是，总督又找上了阿芙洛蒂托的地主们。在造船材料中，显然木材最为重要。造船用木材中有一些来自黎巴嫩山区的原始森林，但埃及本地也盛产优质木材。比如大叶合欢树，据说"如果两片这种木材紧紧贴合在一起，在水里泡一年，它们就会合二为一"。再比如金合欢树，这种木材坚硬如铁，另外还有棕榈树。在一封书信中，古拉要求阿芙洛蒂托的区长运送棕榈木大梁与无花果木到"巴比伦岛（即福斯塔特）"用以造船，为次年的袭掠行动做准备。

除木材外，制造钉子所需的铁也必不可少，于是，总督又要求阿芙洛蒂托人从政府的仓库中领取废铁或生铁，将其打造成钉子，再上交给福斯塔特的造船总监。埃及本地并不产铁，因此铁很可能是从西班牙进口，或从拜占庭建筑上拆除下来重新加以利用的。最后一项物资是绳索，值得一提的是，英文单词"缆索"（cable）最早源自阿拉伯文单词 habl，即"绳索"。埃及盛产纤维植物，能够生产大量绳索。

除这些政府主导的官方海军之外，当时还存在着非正规的阿拉伯海盗，他们不受雇佣，仅为掠取战利品而聚集在一起。就是这些海盗，而不是哈里发的海军，于 824 年征服了克里特，并于九世纪末到十世纪初在意大利南部的加里利亚诺和法国南部的弗拉格西涅特（Fraxinetum，今弗雷瑞斯）建立了海盗巢穴。但这些话题并不在本书讨论范围之内。

第十一章

被迫服务的青年

"胜者为王"这句箴言不仅仅适用于现实中的军事胜利，还常常适用于对事件的历史记载。然而被征服者的声音大多被埋没在了由征服者书写的胜利史中。但在研究穆斯林征服史时，我们拥有大量的文献作品、历史记载、末日预言书和诗歌，供我们一探在大征服刚刚结束时，当时的民众如何看待他们的新主人，以及他们眼中这场征服为他们带来了何种损失，有时又会带来什么好处。

在这一章节中，笔者精选了一系列文献，试图直观地展示广大领域内各色人等对于穆斯林征服的不同印象。[1]地理范围上来说，从西方的西班牙史料到库法一位中国战俘的记载都包括其中。从态度上讲，其中既有索弗洛尼乌斯将穆斯林斥为彻头彻尾的野蛮人的记载，也有圣加百列（Mar Gabriel）在忏悔录中承认穆斯林是比拜占庭教胞更称职的统治者的记录。本章节中，基督徒、犹太教徒和琐罗亚斯德教徒的观点都有所收录，文献所使用的语言包括希腊语、晚期叙利亚语和汉语。

对于阿拉伯入侵最早且最具敌意的回应出现在希腊文书信和索弗洛尼乌斯的布道文中，索弗洛尼乌斯是耶路撒冷牧首，我们在第四章中就已简短地介绍过他。[2]索弗洛尼乌斯是大马士革本地人，在六世纪后期，他的青少年时代，这座城市仍旧能够提供卓

越的希腊哲学和修辞学教育。从 578 年到 583 年，索弗洛尼乌斯在亚历山大城求学，当时的亚历山大城正经历着古典教育的最后一次繁荣。他毕业后便回到巴勒斯坦，在耶路撒冷附近的圣狄奥多修斯修道院成为一位教士。614 年，索弗洛尼乌斯平静的生活被波斯入侵残暴地扰乱了，在这场浩劫中，耶路撒冷城外围的教堂损毁十分严重。悲愤交加之下，他为耶路撒冷写下了这样一首哀歌：

> 奸诈的米底人
>
> 自波斯的恐怖之地而来
>
> 烧掠城市，夷平村庄
>
> 叫嚣着与以东（喻罗马）王开战
>
> 进军踏向圣城
>
> 那邪恶狠毒的人前来
>
> 意图摧毁圣城耶路撒冷
>
> 大声悲泣吧，受保佑的基督徒们
>
> 耶路撒冷圣城已然化为废土
>
> 在可怖的狂怒中，一个恶魔苏醒
>
> 心中满是对勇士的嫉恨
>
> 手持滴血的利刃
>
> 残虐洗劫了受主护佑的城市与村庄

索弗洛尼乌斯显然在穆斯林征服之前就已经与蛮族打过交道。615 年，他被迫逃亡罗马。在此期间，他在北非停留过一段时间，在那里他遇到了另一位与他同龄的著名教士，忏悔者马克西姆斯

（Maximus the Confessor），他们两人结下了深厚的友谊，后来索弗洛尼乌斯去君士坦丁堡至少一次。在耶路撒冷被希拉克略收复后，索弗洛尼乌斯回到了圣城。633年，在大众的呼声下，他接受了牧首职位。

作为耶路撒冷牧首和拥有实权的政治人物，索弗洛尼乌斯亲身经历了穆斯林的进犯。他最早在一份教区公开信中提到了穆斯林的进攻，这封书信可能写于634年，当时正处于阿拉伯对叙利亚征服的最初阶段，在信中，索弗洛尼乌斯祈求神赐予希拉克略皇帝力量，以"折辱一切蛮族，尤其是那些萨拉森人，由于我们的罪恶，他们突然揭竿而起，疯狂凶恶地席卷一切，他们毫无信仰，渎神妄为"。在那一年的圣诞节，由于恐惧撒拉森人的威胁，耶路撒冷的神职人员已不敢依照习俗去往伯利恒。"就如当年的非利士人那样，如今无信渎神的萨拉森大军攻陷了神圣的伯利恒，封锁了我们去往那里的道路，如果我们胆敢离开圣城，去往神圣可爱的伯利恒，迎接我们的将是杀戮与毁灭。"但最后，他还是保留着一点乐观情绪："如果我们诚心悔罪，我们终将笑看萨拉森仇敌的灭亡，很快我们便会见证他们的毁灭与彻底败亡。到那时，他们沾血的剑会刺穿他们自己的心脏，他们的弓会折断，他们的箭矢将会钉在他们自己身上，到那时，他们会亲手为我们打开通往伯利恒的通路。"

很大程度上，索弗洛尼乌斯可以说是古典时代的最后一位神职人员，他在一个逐渐被遗忘的世界中成长起来，甚至正在他牙牙学语的时候，他所处的世界就已经正在滑入遗忘的深渊了。他曾经能够游历东地中海四处求学、交友并学习真正的信仰：对他而言，耶路撒冷、君士坦丁堡、亚历山大城、迦太基和罗马都不

陌生。在五世纪后期到六世纪初，这只是十分寻常的事情。但到了 639 年，索弗洛尼乌斯去世时，远途旅行已经形同妄想，他所处的这个世界已四分五裂，无可救药。他利用古典时代后期的修辞，书写着浮夸矫饰的文章，这是由一位受过高等教育的人所写，面向同样受高等教育的听众的文章。索弗洛尼乌斯对阿拉伯人的印象十分悲观恶劣。他认为阿拉伯人是一群毫无信仰且受神憎恶的蛮族。在索弗洛尼乌斯的著作和布道文中，他完全没有提到阿拉伯人正在传播某种新的宗教。他认为阿拉伯人的作用就是充当神怒的武器，以惩罚基督徒涉足异端邪说的罪行。打击他们的方法并非召集军队，也非在城墙上驻扎卫兵，而是劝说大众回归正统信仰。

在东方基督教传统史料中，许多对于阿拉伯征服的早期评价都采用了末日预言书的形式，即对末世和世界末日的预言。[3] 在这些文献中，阿拉伯人的到来有时被看作是世界末日的预兆之一。这些预言书中真实可信的历史信息并不多，但正如近来一位学界权威所发现的那样，"末日预言书极其有效且有力地表达了当时民众的希望、恐惧与绝望"。[4] 这些文献中最为动人、文笔最为优美的是伪美多德（pseudo-Methodius）末日预言书，[5] 之所以叫这个名字是因为这部文献被人们误认为是由奥林匹斯的美多德主教所写，美多德主教于 312 年殉道，而这部末日预言书则是在他去世后三百多年后才写成的。事实上，这部文献写于阿拉伯大征服结束之后的两代人时间。当时正处于第二次阿拉伯内战（683 年至 692 年）期间，社会动乱不安，同时还伴随着瘟疫和饥荒，在686 年至 687 年间肆虐不已，这部末日预言书就是在这一背景下写成的。它一开始由叙利亚文写成，后来被翻译成了希腊文和拉

丁文，这表明它在不同的基督教群体之间都存在着共通的魅力。作者为读者——可能是叙利亚北部的基督教社区，描绘了一幅详尽的愿景，其中充斥着《圣经》中的典故和意象。书中写道，世界末日来临时，以实玛利人（即阿拉伯人）大举入侵，在加比萨（Gabitha）击败了希腊人的王国（指雅穆克战役）。之后作者还记载了阿拉伯人侵所带来的影响，以一个七世纪基督徒的视角将这一切描绘下来，尽管由于末日审判书的文体限制，这段历史是以将来时态记载的。

这神罚不仅仅降临在人类身上，而且降临在大地万物身上——男人、女人、孩童、兽类、牲畜和禽鸟都不得幸免。人们将会在这惩罚下受尽煎熬——男人，他们的妻子、儿女和财产都将遭遇不幸；年老体弱者、病患与强壮者，穷人和富人也都无一幸免。因为神曾称他们（阿拉伯人）的祖先以实玛利为"荒野中的野驴"，他们与羚羊以及其他兽类为伍，无论是荒野还是耕地都将被他们所压迫。民众将被戕害，野兽与家畜将会死亡，林木将被伐倒，最美丽的山巅之花将被毁灭，繁荣富足的城市也将化为焦土。地皮将会荒废，化为不毛之地，被鲜血玷污，收成荒芜。

这是因为这些蛮族暴君并非人类，而是荒芜之子。他们是心向荒芜的毁灭者……他们本身即毁灭，他们将会一往无前，毁灭一切。他们是渎神者，而且他们热爱亵渎。他们将跃出荒野，从母亲的怀抱中夺过婴儿，将他们猛摔在岩石上，就如肮脏的野兽一般。

他们将会戕杀神职人员，他们甚至会在神圣的教堂里与

他们的妻子和捕捉的女奴同睡。他们将会把神圣的法衣披在自己身上，当作他们自己甚至孩童的新装。他们将把牲口拴在烈士的棺椁和圣徒墓前。他们是粗莽的刽子手，也是热衷毁灭的嗜血者：他们是神带给所有基督徒的试炼。

接着作者又继续写道，灾难还将因瘟疫和苛捐杂税而进一步恶化。"人们晚上入睡，第二天早晨起来就会发现门前有两三个人，蛮横地搜刮实物和金钱。人们所缴纳的财富、他们所收取的账目，都将在大地上消失无踪，无处追讨。到那时人们将为此出卖他们的铜、他们的铁，甚至是他们自己的寿衣。"

之后，当现状糟糕到无以复加时，神的拯救到来了——希腊人的王将要打击阿拉伯人："他将要苏醒，攻打他们，'就如泼掉一杯酒一般'。"如今轮到阿拉伯人遭受灾难了："他们自己、他们的妻子、他们的孩童、他们所有的营帐、曾经属于他们祖先的所有荒野，都将落入希腊人的王手中——他们将被付诸刀剑与毁灭，被掠取与屠戮。奴役他们的枷锁将会比他们自己强加别人的更加沉重。"然后，作者描述了将要降临在他们身上的苦难。再之后，和平将普降大地："教会将会复兴，城镇将被重建，教士将不再因赋税受苦。教士与民众都将休养生息，辛劳、疲惫与迫害都不复存在。"

但这还不是结局。再之后，"北方人"将会大举入侵，大肆破坏屠杀，但神将派下一位天使，一瞬之间就把他们全部消灭。之后希腊人的王将前去永居耶路撒冷，然后他将在骷髅地*，摘下王

---

* 或译"各各他"，传说是耶稣受难的地点。——译者注

冠挂在圣十字架上，以此标志自己的隐退，而王冠与十字架将会被带入天堂。然后作者写道，一位反基督将会在巴勒斯坦出现，他就是"灭亡之子"，他将掀起更多动乱，直到主重临人间最终将他扫除，预言到此为止。

这部末日预言书的内容朦胧荒诞，但也有种奇特的魅力。在其中我们能够了解到阿拉伯人统治下许多臣民的心声。这位或许隐居在叙利亚北部某座修道院的司祭梦想着总有一天会有神迹降临，将应得的报应降在可憎的阿拉伯人身上。他谴责阿拉伯人杀人作乱、破坏城乡环境、不敬教堂、淫乱放荡、强征苛税。这是一篇煽动性很强的文章，由于写作背景可追溯到穆斯林统治日渐巩固的时代，其言辞更显动人。但作者却并没有预言基督教民众将自己拿起武器，亲身投入反抗压迫的抗争。在他看来，阿拉伯人是邪恶狠毒的存在。与索弗洛尼乌斯一样，他也没有提到阿拉伯人带来了新的宗教；他只是把他们当作神惩罚人们罪恶的工具，在七世纪，被阿拉伯人征服的许多民众一定也同样抱有此种负面观点。

但也并非所有基督徒的观点都如此悲观。索弗洛尼乌斯和伪美多德末日预言书的作者都多少对拜占庭帝国恢复统治尚抱有希望。在七世纪九十年代写作的聂斯托利派教士约翰·巴尔·彭卡耶同样认为阿拉伯人是神的工具，用以惩罚基督徒道德堕落，特别是追随异端的罪行。但对他来说，拜占庭帝国支持的迦克顿教会才是他们一性论信徒真正的敌人。他如是写道：

> 我们不应认为阿拉伯人的到来是寻常之事，但应将其看作是神的安排。在召来阿拉伯人之前，神就已经事先为荣耀

基督徒而预备好了他们。因此，他们也背负着神所赋予的特殊诫命，这诫命与我们的修会息息相关，因为他们是为了荣耀修会而来的。如今他们依照神的命令，未动刀兵而轻而易举地攻夺了两大王国（指拜占庭和萨珊帝国），熊熊之势如红炉中的火炭。他们没有动用武器或人力，神便将胜利交在了他们手中。

他认为神在惩罚基督教会倾心异端的罪行，而阿拉伯人是神实行惩罚的工具。但阿拉伯人同样也要因他们在征服中犯下的罪行而承受神怒，于是他们的帝国分裂成了两半——这是指奥斯曼哈里发于 656 年遇刺身亡后，阿里与穆阿维叶之间爆发的内战。约翰对伍麦叶王朝的第一位哈里发穆阿维叶（在位时间 661 年至 680 年）大加称赞，他如是评价穆阿维叶的统治："世界迎来了我们前所未闻的和平局面，即使我们的父辈和祖辈也未曾听闻或眼见如此和平安宁的景象"。无须多言，这幅快乐景象并未持续多久。在这片和平繁荣的氛围中，教会再一次变得道德堕落、异端横行。于是神再次利用阿拉伯人惩罚了他们的罪行，683 年叶齐德一世去世后，一场毁灭性的内战爆发了（这场内战同样也是伪美多德末日预言书的写作背景），约翰的史书记载到这场内战为止。内战期间饥荒瘟疫遍地蔓延，为神降怒人间更添了几分预兆。在约翰看来，阿拉伯人是神的工具，他们统治的好坏取决于基督徒的行为如何。

约翰并未提到他与阿拉伯人有过私人接触，但当地的其他基督徒更乐意与阿拉伯人建立友好关系。圣徒马尔·加百列（于667 年去世）是卡尔特敏（Qartmin）修道院的院长。[6] 卡尔特敏

位于土耳其东南部的图尔·阿布丁（Tur Abdin）山区，邻近贾兹拉平原。这里在加百列的时代就已经是一座古镇了，而且令人惊叹的是，它至今仍旧是东方基督教会最负盛名的修道中心之一。由于卡尔特敏是一座由抗拒拜占庭东正教的基督徒们驻守的要塞，加百列似乎更愿意把阿拉伯人的到来看作是机遇，而非灾难。

为他作传的作者如是写道：

> 比起拜占庭帝国的压迫，加百列更欢迎阿拉伯人的到来，因此他便伸出援手帮助他们。后来他去往贾兹拉会见了阿拉伯人的首长，对方大喜过望地接见了他，对他出使的行为大加赞赏。他亲笔签下一份特许令（prostagma），准许加百列提出的一切条件。在这份特许令中，他授予了所有叙利亚正统教会维持宗教习俗的自由——包括西曼特（Semantra，东方基督教堂中的一种乐器，以敲击木板来召唤信徒前来礼拜）、节日庆典和葬礼，以及教堂和修道院的修建。他还免除了司祭、助祭和教士的赋税。同时，其他人的赋税也调整至四（单位为迪拉姆——这个数目较为适中合理）。他还下令让信仰异教的阿拉伯人妥善照顾叙利亚正统基督徒的日常生活。[7]

加百列的传记似乎是唯一一份提到叙利亚正教会基督徒出手援助阿拉伯征服，而非无助地袖手旁观的文献材料，但我们尚且无法得知当时这种观点究竟有多么普遍。

科普特文献对穆斯林入侵的观点则更具说服力。其中之一便是本雅明牧首（622 年至 661 年在任）的生平传记，本雅明

牧首在任的时间恰好与穆斯林征服的时间段相重合。这部文献在十世纪后期被中埃及的艾什米奈因（Ashminayn）主教萨维鲁斯·本·穆卡法（Sawīrus b.al-Muqaffa）翻译为阿拉伯文，流传至今。他在序文中明确提到，他所做的传记是以希腊文和科普特文史料编集整理而成，其中记载的本雅明生平与时人看法可能年代更加久远，或许确实能够追溯至七世纪。

根据传记记载，在波斯军占领埃及时，本雅明成了亚历山大城牧首，但传记史家并没有叙述波斯人统治的情况，而是仅仅提到希拉克略杀死了不信神的波斯皇帝霍斯劳。希拉克略即位称帝之后，任命居鲁士为埃及总督。居鲁士这位迦克顿信条的死硬支持者到来时，本雅明受到天主派来的天使警告，逃离了亚历山大城。他妥善处理了教会的内部事务，并致信其他所有主教，命令他们各自避难，他自己则前往上埃及的一座隐修院暂避风头，后来果然如天使预言，居鲁士的统治仅仅持续了十年便结束了。

在传记故事中，居鲁士被描绘成了一个彻头彻尾的恶棍。据记载，有许多没有听从牧首警告逃走的主教"落入了他罪恶的网罗"，本雅明本人的兄弟也因为拒绝接受迦克顿教条而殉道被杀。希拉克略任命的走狗就像饿狼一样，吞噬着埃及的信徒。与以上恶评相比，作者对穆斯林则采取了较为温和的评价，本雅明认为穆罕默德的传道"让偶像崇拜者重又认识独一神（Allah wahdu）的正道，他们认为穆罕默德是神的使者（rasūl）。其公社（umma）成员都需受割礼，并向南方一个被他们称为'克尔白'的地方朝拜"。[8]

然后，主抛弃了罗马人的军队，因为他们腐化堕落且对迦克顿教条深信不疑。作者以简短平淡的语言记录下了阿拉伯人的入

侵，叙述了穆斯林与埃及人之间缔结的和约，这种和约是阿拉伯人的头领（ra'īs）穆罕默德命他们缔结的，即任何同意缴纳贡税的城市都将免于冲突，否则将被掠夺并掳走所有男子。"因此，"作者写道，"穆斯林军并没有伤害（科普特人的）省份和居民，但摧毁了罗马人的国家。"[9]

当穆斯林军攻夺亚历山大城时，他们摧毁了城墙，并"纵火烧毁了许多教堂"，其中包括圣马可教堂。有趣的是，作者对此等破坏行为的反应十分冷淡，可能这是因为当时城中的大部分教堂都处在迦克顿教会的控制之下。在他的记载中更为重要的内容则是本雅明的胜利归来。一位名叫萨努提乌斯（Sanutius）的科普特将领（dux，dūqs）向阿慕尔提起了本雅明，并与他交涉。之后阿慕尔为本雅明签署了一份安全保证书，邀请他回到亚历山大城。本雅明在亚历山大城受到了民众的欢迎，萨努提乌斯请他与总督会面，阿慕尔对他深表赞叹，声称在自己所征服的所有地方，还从未见过像他一样的虔信者。而与此同时，居鲁士则吞下藏在印戒中的毒药自杀了。本雅明受命重建教会，聚拢教众。然后阿慕尔请求本雅明为他速战速决、胜利归来而祈福。最后，牧首发布了一场讲道，深深感动了在场的所有人，在阿慕尔开拔之前，他还暗中为阿慕尔提供了几条"光荣可敬的"建议，这些建议后来都被实现了。埃及全国上下都为他而欢庆。阿慕尔如期开拔，萨努提乌斯驾船随行。萨努提乌斯还为牧首提供资助以便重建圣马可教堂。即使在阿慕尔离开埃及行省，"爱财如命的"伊本·艾比·萨尔赫取代他的职位，并在福斯塔特建立行政系统时，传记史家还是尽量避免对穆斯林政权进行公开批评。

对于为本雅明立传的作者而言，阿拉伯人的到来意味着本雅

明的新生就此焕发。这位作者从未写明他认为这是一件好事，但很明显在居鲁士的统治结束后，人们都松了一口气。这部传记中强调了本雅明与阿慕尔的友好关系，也强调了将领萨努提乌斯从中起到的作用，这表明科普特人与穆斯林精英之间存在着较为紧密的联系。

另一部主要科普特文献由编年史作家尼基乌的约翰写成，总体而言，这部文献对阿拉伯征服者的看法就没那么乐观了。与本雅明的传记史家相同，在他的记载中，最可恨的恶人是居鲁士和信奉迦克顿教条的罗马人，他还明确指出穆斯林军的入侵正是得益于希拉克略在埃及境内大行迫害，使得本地人将罗马人视若仇雠。[10] 正因为迦克顿教会犯下了罪恶，神才会允许阿拉伯人征服埃及，因为"他不会宽恕那些背叛他的人，相反，他要将他们交在以实玛利人手中"。[11]

在尼基乌的约翰笔下，阿拉伯人被描绘成了凶残的蛮族。先前在袭击法尤姆时，他们就大肆滥杀无辜。在其中一个城镇，"他们杀死了所有投降者，无论是老人、婴儿还是妇女，他们没有放过一人"，[12] 之后在尼基乌，"他们来到街道上和教堂里，见人就杀，无论男人、女人还是婴孩都不放过"。[13] 阿慕尔俘虏了罗马法官，用铁锁和木枷锁住他们的手脚，还抄没了他们的财产。农民的待遇也并不好多少，因为赋税上调到了之前的两倍，还要被迫为军马运送草料。[14] 亚历山大城被最终攻克后，阿慕尔仅仅收取了和约所规定的税款，并没有克扣教会财产，并且在他在任期间，他还主动保护教会财产不受侵犯。然而税额对于其他人来说则是难以承受的，许多人由于负担不起赋税而逃亡他乡。

他对阿拉伯人及那些与阿拉伯人合作的当地人恶言相向。埃

及人被迫为阿拉伯人运送草料，还要上交牛奶、蜂蜜和水果。他们还被强征去挖掘从巴比伦城通向红海的运河。"阿拉伯人加在埃及人肩上的枷锁比法老加在以色列人肩上的枷锁还要沉重，神对法老降下了公正的裁决，散播重重瘟疫摧残他的人民与牲畜之后，将他与他的大军一同淹死在了红海里面。总有一天神会裁决这些以实玛利人，愿神像惩治法老一样惩治他们！"约翰接着还写道，"阿拉伯人的统治是对人们罪恶的惩罚，但他坚信神会依照圣经的约定摧毁与正信为敌的人。"[15]

尽管阿拉伯人如此暴虐，但还是有人与他们暗中合作。在前文中我们就曾提到"有的埃及人背叛了基督教信仰，转而信奉兽类的信仰"[16]，当地官员也有人出于自愿或被迫为穆斯林统治者服务。[17]

某位佚名作者所著的 754 年拉丁文编年史，则提出了另一个截然不同但同样掺杂不清的观点。[18] 这位作者可能居住在科尔多瓦并且十分高寿，对西哥特王国的灭亡仍有亲身记忆。他十分熟知安达卢斯历史与政局，这说明他可能是穆斯林行政部门内部的工作人员。由于他所写的是一部编年体普遍史，因此他也记载了所处年代八十多年前阿拉伯人在中东崛起的事件。他在编年史中完全没有将穆斯林当作一个新兴宗教的信徒，只是萨拉森人起兵反叛，征服了叙利亚、阿拉伯和美索不达米亚，他们"更多依靠阴谋诡计而非首领穆罕默德的权势，他们在击溃周围省份时罕有正面攻击，而多是暗中渗透"。尽管作者对阿拉伯人的战斗能力颇为蔑视，但他还是实事求是地记载了几位与拜占庭帝国历史有过交织的早期哈里发。其中几位哈里发在他看来是贤人明君：比如叶齐德一世（680 年至 683 年在位），约翰·巴尔·彭卡耶斥责他"喜好幼稚的游戏，沉迷空虚的享乐"，并且施行"愚蠢的暴政"，[19] 但

《754年编年史》作者却盛赞他为"穆阿维叶最受人欢迎的儿子"，他"深受治下所有民众的欢迎，与常人不同，他从不因自己身为国王而沽名钓誉，而是像个普通市民一样生活，与民同乐"。[20]

然而当作者记叙穆斯林对西班牙的征服时，原本心平气和的笔调陡然激烈起来。他谴责穆萨·本·努赛尔是一个滥施暴力的野蛮人：

> 他将美丽的城市付之一炬，夷为平地。他将领主和权臣钉上十字架，持剑屠杀孩童和幼儿。由于他如此恐吓众人，一些城市迫于淫威只好乞求议和，萨拉森人巧舌如簧地说服并嘲弄了他们，之后便当即允准了他们的请求。还有一些市民违逆了自己先前在恐惧和忧虑之下许下的诺言，他们只好逃亡深山，忍饥挨饿，凶多吉少。

在这段言辞激烈的谴责之后，编年史又恢复了之前那种平淡的叙事口吻。就像基督徒中的贤君和昏君那样，穆斯林中也有称职的和不靠谱的君王。在普瓦捷战役（732年）中，基督徒的军队大败穆斯林军，作者对这场战役有着十分详尽的记叙，但并没有表达对于基督教胜利的热忱之情。[21] 在这部编年史中，最可憎的恶人是叙利亚阿拉伯人，他们在742年镇压柏柏尔人起义失败后跨海撤至伊比利亚半岛，并开始与第一批阿拉伯及柏柏尔征服者的后代争夺统治权。[22] 直到编年史结尾，作者都对西班牙和伊斯兰世界东方的事务十分熟悉。但相比之下，他却对同样使用拉丁语、信仰基督教的法国和意大利地区几乎一无所知。在《754年编年史》的作者所生活和工作的环境中，基督徒与穆斯林之间

的交流互动已经日趋常态化，且与日常事务息息相关，在某种程度上，作者显然认为自己也是科尔多瓦穆斯林统治阶层的一分子，但他也仍旧保持着自己的基督徒身份认同。在东方的阿拉伯行政部门中也有与他类似的官僚——尽管我们没有直接证据表明他们的态度如何，但他们很可能也拥有与之相似的认同感。

与基督徒相似，中东的犹太人也发展出了一种启示录文学，但他们选取的主题是预言弥赛亚的降临，而非世界末日。在犹太人看来，拜占庭帝国统治叙利亚的最后岁月中充斥着苦难与迫害。波斯人的入侵稍稍缓解了犹太人的苦难，但在 628 年拜占庭帝国恢复统治之后，压迫又变本加厉地袭来。对犹太人来说，阿拉伯人的到来尽管伴随着残酷的暴行，但也为他们带来了减轻痛苦的希望。犹太人所持的最详尽的观点被记录在了《秘典》（Nistarot）中，这部书被附会成二世纪的拉比西门·本·约海（Simon ben Yohai）所作，但事实上，该书很显然写于穆斯林入侵之后，至少在那时经过了改写。[23]

在其中一段里，据说西门当时为躲避拜占庭皇帝（在文中被称为"以东王"）的迫害，正隐居在一座山洞中。在斋戒祈祷过后，他向神寻求启示：

> 当西门看见以实玛利（阿拉伯人）的王国降临时，说道："难道邪恶的以东王国对我们作的恶还不够吗？难道我们还要承受以实玛利王国的欺压吗？"最高天使梅塔特隆立刻回答他说："人子，不要怕。因为全能的主降下以实玛利王国只是为了把你们从邪恶者（即以东/拜占庭帝国）手中解放出来。神在以实玛利人中间降下了一位先知，他将会为他们

征服国土，他们将会到来并在此重建光荣，以扫的子孙（拜占庭人）将会为他们的到来而惊惧不已。"

后面的一段则对第二任哈里发欧麦尔（634 年至 644 年在位）做出了很高评价："以实玛利人中崛起的第二位国王将是以色列人的庇护者。他一砖一瓦地重建了圣殿，他在圣殿山凿出台阶，并在山顶建造了一座清真寺。"但书中记载的也并不全是好消息，与许多同时代的基督教文献一样，作者也对穆斯林为清查税务而丈量土地的行为颇有怨言。"他们将如人所说，拿绳子丈量土地，然后他们将标价分售土地。"[24]作者还对穆斯林的丧葬方式和他们对待公墓的行为感到震惊厌恶："他们会把公墓当作牧场，放养牧群；当有人死了，他们就随便找个地方埋葬了他，然后把坟墓犁平，在上面播种耕种。"这段描述印证了我们所知的早期穆斯林处理死者的随意态度。

比起其他被征服人群，犹太人可能是最欢迎穆斯林到来的群体，但显然他们也同样饱受战乱与动荡之苦。

由于琐罗亚斯德教的衰亡比基督教更加彻底，且并没有保存古代文献的修道院存世，伊朗人对于穆斯林入侵的观点罕有留存。我们可以列出一首幸存的巴列维文诗歌，这首诗可能写于九世纪，在人们逐渐皈依伊斯兰教，火庙逐渐冷落关闭的时代，我们能够从诗中看出旧宗教的信徒做何感想。与伪美多德末日书一样，这部文献也属于启示录文学，预言了一位伊朗古君王的后裔将在印度出现，为大家带来解放。

何时会有信使从印度到来，传信说凯扬家族（伊朗神话

里一个古老庞大的王族）的巴赫拉姆王（Shāh Vahrām）已然降临，他带来了一千头战象，每头大象头顶都有一位手持大旗的驭手，就像当年的霍斯劳那样，他们在大军阵前扬起大旗。在众位将军中间还有一位信使，一个精湛的译者。当巴赫拉姆王降临时，他将在印度诉说我们所亲睹的，大食人（Tajiks，这里指阿拉伯人）犯下的无数恶行。正信（Dēn，即琐罗亚斯德教）被践踏摧毁，众王之王也被他们像狗一样戕杀。他们抢食面饼。他们篡夺了霍斯劳的统治。他们并非依靠技巧与勇气，而是利用嘲弄与侮辱夺得了王位。他们从人身边强夺妻子和财产，花园与庭院。他们强征苛税，将税额分摊在每个人头上。他们还征取人们的资产，以充实繁重的课税。想一想吧，这些恶人（指阿拉伯人）给这个世界降下了多少恶行，没人能够比他们更加罪恶。我们的世界已然逝去。我们应当引领巴赫拉姆王前来实施神的意旨，向阿拉伯人复仇……我们将摧毁他们的清真寺、夷平他们敬拜偶像的庙宇，将其从世界上净化一空，以让邪恶者的子孙后裔消灭净尽。最终一切重归安宁祥和。[25]

菲尔多西的《列王纪》中则记录了对于阿拉伯征服的另一种看法。菲尔多西（于 1020 年去世）[26] 出身德赫干，即乡绅地主阶层。这一阶层仍旧保存着伊朗的古代传统，纪念着前伊斯兰时代诸王的成就。菲尔多西一生全心贯注于复兴伊朗的语言和文化。与上文中那篇巴列维文诗歌的作者不同，前者显然祈望琐罗亚斯德教重获复兴，菲尔多西则是一个穆斯林，然而他很少在作品中提及自己的信仰。他似乎能够十分自然地接受他笔下伊朗英雄的

琐罗亚斯德教信仰，并将他们信仰的神与真主安拉联系起来。

菲尔多西在波斯将军鲁斯塔姆写给兄弟的书信中表达了自己的观点，这封书信写于卡迪西亚之战的前夜，波斯帝国在伊拉克的统治在这场战役中分崩离析，鲁斯塔姆本人也战死沙场。内在证据清晰表明这封书信并不是引入文本的可信文献，而是诗人在完成著作的这一部分时编写的诗篇，可能写于 1010 年前后。这封书信[27]中的一部分内容实际上是一篇预言书，其中鲁斯塔姆对穆斯林征服造成的后果做出了预示，十分引人注意的是，这部分内容体现了当时的波斯贵族是如何看待穆斯林入侵的。菲尔多西并没有明确指责伊斯兰教或阿拉伯人，但他为被征服时代的伊朗传统文化与价值观描绘了一幅悲观的图景。在他看来，旧社会秩序因伊斯兰教的到来而崩溃，引发了大众与个人道德的腐化堕落。

在这一篇章中，他首先对时局抒发了哀叹。

> 当圣坛与御座同位，
> 而艾卜·伯克和欧麦尔名声远扬。
> 我们长年的辛劳将沦为碌碌，
> 而我们的所有荣耀将褪色败亡。

然后他评价了穆斯林统治者们的朴素乏味，并与古时众王之王宫廷的华丽奢靡相对比。有趣的是，他对于穆斯林简朴习性的评价与大征服时期的阿拉伯文材料所表达的恰恰相反，后者往往夸赞穆斯林安贫乐道的品德，并将其与波斯人崇尚奢华的品性相对照。

他们身着黑衣，他们的头巾

则由长条的丝绸和黑色锦缎 *拧成。

金靴与战旗将不复存在，

我们的金冠与宝座将湮没无闻。

新的时代将会充斥着不公与压迫，过去的社会秩序将会分崩离析。

有人弹冠相庆，而其他人则满心畏怖

公义与仁爱将匿迹销声

那时异族将把我们统治，在他们的横暴之下

我们将惨遭掳掠，白昼也变作长夜

他们对正直之士不屑一顾

欺瞒与奸诈将大行四方

勇士们只得步行，而自傲的草包

和夸夸其谈者却全副武装，骑在高头大马之上

田间农人将遭受蔑视

谱系与技艺将乏人问津

人们将互相盗抢，廉耻沦亡

而表象之下则更加险恶异常

铁石心肠的暴君们将高坐庙堂

父亲将不再信任儿子，同样地

儿子也不再对父亲诚心相向

---

* 自公元 750 年以后，黑色是阿拔斯王朝宫廷的标志色。

波斯的传统统治阶层也被出身低微或不同民族的人士所取代。

> 一个下流的奴隶将统治大地
>
> 伟业与血统将不名一钱
>
> 再也无人信守诺言，同时人们将发现
>
> 他们的口舌间满溢恶念，而他们的心智亦是同样
>
> 而后波斯人、突厥人和阿拉伯人将并肩
>
> 共同生活，天南海北相互混合——
>
> 三族界限将会模糊，如同并为一族
>
> 他们的语言将会成为无关紧要的把戏

道德水准将会堕落，而与之相伴的是宫廷文化的衰落。

> 人们把自己的财物精心掩藏，然而当他们死期一到，
>
> 仇敌便将他们藏匿的财物劫掠一空。
>
> 人们假装圣洁，伪装智慧，
>
> 成日以编织谎言为生。
>
> 悲苦与懊恼、苦涩与伤痛
>
> 将遍布大地，正如巴赫拉姆·古尔（Bahrām Gūr）*的统
> 治下，
>
> 快乐幸福曾经遍布四方——
>
> 这正是人的宿命：

---

* 公元420年至438年在位的萨珊王朝皇帝，传说是一位高贵威严的勇士、伟大的猎人和音乐家的赞助人，萨珊王朝的明君典范。

筵席与国家祭典将不复存在，

欢乐不再，乐师匿迹，全然消亡：

只剩下了谎言、诡计和变节。

酸腐的牛奶将成为我们的餐食，

粗劣的破布则是我们的衣装。

而对金银的贪恋将滋生

几代人间的互相中伤：

人们相互欺骗的同时，

面不改色地伪装虔心信仰。

冬日与春光人们浑噩度过，

无人再把酒共庆这些美好时光。*

相反，他们将与同胞挥刀相向。

　　这些诗篇生动有力地描绘了政治与道德的堕落和旧贵族价值观的衰亡。伴随着传统价值观崩溃的是阶级区分的瓦解和不同种族的交融。与基督徒的观点不同，菲尔多西并没有提及穆斯林的征服运动是神对罪人降下的部分惩罚。相比之下，穆斯林征服更多被看作是一场命中注定的灾难。作者借鲁斯塔姆之口表达了这一观点，鲁斯塔姆深知自己将会兵败身死，自己所捍卫的秩序终将消亡，他对于穆斯林统治所带来的影响持悲观忧惧的看法，很难想象这种看法不会影响大征服以后数个世纪间伊朗贵族们的观点。

---

* 此处指伊朗传统节日诺鲁孜节，即伊朗新年，人们在三月份作物刚刚抽芽时庆祝这一节日。

464　大征服

诚然，阿拉伯人从未征服过中国，但在 751 年，中国军队与穆斯林军之间爆发的怛罗斯战役中，他们的确俘虏了一批中国战俘。这些战俘中有一位名叫杜环的人，他曾被带往伊拉克并以俘虏身份在那里留居，直到 762 年才获准回国。他对于穆斯林的记述篇幅很短，但十分有趣，体现了在文化背景截然不同的人眼中，大征服结束后的伊斯兰世界所展现的形象。[28]

> 一名亚俱罗，其大食王号暮门，都此处。其士女瑰伟长大，衣裳鲜洁，容止闲丽。女子出门，必拥蔽其面。无问贵贱，一日五时礼天，食肉作斋，以杀生为功德。系银带，佩银刀，断饮酒，禁音乐。人相争者，不至殴击，又有礼堂，容数万人。每七日，王出礼拜，登高座为众说法曰："人生甚难，天道不易，奸非劫窃，细行慢言，安己危人，欺贫虐贱，有一于此，罪莫大焉。凡有征战，为敌所戮，必得生天；杀其敌人，获福无量。"率土禀化，从之如流。法唯从宽，葬唯从俭。郭廓之内，里闬之中，土地所生，无物不有。四方辐辏，万货丰贱，锦绣珠贝，满于市肆，驼马驴骡，充于街巷。刻石蜜为庐舍，有似中国宝舆。每至节日，将献贵人琉璃器皿，鍮石瓶钵，盖不可数算。粳米白面，不异中华。其果有楄桃，又千年枣，其蔓菁根大如斗而圆，味甚美，余菜亦与诸国同。蒲萄大者如鸡子。香油贵者有二：一名耶塞曼，一名没匝师。……绫绢机杼，金银匠、画匠、汉匠起作画者……织络者……。

（译文）

> 首都的名字叫作库法（亚俱罗），阿拉伯国王名叫暮门

（即 Amīr al-Mu'minīn，信士的长官）。该国的男女都高大俊美，身穿鲜艳洁净的服饰，他们的行为举止十分优雅贵气。女人出门时一定要戴面纱遮脸，无论出身贵贱都是如此。他们每天要举行五次礼拜天神的仪式。他们食肉、斋戒，并将宰杀牲畜作为积累功德的方式。他们腰间系着银带，上面佩有银刀。他们禁止饮酒，也不准奏乐。就算人们相互争吵起来，也不至于打成一团。在当地还建有举行典礼的大堂（即清真寺），其中可容纳数万人。每逢七天，国王就会出来主持礼拜，他坐上高高的讲坛，为大家讲道："人生十分艰难，天下正道也坎坷不易，通奸是错误的行为。抢劫或盗窃、以最轻微的谎言欺骗他人、害人以自保、欺压穷人、虐待低贱者——这些之中任何一项，都是最大的罪过。在与敌人作战时被杀的人都将升上天园，杀死敌人的则会获得无穷的幸福。"

整片国土都受到了教化的改变。民众像河道中的水流一般纷纷遵从伊斯兰教的信条，法律尽可能宽大施行，死者的丧葬也尽量朴素节俭。无论是大城市的城墙之内，还是村庄的柴门之中，只要是地上长出的东西，当地人都不缺乏。他们的国家是天下四方的枢纽，各式各样的商品数量充足，价格低廉，华丽的锦缎、珍珠和货币摆满了商铺，骆驼、马匹、驴和骡子挤满了大街小巷。他们砍伐甘蔗建造房屋，看起来和中国的华丽马车很像。每逢节日，人们就会给达官贵族献上大量琉璃器皿和铜制瓶碗，其数量数也数不清。该国的白米和白面与中国的并无不同。水果有褊桃，还有千年枣，该国的芜菁有一个斗那么大，形状很圆，十分美味，而

其他蔬菜也与别国相同。他们的葡萄大如鸡蛋一般。他们最著名的香油有两种：一种名叫耶塞曼（即 jasmine，茉莉），一种名叫没匝师（即 myrrh，没药）。中国工匠建立了第一批纺纱机，他们也是第一批金银匠和画师。*

这篇记载与其他文献中的记载相互印证，表现了当时已经成熟的穆斯林社会情况。它描述了阿拔斯王朝初年的景象，当时正值巴格达建城之前。巴格达城始建于 762 年，同年杜环获准回国。从阿拉伯文史料中我们可以得知，曼苏尔哈里发因他常在清真寺发表雄辩动人的演说而著名，另外有趣的是，杜环这位来自中国的观察者叙述了时人既强调对压迫和不公的谴责，也重视圣战与天园的赏赐。在他的记述中，社会受清规戒律所约束，至少在公共场合，妇女需要佩戴面纱，酒精和音乐被明令禁止。同时这也是一个高度繁荣的社会，财富得以在不同的社会阶层与城乡之间广泛共享。这也就不难理解为何许多被阿拉伯人所征服的民族也会热衷于参与这个兴旺繁荣的社会了。显然，库法是一座新建成的穆斯林城镇，在这里居民恪守穆斯林信条并不奇怪。但与此同时，令人惊讶的是作者并没有提到非穆斯林的存在，毕竟在当时，即使在伊拉克这个皈依伊斯兰教已蔚然成风的地区，非穆斯林也仍旧占多数人口。

被征服者的声音在各地都有记录，在许多事例中，穆斯林带

---

*　此处英文译文疑误，"奸非劫窃，细行慢言"中的"奸非"应当泛指作奸犯科的勾当，而非特指通奸。另外"细行"指邪恶的行为，在此处并不指"细小"。另外，英文译文最后一句也疑有翻译错误，但为了忠于原文未加改动。——译者注

来的影响只是文献作者关注的次要因素。在这些文献中作者并没有评论新兴的伊斯兰教及其信条。这些文献对实际征服过程中造成的破坏都有普遍的共识，但对于穆斯林政权带来的好处则存在着许多不同的看法。其中最普遍的主题是穆斯林统治者征收的税赋。在生活在新月沃地的基督徒看来，阿拉伯人的到来与他们令人费解的胜利一定是神降怒于人的结果，而神怒的原因则是异端横行。总体来说，大多数文献作者将敌对的基督教宗派和犹太人视作必须击败的真正敌人。而与之相比，阿拉伯人则可以容忍，甚至能够加以利用来为自己的宗派服务。这种态度可以说是穆斯林之所以能够建立并维持长期统治的重要因素之一。波斯人的观点则十分不同，他们哀叹的是旧日光荣的灭亡和旧社会秩序的崩溃，并为旧统治阶层的没落而深感遗憾。总而言之，在这些文献中，最令人惊讶的是它们对于伊斯兰政权建立的看法繁多复杂。当时可能有许多人对穆斯林的统治感到不满，但很少有人主动起来反抗。被征服者对于穆斯林征服的看法复杂多样却各不相通，这是穆斯林实现征服并巩固政权的原因之一。

结　语

边界的划定

到 750 年，穆斯林帝国的边界已经基本稳定下来，并在此后三百年间维持不变。在这段时期只有地中海、西西里和克里特仍有规模较大的征服行动发生。在八世纪的鼎盛期，无论国土面积还是人口规模，穆斯林帝国都与罗马帝国大致类似。大马士革的哈里发所统治的领土中，约有一半曾是三世纪时期罗马帝国的国土。这些领土包括叙利亚、埃及、北非和西班牙。当然，罗马帝国还曾统治法国、不列颠、意大利、巴尔干半岛和土耳其，尽管法国、意大利和土耳其都遭受过穆斯林军的袭掠，且在局部地区被短暂占领过，但它们从未被阿拉伯人统治过。另一方面，哈里发帝国的领土还包括伊拉克、伊朗、河中和信德，这些地区也从未被归入罗马帝国的领土之内。

罗马帝国的领土范围有着明确稳定的边界划分，这些边界被称为"边防"（limes）。一些边界建有长段石造界墙，每隔一部分设有堡垒，比如不列颠北部的哈德良长城。而在其他许多边界地区，比如在叙利亚和约旦的沙漠地区，并没有建设驻军把守的边

墙，取而代之的是由许多小型堡垒和掩护驻军的防御工事所组成的边防网络，守卫着沙漠边缘地区。早期的穆斯林帝国并没有建设类似的边防体系。在许多地区，边界的界定十分模糊，而在另一些地区，边界隐没在了沙漠之中。只有少数地区仍有驻军防守的边界存在，以区分穆斯林和非穆斯林统治区，比如在安纳托利亚与拜占庭帝国交界的地带，以及在西班牙的埃布罗河上游谷地，穆斯林的前哨直面基督徒的堡垒。

地中海将穆斯林与他们西面和北面的许多敌人分隔开来。在初次征服结束后的两百年间，伊斯兰世界的地中海岸地区几乎完全没有遭受过攻击。只有拜占庭海军时而袭击黎凡特和埃及的海港，尽管他们可能会大肆掠夺并放火烧掠，但他们一直没能在海岸建立起长久统治。

安达卢斯（即穆斯林统治的西班牙）的北部边境在东部沿比利牛斯山脉的山麓丘陵延伸，在西部则沿坎塔布里亚山脉分布，几乎与一千米等高线完全重合。穆斯林依靠许多驻军城镇防卫边界地区，如韦斯卡、萨拉戈萨、卡拉塔尤、马德里、塔拉贝拉——这些城镇往往拥有罗马城墙保护。在葡萄牙和西班牙西部似乎分布着一片宽阔的无人区，横亘在穆斯林北部边境堡垒和坎塔布里亚山脉庇护下的基督教诸侯国之间，而在东部的埃布罗河谷，基督徒和穆斯林的堡垒彼此相距仅数公里之遥。

在北非，从最西端的摩洛哥到东方的埃及，穆斯林帝国的边界都是沿撒哈拉沙漠北缘分布。同样地，在埃及，沙漠本身就是边界。在尼罗河谷，穆斯林的统治区最远达到阿斯旺。在这里，穆斯林与努比亚人以外交形式确认了这条短小且易守的边界。在阿拉伯半岛周边，波斯湾沿岸及印度洋的伊朗沿岸地区，海岸就

是国家边界，尽管海盗活动时有发生，但穆斯林世界从未遭受到来自这一方向的威胁。

在信德，情况则更加复杂。穆斯林的统治在木尔坦以北难觅踪影，但这部分边界相对来说较为和平。在这里显然没有建成大型堡垒，穆斯林统治区没有驻军防御。阿富汗的境况又要复杂得多。穆斯林在兴都库什山脉南北的平原地区占据了一些据点。博斯特、赫拉特、巴尔赫都或多或少算是边境城镇，但未被征服的山民只会偶尔为害，对穆斯林统治构不成严重威胁。

在河中地区，穆斯林的边界并非一条线，而更多是以据点的形式存在，穆斯林统治着城市与定居地带，而突厥人则在荒野中游荡。穆斯林在许多地区建立了里巴特（ribāt）堡垒，献身伊斯兰的加齐武士（ghāzi）在其中定居驻守。在高加索，穆斯林统治区的边界同样与一千米等高线一致。穆斯林统治着平原和河谷，最远可至群山环绕的第比利斯，但常年积雪的高大山脉阻挡了他们扩张的步伐，如今位于俄罗斯南部的平原也在他们统治范围之外。只有在高加索地区东端，山脉渐渐平缓的里海沿岸地区才有驻军把守的边境分布。坐落于此的大型石造城堡如今被称为杰尔宾特，当时被阿拉伯人称为"众门之门"（Bāb al-Abwāb），这座堡垒原本是由萨珊王朝修建用以守卫边境的，但后来被穆斯林军所接管，阿拉伯人很早便在这里安置了驻军。在杰尔宾特以北则是南俄草原，在这里活动的主要是突厥系的哈扎尔人（Khazars），他们常常南下劫掠穆斯林统治区。

安纳托利亚东南部与拜占庭帝国的交界地区是伊斯兰世界最为戒备森严的边界，在穆斯林的观念中，[1]这一边境也是独一无二。到 700 年为止，这条边境线几乎毫无变动。像往常一样，穆

斯林占据了低洼地区，而将海拔一千米以上的山区留给了拜占庭帝国。尽管拜占庭帝国在第一次征服时被击败了，但它仍旧是一大强敌，并且在当时的穆斯林眼中是唯一同等体量的对手。与其他和他们交界的国家不同，拜占庭帝国拥有高度发达的国家机器、常备军队、官方宗教以及有资格与哈里发平起平坐的皇帝。穆斯林认为自己是唯一正信的拥护者，但他们中至少有一部分人也明白，他们还需要虚心学习希腊的文化、哲学和科学。

在穆斯林征服叙利亚与贾兹拉之后的几年间，这两个穆斯林省份与拜占庭帝国之间的边界常有变化，边界地区并没有稳定的国境线，而是分布着大片无人区。地势低平，丰饶富裕的奇里乞亚地区位于地中海东北角沿岸，这里有大片土地抛荒。八世纪间，穆斯林建立了一系列边境堡垒，由政府拨款维持驻军。尽管穆斯林并未修建边墙，但他们建设了一连串筑垒城镇，西起塔尔苏斯，东至马拉蒂亚，这些城镇中都有军队驻守。这些穆斯林前哨重镇大多位于平原上或河谷中——因为塔尔苏斯山脉和前托鲁斯山脉都处于拜占庭帝国的控制之下。一般在夏季（有时在冬季），穆斯林军会从这些要塞出发，袭掠拜占庭帝国领土。这些袭掠行动大多不过是抢掠牲畜，但有时也会打一场大规模战役。只有在这种战争中，哈里发及其子嗣会积极领军出战，这种战役大多是仪式性的活动，标榜着哈里发率领穆斯林抗击世代的仇敌。

总体来说，当时的穆斯林帝国并没有像罗马帝国那样，在莱茵河、多瑙河和幼发拉底河前线面对强大的外部压力。西班牙北部的基督教王国、南俄草原上的哈扎尔人和河中地区的突厥人可能有时会袭掠穆斯林领土，但他们的威胁十分有限，对巴格达与开罗的居民来说不值一哂。这个因阿拉伯大征服而崛起的帝国经

济自给自足，军事实力强大。在九至十世纪间，尽管阿拉伯帝国的中央政府已经崩溃，穆斯林社会还是持续存活了下来，相比之下，五世纪饱受蛮族入侵者威胁的西罗马帝国则没能幸存。

阿拉伯大征服的成果

现在，让我们回头再看看本书开头约翰·巴尔·彭卡耶提出的那个问题：为什么阿拉伯人能够如此迅速地征服如此广阔的土地？为什么这场征服的影响如此持久深远？

首先让我们来讨论他们征服的土地，究竟是什么让这些地区如此不堪一击？一些难以详述或量化的长期性因素在其中起到了作用，人口衰退可能是重要因素之一。诚然，关于这段时期我们并没有多少可靠的人口数据，但根据大部分文献资料的描述，在540年地中海鼠疫爆发后的一个世纪中，就在穆斯林日后征服的大片土地上，人口都严重衰减，其中城市和乡村的人口损失尤为惨重。阿拉伯军似乎时常途经荒无人烟的土地。他们对伊朗和伊比利亚半岛广大地区的征服来势凶猛却抵抗甚微，可以证明当时的人口衰减。战争中劫掠的战利品，有许多都是战俘奴隶，也表明当时人力的宝贵。波斯军于540年攻占安条克和573年攻占阿帕梅亚时，他们将大量居民迁往萨珊帝国境内建立新的聚落或充实已有城镇，这证明当时的萨珊帝国境内出现了严重的人口短缺。从北非捕获的大量奴隶被贩运至中东地区，说明人力成了某种贵重甚至稀缺的资源。还有许多著名的古老城镇显然未曾奋力抵抗就被攻克，晚期罗马帝国的三座重要城市无疑经历了这样的命运。

大概在 636 年，安条克仅经历了轻微抵抗便被占领；698 年，穆斯林军最终占领迦太基城时，这座城市似乎大部分已经荒废无人了；712 年，凭据天险的西哥特王国首都托雷多也没能拖住穆斯林军的脚步。因此，尽管有关人口衰退的历史证据十分分散，且大多并非直接史料，但人口衰减显然是毋庸置疑的事实。固然人口衰退并非阿拉伯大征服的起因，但它很可能削弱了抵抗的烈度，因此阿拉伯军才不会被有大量人口定居、驻防严密且居民斗志昂然的城市所阻碍。当时可能只有在河中地区，本地居民才会凭借高昂的士气积极抵抗敌人。

除以上长期性因素之外，战争还带来了一些短期影响，并进而引发了动乱的局面。自克拉苏于公元前 53 年率军进攻帕提亚帝国惨遭失败开始，罗马帝国与伊朗帝国之间就纷争频传，而 602 年莫里斯皇帝遇刺后爆发的那场战争是其中波及地域最为广大、损失最为惨重的战争。波斯军横扫拜占庭帝国领土，在许多层面上对当地社会造成了深刻影响。波斯军摧毁了拜占庭帝国对近东地区的统治，断绝了当地与君士坦丁堡的联系。拜占庭帝国从此以后不再为这些地区任命总督、指派军队，赋税也无法从这些地区收齐。迦克顿正统教会失去了帝国权威的扶持，沦为了众多基督教支派中的一支。许多教士和其他精英人士都逃去了相对安全的北非和意大利地区。考古证据表明，至少在安纳托利亚地区，波斯军在进军途中对当地的城镇造成了巨大破坏，当地居民被迫废弃了平原上的大型城镇，转而逃往山间堡垒避难。[2] 到阿拉伯军从麦地那开拔时，拜占庭帝国才刚刚收复失地不过一两年，可以说拜占庭帝国在许多地区完全没有建立起军事和政治秩序。

这场"古典时代的末日决战"有一个显著特点，即在这场战

争中，两大帝国以同样残酷野蛮的手段，耗尽了彼此的国力。与波斯军入侵拜占庭帝国相比，希拉克略对波斯帝国的入侵同样造成了惨重破坏。他摧毁了席兹的大火庙，历代萨珊皇帝都曾在这座火庙中举行加冕仪式，位于达斯特格尔德的皇宫也被他劫掠一空。更致命的是，著名的波斯皇帝霍斯劳二世（591 年至 628 年在位）也被自己手下的将领杀死。与拜占庭帝国不同，萨珊波斯帝国是一个典型的王朝国家。希拉克略的进攻挫败了萨珊皇族威望，动摇了波斯统治者的信心。皇族成员的内斗使得萨珊帝国长期国势不稳。到伊嗣俟三世（632 年至 651 年在位）被各方拥立为皇帝时，阿拉伯军已经敲开了伊拉克边境的大门。

641 年 2 月希拉克略去世后，皇子的继位纷争让拜占庭帝国的统治陷入了瘫痪，这场事件也为阿拉伯征服的成功提供了条件。似乎正是由于当时帝国宫廷内的权力纷争，拜占庭军才没能有效支援埃及的防御。假设希拉克略去世后继位的是一位强势有为的皇帝，拜占庭帝国很可能会在叙利亚或地中海沿岸地区发起反击，在 656 年奥斯曼哈里发遇刺后的混乱时期尤其可能得手。然而由于拜占庭帝国的内乱，穆斯林赢得了一代人的时间来巩固他们从拜占庭帝国夺取的国土。

拜占庭帝国与萨珊帝国都拥有一个同样的优势，然而事与愿违的是，当国家走向衰落时，这一优势反而变成了弱点。拜占庭帝国和萨珊帝国的军权高度集中，两大帝国都依赖于由税收财政维持的职业军队。拜占庭帝国曾拥有一支"边防军"（limitanei），这些军队戍守在国家边疆，国家发放土地与薪金来供养他们防守帝国边境。六世纪前半叶，帝国解散了这些军队，取而代之的则是拜占庭帝国的游牧盟友加萨尼王朝。582 年拜占庭帝国与加萨

尼王朝决裂之后，帝国依靠常备野战军来防卫边境。当时拜占庭帝国对沙漠方向的袭击似乎毫无防备。七世纪的军事操典《军略》中记载了波斯人、突厥人和阿瓦尔人的战术，但从未提及阿拉伯人。除去当地阿拉伯盟军之外，似乎抵抗穆斯林军入侵的拜占庭军队中并没有多少当地人。这些官兵要么是来自帝国其他地区的希腊人，要么是亚美尼亚人。在萨珊帝国，军队的演变也与之相似。六世纪前半叶，霍斯劳一世（531 年至 579 年在位）大大加强了帝国的中央行政权力，建立了一支由税收财政供养的帝国常备军。与同时代的拜占庭帝国一样，萨珊帝国也不再依靠盟友拉赫姆王朝协助防守边境。波斯皇帝的直属军队担起了守卫国家的重任。

从许多方面来看，这些发展可以说是中央权力集中和政府机构成熟的标志，然而矛盾的是，这却让这两个强大的帝国变得出奇脆弱。假如帝国政府陷入混乱，或者假如帝国军队在某场大战中遭受重创，那么地方上就难以抽出可用之兵组织防御。因为国家既没有市民组成的城镇军队，也没有可以征集的农村民兵。值得注意的是，阿拉伯军所遭遇的持续最久的抵抗来自河中、亚美尼亚、厄尔布尔士山区以及西班牙北部的坎塔布里亚山区等地，这些地区始终位于帝国和平原王国的直接统治范围之外。只有在这里，本地居民才会积极保卫家园，抗击侵略者。

有记载表明，在穆斯林征服的许多地区，入侵者都因这些古老帝国的内部矛盾而坐得渔翁之利，也就是说，某些时候他们被当地人看作是解放者，或者至少是可以忍受的统治者。其中有的是宗教矛盾：比如埃及和叙利亚北部的一性论派基督徒显然不可能拥护拜占庭帝国，尽管也罕有证据证明他们曾确实协助过入侵者。伊拉克萨瓦德地区的农民很可能因波斯统治阶层的崩溃而感

到如释重负；信德地区的商人和手工业者据说曾自愿协助穆斯林打击信仰婆罗门教的军事贵族。在北非，柏柏尔人时而抗击侵略，时而与穆斯林联合，时而臣服于他们，唯独将拜占庭人甩在一边，任其自生自灭。

在第一次征服后，被征服的群体并没有在文化上自觉反抗外来侵略。他们对于实行苛政，执法不公的总督颇有怨言，但就我们所见，并没有传道士或作者呼吁人们挺身而出积极反抗新的统治者。基督教文献中的反穆斯林宣传都是以末日文学的形式呈现，预言了未来会有一位伟大的皇帝或英雄人物自外界降临，解放基督徒。而与此同时，基督徒所要做的只有坚持祈祷和坚定信仰。与其敌视阿拉伯人，基督教不同派别之间彼此的敌意更加强烈，犹太人更是基督徒最为仇视的对象。在被征服者中，并没有人呼吁大家推翻新统治者。

拜占庭帝国与萨珊帝国境内存在的以上内部矛盾为阿拉伯大征服的成功奠定了基础。假设穆罕默德早一代人时间出生，并且与其继承者在 600 年出兵进攻这两大帝国，那么很难想象他们会取得任何成果。

阿拉伯军队之所以能取得胜利，也不仅仅是利用了既有国家的政治制度缺陷。当时的穆斯林军本身就拥有十分强劲的实力，因此他们比此前和之后出现的任何一支贝都因武装都更加强大有力。

关于侵略军的宗教热情和殉道与天园的观念对于战斗的激励作用，我们在前文中已经谈到很多。这些观念与前伊斯兰时代传统的部族忠诚感，以及个人英雄主义激情相互联系，彼此结合。游牧社会的文化价值观与新兴宗教观念相互混合，爆发出了强劲的威力。

我们必须指出，参与早期伊斯兰征服的是一支真正的军队，而并不是大批游牧部族组成的移民潮。他们将家中女眷、牲畜、孩童和老人留在了后方的帐篷或房屋中。士兵则编制成队，指挥官则由上级任命，指挥官的选任往往经过了哈里发或总督们的会议讨论。只有在战斗胜利之后，军人家属才能与士兵团聚。

如我们所见，阿拉伯军并非拥有他们的敌人所没有的先进技术，也并非以数量优势取胜，但他们的确拥有一些无可置疑的军事优势，其中最为重要的是机动力。大征服期间穆斯林军奔袭跨越的路程之远令人震惊。他们的行军距离自西方的摩洛哥边缘到伊斯兰世界东端的中亚地区，绵延远达七千公里以上。与之相比，罗马帝国的疆域从哈德良长城延伸至幼发拉底河，距离尚不到五千公里。机动灵活的穆斯林军在如此广大的地域中来去如风，占领了大片地区。他们所穿越的许多地区都是荒无人烟的不毛之地，这些土地只有坚毅可靠的人才能从中畅行。他们的部队行进时并无辎重车队。战士们似乎自备粮草，当补给耗尽时，他们便会就地购买、掠夺或征取给养。士兵与牲畜都已对贝都因人粗糙贫瘠的饮食习以为常，并且惯于在恶劣的环境中安然入睡。在寒凉的夜晚依靠闪亮的星星作为导向行军是沙漠生活的必备技能，许多有关大征服的史书都曾记载阿拉伯军在战斗中展现了高超的夜战能力。强大的机动性使他们能够快速撤往沙漠进行避难、战败后重新整编，或者出其不意地突袭敌军。

穆斯林军的统帅能力无疑十分高强。军中的高层指挥官大多出身于希贾兹地区城市居民中的少数精英阶层，尤其是古莱氏部族及其分支部族最多，这些人中有许多都是极其可靠的将才。叙利亚的哈立德·本·瓦立德、埃及的阿慕尔·本·阿斯与

伊拉克的萨阿德·本·瓦加斯都是名望远扬的军事将领。此后则有北非的乌格巴·本·纳菲、西班牙的塔里格·本·齐亚德和穆萨·本·努赛尔、河中地区的屈底波·本·穆斯林以及信德的穆罕默德·本·卡西姆·萨伽非等优秀将领。阿拉伯文史料还大量记述了战前军议和指挥官在实行军事行动前听取建议的行为。尽管这些记述部分是虚构的，目的是为了生动概括可能确有其事的军事行动，并凸显早期穆斯林社会的"民主"特征，但它们可能也反映了事实，也许当时阿拉伯军的决策的确需要经过协商和讨论才可施行。

　　某种程度上说，强大的领导力是阿拉伯社会政治传统的产物。阿拉伯社会的领导权往往在特定的家族中代代传承，但在这些群体中，志向远大的领袖需要向族人证明自己富有勇气、智谋过人且善于交际。假如领袖没能证明自己的能力，那么族人就会转而支持其他人。领袖还要考虑他所领导的族人有何观点与看法。仅靠父辈的荫蔽是远远不足以成为合格的领导者的。中亚的伊朗人王太后曾因屈底波的儿子没有继承父亲的权力而大为震惊，这一事例便体现了伊朗文化与阿拉伯文化中的不同观念。无能或独断专行的将领都不可能长期为人信服。阿富汗的乌拜杜拉·本·艾比·拜克拉和河中地区的祝奈德·本·阿卜杜·拉赫曼就属于这种失败者。他们很快便倒台了，并且遭到了同时代诗人与时事评论者的强烈贬损。

　　在穆斯林的统治结构中还有一些特点促成了他们的成功。史料总是在强调哈里发与总督，尤其是欧麦尔哈里发（634年至644年在位）在组织与领导征服行动中起到的作用。据说许多涉及军事行动细节的书信都出自欧麦尔的手笔，但实际上这些书信

不可能全都是由他所写，尽管如此，这些叙述材料还是体现了当时的麦地那和后来的大马士革拥有强大的组织与控制能力。极少有将领敢于违抗命令，远方战场或偏远省份的将领也极少有反叛中央的情况发生。这是十分不同寻常的，因为相比于同时期的拜占庭帝国，后者的军力常常因觊觎皇位的地方将领叛乱而大大受挫。令人惊讶的是，像哈立德·本·瓦立德、阿慕尔·本·阿斯、穆萨·本·努赛尔和穆罕默德·本·卡西姆这样的优秀将领在被撤职召回时，都会乖乖地交出职位回到首都，接受处罚，承受羞辱。

大征服之所以能够成功，还有一个关键因素，那就是穆斯林军对待被征服者的方式往往相对较为宽松。只要承诺上交贡赋并保证不协助穆斯林的敌人，阿拉伯将领便会乐意缔结条款，为被征服者的生命和财产安全提供保护，宗教场所的权利也会得到保证。在武力攻城中被击败的城市守军时常会被处决，但大规模屠杀平民的事例也极少发生。像在霍姆斯城那样征用房屋供穆斯林居住，或强征其他财产的情况十分少见。蓄意破坏或摧毁已有城市村庄的行为也同样罕见。与十三世纪的蒙古军臭名昭著的屠杀与毁灭行为相比，可谓判若云泥。尽管我们无法确定，但可能至少在征服初期，阿拉伯军对平民征取的物资和劳役要比拜占庭帝国和萨珊帝国宽松许多，他们征收的税赋也更轻一些。直到七世纪末，我们才发现有抱怨强征苛税的记载出现。很可能对于大多数被征服者来说，阿拉伯军的入侵仅仅是昙花一现的奇迹，或者一场仅持续一年的大规模袭掠，此后便会销声匿迹——因此，乖乖缴纳税款，签订必要的文件，总比眼睁睁看着城池陷落、男人被杀、女人和小孩被卖作奴隶要来得划算。

征服结束后，阿拉伯穆斯林军队很快便在新征服的土地定居

下来。他们定居时几乎总是会与本地居民分区而治。在伊拉克，他们聚居在库法、巴士拉和摩苏尔这三座穆斯林新城中。埃及最早的阿拉伯人聚居点是福斯塔特，这座聚落大部分位于开阔的平地上。在北非，主要的早期穆斯林聚落是新建的城镇凯鲁万，而在呼罗珊，最大的阿拉伯人聚落则是梅尔夫，他们在这座萨珊古城的城墙外建立了一个全新的居民区。在叙利亚，阿拉伯人往往定居在已有城市的郊区地带，而不是占据城市中心地带，比如在哈尔基斯和阿勒颇便是如此。这在很大程度上防止了征服军与当地人之间由于共用庭院与狭窄的街道而发生难以避免的冲突。

阿拉伯大征服在不同地区也有所不同。阿拉伯军入侵时沿大道行进，一路进攻或招降沿途的主要城镇。但在大道之外的山区或偏远村落，一定有许多社区此前从未与阿拉伯人有过交往，可能直到几周、几月甚至几年之后他们才会听闻自己已不再受拜占庭皇帝或波斯皇帝的统辖。在阿塞拜疆山区、里海南岸山脉、库尔德的丘陵地区、摩洛哥的大阿特拉斯山区和西班牙的格雷多山脉，都鲜见穆斯林的踪迹。直到早期征服结束后的两到三个世纪间，才有穆斯林传教者、商人和探险家进入这些地区传播新的宗教，并为当地人带来有关新兴统治者的消息。这些地区的居民没有动机抵抗入侵者，因为入侵者绕过了这些地区。

我们在上文中曾多次提到，穆斯林征服者极少有逼迫被征服者皈依伊斯兰教的行为。任何强迫改宗的行为都可能会引发大规模反抗或公开敌视。因此，穆斯林统治者与教会领袖和其他臣服于他们的宗教机构建立了一套合作关系。人们部分是因为财政压力而改宗，为了逃避臭名昭著的人头税而皈依伊斯兰教，但不仅如此，改宗还能使人获得机遇逃离现有社会阶层约束，成为新兴

统治阶层的一员。对于想要谋得军职的人来说，皈依伊斯兰教是必须之举。到十世纪，在某些地区还要更早，没有穆斯林身份就很难在文官系统中官运亨通。因此，这个新兴信仰的魅力主要在于吸引力，而非强制力。

在建立以来的头一个世纪，穆斯林帝国的社会环境十分开放。穆斯林是新兴帝国的精英阶层，他们宣称伊斯兰教是面向全人类的宗教。任何想要皈依伊斯兰教的人都可成为这个精英群体的一分子。相比之下，罗马帝国的公民或波斯帝国的贵族则是难以企及的特权阶层，受既得利益者捍卫。皈依新兴的伊斯兰教之后，被征服者也能够成为征服者，加入统治阶层，并且至少在理论上与其他穆斯林共同享有平等地位。诚然，不久之后穆斯林元老和新皈依的阿拉伯及非阿拉伯穆斯林之间便爆发了长期的暴力斗争，但这不能否定伊斯兰教是对所有人开放的。

早期穆斯林还抱有强大的文化自信心。真主通过先知穆罕默德用阿拉伯语向他们传达训诫，他们遵从真主的信仰，传播真主的语言。我们可以将他们与五世纪入侵西罗马帝国的日耳曼人相比。日耳曼人占领罗马帝国的领土之后，他们便抛弃了旧有的诸神，皈依了基督教，也即他们所征服帝国的宗教，至少就我们所知，没有人宣称神的语言是日耳曼语。强大的文化自信心确保阿拉伯语成为行政语言与新兴高等文化的语言载体。任何人想要完全融入政府或知识活动，就必须能够读写阿拉伯语才行，最好还有穆斯林身份。这与西欧的日耳曼国家也差异明显。至少到十二世纪为止，西欧的日耳曼人仍旧将拉丁语作为行政语言和高等文化语言，新兴统治阶层仍旧使用诸如"公爵"（dux）和"伯爵"（comes）之类的拉丁语头衔，而日耳曼语则只有方言俗语留存下

来。但穆斯林的头衔如"哈里发"（khalīfa）、"埃米尔"（amīr）和"瓦力"（wālī，即地方官，总督）都源自阿拉伯语。

尽管如此，征服仅仅为改宗拉开了序幕。穆斯林建立了一套政治与社会架构，因此伊斯兰教才能在其中缓慢发展扩张。到1000年，穆斯林可能在所有于750年前被征服的地区都成了多数人口。[3] 大征服并没有引发改宗，但它的确为其奠定了先决条件：没有大征服，伊斯兰教也就不会在这些地区成为主流信仰。

穆斯林征服的成功还要归功于当时独特的历史条件和新兴一神论信仰的传播。伊斯兰教拥有许多便于基督徒和犹太教徒理解接受的特点。它拥有一位先知、一部圣书、完善的祈祷文、饮食准则和家庭法。亚伯拉罕和耶稣在穆斯林传统观念中同样也是伟大的先知。伊斯兰教从一开始就作为一个独立的宗教发展起来，但它却宣称是过去一神论宗教的完善者，而非摧毁者。伊斯兰教并不像其他某些宗教（比如佛教）那样陌生，因此它与既有宗教的相似性和共同的宗教传统很可能也鼓励并促进了人们改变信仰。

在很大程度上，穆斯林针对敌人的政策也使他们的统治被广为接受：毕竟绝大多数情况下，向入侵者投降，订立和约并上交贡赋总比顽抗到底更划算。假如政治层面的征服没有完成，伊斯兰化与阿拉伯化进程也就不会在征服结束的两到三个世纪之后出现，但这种转化并不是征服所直接导致的不可避免的结果，而是越来越多人自觉自愿地认同和参与当时的主导文化，渐渐以几乎完全和平的方式造成了伊斯兰化的普及。

归根结底，穆斯林征服的成功是整个后罗马世界的动荡衰败、贝都因武士的坚忍顽强以及新兴伊斯兰教的激励与开放特质共同作用的结果。

注 释

序 言

1　请见 S. Brock, 'North Mesopotamia in the late seventh century: Book XV of John Bar Penkaye's Rīs Melle', Jerusalem *Studies in Arabic and Islam 9* (1987): 51–75。

前 言　史事拾遗

1　有关这一变化及其重要性，请见 J. Bloom, *Paper before Print: The History and Impact of Paper in the Islamic World* (New Haven, CT, 2001)。

2　关于这一观点和其他军事方面的话题，请见 A. Noth 与 L. I. Conrad 合著的 *The Early Arabic Historical Tradition: A source-critical study*，译者为 M. Bonner (Princeton, NJ, 1994), pp. 109–72。

3　P. Crone and M. A. Cook, Hagarism: *The Making of the Islamic World* (Cambridge, 1977).

4　E. Landau-Tasseron, 'Sayf ibn Umar in medieval and modern scholarship', *Der Islam* 67 (1990): 1–26.

5　J. Fentress and C. J. Wickham, *Social Memory* (Oxford, 1992).

6　Ibn Abd al-Hakam, *Futūh Misr*, ed. C. C. Torrey (New Haven, CT, 1921), pp. 74–6.

7　Sebeos, *The Armenian History*, trans. R. W. Thomson, with notes by J. Howard-Johnston and T. Greenwood, 2 vols. (Liverpool, 1999).

8　John of Nikiu, *The Chronicle of John (c. 690 AD) Coptic Bishop of Nikiu*, trans. R. H. Charles(London, 1916).

9　请见 J. Johns, 'Archaeology and the history of early Islam: the first seventy years', *Journal of the Economic and Social History of the Orient* 46 (2003): 411–36。

第一章　大征服的基础

1　关于鲁萨法（Rusāfa）和塞尔吉乌斯（St Sergius）信仰，请见 E. K. Fowden,

注　释　485

The Barbarian Plain: Saint Sergius between Rome and Iran (Berkeley, CA, 1999)。

2　引自 A. Jones, Early Arabic Poetry, 2 vols. (Oxford, 1992), I, p. 1。

3　C. Lyall, *The Dīwāns of cAbīd ibn al-Abras, of Asad and cĀmir ibn at- Tufayl, of cĀmir ibn Sacsacah*(London, 1913).

4　Lyall, *Dīwāns*, p. 106.

5　关于南阿拉伯诸王最详尽的介绍，请见 R. Hoyland, *Arabia and the Arabs: From the Bronze Age to the Coming of Islam* (London, 2001), pp. 36–57。

6　G. W. Heck, 'Gold mining in Arabia and the rise of the Islamic state', *Journal of the Economic and Social History of the Orient* 42 (1999): 364–95.

7　Mughīrah b. Zurāra al-Usaydī; Tabarī, *Ta'rīkh*, ed. M.J. de Goeje et al. (Leiden 1879–1901), I, pp. 2241–2.

8　Al-Nucmān b. Muqarrin; Tabarī, *Ta'rīkh*, I, pp. 2239–40.

9　G. M. Hinds, 'Maghāzī', *Encyclopaedia of Islam*, 2nd edn.

10　这部分有关"圣战"的观点来自 R. Firestone, *Jihād: The Origin of Holy War in Islam* (Oxford, 1999)。

11　请见 R. P. Mottahedeh and R. al-Sayyid, 'The idea of the jihad in Islam before the Crusades', in *The Crusades from the Perspective of Byzantium and the Muslim World*, ed. A. E. Laiou and R. P. Mottahedeh (Washington, DC, 2001), pp. 23–39。

12　Al-Nucmān b. al-Muqarrin; Tabarī, *Ta'rīkh*, I, p. 2240.

13　引自 F. M. Donner, The Early Islamic Conquests (Princeton, NJ, 1981), p. 67. 又见 M. Lecker, 'The estates of cAmr b. al-cĀs in Palestine', Bulletin of the School of Oriental and African Studies 52 (1989): pp. 24–37。

14　引自 Lecker, 'Estates', p. 25 from Ibn Abd al-Hakam, *Futūh*, p. 146。

15　有关这一话题，请见 Donner, Early Islamic Conquests, p. 81。

16　Firestone, *Jihād*, pp. 124–5.

17　Donner, Early Islamic Conquests, p. 135.

18　同上 , pp. 205–9。

19　相关图片请见 D. Nicolle, *Armies of the Muslim Conquests* (London, 1993); Nicolle, 'War and society in the eastern Mediterranean', in War and Society in the Eastern Mediterranean 7th to 15th centuries, ed. Y. Lev (Leiden, 1997), pp. 9–100。

20　Tabarī, *Ta'rīkh*, II, p. 1315.

21　关于武器的整体介绍，请见 H. Kennedy, *The Armies of the Caliphs* (London, 2001), pp. 173–8；关于刀剑，请见 R. Hoyland and B. Gilmour, *Medieval Islamic Swords and Swordmaking: Kindi's treatise 'On swords and their kinds'*

(London, 2006)。

22 请见 Kennedy, *Armies*, pp. 169–72。

23 Tabarī, *Ta'rīkh*, II, pp. 554–5.

24 请见 H. Kennedy, 'The military revolution and the early Islamic state', in *Noble Ideals and Bloody realities: Warfare in the Middle Ages*, ed. N. Christie and M. Yazigi (Leiden, 2006), pp. 197–208。

25 关于伊斯兰军队的攻城武器，请见 P. E. Chevedden, 'The hybrid trebuchet: the halfway step to the counterweight trebuchet', in *On the Social Origins of Medieval Institutions. Essays in Honor of Joseph F. O'Callaghan*, ed. D. Kagay and T. Vann (Leiden, 1998), pp. 179–222。

26 Tabarī, *Ta'rīkh*, I, pp. 2427–8.

27 Tabarī, *Ta'rīkh*, I, p. 2237, 出自穆齐拉·本·舒阿巴（al-Mughīra b. Shucba）之口。

28 Tabarī, *Ta'rīkh*, I, p. 2309.

29 奥夫·本·哈利斯（Awf b. Hārith），引自 Firestone, *Jihād*, p. 114。

30 Tabarī, *Ta'rīkh*, I, p. 2271, 出自里贝伊·本·阿米尔（Ribcī b. cĀmir）之口。

31 Tabarī, *Ta'rīkh*, I, p. 2289.

32 Tabarī, *Ta'rīkh*, I, p. 2365.

33 Tabarī, *Ta'rīkh*, I, pp. 2302–3.

34 Tabarī, *Ta'rīkh*, I, pp. 2293–4.

第二章　对叙利亚和巴勒斯坦的征服

1 A. Cameron, 'Cyprus at the time of the Arab conquests', *Cyprus Historical Review* 1 (1992): 27–49, reprinted in *eadem, Changing Cultures in Early Byzantium* (Aldershot, 1996), VI.

2 Balādhurī, *Futūh al-Buldān*, ed. M. J. de Goeje (Leiden, 1866, repr. Leiden, 1968), p. 129.

3 Tabarī, *Ta'rīkh*, I, p. 2156.

4 Donner, *Early Islamic Conquests*, p. 119.

5 这一年份出自 *The Chronicle of 724*，请见 Donner, Early Islamic Conquests, p. 126; Balādhurī, *Futūh*, p. 109。

6 'Doctrina Jacobi Nuper Baptizati', ed. with French trans. V. Déroche in *Travaux et Mémoires* (Collège de France, Centre de recherche d'histoire et civilisation de Byzance) 11 (1991): 47–273, cap. V, 16 (pp. 208–9).

注 释　487

7　请见 N. M. El Cheikh, *Byzantium Viewed by the Arabs* (Cambridge, MA, 2004), pp. 39–54。

8　Tabarī, *Ta'rīkh*, I, pp. 1561–2.

9　Tabarī, *Ta'rīkh*, I, pp. 2108–25, Balādhurī, *Futūh*, pp. 110–12; Ibn Athcam al-Kūfī, *Kitāb al-Futūh*, ed. S. A. Bukhari, 7 vols. (Hyderabad, 1974), vol. I, pp. 132–42; al-Ya'qūbī, *Ta'rīkh*, ed. M. Houtsma, 2 vols. (Leiden, 1883), vol. II, pp. 133–4.

10　更详尽的阐述请见 Donner, *Early Islamic Conquests*, pp. 119–27。

11　Tabarī, *Ta'rīkh*, I, pp. 2113.

12　P. Crone, 'Khālid b. al-Walīd', *Encyclopaedia of Islam*, 2nd edn.

13　Tabarī, *Ta'rīkh*, I, pp. 2097, 2114–15; Balādhurī, *Futūh*, p. 112.

14　这段描述出自两位八世纪权威学者伊本·易斯哈格（Ibn Ishāq）和瓦基迪（al-Wāqidi）所写的年表，在 Donner, Early Islamic Conquests , pp. 128–34 中亦有提及，至于其他年份记载，请见 ibid., pp. 134–9 (Sayf b. Umar) and pp. 139–420。

15　Tabarī, *Ta'rīkh*, I, pp. 2398–401.

16　Fredegar, *The Fourth Book of the Chronicle of Fredegar with its Continuations*, trans. J. M. Wallace-Hadrill (London, 1960), p. 55.

17　Sebeos, *The Armenian History*, trans. R. W. Thomson, with notes by J. Howard-Johnston and T. Greenwood, 2 vols. (Liverpool, 1999), I, p. 97.

18　Tabarī, *Ta'rīkh*, I, pp. 2145–6, 2157.

19　Tabarī, *Ta'rīkh*, I, p. 2152.

20　Balādhurī, *Futūh*, p. 121.

21　Tabarī, *Ta'rīkh*, I, p. 2154.

22　Tabarī, *Ta'rīkh*, I, p. 2393.

23　请见 Tabarī, *Ta'rīkh*, I, p. 2099。

24　W. E. Kaegi, *Byzantium and the Early Islamic Conquests* (Cambridge, 1992), p. 127.

25　Donner, *Early Islamic Conquests*, p. 133. Kaegi, *Byzantium*, p. 121, 此书中记载战役的高潮发生在八月二十日，但并没有引述信息来源。

26　Tabarī, *Ta'rīkh*, I, p. 2091.

27　Tabarī, *Ta'rīkh*, I, pp. 2091–2.

28　请见 L. Caetani, *Annali dell'Islam* (Milan, 1905–26), III, pp. 491–613, 以及 Kaegi, *Byzantium*, pp. 122–3, esp. n. 23 的相关讨论。

29　以下描述出自 Kaegi, *Byzantium*, pp. 119–22, 地图出自 p. 113。

30　Tabarī, *Ta'rīkh*, I, p. 2099.

488 大征服

31 Tabarī, *Ta'rīkh*, I, p. 2092.

32 Tabarī, *Ta'rīkh*, I, p. 2100.

33 Fredegar, *Chronicle*, p. 55.

34 引自 Kaegi, *Byzantium*, p. 141。

35 Tabarī, *Ta'rīkh*, I, pp. 2390–93; 有关霍姆斯陷落的内容请见 Balādhurī, *Futūh*, pp. 130–31。

36 Balādhurī, *Futūh*, p. 131.

37 Balādhurī, *Futūh*, p. 131 and Yāqūt, *Mucjam al-Buldān*, ed. F. Wüstenfeld (Leipzig, 1886), 'Homs'.

38 Tabarī, *Ta'rīkh*, I, pp. 2393–5.

39 Balādhurī, *Futūh*, pp. 139–40.

40 Tabarī, *Ta'rīkh*, I, p. 2396.

41 Balādhurī, *Futūh*, p. 137.

42 Tabarī, *Ta'rīkh*, I, p. 2396.

43 Michael the Syrian, *Chronicle*, ed. with French trans. J.-B. Chabot, 4 vols. (Paris, 1899–1924), II, p. 424.

44 Balādhurī, *Futūh*, p. 131: 鼓伶（muqallisīn），"一种哑剧演员，在胜利场合，他们会一边演奏阿拉伯鼓（daf）或其他乐器，一边迎接国王和其他贵人，或者为他们开道"。

45 Ancient Adhricāt; Balādhurī, *Futūh*, p. 139.

46 Balādhurī, *Futūh*, p. 142.

47 Balādhurī, *Futūh*, pp. 132–3.

48 Balādhurī, *Futūh*, p. 127.

49 地图请见 H. Donner, *The Mosaic Map of Madaba: An introductory guide* (Kampen, 1992)。

50 译文来自 R. Hoyland, *Seeing Islam as Others Saw It: A Survey and Evaluation of Christian, Jewish and Zoroastrian Writings on Early Islam* (Princeton, NJ, 1997), pp. 72–3。

51 Donner, *Early Islamic Conquests*, pp. 151–2.

52 Tabarī, *Ta'rīkh*, I, pp. 2405–6.

53 Sacīd ibn Batrīq, *Das Annalenwerk des Eutychios von Alexandrien*, ed. M. Breydy in *Corpus Scriptorum Christianorum Orientalium*, vol. 471 Scriptores Arabici, t. 44 (Leuven, 1985); see also R. L. Wilken, *The Land Called Holy: Palestine in Christian History and Thought* (New Haven, CT, 1992), pp. 233–9.

注 释 489

54 C. F. Robinson, *Empire and Elites after the Muslim Conquest: The Transformation of Northern Mesopotamia* (Cambridge, 2000), p. 34.

55 有关征服及其所引发的问题的资料，请见 Robinson, *Empire and Elites*, pp. 1–32。

56 Balādhurī, *Futūh*, pp. 172–3.

57 Balādhurī, *Futūh*, p. 176.

58 Balādhurī, *Futūh*, p. 123.

59 Balādhurī, *Futūh*, p. 126.

60 关于文献，请见 C. J. Kraemer, Jr, *Excavations at Nessana*, vol. 3: *Non-Literary Papyri* (Princeton, NJ, 1958), pp. 175–97。

第三章　对伊拉克的征服

1 关于萨珊帝国的总体历史，请见 A. Christensen, *L'Iran sous les Sassanides* (rev. 2nd edn, Copenhagen, 1944); *Cambridge History of Iran*, vol. III: *The Seleucid, Parthian and Sasanian Periods*, ed. E. Yarshater (Cambridge, 1983); M. Morony, 'Sāsānids', in *Encylopaedia of Islam*, 2nd edn, with full bibliography; Z. Rubin,'The Sasanian Monarchy', in *Cambridge Ancient History*, vol. XIV: *Late Antiquity: Empire and successors, A.D. 425–600*, ed. A. Cameron, B. Ward-Perkins and M. Whitby (Cambridge, 2000), pp. 638–61; 关于萨珊帝国统治下的伊拉克，请见 M. Morony, *Iraq after the Muslim Conquest* (Princeton, NJ, 1984)。

2 关于伊拉克的琐罗亚斯德教，请见 Morony, *Iraq*, pp. 281–300。

3 关于伊拉克的基督教与犹太教，文献同上，pp. 306–42。

4 有关伊拉克中部的农业与定居历史，请见 R. McC. Adams, *The Land behind Baghdad: A history of settlement on the Diyala Plain* (Chicago, IL, 1965)。

5 Morony, *Iraq*, pp. 185–90.

6 关于阿拉米人，文献同上，pp. 169–80。

7 *Maurice's Strategikon: handbook of Byzantine military strategy*, trans. G. T. Dennis (Philadelphia, PA, 1984), pp. 113–15.

8 以下内容出自 R. N. Frye, 'The political history of Iran under the Sasanians', in *Cambridge History of Iran*, vol. III: *The Seleucid, Parthian and Sasanian Periods*, ed. E. Yarshater (Cambridge, 1983), pp. 168–71。

9 Adams, *Land behind Baghdad*, pp. 81–2.

10 Donner, *Early Islamic Conquests*, pp. 170–73.

11 同上，p. 178。关于哈立德在伊拉克的征战，请见 Balādhurī, *Futūh*, pp. 241–50。

490 大征服

12 Donner, *Early Islamic Conquests*, p. 179.

13 Balādhurī, *Futūh*, pp. 242–3.

14 Balādhurī, *Futūh*, p. 243.

15 D. Talbot Rice 领导的发掘行动结果发表于 'The Oxford excavations at Hira, 1931', *Antiquity* 6.23 (1932): 276–91 和 'The Oxford excavations at Hira', *Ars Islamica* 1 (1934): 51–74。可惜的是在此之后对这一发掘地点并没有更深入的研究。

16 Balādhurī, *Futūh*, p. 244.

17 Balādhurī, *Futūh*, p. 243.

18 Balādhurī, *Futūh*, pp. 247–8.

19 Tabarī, *Ta'rīkh*, I, p. 2159.

20 Balādhurī, *Futūh*, pp. 251–2.

21 Tabarī, *Ta'rīkh*, I, p. 2178.

22 Balādhurī, *Futūh*, pp. 2174–5.

23 Tabarī, *Ta'rīkh*, I, p. 2179.

24 Balādhurī, *Futūh*, p. 254.

25 Balādhurī, *Futūh*, p. 255.

26 Firestone, *Jihad: The Origin of Holy War*, p. 106.

27 Donner, *Early Islamic Conquests*, p. 206.

28 同上，p. 221。

29 同上，p. 205。

30 Balādhurī, *Futūh*, pp. 255–62.

31 Tabarī, *Ta'rīkh*, I, p. 2377.

32 Sebeos, *The Armenian History*, pp. 98–9, 244–5; Movses of Dasxuranci, *The History of the Caucasian Albanians*, trans. C. J. F. Dowsett (Oxford, 1961), pp. 110–11.

33 Christensen, *L'Iran*, pp. 499–500.

34 尤其见于 Tabarī, *Ta'rīkh*, I, pp. 2247–9。

35 Firdawsi, *Shahnāmah*, trans. D. Davis (Washington, DC, 1998–2004), Vol. III, pp. 492–6.

36 Tabarī, *Ta'rīkh*, I, pp. 2269–77.

37 Tabarī, *Ta'rīkh*, I, p. 2270.

38 这里所用的词是 "tarjumān"。其中 "j" 音在埃及方言中发生硬的 "g" 音，这个词后来演变成了 "向导"（dragoman），这一词语常被十八世纪及十九

世纪黎凡特地区的旅行者用以指代当地向导或中间人。

39 Tabarī, *Ta'rīkh*, I, pp. 2269, names al-Sarī and Shucayb.

40 Balādhurī, *Futūh*, pp. 259–60.

41 Firdawsi, *Shahnāmah*, III, p. 499.

42 Balādhurī, *Futūh*, pp. 258.

43 Tabarī, *Ta'rīkh*, I, p. 2421.

44 Tabarī, *Ta'rīkh*, I, p. 2411.

45 Nā'il b. Jucsham al-Acrajī al-Tamīmī; Tabarī, *Ta'rīkh*, I, pp. 2422–4, trans. Juynboll.

46 Morony, *Iraq*, p. 186.

47 Tabarī, *Ta'rīkh*, I, p. 2425.

48 Tabarī, *Ta'rīkh*, I, pp. 2429–30. Juynboll 认为这句话中提到了伊弗里敦（Ifridūn），但并不确切。尽管如此，这句话的大意还是无可争议的。

49 Tabarī, *Ta'rīkh*, I, pp. 2433–4.

50 Tabarī, *Ta'rīkh*, I, p. 2438.

51 Balādhurī, *Futūh*, pp. 259–60.

52 Tabarī, *Ta'rīkh*, I, p. 2451.

53 Tabarī, *Ta'rīkh*, I, pp. 2441, 2451.

54 Tabarī, *Ta'rīkh*, I, pp. 2450–56.

55 Tabarī, *Ta'rīkh*, I, p. 2445.

56 Tabarī, *Ta'rīkh*, I, p. 2446.

57 Tabarī, *Ta'rīkh*, I, pp. 2446–7.

58 Tabarī, *Ta'rīkh*, I, p. 2453. 波斯人编织地毯的传统十分古老，但在这一时期并没有地毯实物留存下来。现存最古老的波斯地毯可追溯到十五世纪，而最古老的完整地毯，如阿尔达比勒地毯，则可追溯至十六世纪。这段记叙证明了这种华贵的艺术品是波斯千年传统的传承。

59 Tabarī, *Ta'rīkh*, I, pp. 2453–4.

60 Balādhurī, *Futūh*, p. 264; Tabarī, *Ta'rīkh*, I, p. 2445.

61 Tabarī, *Ta'rīkh*, I, pp. 2442–3.

62 Tabarī, *Ta'rīkh*, I, p. 2457.

63 Tabarī, *Ta'rīkh*, I, p. 2459.

64 Tabarī, *Ta'rīkh*, I, p. 2463.

65 Tabarī, *Ta'rīkh*, I, pp. 2462–3.

66 Donner, *Early Islamic Conquests*, p. 213, estimates the numbers.

492　大征服

67　Balādhurī, *Futūh*, p. 341.

68　Koran, 4:15–16.

69　Balādhurī, *Futūh*, p. 345.

70　关于这篇文本，请见 C. F. Robinson,'The conquest of Khuzistan: a historiographical reassessment', *Bulletin of the School of Oriental and African Studies* 67 (2004): 14–39。

71　Tabarī, *Ta'rīkh*, I, pp. 2567–8.

72　Tabarī, *Ta'rīkh*, I, pp. 2464–6.

73　Tabarī, *Ta'rīkh*, I, p. 2567.

74　Khuzistān Chronicle and Tabarī, *Ta'rīkh*, I,pp. 2554–5.

75　Tabarī, *Ta'rīkh*, I, pp. 2557–9; Tabarī, *Ta'rīkh*, I, p. 2560. 记述略有不同。

76　关于哈姆拉军，请见 Morony, *Iraq*, pp. 197–8; M. Zakeri, *Sāsānid Soldiers in Early Muslim Society. The origins of 'Ayyārān and Futuwwa* (Wiesbaden, 1995), pp. 116–20。

77　Tabarī, *Ta'rīkh*, I, p. 2261.

78　Balādhurī, *Futūh*, p.280; Morony, *Iraq*, p. 197.

79　请见 Morony, *Iraq*, p. 198; Zakeri, *Sāsānid Soldiers*, pp. 114–15。

80　Balādhurī, *Futūh*, p.280.

81　Tabarī, *Ta'rīkh*, I, p. 2484.

82　Donner, *Early Islamic Conquests*, p. 229.

83　Tabarī, *Ta'rīkh*, I, p. 2488.

84　关于清真寺，请见 Tabarī, *Ta'rīkh*, I, p. 2488–94; H. Djaït, *Al-Kūfa: naissance de la ville islamique* (Paris, 1986), pp. 96–100。

85　Tabarī, *Ta'rīkh*, I, p. 2494.

86　Tabarī, *Ta'rīkh*, I, pp. 2490–91.

87　Tabarī, *Ta'rīkh*, I, p. 2492.

88　Tabarī, *Ta'rīkh*, I, pp. 2491–5.

89　Djaït, *Naissance*, pp.102–3, 否定了赛义夫的记述，但并没有给出可信的理由：事实不得而知。

90　Djaït, *Naissance*, p. 108–111.

91　关于这方面，请见 Donner, *Early Islamic Conquests*, p. 230。

92　请见 H. Kennedy, *The Armies of the Caliphs* (London, 2001), pp. 60–74。

93　Balādhurī, *Futūh*, p. 332. 关于摩苏尔的始建与早期发展，请见 Robinson, *Empire and Elites*, pp. 63–71。

注 释 493

94 Morony, *Iraq*, p. 175.

第四章 对埃及的征服

1 关于七世纪初的埃及，请见 W. E. Kaegi, 'Egypt on the eve of the Muslim conquest', in *Cambridge History of Egypt*, vol. I: Islamic Egypt。

2 在这一章节中，我依据的是"暂定年表"，选自 Kaegi, 'Egypt on the eve', pp. 60–61。

3 Tabarī, *Ta'rīkh*, I, pp. 2579–95.

4 Ibn Abd al-Hakam, Abū'l-Qāsim'Abd al-Rahmān b. 'Abd Allāh, *Futūḥ Misr*, ed. C. C. Torrey (New Haven, CT, 1921). 关于对这部著作的批评，请见 R. Brunschvig, 'Ibn cAbdal-hakam et la conque`te de l'Afrique du Nord par les Arabes: etude critique', *Annales de l'Institut des Etudes Orientales* 6 (1942–7): 108–55, and W. Kubiak, *Al-Fusṭāt, Its Foundation and Early Urban Development* (Cairo, 1987), pp. 18–22。这两部著作都认为伊本·阿卜杜·哈卡姆更多是一个研究法律先例的法学家，而非历史学家。但我认为他的著作中历史内容更为重要，Kubiak 的说法显然有些夸大其词，他认为："他的本意并非为了传达过去的史实，也不是为了神化夸张第一代伊斯兰征服者的勇武，而是为了给与对埃及和北非征服有关的那些晦涩不清的传统教法问题找到合理的答案。"

5 Kubiak, Al-Fustāt, p. 19. 关于大征服的传说，似乎最早的收集者是叶齐德·本·艾比·哈比卜（Yazīd b. Abī Habib）(d. 745)。

6 John of Nikiu, *The Chronicle of John (c.690 AD) Coptic Bishop of Nikiu*, trans. R. H. Charles (London, 1916).

7 See the second edition by P. M. Fraser (Oxford, 1978).

8 关于古典时代的埃及，请见 R. E. Ritner, 'Egypt under Roman rule: the legacy of ancient Egypt', in *Cambridge History of Egypt*, vol. i: *Islamic Egypt, 640–1517*, ed. C. Petry (Cambridge, 1998), pp. 1–33。

9 Kaegi, 'Egypt on the eve', p. 33.

10 关于这段时期的埃及，请见 R. Bagnall, *Egypt in Late Antiquity* (Princeton, NJ, 1993)。

11 有关这一话题，请见 Butler, *Arab Conquest*, pp. 401–25。

12 Ritner, 'Egypt', p. 30.

13 Kaegi, 'Egypt on the eve', p. 34.

14 引自 Butler, *Arab Conquest*, p. 72。

15 请见 Kaegi, 'Egypt on the eve', pp. 42–4。

16 关于本雅明其人，请见他的传记，Sawīrus b. al-Muqaffa, 'Life of Benjamin I the thirty-eighth patriarch A.D. 622–61', in *History of the Patriarchs of the Coptic Church of Alexandria*, trans B. Evetts (Patrologia Orientalis I.4, 1905), pp. 487–518。

17 Sawīrus, 'Life of Benjamin', p. 496.

18 Butler, *Arab Conquest*, pp. 176–9.

19 同上，p. 183。

20 Sawīrus, 'Life of Benjamin', pp. 491–2.

21 Nikephorus, Patriarch of Constantinople, *Short History*, trans. C. Mango (Washington, DC, 1990), pp. 72–5.

22 这段重述基于 R. Hoyland, *Seeing Islam as Others Saw It*, pp. 574–90，此书中使用了非阿拉伯人的史料，尤其是尼基佛鲁斯的拜占庭年表（the Byzantine Chronicle of Nicephorus），来对历史进行合理可信的重构；巴特勒直截了当地否定了西琉斯曾交纳贡赋的可能性，Butler, *Arab Conquest*, pp. 207–8。

23 Ibn Abd al-Hakam, *Futūh*, pp. 58.

24 Balādhurī, *Futūh*, p. 213; Ibn Abd al-Hakam, *Futūh*, pp. 56–7.

25 Butler, *Arab Conquest*, pp.209–10.

26 同上，p. 211。

27 Ibn Abd al-Hakam, *Futūh*, pp. 58–9.

28 Ibn Abd al-Hakam, *Futūh*, pp. 59–60.

29 Ibn Abd al-Hakam, *Futūh*, p. 60.

30 John of Nikiu, *Chronicle*, pp. 179–80 记载的这个令人困惑的故事被巴特勒用在了他的著作 (*Arab Conquest*, pp. 222–5) 里，本书中这段叙述就是基于他的描述。

31 *apud* Ibn Abd al-Hakam, *Futūh*, p. 61，又见 Butler, *Arab Conquest*, p. 226 所列举的其他数据，作者评论称 "阿拉伯历史学家的记载中充满了各种各样的疑惑"。尼基乌的约翰（John of Nikiu）则称有四千名新人。

32 Ibn Abd al-Hakam, *Futūh*, p. 64.

33 Butler, *Arab Conquest*, p. 228.

34 John of Nikiu, *Chronicle*, p. 181; Ibn Abd al-Hakam, *Futūh*, p. 59; Butler, *Arab Conquest*, pp. 228–33.

35 请见 Butler, *Arab Conquest*, pp. 238–48, with a plan at p. 240; Kubiak, *Al-Fustat*, pp. 50–55。

36 John of Nikiu, *Chronicle*, pp. 186–7.

37 Ibn Abd al-Hakam, *Futūh*, p. 63; 请见 Butler, *Arab Conquest*, p. 259 n. 1, 其中他讨论了这个故事的其他后来版本，并讨论了阿拉伯文史料中令人困惑的"无敌传说"。又见 Butler'Treaty of Misr' (published with separate pagination (1–64) and index at the end of Butler, *Arab Conquest*), pp. 16–19。

38 Balādhurī, *Futūh*, p. 213.

39 Yāqūt, 'Fustāt', Butler, *Arab Conquest*, p. 270, n. 3.

40 John of Nikiu, *Chronicle*, pp. 186–7.

41 这段文本引自 Tabarī, *Ta'rīkh*, I, pp. 2588–9；相关论证可见 Butler, 'Treaty of Misr'。

42 Butler 'Treaty of Misr', pp. 46–7.

43 D. R. Hill, *The Termination of Hostilities in the Early Arab Conquests AD 634–656* (London, 1971), pp. 34–44.

44 Balādhurī, *Futūh*, p. 214-15.

45 Yāqūt, 'Fustāt'.

46 Ibn Abd al-Hakam, *Futūh*, p. 73.

47 John of Nikiu, *Chronicle*, p. 188; Ibn Abd al-Hakam, *Futūh*; Butler, *Arab Conquest*, pp. 286–7.

48 Balādhurī, *Futūh*, p. 220.

49 Ibn Abd al-Hakam, *Futūh*, p. 74.

50 Butler, *Arab Conquest*, pp. 291–2, 有关城市的描述也大多来自该书中的阿拉伯文史料，pp. 368–400。

51 用"巴勒斯坦"来指代大叙利亚地区是十九世纪后期学术界的典型方法，比如 G. Le Strange, *Palestine under the Moslems: A description of Syria and the Holy Land from A.D. 650 to 1500* (London, 1890)。

52 如巴特勒（Butler）所说："这些方尖碑留存至今，直到英国人和美国人将它们砸碎运出了埃及：其中一座立在了泰晤士河畔，另一座则在纽约……它们约有 68 英尺高，若没有城墙阻挡，在稍远的地方就能至少看到它们的尖端。"

53 M. Rodziewicz, 'Transformation of Ancient Alexandria into a Medieval City', in *Colloque international d'archéologie islamique*, ed. R-P. Gayraud (Cairo, 1998), pp. 368–86.

54 John of Nikiu, *Chronicle*, pp. 192–3.

55 请见 Hoyland 对叙利亚年表"共同内核"的重建，出自 *Seeing Islam*, pp.

496 大征服

577–8。

56 Kubiak, *Al-Fustāt,* p. 71.

57 R.-P. Gayraud, 'Fostat: èvolution d'une capitale arabe du VII au XII siècle d'après les fouilles d'Istabl cAntar', in *Colloque international d'archéologie islamique,* ed. R.-P. Gayraud (Cairo, 1998), pp. 436–60.

58 Ibn Abd al-Hakam, *Futūh,* p. 102.

59 我曾经依据比例做过估计，得出当时有许多男人都是单身或与当地女性通婚，当然，这些数据仅仅是推测性的。

60 Butler, *Arab Conquest,* p. 361.

61 同上，pp. 439–446, 讨论了本雅明的重建工作。

62 Sawīrus, 'Life of Benjamin', p. 500.

63 同上，pp. 496–7。

64 Ibn Abd al-Hakam, *Futūh,* pp. 180–82.

65 John of Nikiu, *Chronicle,* p. 200.

66 三百万人口的保守估计出自 Kaegi, 'Egypt on the eve', p. 34: 100,000 is an extrapolation of the figure of 40,000 men given by Ibn Abd al-Hakam, *Futūh,* p. 102, as the maximum number in the dīwān in early Umayyad times (see above, pp. 141, 162)。

67 Butler, *Arab Conquest,* pp. 305–7.

68 同上，p. 534。

69 John of Nikiu, *Chronicle,* p. 182.

70 同上，p. 184。

第五章　对伊朗的征服

1 关于萨珊帝国的灭亡和穆斯林征服伊朗的大体介绍，请见 A. Christensen, *L'Iran sous les Sassanides* (rev. 2nd edn, Copenhagen, 1944), pp. 497–509。

2 Tabarī, *Ta'rīkh,* I, pp. 2596–633; Balādhurī, *Futūh,* pp. 302–7; Ibn Actham al-Kūfī, Kitāb al-*Futūh,* ed. S. A Bukhari, 7 vols. (Hyderabad, 1974), II, pp. 31–59. 关于史料，请见 A. Noth, *'Isfahan-Nihāwand. Eine quellenkritische Studie zur frühislamischen Historiographie', Zeitschrift der Deutschen Morgenländischen Gesellschaft* 118 (1968): 274–96。

3 Tabarī, *Ta'rīkh,* I, p. 2616.

4 Tabarī, *Ta'rīkh,* I, p. 2618.

5 Tabarī, *Ta'rīkh,* I, p. 2617.

6　Tabarī, *Ta'rīkh*, I, p. 2632.

7　Balādhurī, *Futūh*, p. 303.

8　Tabarī, *Ta'rīkh*, I, pp. 2623–4.

9　Tabarī, *Ta'rīkh*, I, p. 2626.

10　Tabarī, *Ta'rīkh*, I , pp. 2627, 2649–50.

11　Balādhurī, *Futūh*, p. 305.

12　关于对哈马丹的征服，请见 Balādhurī, *Futūh*, p. 309。

13　S. Matheson, *Persia: An Archaeological Guide* (2nd rev. edn, London, 1976), p. 109.

14　关于对伊斯法罕的征服，请见 Balādhurī, *Futūh*, pp. 312–14。

15　Tabarī, *Ta'rīkh*, I, p. 2642.

16　Abu Nucaym al-Isfahānī, *Geschicte Isbahans*, pp. 15–16.

17　Tabarī, *Ta'rīkh*, I, pp. 2639–41.

18　P. Pourshariati, 'Local histories of Khurasan and the pattern of Arab settlement', *Studia Iranica* 27 (1998): 62–3.

19　Tabarī, *Ta'rīkh*, I, pp. 2650–711. See 'Bahrām VI Cobin' in *Encyclopaedia Iranica*, ed. E. Yarshater (London, 1985–), III, pp. 519–22.

20　Tabarī, *Ta'rīkh*, I, pp. 2653–5.

21　Tabarī, *Ta'rīkh*, I, p. 2659.

22　Tabarī, *Ta'rīkh*, I, p. 2635.

23　Tabarī, *Ta'rīkh*, I, p. 2667.

24　这段描述是基于 G. M. Hinds 细节详尽的著作 'The first Arab conquests in Fars', Iran 22 (1984): 39–53, reprinted in idem, Studies in Early Islamic History, ed. J. L. Bacharach, L. I. Conrad and P. Crone (Princeton, NJ, 1996)。

25　Al-Istakhrī, *Kitāb Masālik wa'l-Mamālik*, ed. M. J. de Goeje (Leiden, 1927).

26　Balādhurī, *Futūh*, p. 388.

27　Balādhurī, *Futūh*, p. 388.

28　Balādhurī, *Futūh*, p. 388.

29　Balādhurī, *Ansab al-Ashraf*, I, ed. M. Hamidullah (Cairo, 1959), p. 494.

30　关于对锡斯坦的早期征服，请见 Balādhurī, *Futūh*, pp. 293–4。

31　关于这方面的讨论，请见 Christensen, *Iran*, pp. 506–9。

32　Balcami, 引自 Christensen, *Iran*, p. 507。

33　关于阿拉伯文记载，请见 Balādhurī, *Futūh*, pp. 315–16。

34　我的这段描述基于 Firdawsi, *Shahnāmah*, trans. D. Davis, vol. III: Sunset of

498　大征服

Empire (Washington, DC, 1998–2004), pp. 501–13。

35　Tabarī, *Ta'rīkh*, I, p. 1322.

36　Tabarī, *Ta'rīkh*, I, p. 1318.

37　Tabarī, *Ta'rīkh*, I, p. 1320; Balādhurī, *Futūh*, pp. 335–6.

38　Balādhurī, *Futūh*, p. 335.

39　Tabarī, *Ta'rīkh*, I, pp. 1320–22, 1328.

40　Tabarī, *Ta'rīkh*, I, p. 1328.

41　*Ta'rīkh* Jurjān, pp. 56–7；又见 P. Pourshariati, 'Local histories of Khurasan and the pattern of Arab settlement', *Studia Iranica* 27 (1998): 41-81。

42　关于戈尔甘地区的伊斯兰化，请见 R. Bulliet, *Islam: The View from the Edge* (New York, 1994)。

43　关于这场战役，请见 C. E. Bosworth, 'Ubaidallah b. Abi Bakra and the "Army of Destruction" in Zabulistan (79/698)', *Der Islam 1* (1973): 268–83。

44　Balādhurī, *Ansāb al-Ashrāf*, ed. Ahlwardt, p. 314.

45　Balādhurī, *Ansab, p. 315–16.* 译文基于 Bosworth 的版本，有所简略。

46　Tabarī, *Ta'rīkh*, I, pp. 1038–9.

47　Tabarī, *Ta'rīkh*, I, pp. 1043–7.

48　Tabarī, *Ta'rīkh*, I, pp. 1054–5.

第六章　进入马格里布

1　关于对北非征服的二手史料并不丰富，基于对贫乏的阿拉伯文史料进行谨慎解读的作品，请见 A. D. Taha, *The Muslim Conquest and Settlement of North Africa and Spain* (London, 1989). V。

Christides, *Byzantine Libya and the March of the Arabs towards the West of North Africa*, British Archaeological Reports, International Series 851 (Oxford, 2000)，也是基于阿拉伯文史料，但也通过研究圣徒传记与其他考古材料给出了观点。

2　Muqaddasī, *Ahsan al-Taqāsim: The Best Divisions for Knowledge of the Regions*, trans. B. Collins (Reading, 2001), p. 224.

3　请见 A. Cameron, 'Byzantine Africa – the literary evidence', in *Excavations at Carthage 1975–1978*, ed. J.H. Humphrey, vol. VII (Ann Arbor, MI, 1977–78), pp. 29–62, reprinted *in eadem, Changing Cultures in Early Byzantium* (Aldershot, 1996), VII。

4　M. Brett and E. Fentress, *The Berbers* (Oxford, 1996), pp. 79–80, quoting

Procopius, *Bellum Vandalicum* IV, xiii, pp. 22–8.

5 C. J. Wickham, *Framing the Early Middle Ages: Europe and the Mediterranean, c. 400–c. 800* (Oxford, 2005), p. 641.

6 同上, pp. 709–12, 725。

7 A. Leone and D. Mattingly,'Landscapes of change in North Africa', in *Landscapes of Change: Rural evolutions in late antiquity and the early Middle Ages*, ed. N. Christie (Aldershot, 2004), pp. 135–62 at pp. 142–31.

8 I. Sjöström, *Tripolitania in Transition: Late Roman to Islamic settlement: with a catalogue of sites* (Aldershot, 1993), pp. 81–5.

9 Ibn Abd al-Hakam, *Futūh*, p. 170.

10 Ibn Abd al-Hakam, *Futūh*, p. 170, 记载了有关柏柏尔人向西迁徙的细节。

11 Sjöström, *Tripolitania*, p. 26.

12 同上, p.40。See alsoD.Mattingly, 'The Laguatan: a Libyan tribal confederation in the late Roman Empire', *Libyan Studies* 14 (1983): 96–108; D. Pringle, *The Defence of Byzantine Africa from Justinian to the Arab Conquest*, British Archaeological Reports, International Series 99 (Oxford, 1981)。

13 此处的史实引自 Christides, *Byzantine Libya*, pp. 38–9。

14 同上, p. 15。

15 Ibn Abd al-Hakam, *Futūh*, p. 173.

16 Ibn Abd al-Hakam, *Futūh*, p. 184;
Taha, *Muslim Conquest*, p. 57;
Christides, *Byzantine Libya*, pp. 42–3.

17 Taha, *Muslim Conquest*, p. 57.

18 Yāqūt, Mucjam al-Buldān.

19 Maslama b. Mukhallad al-Ansārī.

20 Ibn al-Athīr, *Al-Kāmil fi'l Ta'rīkh*, ed. C. J. Tornberg, 13 vols. (Leiden, 1867, repr. Beirut, 1982), III, p. 465, 其中作者称 他的记载来自北非本地史料 (*ahl al-ta'rīkh min al-maghāriba*) , 因为这些史料比塔巴里（Tabarī）的记载更为详尽。Yāqūt, *Mucjam al-Buldān*, IV, pp. 212–13。

21 Taha, *Muslim Conquest*, pp. 61–2.

22 此处来自 Taha, *Muslim Conquest*, pp. 63–5。

23 有关乌格巴（Uqba）伟大远征的记载大多远远晚于历史事件，其中最为详尽的记载来自伊本·伊扎里（Ibn Idhārī）的作品（十四世纪写成）。这使得如 Brunschvig 等一些历史学家对于这段历史的真实性抱有疑虑。但 Levi-

Provençal 则考证称这段记载来自于一份马格里布 - 安达卢斯传统史料，应当加以严肃对待。为了支持自己的观点，他举出了一段叙述的译文，这段叙述据称作者是艾布·阿里·萨利赫·本·艾比·萨利赫·本·阿卜杜·哈利姆（Abū cAlī Sālih b. Abī Sālih b. cAbd al-Halīm），他于 1300 年左右生活在大阿特拉斯山脉的纳菲斯（Naffīs）。Levi-Provençal 曾承诺在文中列出阿拉伯文原本，但似乎因他于 1954 年去世而未能完成。请见 E. Levi-Provençal, 'Un récit de la conquête de l'Afrique du Nord', Arabica 1 (1954): 17–43。

24 Ibn Idhārī, *Bayān*, II, p. 26.

25 Wickham, *Framing*, p. 336.

26 Ibn Idhārī, *Bayān*, II, pp. 26–7.

27 Ibn Idhārī, *Bayān*, II, pp. 25–6.

28 Ibn Idhārī, *Bayān*, II, p. 26.

29 Ibn Idhārī, *Bayān*, II, p. 27.

30 Ibn Idhārī, *Bayān*, II, pp. 30–31.

31 Taha, *Muslim Conquest*, p. 68.

32 Ibn Idhārī, *Bayān*, II, p. 35.

33 Ibn Abd al-Hakam, *Futūh*, p. 200.

34 Bakrī, *Description de l'Afrique septentrionale*, ed. Baron de Slane (Algiers, 1857), p. 37.

35 Gibbon, *Decline and Fall*, III, p. 300.

36 此处基于 Talbi 所写的编年史，来自 *Encyclopaedia of Islam*, 2nd edn。

37 一些史料认为突尼斯是由后来的总督所建立的，请见 Taha, *Muslim Conquest*, pp. 72–3。

38 Ibn Abd al-Hakam, *Futūh*, p. 40.

39 Ibn Idhārī, *Bayān*, II, p. 41.

第七章 跨过乌浒河

1 对于穆斯林征服中亚最详尽的描述来自 H. A. R. Gibb, *The Arab Conquests in Central Asia* (London, 1923)，我引用了此书中许多内容。又见 V. Barthold, *Turkestan Down to the Mongol Invasions*, trans. H. Gibb (London, 1928, rev edn, Gibb Memorial Series, V, London, 1968), pp. 180–93。

2 *The Fihrist of al-Nadīm*, trans. B. Dodge, 2 vols. (New York, 1970), pp. 220–25. 又见 T. Khalidi, *Arabic Historical Thought in the Classical Period* (Cambridge, 1994), pp. 64–5; C. F. Robinson, *Islamic Historiography* (Cambridge, 2003), p. 34。

注 释 501

3 关于这项分析，请见 Gibb, *Conquests*, pp. 12–13。

4 关于这片区域历史上的地理情况，请见 Barthold, *Turkestan*, pp. 64–179。

5 关于花剌子模（Khwārazm），请见 C.E. Bosworth 编写的词条 "Khwārazm"，来自 *Encyclopaedia of Islam*, 2nd edn。

6 *Ibn Fadlan's journey to Russia: a tenth-century traveler from Baghdad to the Volga River*, trans. R. Frye (Princeton, NJ, 2005), p. 29.

7 Narshakhī, *History of Bukhara*, trans. R. Frye (Cambridge, MA, 1954), pp. 9–10.

8 E. de la Vaissiere, *Sogdian Traders: A History* (Leiden, 2005), p. 176.

9 大量文献论述了突厥人的起源和早期历史。详尽介绍请见 D. Sinor, 'The establishment and dissolution of the Türk empire', in *Cambridge History of Early Inner Asia*, ed. D. Sinor (Cambridge, 1990), pp. 285–316, with bibliography pp. 478–83。

10 Trans. Sinor in *Cambridge History of Early Inner Asia*, p. 297.

11 *Maurice's Strategikon: Handbook of Byzantine military strategy*, trans. G. T. Dennis (Philadelphia, PA, 1984), pp. 116–18.

12 Tabarī, *Ta'rīkh*, II, p. 394. Gibb, *Arab Conquests*, 这些会议是否真的召开过仍旧存疑。

13 Balādhurī, *Futūh*, p. 412.

14 Silah b. Ashyam al-cAdawī; Tabarī, *Ta'rīkh*, II, p. 393.

15 Gibb, *Arab Conquests*, pp. 22–3.

16 Tabarī, *Ta'rīkh*, II, pp. 394–5.

17 Tabarī, *Ta'rīkh*, II, pp. 490–97.

18 Tabarī, *Ta'rīkh*, II, p. 447.

19 Tabarī, *Ta'rīkh*, II, p. 594.

20 Al-Harīsh b. Hilāl al-Qurayci.

21 Tabarī, *Ta'rīkh*, II, p. 596.

22 Tabarī, *Ta'rīkh*, II, p. 98.

23 Tabarī, *Ta'rīkh*, II, p. 696.

24 Tabarī, *Ta'rīkh*, II, pp. 831–5.

25 Tabarī, *Ta'rīkh*, II, p. 1022.

26 cAttb b. Liqwa al-Ghudānī had his debts paid by Bukayr b. Wishāh al-Sacdī; Tabarī, *Ta'rīkh*, II, pp. 1022–3.

27 Tabarī, *Ta'rīkh*, II, p. 1029.

28 Tabarī, *Ta'rīkh*, II, p. 1024.

29 Tabarī, *Ta'rīkh*, II, pp. 1024, 1031.

30 Tabarī, *Ta'rīkh*, II, p. 1041. Gibb, *Arab Conquests*, pp. 26–7.

31 Tabarī, *Ta'rīkh*, II, p. 1144, 其中认为穆罕默德·本·穆法达勒（达比）（于784 年或 785 年去世）是原作者，但并不清楚他是不是传说大部分内容的原作者。穆法达勒是一位文献学者，他曾经参与了阿里党人易卜拉欣于 762 年掀起的叛乱，但后来被曼苏尔宽恕，并在马赫迪哈里发时期任职。他将前伊斯兰时代诗歌汇编成集，称为《穆法达勒集》（*Mufaddaliyat*），但历史并未记载他是否编写过史书。

32 Tabarī, *Ta'rīkh*, II, p. 1147.

33 Tabarī, *Ta'rīkh*, II, pp. 1162–3.

34 Tabarī, *Ta'rīkh*, II, pp. 1146–7. 这个故事不禁使人联想到詹姆斯·弗雷泽在《金枝》（*The Golden Bough*）(New York, 1922) 开头讲述的那个内米湖祭司王的故事。

35 Tabarī, *Ta'rīkh*, II, p. 1147.

36 Tabarī, *Ta'rīkh*, II, pp. 1148–9.

37 Tabarī, *Ta'rīkh*, II, p. 1151.

38 Tabarī, *Ta'rīkh*, II, p. 1152.

39 Tabarī, *Ta'rīkh*, II, pp. 1080–81.

40 Tabarī, *Ta'rīkh*, II, p. 1153.

41 Tabarī, *Ta'rīkh*, II, p. 1153.

42 Tabarī, *Ta'rīkh*, II, p. 1154.

43 原文本中这个名字是"哈舒拉"（Hashūrā）或这个词的其他变体，但目前尚未确定。

44 Tabarī, *Ta'rīkh*, II, pp. 1159–60.

45 Mufaddal b. al-Muhallab b. Abī Sufra; Tabarī, *Ta'rīkh*, II, p. 1162.

第八章　通往撒马尔罕之路

1 Koran 3: 169.

2 Tabarī, *Ta'rīkh*, II, p. 1179.

3 Tabarī, *Ta'rīkh*, II, pp. 1290–91.

4 Tabarī, *Ta'rīkh*, II, pp. 1185–6.

5 Barthold, *Turkestan*, p. 117.

6 Narshakhī, *History of Bukhara*, p. 44.

7 Tabarī, *Ta'rīkh*, II, pp. 1185–90. Narshakhī, *History of Bukhara*, pp. 43–5.

注 释 503

8　Tabarī, *Ta'rīkh*, II, p. 1188.

9　Narshakhī, *History of Bukhara*, p.45 and note B.

10　Tabarī, *Ta'rīkh*, II, pp. 1198–9.

11　Tabarī, *Ta'rīkh*, II, p. 1202.

12　Narshakhī, *History of Bukhara*, p. 63.

13　同上，pp. 47–9。

14　同上，p. 52。

15　Tabarī, *Ta'rīkh*, II, p. 1206.

16　Tabarī, *Ta'rīkh*, II, p. 1207, 但参见 p. 1218, 此页中只记载了几支分队。

17　E. Knobloch, *The Archaeology and Architecture of Afghanistan* (Stroud, 2002), p. 162 and Plates 7 and 17.

18　Tabarī, *Ta'rīkh*, II, p. 1221.

19　Tabarī, *Ta'rīkh*, II, p. 1226.

20　Tabarī, *Ta'rīkh*, II, p. 1230.

21　Gibb, *Arab Conquests*, p.42.

22　Tabarī, *Ta'rīkh*, II, pp. 1229–30.

23　Tabarī, *Ta'rīkh*, II, p. 1235.

24　Tabarī, *Ta'rīkh*, II, pp. 1240–41.

25　F. Grenet and C. Rapin, 'De la Samarkand antique à la Samarkand islamique: continuities et ruptures', in Colloque international d'archéologie islamique, ed. R.-P. Gayraud (Cairo, 1998), pp. 436–60.

26　Tabarī, *Ta'rīkh*, II, p. 1245. See trans. n. 635 for different figures given in Balcamī and Ibn Actham.

27　Tabarī, *Ta'rīkh*, II, p. 1252.

28　Gibb, *Arab Conquests*, p. 45.

29　Tabarī, *Ta'rīkh*, II, pp. 1256–7.

30　Gibb, *Arab Conquests*, pp. 52–3.

31　Ya'qūbī, *Ta'rīkh*, II, p. 346.

32　Gibb, *Arab Conquests*, p. 50.

33　Tabarī, *Ta'rīkh*, II, pp. 1277–8.

34　Tabarī, *Ta'rīkh*, II, p. 1286. 此处的用词为 jawāz, 现代阿拉伯语中意为 "护照"。

35　Tabarī, *Ta'rīkh*, II, p. 1287.

36　Tabarī, *Ta'rīkh*, II, p. 1288.

37　Tabarī, *Ta'rīkh*, II, p. 1291.

38 Tabarī, *Ta'rīkh*, II, p. 1291.

39 Tabarī, *Ta'rīkh*, II, p. 1290.

40 Tabarī, *Ta'rīkh*, II, pp. 1294–5.

41 Tabarī, *Ta'rīkh*, II, p. 1300.

42 Al-Asamm b. al-Hajjāj; Tabarī, *Ta'rīkh*, II, p. 1304. The translation is based on that of D. S. Powers in trans. xxiv 28, slightly amended.

43 关于在这时期战争中的突厥人，请见 E. Esin, 'Tabarī's report on the warfare with the Tūrgis and the testimony of eighth-century Central Asian art', *Central Asiatic Journal* 17(1973): 130–34。

44 Tabarī, *Ta'rīkh*, II, p. 1431; see also the poem in Tabarī, *Ta'rīkh*, II, p. 1432.

45 Tabarī, *Ta'rīkh*, II, pp. 1421–8.

46 Tabarī, *Ta'rīkh*, II, p. 1430.

47 关于这些文献，请见 F. Grenet and E. de la Vaissiere, 'The last days of Penjikent', *Silk Road Art and Archaeology* 8 (2002): 155–96; I. Yakubovich, 'Mugh 1 I revisited', *Studia Iranica* 31 (2002): 213–53。

48 Tabarī, *Ta'rīkh*, II, pp. 1446–8，其中 Dīwashtīch 被称为 Dawāshīni。

49 De la Vaissiere, *Sogdian Traders*, p. 272.

50 Tabarī, *Ta'rīkh*, II, p. 1518.

51 Tabarī, *Ta'rīkh*, II, p. 1521.

52 Sibāc b. al-Nucmān al-Azdi; Tabarī, *Ta'rīkh*, II, pp. 1524–5.

53 Al-Junayd b. cAbd al-Rahmān al-Murrī; Tabarī, *Ta'rīkh*, II, p.1527.

54 Tabarī, *Ta'rīkh*, II, p. 1638.

55 Yazīd b. al-Mufaddal al-Huddānī; Tabarī, *Ta'rīkh*, II, p.1527.

56 Muhammad b.cAbd Allah b. Hawdhān; Tabarī, *Ta'rīkh*, II, p.1537.

57 Al-Nadr b. Rāshid al- cAbdī; Tabarī, *Ta'rīkh*, II, pp. 1537–8.

58 Tabarī, *Ta'rīkh*, II, p. 1538.

59 Tabarī, *Ta'rīkh*, II, p. 1539.

60 Al-Mujashshir b. Muzāhim al-Sulami; Tabarī, *Ta'rīkh*, II, p.1543.

61 Tabarī, *Ta'rīkh*, II, pp. 1546, 1557-8.

62 关于此事的主要负面例证请见 Gibb, *Arab Conquests*, p. 79。

63 同上，p. 89。

64 Tabarī, *Ta'rīkh*, II, pp. 1688–9.

65 Tabarī, *Ta'rīkh*, II, pp. 1717–8.

注 释 505

66 Tabarī, *Ta'rīkh*, II, p. 1697, 略有缩减。

67 Gibb, *Arab Conquests*, p. 92.

68 同上，pp. 95–6。

第九章 极东与极西

1 关于穆斯林征服信德，最翔实的现代材料来自 'Muhammad ibn Qāsim ath-Thaqafī and the Arab conquest of Sind', *East and West* 15 (1964–5): 281–95; a broader view is provided by A. Wink, Al-Hind: *The Making of the Indo-Islamic World*, vol. 1: *Early medieval India and the expansion of Islam, 7th–11th centuries* (Leiden, 1990)。

2 Balādhurī, *Futūh*, pp. 431–41.

3 Alī b. Hāmid al-Kūfī, *Chāchnāmah: An Ancient History of Sind*, trans. M. K. Fredunbeg (Lahore, 1995).

4 关于这部著作，请见 Wink, *Al-Hind*, pp. 194–6。

5 al-Kūfī, *Chāchnāmah*, p. 115.

6 Wink, *Al-Hind*, p. 51.

7 Muqaddasī, *Ahsan al-Taqāsim*, p.474.

8 Ibn Hawqal, *Kitāb Surat al-Ard*, ed. J. H. Kramers (Leiden, 1939), p. 328.

9 Wink, *Al-Hind*, p. 153.

10 同上，p. 182。

11 M. J. De Goeje, *Mémoire des migrations des Tsiganes à travers l'Asie* (Leiden, 1903), pp. 1–2.

12 Balādhurī, *Futūh*, p. 436.

13 Gabrieli, 'Muhammad ibn Qāsim', pp. 281–2.

14 Balādhurī, *Futūh*, pp. 426–7. 添加了部分虚构内容的同一个故事，请见 *Chāchnāmah*, pp.81–4。

15 *Sumaniyayn*, on which see Balādhurī, *Futūh*, glossary s.v. smn.

16 Balādhurī, *Futūh*, pp. 437–8. al-Kūfī, *Chāchnāmah*, pp. 91–3, 103–4, 其中也强调了沙弥（Samani）起到的重要作用。

17 al-Kūfī, *Chāchnāmah*, pp. 93–5.

18 关于这场战斗，请见 Wink, Al-Hind, pp. 204–5, based on details in Balādhurī, *Futūh*, pp.438–9, and al-Kūfī, *Chāchnāmah*, pp. 135–9。

19 al-Kūfī, *Chāchnāmah*, pp. 125–6.

20 Balādhurī, *Futūh*, p. 438.

21 al-Kūfī, *Chāchnāmah*, pp. 153–4.

22 al-Kūfī, *Chāchnāmah*, p. 164.

23 al-Kūfī, *Chāchnāmah*, p. 176.

24 《恰奇史记》（*Chāchnāmah*）常常混淆佛教徒与印度教徒。造成这种混淆的原因之一可能是波斯语词 "butkhana" 尽管最初明显意指 "佛寺"，但却逐渐用来泛指供奉 "偶像" 的寺庙。这些抗议者很可能是印度教徒，因为他们显然与婆罗门具有联系。

25 al-Kūfī, *Chāchnāmah*, p. 170.

26 al-Kūfī, *Chāchnāmah*, pp. 194–5.

27 al-Kūfī, *Chāchnāmah*, pp. 178–80.

28 Balādhurī, *Futūh*, pp. 439–40.

29 Gabrieli, 'Muhammad ibn Qāsim', p. 293.

30 Balādhurī, *Futūh*, p. 440; al-Kūfī, *Chāchnāmah*, p. 191, 其中包括一条平行文本，记载的数字分别为六万和一万两千。

31 De Goeje, *Mémoire*. 关于对吉卜赛人历史的大致考察，请见 A. Fraser, *The Gypsies* (2nd edn, Oxford, 1992), 又见 A. S. Basmee Ansari, 'Djat', and C. E. Bosworth, 'Zutt', in *Encyclopaedia of Islam*, 2nd edn。

32 地名 "直布罗陀"（Gibraltar）最初源于 "Jabal Tāriq"，或 "塔里格山"。

33 Ibn Abd al-Hakam, *Futūh*, p. 205, translated in O. R. Constable, *Medieval Iberia: Readings in Christian, Muslim and Jewish Sources* (Philadelphia, PA, 1997), pp. 32–4.

34 E. Levi-Provençal, *Histoire de l'Espagne Musulmane*, vol. i: La Conquête et l'émirat hispano-umaiyade (710-912) (Paris, 1950), pp. 19–21, prefers the River Barbate.

35 Anon., *The Chronicle of 754, in Conquerors and Chroniclers of Early Medieval Spain*, trans. K. B. Wolf (Liverpool, 1990), pp. 28–45, 111–58 at p. 131.

36 The main Arabic account is Ibn Idhārī, *Bayān*, II, pp. 4–9, based largely on the work of Rāzī.

37 Ibn Idhārī, *Bayān*, II, pp. 9–10.

38 *Chronicle of 754*, cap. 52, p. 131.

39 Ibn Abd al-Hakam, *Futūh*, p. 206, in Constable, *Medieval Iberia*, p.34.

40 Ibn Abd al-Hakam, *Futūh*, p. 208, in Constable, *Medieval Iberia*, p. 34–5.

41 Constable, *Medieval Iberia*, pp. 37–8.

42 Ibn Abd al-Hakam, *Futūh*, pp. 211–2.

注 释 507

43 Anon., *Conquerors and Chroniclers*, pp. 164–8.

44 E. Levi-Provençal, *Histoire I,* p. 55, based on Ibn Hayyān.

45 同上，p. 56, based on Makkarī.。

46 关于近期对这场战斗及其所属战役的讨论，请见 I. Wood, *The Merovingian Kingdoms 450–751* (London, 1994), pp. 281–4; P. Fouracre, *The Age of Charles Martel* (London, 2000), pp. 84–8; E. Manzano, *Conquistadores, Emires y Califes: los Omeyas y la formación de al-Andalus* (Barcelona, 2006), pp. 83–4。

47 Gibbon, *Decline and Fall*, III, p. 336.

48 Bachrach, *Early Carolingian Warfare*, pp. 170 and 352, n. 45.

49 关于这份译文，以及对 J. M. Wallace-Hadrill 的较早但影响深远的译文的批评，请见 Fouracre, *The Age of Charles Martel*, pp. 148–9。

第十章 海上战争

1 G. F. Bass and F. H. Van Doorninck, *Yassi Ada*, vol. 1: *A Seventh-century Byzantine Shipwreck* (College Station, TX, 1982).

2 关于六世纪中叶至八世纪中叶地中海海战的大体情况，请见 J. H. Pryor and E. M. Jeffreys, *The Age of the Dromon: The Byzantine Navy ca. 500–1204* (Leiden, 2006), pp. 19–34. For a detailed narrative of the early Islamic period, see E. Eickhoff, *Seekrieg und Seepolitik zwischen Islam und Abendland: das Mittelmeer unter byzantinischer und arabischer Hegemonies (650–1040)* (Berlin, 1966)。

3 请见 P. Crone, 'How did the quranic pagans make a living?', *Bulletin of the School of Oriental and African Studies* 63 (2005): 387–99 at p. 395。

4 On Cyprus at this time, see A. Cameron, 'Cyprus at the time of the Arab conquests', Cyprus Historical Review 1 (1992): 27–49, reprinted *in eadem, Changing Cultures in Early Byzantium* (Aldershot, 1996), VI. For the Arab attacks, see A. Beihammer, 'Zypern und die Byzantinisch-Arabische Seepolitik vom 8. Bis zum Beginn des 10. Jahrhunderts', in *Aspects of Arab Seafaring*, ed. Y.Y. al-Hijji and V. Christides (Athens, 2002), pp. 41–61.

5 Cameron, 'Cyprus', pp. 31–2.

6 Balādhurī, *Futūh*, pp. 152–3.

7 Balādhurī, *Futūh*, p. 154; Tabarī, *Ta'rīkh*, III, p. 709.

8 For the problems of the sources and the difficulties in working out what was attacked when, see L. I. Conrad, 'The Conquest of Arwād: A source-critical study in the historiography of the early medieval Near East', in *The Byzantine and Early*

Islamic Near East, vol. I. Problems in the literary source material (Papers of the First Workshop on Late Antiquity and Early Islam), ed. A. Cameron and L. I. Conrad (Princeton, NJ, 1992), pp. 317–401.

9 请见 A. N. Stratos, 'The Naval engagement at Phoenix', in *Charanis Studies: Essays in honor of Peter Charanis*, ed. A. E. Laiou-Thomadakis (New Brunswick, 1980), pp. 229–47。

10 Ibn Abd al-Hakam, *Futūh*, pp. 189–9; Ibn al-Athīr, *Kāmil*, pp. 119–20.

11 伊本・阿卜杜・哈卡姆（Ibn Abd al-Hakam）将他误称为"希拉克略"（Hiraclius）。

12 V. Christides, 'Arab–Byzantine struggle in the sea: naval tactics (ad 7th–11th centuries): theory and practice', in *Aspects of Arab Seafaring*, ed. Y.Y. al-Hijji and V. Christides (Athens, 2002), pp. 87–101 at p. 90.

13 关于希腊火的应用，请见 Theophanes, ed. de Boor, I, pp. 353–4; Eickhoff, *Seekrieg*, pp. 21–3; J. Haldon, *Byzantium in the Seventh Century* (Cambridge, 1990), pp. 63–5. Also J. Haldon and M. Byrne, 'A possible solution to the problem of Greek fire', *Byzantinische Zeitschrift* 70 (1977): 91–9。

14 Abridged translation of the text in D. Olster, 'Theodosius Grammaticus and the Arab Siege of 674–78', *Byzantinoslavica* 56 (1995), pp. 23–8; C. Makrypoulias, 'Muslim ships through Byzantine eyes', in al-Hijji and Christides, *Aspects*, pp.179–90.

15 Theophanes, *Chronographia*, pp. 396–8.

16 Theophanes, *Chronographia*, p. 399.

17 Balādhurī, *Futūh*, p. 235; Eickhoff, *Seekrieg*, pp 16–17.

18 Eickhoff, *Seekrieg*, pp. 28–9.

19 A. M. Fahmy, *Muslim Naval Organisation in the Eastern Mediterranean from the Seventh to the Tenth Century A.D.* (2nd edn, Cairo, 1966), p. 66.

20 Eickhoff, *Seekrieg*, p. 37.

21 Balādhurī, *Futūh*, See the Glossary for this usage of Mustaghal.

22 J. Wilkinson, *Jerusalem Pilgrims before the Crusades* (rev. edn, Warminster, 2002), pp. 245, 247.

23 Ya'qūbī, *Buldān*, p. 327.

24 Muqaddasī, *Ahsan al-Taqāsim*, pp. 163–4.

25 Muqaddasī, *Ahsan al-Taqāsim*, pp. 162–3.

26 Tabarī, *Ta'rīkh*, III, p. 2200

注 释 509

27 Tabarī, *Ta'rīkh*, III, p. 2250

28 Wilkinson, *Jerusalem Pilgrims*, pp. 196–8

29 Ibn Abd al-Hakam, *Futūh*, pp. 191–2

30 Fahmy, *Muslim Naval Organisation*, pp. 36–7

31 Qudāma b. Ja'far, *Al-Kharāj wa Sinā'at al-Kitāba*, ed. Muhammad Husayn al-Zubaydī (Baghdad, 1981), pp. 47–50.

32 有关这一时期的战舰设计，请见 Pryor and Jeffreys, *The Age of the Dromon*, pp. 123–61, and F. M. Hocker, 'Late Roman, Byzantine and Islamic fleets', in *The Age of the Galley: Mediterranean Oared Vessels since Pre-classical Times*, ed. R. Gardiner (London, 1995), pp. 86–100. See also Makrypoulias, 'Muslim ships through Byzantine eyes'.

33 For these technical innovations, see Pryor and Jeffreys, *The Age of the Dromon*, pp. 123–61.

34 Hocker, 'Late Roman, Byzantine and Islamic fleets', pp. 99–100.

35 同上，p. 99。

36 Fahmy, *Muslim Naval Organisation*, pp. 102–3.

37 同上，p. 84。

第十一章　被征服者的声音

1 关于非穆斯林视角中的早期伊斯兰教，不可不读 Hoyland, *Seeing Islam as Others Saw It*。

2 关于索弗洛尼乌斯（Sophronius）和他的作品，请见 Wilken, *The Land Called Holy*, pp. 226–39; Hoyland, *Seeing Islam*, pp. 67–73。

3 大致介绍请见 P. J. Alexander, *The Byzantine Apocalyptic Tradition* (Berkeley, CA, 1985)。

4 Hoyland, *Seeing Islam*, p. 258.

5 有关引文译文，请见 *The Seventh Century in Western-Syrian Chronicles*, trans. A. Palmer (Liverpool, 1993), pp. 222–42, and the discussions in G. J. Reinink, 'Ps.-Methodius: A concept of history in response to the rise of Islam', in *The Byzantine and Early Islamic Near East, I. Problems in the literary source material*, ed. A. Cameron and L. I. Conrad (Papers of the First Workshop on Late Antiquity and Early Islam) (Princeton, NJ, 1992), pp. 149–87; Hoyland, *Seeing Islam*, pp. 263–7。

6 关于圣加百列（Gabriel）和卡尔特敏（Qartmin）修道院，请见 A. Palmer,

510　大征服

Monk and Mason on the Tigris Frontier (Cambridge, 1990), esp. pp. 153–9。

7　引自 S. Brock, 'North Mesopotamia in the late seventh century: Book XV of John Bar Penkaye's Rīs Melle', *Jerusalem Studies in Arabic and Islam 9*(1987): 51–75, p. 57 note b。

8　Sawīrus, 'Life of Benjamin', p. 492.

9　Sawīrus, 'Life of Benjamin', p. 494.

10　John of Nikiu, *Chronicle*, pp. 184, 200.

11　John of Nikiu, *Chronicle*, p. 186.

12　John of Nikiu, *Chronicle*, p. 179.

13　John of Nikiu, *Chronicle*, p. 188.

14　John of Nikiu, *Chronicle*, p. 182.

15　John of Nikiu, *Chronicle*, p. 195.

16　John of Nikiu, *Chronicle*, p. 182.

17　John of Nikiu, *Chronicle*, p. 181.

18　*The Chronicle of 754 in Conquerors and Chroniclers of Early Medieval Spain*, trans. K. B. Wolf (Liverpool, 1990), pp. 28–45, 111–58.

19　Brock, 'North Mesopotamia', p. 63.

20　*Chronicle of 754*, caps. 31, p. 123.

21　*Chronicle of 754*, caps. 80, pp. 143–4.

22　*Chronicle of 754*, caps. 85–6, pp. 148–50.

23　Hoyland, *Seeing Islam*, pp. 308–12, 526–7.

24　Daniel 11:39.

25　原文与译文选自 H. W. Bailey, *Zoroastrian Problems in the Ninth Century Books* (Oxford, 1943), pp. 195–6; see also the comments in Hoyland, *Seeing Islam*, pp. 531–2。

26　关于菲尔多西（Firdawsi）的生平传记，请见 D. Khaleghi-Motlagh, 'Ferdowsi', in *Encyclopaedia Iranica*, ed. E. Yarshater (London, 1985–) vol. ix, pp. 514–23。

27　请见 Firdawsi, Shahnāmah, trans. D. Davis, vol. iii: Sunset of Empire (Washington, DC, 1998–2004), pp. 494–5。

28　关于这份文本及其背景，请见 Hoyland, *Seeing Islam*, pp. 246–8。

结　语

1　关于这条边界，请见 J. F. Haldon and H. Kennedy, 'The Arab–Byzantine frontier in the eighth and ninth centuries: military organisation and society in the

borderlands', *Zbornik radove Vizantoloskog instituta* 19 (1980): 79–116, reprinted in H. Kennedy, *The Byzantine and Early Islamic Near East* (Aldershot, 2006), VIII。

2 C. Foss, 'The Persians in Asia Minor and the end of antiquity', *English Historical Review* 90 (1975): 721–47, reprinted in *idem, History and Archaeology of Byzantine Asia Minor* (Aldershot, 1990), I.

3 关于对改信伊斯兰教的经典观点，请见 R. Bulliet, *Conversion to Islam in the Medieval Period. An Essay in Quantitative History* (Cambridge, MA, 1979)。又见 *idem, Islam: The View from the Edge* (New York, 1994), pp. 37–66, for the processes of conversion。

参考文献

英文译本中的历史和地理文献

穆斯林文献

Alī b. Hāmid al-Kūfī, Chāchnamah: An Ancient History of Sind, trans. M. K. Fredunbeg (Lahore, 1995).

Al-Bakrī, Description de l'Afrique septentrionale, trans. Baron William MacGuckin de Slane (Paris, 1859).

Al-Balādhurī, The Origins of the Islamic State, trans. P. Hitti and F. Murgotten, 2 vols. (New York, 1916–24).

Ibn Fadlan's Journey to Russia: A tenth-century traveler from Baghdad to the Volga River, trans. R. Frye (Princeton, NJ, 2005).

Firdawsi, Shahnāmah, trans. D. Davis, vol. i: The Lion and the Throne; vol. ii: Fathers and Sons; vol. iii: Sunset of Empire (Washington,DC, 1998–2004).

Ibn Ishāq, The Life of Muhammad, trans. A. Guillaume (Karachi, 1955, repr. 1967).

Al-Muqaddasī, Ahsan al-Taqāsim: The Best Divisions for Knowledge of the Regions, trans. B. Collins (Reading, 2001).

Narshakhī, Muhammad b. Ja'far, History of Bukhara, trans. R. Frye(Cambridge, MA, 1954).

Al-Tabarī, Ta'rīkh: The History of al-Tabarī, ed. Y. Yarshater, 39 vols. (Albany, NJ, 1985–98.

基督教文献

Anon., The Chronicle of 754 in Conquerors and Chroniclers of Early Medieval Spain, trans. K. B. Wolf (Liverpool, 1990).

参考文献 513

Anon., The Chronicle of Zuqnin Parts III and IV A.D. 488–775, trans. A. Harrak (Toronto, 1999).

Fredegar, The Fourth Book of the Chronicle of Fredegar with its Continuations, trans. J. M. Wallace-Hadrill (London, 1960).

John of Nikiu, The Chronicle of John (c. 690 AD) Coptic Bishop of Nikiu, trans. R. H. Charles (London, 1916).

Maurice's Strategikon: Handbook of Byzantine military strategy, trans. G. T. Dennis (Philadelphia, PA, 1984).

Movses of Dasxuranci, The History of the Caucasian Albanians, trans. C. J. F. Dowsett (Oxford, 1961).

Nikephorus, Patriarch of Constantinople, Short History, trans. C. Mango (Washington,DC, 1990).

Sawīrus b. al-Muqaffa, 'Life of Benjamin I the thirty-eighth Patriarch AD 622- 61', in History of the Patriarchs of the Coptic Church of Alexandria, trans B. Evetts (Patrologia Orientalis I.4, 1905), pp. 487–518.

Sebeos, The Armenian History, trans. R. W. Thomson, with notes by J.Howard-Johnston and T. Greenwood, 2 vols. (Liverpool, 1999).

Theophanes, The Chronicle of Theophanes the Confessor: Byzantine and Near Eastern History AD 284–813, trans. C. Mango and R. Scott (Oxford, 1997).

Various, The Seventh Century in Western-Syrian Chronicles, trans. A. Palmer (Liverpool, 1993).

其他主要文献

Ibn Abd al-Hakam, Abū 'l-Qāsim 'Abd al-Rahmān b. 'Abd Allāh, Futūh Misr, ed. C. C. Torrey (New Haven, CT, 1921).

Anon., 'Doctrina Jacobi Nuper Baptizati', ed. with French trans. V. Déroche in Travaux et Mémoires (Collège de France, Centre de recherche d'histoire et civilisation de Byzance) 11 (1991): 47-273.

Ibn Actham al-Kūfī, Kitāb al-Futūh, ed. S. A Bukhari, 7 vols. (Hyderabad, 1974).

Ibn al-Athīr, 'Izz al-Dīn, Al-Kāmil fi'l-Ta'rīkh, ed. C. J. Tornberg, 13 vols. (Leiden, 1867, repr. Beirut, 1982).

514 大征服

Al-Bakrī, Description de l'Afrique septentrionale, ed. Baron de Slane (Algiers, 1857).

Al-Balādhurī, Ahmad b. Yahyā, Futūh al-Buldān, ed. M. J. de Goeje (Leiden, 1866, repr. Leiden, 1968).

Al-Balādhurī, Ahmad b. Yahyā, Ansāb al-Ashrāf, vol. XI, ed. W. Ahlwardt (Greifswald, 1883).

Al-Dīnawarī, Abū Hanīfa Ahmad b. Dāwūd, Al-Akhbār al-Tiwāl, ed. V. Guirgass and I. I. Krachkovskii (Leiden, 1912).

Ibn Hawqal, Abū 'l-Qāsim, Kitāb Sūrat al-Ard, ed. J. H. Kramers (Leiden, 1939).

Isfahānī, Abu Nucaym, Geschicte Isfahans, ed. S. Dedering (Leiden, 1931).

Al-Istakhrī, Abū Ishāq Ibrāhīm b. Muhammad, Kitāb Masālik wa'l-Mamālik, ed. M. J. de Goeje (Leiden, 1927).

Ibn Khayyāc Khalīfa, Ta'rīkh, ed. Akram Diyā' al-'Umarī (Beirut, 1977).

Al-Kindī, Muhammad b. Yūsuf, Kitāb al-Wulāt, ed. R. Guest (London, 1912).

Al-Kindī, Ya'qūb b. Ishāq, Al-Suyūf wa Ajnāsiha, ed. Abd al-Rahman Zaki, Bulletin of the Faculty of Arts, Cairo, vol. 14 (1952), Arabic section, pp. 1–36.

Al-Mas'ū dī, 'Alī b. al-Husayn, Murūj al-Dhahab, ed. C. Pellat, 7 vols. (Beirut, 1966-79).

Michael the Syrian, Chronicle, ed. with French trans. J.-B. Chabot, 4 vols. (Paris, 1899–1924).

Al-Nadīm, Muhammad b. Ishāq, Fihrist, ed. G. Flügel (Leipzig, 1871-2).

Note that in this book, page references are to The Fihrist of al-Nadīm, trans. B. Dodge, 2 vols. (New York, 1970).

Narshakhī, Muhammad b. Jacfar, Ta'rīPkhi Bukhārā, ed. Muhammad b. Zafar b. Umai (Tehran, 1972).

Qudāma b. Ja'far, Al-Kharāj wa Sinā'at al-Kitāba, ed. Muhammad Husayn al-Zubaydī (Baghdad, 1981).

Sacīd ibn Batrīq, Das Annalenwerk des Eutychios von Alexandrien, ed. M. Breydy, in Corpus Scriptorum Christianorum Orientalium, vol. 471: Scriptores Arabici, t. 44 (Leuven, 1985).

Al-Tabarī, Muhammad b. Jarīr, Ta'rīkh al-Rusul wa'l-Mulūk, ed. M. J. de Goeje et al., 3 vols. (Leiden, 1879-1901).

Al-Ya'qūbī, Ahmad b. Abī Ya'qūb, Kitāb al-Buldān, ed. M. J. de Goeje (Leiden, 1892).

参考文献 515

Al-Ya'qūbī, Ahmad b. Abī Ya'qūb, Ta'rīkh, ed. M. Houtsma, 2 vols. (Leiden, 1883).

Yāqūt, Ya'qūb b. 'Abd Allāh, Mu'jam al-Buldān, ed. F. Wüstenfeld (Leipzig, 1886).

辅助阅读

Adams, R. McC., The Land behind Baghdad: A history of settlement on the Diyala Plain (Chicago, IL, 1965).

Alexander, P. J., The Byzantine Apocalyptic Tradition (Berkeley, CA, 1985).

Bachrach, B., Early Carolingian Warfare: Prelude to empire (Philadelphia, PA, 2001).

Bagnall, R., Egypt in Late Antiquity (Princeton, NJ, 1993).

Bailey, H. W., Zoroastrian Problems in the Ninth-century Books (Oxford, 1943).

Barthold, V., Turkestan Down to the Mongol Invasions, trans. H. Gibb (London, 1928, rev. edn, Gibb Memorial Series, n.s. V, London, 1968).

Bashear, S., 'The mission of Dihyā al-Kalbī', Jerusalem Studies in Arabic and Islam 14 (1991): 64–91,reprinted in idem, Studies in Early Islamic Tradition (Jerusalem, 2004), VIII.

Bass, G. F. and F. H. Van Doorninck, Yassi Ada, vol. 1: A Seventh-century Byzantine Shipwreck (College Station, TX, 1982).

Behbehani, H., 'Arab–hinese military encounters: two case studies 715–751 AD', Aram 1 (1989): 65–112.

Behrens-Abouseif, D., 'Topographie d'Alexandrie médiévale', in Alexandrie médiévale 2, ed. C. Décobert (Cairo, 2002), pp. 113–26.

Beihammer, A., 'Zypern und die Byzantinisch-Arabische Seepolitik vom 8. bis zum Beginn des 10. Jahrhunderts', in Aspects of ArabSeafaring , ed. Y.Y. al-Hijji and V. Christides (Athens, 2002), pp. 41–61.

Bloom, J., Paper before Print: The History and Impact of Paper in the Islamic World (New Haven, CT, 2001).

Borrut, A., 'Architecture des espaces portuaires et réseaux défensifs du littoral syro-palestinien dans les sources arabes (7–11 siècle)', Archéologie Islamique 11 (2001): 21–46.

Bosworth, C. E., Sistan under the Arabs from the Islamic Conquest to the Rise of the Saffarids (30–250/651–864) (Rome, 1968).

516 大征服

—— cUbaidallah b. Abi Bakra and the "Army of Destruction" in Zabulistan (79/698)',
Der Islam 1 (1973): 268–83.

—— 'The city of Tarsus and the Arab–yzantine frontiers in early and middle Abbasid
Times', Oriens 33 (1992): 268–86.

—— The New Islamic Dynasties (Edinburgh, 1996).

Bowersock, G. W.,P. Brown and O. Grabar (eds.), Interpreting Late Antiquity: Essays on
the Postclassical World (Cambridge, MA, 2001).

Brett, M. and E. Fentress, The Berbers (Oxford, 1996).

Brock, S., 'Syriac views of emergent Islam', in Studies on the First Century of Islamic
Society, ed. G. H. A. Juynboll (Carbondale, 1982), pp. 9–21,199–203, reprinted in idem,
Syriac Perspectives on Late Antiquity (London, —— 'North Mesopotamia in the late
seventh century: Book XV of John Bar Penkaye's Rīs Melle', Jerusalem Studies in
Arabic and Islam 9 (1987): 51–75.

Brunschvig, R., 'Ibn cAbdal-hakam et la conquète de l'Afrique du Nord par les Arabes:
étude critique', Annales de l'Institut des Etudes Orientales 6 (1942–47): 108–55.

Bulliet, R., The Camel and the Wheel (Cambridge, MA, 1975).

——Conversion to Islam in the Medieval Period. An Essay in Quantitative History
(Cambridge, MA, 1979).

—— Islam: The View from the Edge (New York, 1994).

Busse, H., 'cOmar b. al-Khattāb in Jerusalem', Jerusalem Studies in Arabic and Islam 5
(1984): 73–119.

—— 'cOmar's image as the conqueror of Jerusalem', Jerusalem Studies in Arabic and Islam
8 (1986): 149–68.

Butler, A. J., The ArabConquest of Egypt, 2nd edn, ed. P. M. Fraser (Oxford, Caetani, L.,
Annali dell'Islam, 10 vols. (Milan, 1905–26).

Cambridge History of Early Inner Asia, ed. D. Sinor (Cambridge, 1990).

Cambridge History of Egypt, vol. i: Islamic Egypt, 640–1571, ed. C. Petry (Cambridge,
1998).

Cambridge History of Iran, vol. iii: The Seleucid, Parthian and Sasanian Periods, ed. E.
Yarshater (Cambridge, 1983), vol. iv: The Period from the Arabinvasion to the Saljuqs,
ed. R. Frye (Cambridge, 1975).

Cameron, A., 'Byzantine Africa –the literary evidence', in Excavations at Carthage 1975–1978, vol. vii, ed. J. H. Humphrey (Ann Arbor, MI, 1977–78), pp. 29–62,reprinted in eadem, Changing Cultures in Early Byzantium (Aldershot, 1996), VII.

—— 'Cyprus at the time of the Arab conquests', Cyprus Historical Review 1 (1992): 27–49, reprinted in eadem, Changing Cultures in Early Byzantium (Aldershot, 1996), VI.

Chevedden, P. E., 'The hybrid trebuchet: the halfway step to the counterweight trebuchet,' in On the Social Origins of Medieval Institutions. Essays in Honor of Joseph F. O'Callaghan, ed. D. Kagay and T. Vann (Leiden, 1998), pp. 179–222.

Christensen, A., L'Iran sous les Sassanides (rev. 2nd edn, Copenhagen, 1944).

Christides, V., Byzantine Libya and the March of the Arabs towards the West of North Africa, British Archaeological Reports, International Series 851 (Oxford, 2000).

——'Arab–yzantine struggle in the sea: naval tactics (7th–11th C AD): theory and practice', in Aspects of ArabSeafaring , ed. Y.Y. al-Hijji and V. Christides (Athens, 2002), pp. 87–101.

Cole, D. P., Nomads of the Nomads: the Āl Murrah Bedouin of the Empty Quarter (Arlington Heights, 1975).

Collins, R., The Arab Conquest of Spain: 710–797 (Oxford, 1989).

—— Visigothic Spain, 409–711 (Oxford, 2004).

Cook, M., Muhammad (Oxford, 1983).

Conrad, L. I., 'The conquest of Arwād: a source-critical study in the historiography of the early medieval Near East', in The Byzantine and Early Islamic Near East, I: Problems in the literary source material, ed. A. Cameron and L. I. Conrad (Papers of the First Workshop on Late Antiquity and Early Islam) (Princeton, NJ, 1992), pp. 317–401.

——'The Arabs', in Cambridge Ancient History, vol. xiv: Late Antiquity: Empire and Successors, AD 425–600, ed. A. Cameron, B. Ward-Perkins and M. Whitby (Cambridge, 2000), pp. 678–700.

Constable, O. R., Medieval Iberia: Readings in Christian, Muslim and Jewish Sources (Philadelphia, PA, 1997).

Crone, P., Slaves on Horses. The Evolution of the Islamic Polity (Cambridge, 1980).

—— Meccan Trade and the Rise of Islam (Oxford, 1987).

—— 'How did the quranic pagans make a living?', Bulletin of the School of Oriental and

518 大征服

African Studies 63 (2005): 387–99.

Crone, P. and M. A. Cook, Hagarism: The Making of the Islamic World (Cambridge, 1977).

Crone, P. and G. M. Hinds, God's Caliph: Religious Authority in the First Centuries of Islam (Cambridge, 1986).

De Goeje, M. J., Mémoire des migrations des Tsiganes à travers l'Asie (Leiden, De la Vaissière, E., Sogdian Traders: A History (Leiden, 2005).

Dennett, D., Conversion and Poll-tax in Early Islam (Cambridge, MA, 1950).

Djaït, H., Al-Kūfa: naissance de la ville islamique (Paris, 1986).

Donner, F. M., The Early Islamic Conquests (Princeton, NJ, 1981).

—— Narratives of Islamic Origins: The Beginnings of Islamic Historical Writing (Princeton, NJ, 1998).

Donner, H., The Mosaic Map of Madaba: An introductory guide (Kampen, 1992).

Dunlop, D. M., 'A new source of information on the Battle of Talas or Atlakh', Ural-Altaische Jahrbu¨cher 36 (1964): 326–30.

Eickhoff, E., Seekrieg und Seepolitik zwischen Islam und Abendland: das Mittelmeer unter byzantinischer und arabischer Hegemonies (650–1040) (Berlin, 1966).

El Cheikh, N. M., Byzantium Viewed by the Arabs (Cambridge, MA, 2004).

Esin, E., 'Tabarī's report on the warfare with the Türgis and the testimony of eighth-century Central Asian Art', Central Asiatic Journal 17 (1973): 130–49.

Fahmy, A. M., Muslim Naval Organisation in the Eastern Mediterranean from the Seventh to the Tenth Century AD (2nd edn, Cairo, 1966).

Fentress, J. and C. J. Wickham, Social Memory (Oxford, 1992).

Fiey, J. M., 'The last Byzantine campaign into Persia and its influence on the attitude of the local populations towards the Muslim conquerors 7–16.

H/628–36 AD', in Proceedings of the second symposium on the history of Bilad al–Sham during the early Islamic period up to 40 AH/640 AD, ed A. Bakhit (Amman, 1987), pp. 96–103.

Firestone, R., Jihād: The Origin of Holy War in Islam (Oxford, 1999).

Foss, C. 'The Persians in Asia Minor and the End of Antiquity', English Historical Review 90 (1975): 721–47, reprinted in idem, History and Archaeology of Byzantine Asia Minor (Aldershot, 1990), I.

—— 'The Near Eastern countryside in Late Antiquity: a review article', in The Roman and Byzantine Near East: Some recent archaeological research, vol I: Journal of Roman Archaeology, Supplementary Series 14 (1995): 213–34.

——'Syria in transition, AD 550–750: an archaeological approach', Dumbarton Oaks Papers 51 (1997): 189–270.

Fouracre, P., The Age of Charles Martel (London, 2000).

Fowden, E. K., The Barbarian Plain: Saint Sergius between Rome and Iran (Berkeley, CA, 1999).

Fowden, G., Empire to Commonwealth: Consequences of Monotheism in Late Antiquity (Princeton, NJ, 1993).

Fraser, A., The Gypsies (2nd edn, Oxford, 1992).

Fraser, J., The Golden Bough (New York, 1922).

Gabrieli, F., 'Muhammad ibn Qāsim ath-Thaqafī and the Arab conquest of Sind', East and West 15 (1964–65): 281–95.

Gayraud, R.-P., 'Fostat: évolution d'une capitale arabe du VII au XII siècle d'après les fouilles d'Istabl cAntar', in Colloque international d'archéologie islamique, ed. R.-P. Gayraud (Cairo, 1998), pp. 436–60.

Gerö, S., 'Only a change of masters? The Christians of Iran and the Muslim conquest', in Transition Periods in Iranian History. Actes du Symposium de Fribourg-en-Brisgau (22–24 mai 1985), Cahiers de Studia Iranica 5 (1987):43–8.

Gibb, H. A. R., The ArabConquests in Central Asia (London, 1923).

Gibbon, E., The History of the Decline and Fall of the Roman Empire, ed. D. Womersley, 3 vols. (Harmondsworth, 1994).

Goldziher, I., Muslim Studies, ed. and trans. C. R. Barber and S. M. Stern, 2 vols., (London, 1967, 1971).

Grenet, F. and C. Rapin, 'De la Samarkand antique à la Samarkand islamique: continuities et ruptures', in Colloque international d'archéologie islamique, ed. R.-P. Gayraud (Cairo, 1998), pp. 436–60.

Grenet, F. and E. de la Vaissière, 'The last days of Penjikent', Silk Road Art and Archaeology 8 (2002): 155–96.

Haldon, J., Byzantium in the Seventh Century (Cambridge, 1990).

Haldon, J. and M. Byrne, 'A possible solution to the problem of Greek fire', Byzantinische Zeitschrift 70 (1977): 91–9.

Haldon, J. F. and H. Kennedy, 'The Arab–yzantine frontier in the eighth and ninth centuries: military organisation and society in the borderlands,' Zbornik radove Vizantoloskog instituta 19 (1980): 79–116, reprinted in H. Kennedy, The Byzantine and Early Islamic Near East (Aldershot, 2006), VIII. Heck, G. W.,'Gold mining in Arabia and the rise of the Islamic state', Journal of the Economic and Social History of the Orient 42 (1999): 364–95.

Helms, S. W., 'Kandahar of the Arab conquest', World Archaeology 14 (1982–83): 342–51.

Hill, D. R., The Termination of Hostilities in the Early Arab Conquests AD 634–656 (London, 1971).

Hinds, G. M., 'The banners and battle cries of the Arabs at Siffin (657 AD)', Al-Abhath 24 (1971): 3–42.

—— 'The first Arab conquests in Fars', Iran 22 (1984): 39–53, reprinted in idem, Studies in Early Islamic History, ed. J. L. Bacharach, L. I. Conrad and P. Crone (Princeton, NJ, 1996).

Hocker, F. M., 'Late Roman, Byzantine and Islamic fleets', in The Age of the Galley: Mediterranean Oared Vessels since Pre-classical Times, ed. R. Gardiner (London, 1995), pp. 86–100.

Hönigmann, E., Die Ostgrenze des byzantinischen Reiches: von 363 bis 1071 nach griechischen, arabischen, syrischen und armenischen Quellen (Brussels, 1935).

Hoyland, R., Seeing Islam as Others Saw It: A Survey and Evaluation of Christian, Jewish and Zoroastrian Writings on Early Islam (Princeton, NJ, 1997).

——Arabia and the Arabs: from the Bronze Age to the Coming of Islam (London, 2001).

Hoyland, R. and B. Gilmour, Medieval Islamic Swords and Swordmaking: Kindi's treatise 'On swords and their kinds' (London, 2006).

Johns, J., 'Archaeology and the history of early Islam: the first seventy years', Journal of the Economic and Social History of the Orient 46 (2003): 411–36.

Jones, A., Early Arabic Poetry, 2 vols. (Oxford, 1992). Kaegi, W.E., 'Initial Byzantine reactions to the Arab conquest', Church History 38 (1969): 139–49.

—— Byzantium and the Early Islamic Conquests (Cambridge, 1992).

—'Egypt on the eve of the Muslim conquest', in Cambridge History of Egypt, vol. i: Islamic Egypt, 640–1517, ed. C. Petry (Cambridge, 1998), pp. 34–61.

—— Heraclius, Emperor of Byzantium (Cambridge, 2003).

Keenan, J. G., 'Egypt', in Cambridge Ancient History, vol. xiv: Late Antiquity : Empire and Successors, AD 425–600, ed. A. Cameron, B. Ward-Perkins and M. Whitby (Cambridge, 2000), pp. 612–37.

Kennedy, H., 'From Polis to Medina: urban change in late antique and early Islamic Syria', Past and Present 106 (1985): 3–27, reprinted in idem, The Byzantine and Early Islamic Near East (Aldershot, 2006), I.

—Muslim Spain and Portugal: a Political history of al-Andalus (London, 1996).

—— 'Syria, Palestine and Mesopotamia', in Cambridge Ancient History, vol. xiv: Late Antiquity: Empire and Successors, AD 425–600, ed. A. Cameron, B. Ward-Perkins and M. Whitby (Cambridge, 2000), pp. 588–611.

—— The Armies of the Caliphs (London, 2001).

—— ed., An Historical Atlas of Islam (2nd rev. edn, Leiden, 2002).

—— The Prophet and the Age of the Caliphates (2nd rev. edn, London, 2004).

—— 'Military pay and the economy of the early Islamic state', Historical Research 75 (2002): 155–69, reprinted in idem, The Byzantine and Early Islamic Near East (Aldershot, 2006), XI.

—— 'The military revolution and the early Islamic state', in Noble Ideals and Bloody Realities: Warfare in the Middle Ages, ed. N. Christie and M. Yazigi (Leiden, 2006), pp. 197–208.

Khalidi, T., Arabic Historical Thought in the Classical Period (Cambridge, 1994).

Knobloch, E., The Archaeology and Architecture of Afghanistan (Stroud, 2002).

Kraemer, C. J., Jr, Excavations at Nessana, vol. 3: Non-Literary Papyri (Princeton, NJ, 1958).

Krasnowalska, A., 'Rostam Farroxzād's prophecy in Sāh-Nāme and the Zoroastrian apocalyptic tests', Folia Orientalia 19 (1978): 173–84.

Kubiak, W.,'The Byzantine attack on Damietta in 853 and the Egyptian navy in the 9th century', Byzantion 40 (1971): 45–66.

—— Al-Fustāt, Its Foundation and Early Urban Development (Cairo, 1987).

522 大征服

Kulikowski, M., Late Roman Spain and Its Cities (Baltimore, MD, 2004).

Lancaster, W., The Rwala Bedouin Today (Cambridge, 1981).

Landau-Tasseron, E., 'Sayf ibn Umar in medieval and modern scholarship', Der Islam 67 (1990): 1–26.

Le Strange, G., Palestine under the Moslems: A description of Syria and the Holy Land from AD 650 to 1500 (London, 1890).

—— Lands of the Eastern Caliphate (Cambridge, 1905).

Lecker, M., 'The estates of cAmr b.al–cAs in Palestine', Bulletin of the School of Oriental and African Studies 52 (1989): 24–37.

Leone, A. and D. Mattingly, 'Landscapes of change in North Africa', in Landscapes of change: Rural evolutions in late antiquity and the early Middle Ages, ed. N. Christie (Aldershot, 2004), pp. 135–62.

Levi-Provençal, E., Histoire de l'Espagne Musulmane, vol. I: La conquête et l'émirat hispano-umaiyade (710–912) (Paris, 1950).

—— 'Un récit de la conquête de l'Afrique du Nord', Arabica 1 (1954): 17–43. Lings, M., Muhammad: His life based on the earliest sources (rev. edn, London, 1991).

Little, L. (ed.), Plague and the End of Antiquity: The Pandemic of 541–750 (Cambridge, 2006).

Lyall, C., The Dīwāns of cAbīd ibn al-Abras, of Asad and cĀ mir ibn at-Tufayl, of cĀmir ibn Sacsacah (London, 1913).

Makrypoulias, C., 'Muslim ships through Byzantine eyes', in Aspects of Arab Seafaring, ed. Y. Y. al-Hijji and V. Christides (Athens, 2002), pp. 179–90.

Manzano, E., Conquistadores, Emires y Califes: los Omeyas y la formación de al-Andalus (Barcelona, 2006).

Matheson, S., Persia: An Archaeological Guide (2nd rev. edn, London, 1976). Mattingly, D., 'The Laguatan: a Libyan tribal confederation in the late Roman Empire', Libyan Studies 14 (1983): 96–108.

Mayerson, P., 'The first Muslim attacks on southern Palestine (AD 633–640)', Transactions of the American Philosophical Association 95 (1964): 155–99.

Morony, M., Iraq after the Muslim Conquest (Princeton, NJ, 1984). Mottahedeh, R. P. and R. al-Sayyid, 'The idea of the Jihād in Islam before the Crusades', in The Crusades from the

Perspective of Byzantium and the Muslim World, ed. A. E. Laiou and R. P. Mottahedeh (Washington,DC, 2001), pp.23–29.

Mourad, S., 'On early Islamic historiography: Abū Ismācil al-Azdī and his Futūh al-Shām', Journal of the American Oriental Society 120 (2000): 577–93.

Nicolle, D., Armies of the Muslim Conquests (London, 1993).

——'War and society in the eastern Mediterranean', in War and Society in the Eastern Mediterranean 7th to 15th centuries, ed. Y. Lev (Leiden, 1997), pp. 9–100.

Noth, A., 'Isfahanī-Nihāwand. Eine quellenkritische Studie zur frühislamischen Historiographie', Zeitschrift der Deutschen Morgenländischen Gesellschaft 118 (1968): 274–96.

Noth, A. with L. I. Conrad, The Early Arabic Historical Tradition: A sourcecritical study, trans. M. Bonner (Princeton, NJ, 1994).

Olster, D., 'Theodosius Grammaticus and the Arab siege of 674–78', Byzantinoslavica 56 (1995): 23–8.

Palmer, A., Monk and Mason on the Tigris Frontier (Cambridge, 1990).

Pourshariati, P., 'Local histories of Khurasan and the pattern of Arab settlement', Studia Iranica 27 (1998): 41–81.

Pringle, D., The Defence of Byzantine Africa from Justinian to the Arab Conquest , British Archaeological Reports, International Series 99 (Oxford,1981).

Pryor, J. H., 'From Dromon to Galea: Mediterranean bireme galleys ad 500–1300', in The Age of the Galley: Mediterranean Oared Vessels since Pre-classical Times, ed. R. Gardiner (London, 1995), pp. 101–16.

Pryor, J. H. and E. M. Jeffreys, The Age of the Dromon: The Byzantine navy ca. 500–1204 (Leiden, 2006).

Reinink, G. J., 'Ps.-Methodius: a concept of history in response to the rise of Islam', in The Byzantine and Early Islamic Near East, I. Problems in the Literary Source Material, ed. A. Cameron and L. I. Conrad (Papers of the First Workshop on Late Antiquity and Early Islam) (Princeton, NJ, 1992), pp.149–87.

Retsö , J., The Arabs in Antiquity: Their History from the Assyrians to the Umayyads (London, 2003).

Ritner, R. E., 'Egypt under Roman rule: the legacy of ancient Egypt', in Cambridge History

of Egypt, vol. i: Islamic Egypt, 640–1517, ed. C. Petry (Cambridge, 1998), pp. 1–33.

Robinson, C. F., Empire and Elites after the Muslim Conquest: The Transformation of Northern Mesopotamia (Cambridge, 2000).

—— Islamic Historiography (Cambridge, 2003).

—— 'The conquest of Khuzistan: a historiographical reassessment', Bulletin of the School of Oriental and African Studies 67 (2004): 14–39.

Rodziewicz, M., 'Transformation of ancient Alexandria into a medieval city', in Colloque international d'archéologie islamique, ed. R.-P. Gayraud (Cairo, 1998), pp. 368–86.

Rubin, U., The Eye of the Beholder: The Life of Muhammad as viewed by early Muslims: a textual analysis (Princeton, NJ, 1995).

Rubin, Z., 'The Sasanian monarchy', in Cambridge Ancient History, vol. xiv: Late Antiquity: Empire and Successors, AD 425–600, ed. A. Cameron, B. Ward-Perkins and M. Whitby (Cambridge, 2000), pp. 638–61.

Schick, R., The Christian Communities of Palestine from Byzantine to Islamic Rule: A historical and archaeological study (Princeton, NJ, 1995).

Shaked, S., From Zoroastrian Iran to Islam: Studies in religious history and intercultural contacts (Aldershot, 1995).

Shoufani, E., Al-Riddah and the Muslim Conquest of Arabia (Toronto, 1973).

Sjöström, I., Tripolitania in Transition: Late Roman to Islamic Settlement: With a catalogue of sites (Aldershot, 1993).

Stratos, A. N., 'The naval engagement at Phoenix', in Charanis studies: essays in honor of Peter Charanis, ed. A. E. Laiou-Thomadakis (New Brunswick, pp. 229–47.

Taha, A. D., The Muslim Conquest and Settlement of North Africa and Spain (London, 1989).

Talbot Rice, D., 'The Oxford excavations at Hira, 1931', Antiquity 6.23 (1932): 276–91.

—— 'The Oxford excavations at Hira', Ars Islamica 1 (1934): 51–74.

Von Grunebaum, G. E., 'The nature of Arab unity before Islam', Arabica 10 (1963): 5–23.

Walmsley, A., 'Production, exchange and regional trade in the Islamic east Mediterranean: old structures, new system?', in The Long Eighth Century. Production, Distribution and Demand, ed. I. L. Hansen and C. J. Wickham (Leiden, 2000), pp. 265–343.

Watt, W. M., Muhammad at Mecca (Oxford, 1953).

—— Muhammad at Medina (Oxford, 1956).

—— Muhammad, Prophet and Statesman (Oxford, 1961).

Wellhausen, J., The ArabKingdom and Its Fall, trans. M. G. Weir (Calcutta, 1927).

Wickham, C. J., Framing the Early Middle Ages: Europe and the Mediterranean, c. 400–c. 800 (Oxford, 2005).

Wilken, R. L., The Land Called Holy: Palestine in Christian History and Thought (New Haven, CT, 1992).

Wilkinson, J., Jerusalem Pilgrims before the Crusades (rev. edn, Warminster, 2002).

Wink, A., Al-Hind: The Making of the Indo-IslamicWorld, vol. 1: Early Medieval India and the Expansion of Islam, 7th–11th Centuries (Leiden, 1990).

Wood, I., The Merovingian Kingdoms 450–751 (London, 1994).

Yakubovich, I., 'Mugh I revisited', Studia Iranica 31 (2002): 213–53.

Zakeri, M., Sāsānid Soldiers in Early Muslim Society. The origins of 'Ayyārān and Futuwwa (Wiesbaden, 1995).

此外，读者应参阅两个版本的《伊斯兰百科全书》。第一版，四卷本（莱顿，1913—1942），仍然具有参考价值，但里面的许多文章现在已经过时了。第二版，十二卷本（莱顿，1954—2004），现已完成。此版本也可以通过光盘获取。第三版正在计划中，许多文章具有很高的学术价值，百科全书应该总是用来补充其他阅读。另一个重要的参考工具是《伊朗百科全书》，E.Yarshater 主编（伦敦，1985—），其中包含描述性文章，但仍然不完整。对于进一步的参考书目，读者应使用"伊斯兰索引：1906 年以来关于伊斯兰和穆斯林世界的书籍、文章和评论的书目"（1958 年以后出版，可在光盘上查阅）。

出版后记

　　阿拉伯大征服运动是对人类历史影响最为深刻和广泛的大事件之一，它摧毁了东地中海的古典世界，建立了一个崭新的伊斯兰世界并维持至今。然而由于种种主客观原因，关于这场大征服的历史资料却模糊不清，混乱不堪，令近现代历史学家们难以采信。而且常常被固有的历史或政治偏见所误导。本书作者休·肯尼迪先生在先人的研究基础上，结合较新的考古发现及历史学成果，从历史背景、社会结构、经济文化等各方面对这场改变世界的征服运动做出了系统全面的解读。

　　本书笔法平实生动，内容较为通俗，材料丰富充实且权威性强，适合历史初学者或爱好者阅读。作者不仅依据史料直叙历史事件的大致经过，也从各个侧面运用历史资料对当时的社会情况进行了一定程度的重构，十分全面地勾勒了阿拉伯人征服运动的历史情况。同时也对许多固有的历史偏见进行了有理有据的驳斥。

　　本书中，作者先是简介了阿拉伯人的古代历史与他们在古典时代末期所面临的凶险环境，然后大体以不同地区为章节，分别介绍了阿拉伯大征服期间对于各个地区征服运动的不同情况。作者还对穆斯林早期海军与非穆斯林的看法进行了探究与总结。最后总结了穆斯林征服运动之所以如此快速高效且影响深远的原因。尽管大征服时期的相关史料传奇性较强，自相矛盾之处众多，难以作为客观

的历史记录看待，但它们大多能够真实反映早期穆斯林的意识形态与生活习惯，休·肯尼迪先生通过研究这些史料，可信地构建了古典时代末期至伊斯兰时代早期地中海世界居民的社会意识与社会记忆。许多非穆斯林或非阿拉伯人的历史文献也为穆斯林史书提供了印证，并从另一些侧面对当时的阿拉伯征服者做出了有趣的评价，作者大量引用了这些文献，极大地丰富了本书的内容。但可惜的是，由于相关历史资料的匮乏以及篇幅所限，本书并没有对军事行动及许多行政事务的细节做出详尽的论证与解释，对于罗马（拜占庭）帝国与萨珊帝国的介绍也多少显得有些语焉不详。但本书除对地中海世界的叙述外，也对早期穆斯林入侵中亚和印度的情况做出了生动详细的叙述，在同类书籍中实属不可多得。

由于本书中各处充斥着阿拉伯语特定名词，一度为译者的翻译工作造成了很大困扰。在此衷心感谢译者的朋友李一寅先生，他对于阿拉伯语和阿拉伯历史文化的广博知识对译者帮助甚多，如果没有他的鼎力协助，译者能够如此顺利地完成此书的翻译是无法想象的。也感谢林凡超、王鹤老师、Venceremos 等人，在译者的译稿尚未成形时提出了很多宝贵建议。感谢王纳川先生的介绍，使译者有机会接触并翻译这部著作。还要感谢徐靖怡对译者的热情支持与鼓励，助译者完成了本书的翻译。

服务热线：133-6631-2326　188-1142-1266

读者信箱：reader@hinabook.com

后浪出版公司

2019 年 7 月

© 民主与建设出版社，2020

图书在版编目（CIP）数据

大征服 / (英) 休·肯尼迪 (Hugh Kennedy) 著；
孙宇译. -- 北京：民主与建设出版社，2020.3（2024.4重印）
书名原文：The Great Arab Conquests
ISBN 978-7-5139-2701-7

Ⅰ.①大… Ⅱ.①休… ②孙… Ⅲ.①欧洲—历史—
研究 Ⅳ.①K500.7

中国版本图书馆CIP数据核字(2019)第220220号

THE GREAT ARAB CONQUESTS
by Hugh Kennedy
Copyright © 2007 by Hugh Kennedy
First published by Weidenfeld & Nicolson, a division of the Orion Publishing Group, London
This edition arranged with the Orion Publishing Group through Big Apple Agency, Inc., Labuan, Malaysia.
Simplified Chinese edition copyright: 2020 Ginkgo (Beijing) Book Co., Ltd.
All rights reserved.

本书中文简体版权归属银杏树下（北京）图书有限责任公司。
版权登记号：01-2019-7152
审图号：GS（2020）132号

大征服
DAZHENGFU

著 者	［英］休·肯尼迪
译 者	孙 宇
筹划出版	银杏树下
出版统筹	吴兴元
责任编辑	王 颂
特约编辑	李 贺 郑欣荻
封面设计	徐睿绅
出版发行	民主与建设出版社有限责任公司
电 话	（010）59417747 59419778
社 址	北京市海淀区西三环中路 10 号望海楼 E 座 7 层
邮 编	100142
印 刷	北京盛通印刷股份有限公司
版 次	2020 年 3 月第 1 版
印 次	2024 年 4 月第 5 次印刷
开 本	889 毫米 ×1194 毫米 1/32
印 张	17.5
字 数	392 千字
书 号	ISBN 978-7-5139-2701-7
定 价	96.00 元

注：如有印、装质量问题，请与出版社联系。